严复思想与中国式现代化

纪念严复诞辰170周年学术研讨会论文集

福建社会科学院
福建省政协文化文史和学习委员会
福建省严复学术研究会
—— 编 ——

海峡出版发行集团 THE STRAITS PUBLISHING & DISTRIBUTING GROUP | 福建人民出版社 FUJIAN PEOPLE'S PUBLISHING HOUSE

图书在版编目（CIP）数据

严复思想与中国式现代化 ：纪念严复诞辰 170 周年学术研讨会论文集 / 福建社会科学院，福建省政协文化文史和学习委员会，福建省严复学术研究会编. --福州 ：福建人民出版社，2024. 7. -- ISBN 978-7-211-09430-1

Ⅰ. B256. 5—53

中国国家版本馆 CIP 数据核字第 20240KM186 号

严复思想与中国式现代化

YANFU SIXIANG YU ZHONGGUOSHI XIANDAIHUA

——纪念严复诞辰 170 周年学术研讨会论文集

编　　者： 福建社会科学院　福建省政协文化文史和学习委员会　福建省严复学术研究会

责任编辑： 郑翠云

出版发行： 福建人民出版社　　**电　　话：** 0591-87533169（发行部）

网　　址： http://www.fjpph.com　　**电子邮箱：** fjpph7211@126.com

地　　址： 福州市东水路 76 号　　**邮政编码：** 350001

经　　销： 福建新华发行（集团）有限责任公司

印　　刷： 福州印团网印刷有限公司

地　　址： 福州市仓山区建新镇十字亭路 4 号

电　　话： 0591-87881810

开　　本： 720 毫米×1000 毫米　1/16

印　　张： 26.75

字　　数： 408 千字

版　　次： 2024 年 7 月第 1 版　　2024 年 7 月第 1 次印刷

书　　号： ISBN 978-7-211-09430-1

定　　价： 89.00 元

前 言

中国近代启蒙思想家、教育家、翻译家严复，是一位公认对中国近现代历史进程影响深远的人物。他在中华民族面临千年未有之大变局、生存危机极其深重的历史关头，立足中国，放眼世界，围绕东西方文化差异、因应时代要求与维护历史传统、坚持民族主体与融入世界潮流、国家权力与人民地位、变革图强与循序渐进等诸多重大而复杂的问题，持续、深入、系统地进行思索，通过论著、译作、演讲、书信等多种方式，表达了他对传统中国如何实现现代转型的看法和主张。这些思想和主张，实际上一直伴随着近现代中国的变革进程，成为促进中国发展进步的一份重要思想文化资源。中国共产党领导人历来都高度肯定严复的历史地位与历史贡献。习近平同志在福建工作期间，曾高度评价严复是“中国近代思想文化史上里程碑式的巨人”，为严复题词“严谨治学，首倡变革，追求真理，爱国兴邦”，对严复研究事业予以大力支持。在省市领导重视、学术界和社会各界共同努力下，严复研究成为福建文化的重要品牌和名片。

2024 年是严复诞辰 170 周年，福建省委、省政府高度重视。1 月 5 日，纪念严复诞辰 170 周年大会暨学术研讨会在福州隆重举行。纪念大会由福建省政协主办，省政协办公厅、省政协文化文史和学习委员会、福州市政协、福建社会科学院、福建省社会科学界联合会、福建省严复学术研究会共同承办。福建省委书记、省人大常委会主任周祖翼出席并讲话。

周祖翼在讲话中指出，严复是中国近代史上杰出的启蒙思想家、教育家、翻译家和爱国主义者，是中国近代史上向西方寻找救国真理的第一代知识分子代表。习近平总书记始终高度重视、积极推动严复思想的研究和弘扬，作出一系列重要论述，高度概括了严复的历史地位和历史功绩，为我们纪念严复、学习严复，弘扬严复的思想和精神提供了根本遵循。严复的一生，首先是爱国者的一生，他始终坚守爱国之心、践行报国之志。纪念严复，就是要大力弘扬严复的爱国主义精神，锤炼自强不息、开拓进取的民族品格，为强国建设、民族复兴伟业贡献力量。严复是清末中国维新运动最坚决、最权威的理论家，他积极首倡的变革精神启迪和教育着后人，他变革图强的思想和主张深刻影响了中国近现代社会变革的进程。纪念严复，就是要大力弘扬严复的改革创新精神，推动思想再解放、改革再深入、创新再提速，为福建高质量发展增添强大动力。严复是精通国学、传播西学的大师，才兼文理、学贯中西，开创了中国近代文化史的新纪元。纪念严复，就是要大力弘扬严复的文化自信自强精神，不断深化“两个结合”，更好担负起新的文化使命。福建是严复的家乡，严复是福建的骄傲。新时代新征程，我们要带头将严复的爱国主义、改革创新、文化自信自强等精神发扬光大。要做好严复思想的宣传弘扬和深化研究等工作，加强严复文化生态保护，做好相关建筑遗址及文化遗迹保护。要加强平台建设、力量建设，统筹开展严复重大课题专项研究，加强青年研究力量的培养，引导社会力量推动严复思想的研究和传播。要以严复学术研究为纽带，促进两岸民间交流合作。要强化严复思想研究的国际交流，打造具有时代影响力和国际传播力的严复思想文化品牌。

本次学术研讨会以“严复思想与中国式现代化”为主题，共收到征文 59 篇，来自全国各高校、科研单位和实务机构。作者中既有成就卓著的资深专家，又有才华横溢的中年学者，还有不少初涉严复研究的年轻学者。论文论述内容相当广泛，其中有许多真知灼见，不少观点和研究角度令人耳目一新。

本次研讨会通过交流，大家基本上有一种共识，即：严复作为近代中国从封闭状态开始融入世界、由传统社会逐渐向现代社会转型的历史节点上公认的启蒙思想家，对西方文化和中国传统文化都有极深的造旨，对于中国这样一个有着自己深厚文化传统和文明积淀的国家如何渐进地走向现代化，有着深入、全面、系统的持续思考和阐发；对于中西文化各自的精髓和如何进行取长补短，使优秀传统文化在现代社会得以弘扬，有着较为清醒的认识。他的一系列思想和主张，对中国近现代历史的走向产生了重大的影响，对于我们今天在中国特色社会主义道路上继续探索，积极推动文化交流、交融和文明互鉴，以中国式现代化全面推进中华民族伟大复兴，有着很强的现实意义。

为了更好地总结本次学术研讨会的成果，会后，由福建社会科学院、福建省严复学术研究会组织专家对会议论文进行了进一步的筛选，最终汇集形成这本论文集。我们希望，这本论文集的出版，能够成为代表严复研究最新成果的一个阶段性节点，并推动严复研究的进一步开展，带动更多的人加入严复研究的队伍。

编 者

2024 年 5 月 12 日

目录 CONTENTS

严复的文明互鉴之道及其现代意义

欧阳哲生[①]

放宽历史的大视野，近代中国将明末清初以来中西文化交流推进到一个新的重要阶段，严复无疑是这个阶段最具代表性的关键人物。取题“严复的文明互鉴之道”，此处的“道”包含道路（路径）、道理（逻辑）两义，着力阐发严复的独特视角和取径逻辑，意在表现严复深邃的思想和前瞻的眼光。文明互鉴是近代文化交流的核心内容，严复因其身居中西文化交流的要冲，留下了大量关于文明互鉴的思想文献。重新品读严复有关文明互鉴的论述，再细细推敲梁启超、蔡元培、胡适等不同政见、不同党派的代表人物对严复在中西文化交流史上地位的定评，在今天这个中西冲突、充满变数的大时代，我们将能获取某些新的历史启示。

一、求治西学“莫若先通其语言文字”

语言文字是文明的基本元素，也是文化交流的媒介。引进西方先进文化，自然应从学习西方语言入手。在近代中西文化交流中，严复长期浸淫西学，意识到学习西语的特殊重要性，他强调在学习西方先进文明的进路中，首先要从学习西语入手，要通过阅读原文获取原汁原味的西方文化，这是一种不同于传统“道出于一”的复调的文明观。

严复多次谈及学习西语的特殊重要性，他以英国、法国鼓励其外

---

① 欧阳哲生，北京大学历史学系教授、博士生导师。

交、军事人员多学外语为例说明此乃近世各国通例："夫国学而习外国之文字者，不徒中国有此事也，故今日东西诸国之君若臣，无独知其国语者。有之，独中国耳。且所习者不止一国也，兼五六国者常有之，果使必牵于所习而崇拜之，则西国之卿大夫，将人人皆犯交通之刑宪，此其事然耶？否耶？且交通之为贼，固莫甚于使与将。而彼职外交者，于外国之语言，固最习也；所不习者，且不中选焉。英之陆军，且增其资俸以劝将弁之通俄语者矣；法之陆军，其将校且必娴德语；至于各国海陆军中，莫不重其通知外国语者，何我之所忌与彼之所求，竟如是其相反也耶!"① 他批评国内君臣不通外语，对忌用通事、翻译这类特殊人才的做法表示不满。

在通商口岸，充任译事者常常是买办。因此有人认为"习西语者多为西人效〔劳〕奔走"，严复不否认有这种情形，但以为"为此者其能事皆至浅薄，至于精通，吾见亦罕。且吾人于此，上不责之用人行政之家，下徒责之急谋生计之学子，此其为论，无乃苛欤!"说明这些人大都是为了生计而奔走。"夫草野之人，恒产无资，故必以治生为最切，此人之至情也。且使其人治业十余年，或具私财，或资官帑，幸而成业，于其身有一节之用，而为上者于其才之短长，既莫之鉴别，于其身之饥饱，又漠然无概于其心，则相率而听外人之招，又奚足怪乎?"② 在他看来，这些人被外人所招，与清廷不用其长，难辞其咎。当然，严复也并不因此而排斥中学国语，只是以为通晓西语是吸收西学的便捷途径。"虽然，吾之为此言也，非谓教育之目，必取西文而加诸国文之上也，亦非谓西学之事，终不可以中文治也；特谓欲以中文治西学读西史者，此去今三十年以后之事，居今日而言教育，使西学不足治，西史不足读，则亦已矣。使西学而不可不治，西史而不可不读，则术之最简而径者，固莫若先通其语言文字，而为之始基。假道于迻译，借助于东文，其为辛苦难至正同，而所得乃至不足道。"③ 他不提倡假道翻译、

① 《〈英文汉诂〉卮言》，王栻主编：《严复集》第一册，中华书局，1986 年，第 154—155 页。

② 《〈英文汉诂〉卮言》，《严复集》第一册，第 155 页。

③ 《〈英文汉诂〉卮言》，《严复集》第一册，第 156 页。

借助“东文”（日文）来了解西方文化，而主张直取阅读原文的途径，以为此乃正途。

严复之所以强调要学习西语，主要是考虑到当时世界上的先进科学技术、文学艺术都是以西语书写，要了解世界形势，不得不直接阅读西文报刊。因此，他主张在教育设计上，童年时代可以先习读书写字、图画，“再进则物理、算学、历史、舆地，以次分时，皆可课授。稍长则可读经书”。“至于国文之课，则必读古文、古诗，选其佳者，必令背诵”。十五岁以后，“则必宜使习西文，英、法、德、意择一皆可。其所以必习西文者，因一切科学美术，与夫专门之业，彼族皆已极精，不通其文，吾学断难臻极，一也；中国号无进步，即以其文字与外国大殊，无由互换智识之故。惟通其文字，而后五洲文物事势，可使如在目前，资吾对勘，二也；通西文者，固不必皆人才，而中国后此人才，断无不通西文之理，此言殆不可易，三也；更有异者，中文必求进步，与欲读中国古书，知其微言大义者，往往待西文通达之后而后能之。此亦赫胥黎之言也，四也；且西文既通，无异入新世界，前此教育虽有缺憾，皆可得此为之补苴”。在严复看来，在20世纪只有中西兼备，才能“谓之成学”，才能成大学问，才有为社会所用之价值。“大抵二十世纪之中国人，不如是者，不得谓之成学。假使中无间断，其人早则二十四五，迟则三十可望大成，为八面应敌之才，他日入世，达为王侯将相，隐为师农工商，皆可为社会之所托芘。后五十年不可知，即今而言教育，舍此无他术也”。① 通晓一门外语，可以打开一个“新世界”，这样的人才可堪大任，这是严复对新世纪人才的定向。

《马氏文通》是我国关于汉语语法的第一部系统性著作。它以古汉语为研究对象，参照拉丁文法，把西方的语法学引进中国，中西结合，创建了第一个完整的汉语语法体系，奠定了中国现代语言学坚实的基石。通过解析《马氏文通》这个成功案例，严复意识到即使要真正了解本国语言文字的文法，也要通晓相近的多种语言，通过语言比较才能获取，因此学习西语也在所必要。他对马建忠精通拉丁语、法语，积二十

① 《论今日教育应以物理科学为当务之急》，《严复集》第二册，第285—286页。

年之功研究中西文法，成此巨著大加赞赏："昔英学者穆勒有云，欲通本国之文辞而达其奥窔，非兼通数异旁国之文字言语不能办也。不佞尝以其言为无以易。欧人为学，文字言语为一专宗。顾其童子就傅，必肄罗马文，更进则希腊文。罗马文，尤所重号拉体诺书，不习拉体诺书，不名学者也。故欧人为学，未有孤习本国文字者也。夫道生于对待，得所比较，错综参互，而后原则公例见焉。故欧人国有文规而中国无者，所坐非他，书同文字而又孤习焉故也。吾国文字之学至于国朝可谓极盛，《说文》、《释词》标为小学，然终无文规。独亡友丹徒马眉叔少习拉体诺、法兰西语，又极嗜律训，淫于故籍，则于是有《文通》之作，其积功迨廿年，平生精力抚略尽于是编。书出，海内呿举以为绝伦，特其文繁而征引旧籍多，今贤所束阁者，故不独喻之者寡，即寓目者亦已尠矣。"正是对《马氏文通》价值的高度认可，严复对陶奎（散生）著《马氏文通要例启蒙》此举特别作序给予热情洋溢的赞助："吾党舒城陶散生，通中西文，得是书，大通其说，乃以近俗语言为发凡例。盖《文通》者，说文字言语之原则公例者也。原则公例近道，道无往而不存，使其信于古文辞而异于近俗言语者，非《文通》矣。"① 《马氏文通》可以说是近人兼采中西、研究汉语文法的一大典范。

为了帮助国人学习英语，严复1903年10月应熊季廉之请，作英文文谱，编成《英文汉诂》（*English grammar explained in Chinese*），1904年5月该书由商务印书馆出版。他自述此书之由："窃念吾国比者方求西学，夫求西学而不由其文字语言，则终费时而无效。乃以数月之力，杂采英人马孙摩栗思等之说，至于析辞而止。旁行斜上，释以汉文，广为设譬，颜曰《英文汉诂》。庶几有以解学者之惑而餍其意欤？未可知也。"② 以后，为满足国内读者对学习西方文化不断增长的需求，严复又作《书〈百科全书〉》（1907年）、《〈英华大辞典〉序》（1908年）、《泰晤士〈万国通史〉序》（1909年）等文，推介英文工具类、通

① 《〈马氏文通要例启蒙〉序》，孙应祥、皮后锋编：《〈严复集〉补编》，福建人民出版社，2004年，第164页。

② 《〈英文汉诂〉叙》，《严复集》第一册，第152页。

识类书籍，为中文世界的读者理解西方文化披荆斩棘、前驱导航。

与西语相连的还有一个问题就是如何对待西医。对此严复也持相当开放的态度，鼓励其侄留学习西医："西医一科，欧美进步奇猛，为国民计，须得多数人勤治此科，一也；又医学所关于教育、法政甚大，刻吾国人亦惭知之，十余年以往，必大看重此学，二也；三则我家累世为医，积德累功由来日久，今日子孙仰席余荫，未必不由此故，吾意颇欲不坠先人之绪，三也。以斯之故，甚愿吾侄学医。"① 严复家族世代行医，对西医的包容是他接纳西学的自然延续。

二、"以科学为艺，则西艺实西政之本"

科学是西洋近代文明的精粹，对引领近代文明向前发展、对构建上层建筑具有统摄作用。严复主张取法西方近代政治制度，要从掌握构建西方上层建筑的科学原理入手。严复的改革路线不是摸着石头过河，因为近代化毕竟已有先例可循；当然也不是照搬教条，而是先做理论准备，摸清西方政制源流，打好腹稿，以免捉襟见肘，仓促行事。他认为按照这样一种方式改革，虽然渐进，但不失稳健，可以减少剧烈社会政治动荡所付出的成本代价。

甲午战争的惨败，朝野上下为之震撼，涌动一股维新变法的潮流，1895 年 2 月至 5 月间，严复在天津《直报》上发表《论世变之亟》、《原强》、《辟韩》、《救亡决论》等文章，率先发出维新变法的呼喊。但如何学习西政西学，涉及西方近代政治与科学的关系，严复强调西方政治架构是以科学原理为基础，因此中国的政治改革必以掌握西学为基础，没有立足于学理的政治改革将是无根之谈。

在分析西方政治与科学的关系时，严复明确指出："名、数、质、力，四者皆科学也。其通理公例，经纬万端，而西政之善者，即本斯而立。故赫胥黎氏有言：'西国之政，尚未能悉准科学而出之也。使其能之，其致治且不止此。'中国之政，所以日形其绌，不足争存者，亦坐不

① 《与侄严伯鋆书》（二），《严复集》第三册，第 827 页。

本科学，而与通理公例违行故耳。是故以科学为艺，则西艺实西政之本。设谓艺非科学，则政艺二者，乃并出于科学，若左右手然，未闻左右之相为本末也。且西艺又何可末乎？无论天文地质之奥殚，略举偏端，则医药通乎治功，农矿所以相养，下洎舟车兵冶，一一皆富强之实资，迩者中国亦尝仪袭而取之矣，而其所以无效者，正坐为之政者，于其艺学一无所通，不通而欲执其本，此国财之所以縻，而民生之所以病也。”① 也就是说，不先治西方科学，通晓其基本原理，欲求西方政制，就难以登堂入室。

严复批评学界热衷议政的喧嚣风气，指示人们要真正究心于西方科学，养成沉潜深思、实证求真的朴学之风，才能破除旧学之流弊。“今世学者，为西人之政论易，为西人之科学难。政论有骄嚣之风（如自由、平等、民权、压力、革命皆是），科学多朴茂之意，且其人既不通科学，则其政论必多不根，而于天演消息之微，不能喻也。此未必不为吾国前途之害。故中国此后教育，在在宜着意科学，使学者之心虑沈潜，浸渍于因果实证之间，庶他日学成，有疗病起弱之实力，能破旧学之拘挛，而其干图新也审，则真中国之幸福矣！”②

严复总结中国教育的大病，自古至今，“一语尽之曰：学古入官已耳！”③ 这样的教育偏于德育、偏于艺事、重视智识、重视演绎，而欠缺体智、科学、创造、归纳：

吾国从来教育即当其极盛，大抵皆未完全。……盖吾国教育，自三育言，则偏于德育，而体智二育皆太少，一也；自物理、美术二方面言，则偏于艺事，短于物理，而物理未明，故其艺事亦难言精进，二也；自赫氏所云二大事言，则知求增长智识，而不重开瀹心灵，学者心能未尽发达，三也；更自内外籀之分言，则外籀甚多，内籀绝少，而因事前既无观察之术，事后于古人所垂成例，又

① 《与〈外交报〉主人书》，《严复集》第三册，第559页。

② 《与〈外交报〉主人书》，《严复集》第三册，第564—565页。

③ 《论今日教育应以物理科学为当务之急》，《严复集》第二册，第281页。

无印证之勤，故其公例多疏，而外籀亦多漏，四也。凡此皆吾教育学界之短，人才因之以稀，社会由之以陋。①

基于对教育现状的这一认识，严复赋予德、智、体以新的意义："德育当主于尚公，体育当主于尚武，而尚实则惟智育当之。一切物理科学，使教之学之得其术，则人人尚实心习成矣。"② 将"尚实"确定为智育的内涵，这是对教育科学化的原则确认，也是对科举教育那种华而不实、浮夸虚饰的学风的颠覆。

文明互鉴的目的是学习对方的长处，弥补自己的短板。在严复之前，近代译书事业主要是在江南制造总局的译书局和一些来华传教士中展开，当时的译书范围，第一类是宗教书，主要是《圣经》的各种译本；第二类是科技方面的书，时人称之为"格致"；第三类是历史、政治、法制方面的书，如《泰西新史揽要》、《万国公法》等。"这是很自然的。宗教书是传教士自动的事业。格致书是当日认为枪炮兵船的基础。历史法制的书是要使中国人士了解西洋国情的。"③ 至于文学、哲学社会科学类的书籍则付诸阙如。为了适应甲午战争后中国要求社会政治变革的要求，严复将近代以来的译事拓展到社会政治领域，其目的是指导现实的政治改革。《天演论》在世纪末向国人敲响了"物竞天择、适者生存、优胜劣汰"的生物进化规律的警钟，提醒人们"世变之亟"，从而预告了新时代的来临。翻译亚当·斯密的《原富》，是因为其书关系到国计民生，"云原富者，所以察究财利之性情，贫富之因果，著国财所由出云尔"。甚至与民族之命运密切相连，"夫计学者，切而言之，则关于中国之贫富；远而论之，则系乎黄种之盛衰"。④《群己权界论》指出"自繇"的真义"乃自繇于为善，非自繇于为恶"⑤，引导人们把

① 《论今日教育应以物理科学为当务之急》，《严复集》第二册，第280—281页。

② 《论今日教育应以物理科学为当务之急》，《严复集》第二册，第282页。

③ 《五十年来中国之文学》，欧阳哲生编：《胡适文集》第三册，北京大学出版社，2013年，第190页。

④ 《译斯氏〈计学〉例言》，《严复集》第一册，第97、101页。

⑤ 《〈群己权界论〉译凡例》，《严复集》第一册，第134页。

握个人与社会关系的分际，反抗专制，追求宗教自由、思想自由，追求真理。《社会通诠》描绘了人类社会从图腾社会到宗法社会再到军国社会的历史进化线路，指出中国社会浸淫于宗法社会已达四千余年，而英、法去封建“仅仅前今一二百年而已”，“二者相差之致，又不能为无因之果，而又不能不为吾群今日之利害，亦已明矣”。[①] 这对中国国民教育的兴起有着直接的引导作用。《法意》绘出了一幅世界各国政制立法源流得失的图景，为清末预备立宪提供了英国版的君主立宪模式。《政治讲义》介绍政治学的基本原理、政治自由、政治制度的分类、宪政理论，为清末预备立宪做了必要的理论铺垫。

严复对西方近代文明本质的把握和理解达到前所未有的深度。他最先认识到西方文明的精髓是民主和科学，其学术“黜伪而崇真”，政治“屈私以为公”。“且其为事也，又一一皆本之学术；其为学术也，又一一求之实事实理，层累阶级，以造于至大至精之域，盖寡一事焉可坐论而不可起行者也。推求其故，盖彼以自由为体，以民主为用”[②]。从而开启了新文化启蒙思想之先河。可以说，严复译介西方经典名著，每一部译著几乎都有明确的现实目的及功用，都是为了介绍、输入西方社会科学的原理。这些原理不仅对推动西方近代社会政治的近代化有着理论指导作用，而且对现实的中国社会政治改革有着文明借鉴的价值和意义。

三、西洋“无法与法并用而皆有以胜我”

战争是近代文明冲突的主要形式，也是最能表现文明本质的单元元素。战争以最直接的方式检验交战双方实力，观察、研究战争，有助对文明冲突的现象与本质的理解。严复生活的年代正是帝国主义时代，战争频繁，一般文人士大夫谈兵议战因缺乏实战经验，虽慷慨激昂，并无多少实用价值。严复作为职业军人，对战争有着特殊的敏感，他纵横捭

---

① 《译〈社会通诠〉自序》，《严复集》第一册，第135—136页。

② 《原强》，《严复集》第一册，第11页。

阃、视野宏阔，对战争内外以及军事与政治、经济多方面的关系都有相当的关照。其军事思想在中国近代军事史上具有特别重要的价值。[①] 透过现象看本质，严复对西方列强“无法与法并用”、文明与野蛮两面性并存始终存有清醒的认识，这是他作为跨文化人的过人与可贵之处。

19 世纪下半期西方资本主义文明过渡到帝国主义时代，战争成为这个时期文明冲突的基本样态。帝国主义恶欲膨胀，大肆扩张，横行全球，整个世界弥漫着战争的硝烟。中法战争马尾海战福建水师的重挫，中日甲午战争黄海战役、威海卫战役北洋水师的全军覆没，1900 年八国联军进犯天津时摧毁北洋水师学堂设施，这些都对严复的心灵造成重创。从与西方列强长期打交道的过程中，严复认识到今日之西方列强强势压境与古代之匈奴、蒙古游牧民族南下骚扰截然不同：

> 客尚不知种之相强弱者，其故有二：有鸷悍长大之强，有德慧术智之强；有以质胜者，有以文胜者。以质胜者，游牧射猎之民是也。……故其为种乐战而轻死，有魁杰者要约而驱使之，其势可以强天下。虽然，强矣，而未进夫化也。若夫中国之民，则进夫化矣，而文胜之国也。……其文章法令之事，历变而愈繁，积久而益富，养生送死之资无不具也，君臣上下之分无不明也，冠婚丧祭之礼无不举也。故其民也婾生而畏法，治之得其道则易以相安，失其道亦易以日窳，是故及其敝也，每转为质胜者之所制。然而此中之安富尊荣，声明文物，固游牧射猎者所心慕而远不逮者也。[②]

也就是说，古代游牧民族由于文明程度不如中原农耕民族，进入中原后最终不得不接受中原农耕民族的生活方式，“忘其所受，其不渐靡

---

① 1910 年冬，清廷成立海军部，严复被授以协都统职衔。1911 年又被授海军第一等参谋官。严复逝世后，陈宝琛作《清故资政大夫海军协都统严君墓志铭》（《学衡》第 20 期，1923 年 8 月），称赞严复：“六十年来治西学者，无其比也。”又曰：“而其战术、炮台、建筑诸学，则反而为文学掩矣。”有意提醒人们严复的海军职业身份。

② 《原强》，《严复集》第一册，第 10—11 页。

而与汉物化者盖已寡矣”①。但近代西方列强所显露的帝国主义本性与之不可同日而语，其“无法与法并用”、文明与野蛮双赢：

彼西洋者，无法与法并用而皆有以胜我者也。自其自由平等观之，则捐忌讳，去烦苛，决壅敝，人人得以行其意，申其言，上下之势不相悬，君不甚尊，民不甚贱，而联若一体者，是无法之胜也。自其官工商贾章程明备观之，则人知其职，不督而办，事至纤悉，莫不备举，进退作息，未或失节，无间远迩，朝令夕改，而人不以为烦，则是以有法胜也。其民长大鸷悍既胜我矣，而德慧术知较而论之，又为吾民所必不及。②

严复对西方列强有法与无法、文明与野蛮两面性的揭示，真正深入帝国主义内在的本质。

外交是调节文明冲突的重要手段。20世纪初，世界局势日益紧张，西方列强群雄环伺，虎视眈眈，中国周边压力重重，严复一方面分析危局，深虑中国外交，“以孤身而立于外交剧烈之场，坛坫周旋，不胜其惫，迁延以至今日，情形之困难，百倍于前”。一方面又鼓励担负中国外交工作者：“愿我外交诸公，持以定力，驭以精心，默观世界大势之变迁，研究各国现行之政策，相机补救，以历练其外交之经验，培养其外交之人才，则吾国前途，未尝无可冀也。世有俾斯麦、达兰诸人者出，予日望之！予日望之！”③

清末民初十余年间，发生了两场与中国相关的战争：一场是日俄战争，战争发生在我国东北，日俄双方意在夺取中国东北的控制权。严复默察日俄战争的态势，预测“俄国断难持久”，对战争结局了然于胸：

俄国所望专属波罗狄海军，然船数虽多，其坚者不外数艘而

① 《原强》，《严复集》第一册，第11页。
② 《原强》，《严复集》第一册，第11页。
③ 《论近日外交之困难》，《〈严复集〉补编》，第59、60页。

已。远道趋敌，无所停泊，战后又无处可修，所挟之煤船医船，在在皆为弱点。又此来于旅顺既覆之后，小胜亦不为功，必全胜而操海权而后有济，据往策今，能乎否耶？况内乱蜂起，国中报纸皆力主罢战；尼古拉第二忧愤欲狂，不得已乃议大集国民代表，以决战媾；顾所难者，媾将如何出之耳。俄为天下强国，而内政腐败，遂无幸若此。①

为让国人了解这场战争的真相，严复仿效陆士衡《辨亡论》之例，特作《原败》一文，对日俄战争的来龙去脉、前因后果及其俄国战败的原因做了切实分析。该文从俄、法、德三国干涉日本还辽事件谈起，讲到俄国沙皇经营东方的侵略政策、日俄战端的挑起、俄国内部军政的腐败。在严复看来，俄国之战败完全是咎由自取："今夫俄之败者，非日本之能败也，其十七八皆俄自败之。若鲁巴金，知名而有阅历之将也，其终归堕绩，至求瓦全而不得者，盖内困于谗人，而外穷于将士之不用命也。夫俄兵之横暴无人理，此次之发现于满洲者，殆历史之所无。日本以此而收其功，吾民以此而当其厄。"严复对沙皇专制和其外强中干的面目亦有独到的分析："是故东方之溃败，于俄国非因也，果也。果于何？果于专制之末路也。夫俄皇尼古拉，亲为十九、二十世纪之国主，乃欲守二三百年大漠西域之旧制。宗教则务使民为迷信，风俗则塞外输之文明，报纸则监之以申援尔，宪法则言其时之未至，加以群凶在位，独厉威严。……东方之败之于俄，譬诸人身，其肢末之痿软。"②严复这篇文字，可能是当时中文世界对日俄战争分析最为透彻、到位的一篇文字。

另一场是第一次世界大战，战场虽远在欧洲，战争却与中国息息相关。1914 年第一次世界大战爆发后，严复受命研究战争，通过搜寻英文报刊一手材料，译呈《居仁日览》，为中国应对形势、制订正确的决策提供可靠的战争资讯。严复研究战争不是单纯的军事观点，而是综合

---

① 《与张元济书》（十八），《严复集》第三册，第 555 页。

② 《原败》，《严复集》第一册，第 163、164 页。

国家实力对战争双方进行评估，这是他的战争观的一个重要特点。正是基于这一视角，严复并不怎么看好德国在战争初期闪电战的凌厉攻势，以为支撑持久战争的资源仍是国家的经济财力和广阔的世界殖民地资源。为赢得中国在战后的主动权，严复主张中国加入协约国行列，对德奥宣战。此举为中国战后获取战胜国资格、提高中国的国际地位迈出了关键的一步。①

严复战争观的另一个重要特点就是深刻的文明批判。第一次世界大战造成生灵涂炭，严复目睹近代科技、强权政治、军国主义的负面作用，西方文明的光环在他心目中从此暗淡下去：

西国文明，自今番欧战，扫地遂尽。……英国看护妇迦维勒 Miss Cavell 当正命之顷，明告左右，谓："爱国道德为不足称，何则？以其发源于私，而不以天地之心为心故也。"此等醒世名言，必重于后。政如罗兰夫人临刑时对自由神谓："几多罪恶假汝而行也。"往闻吾国腐儒议论谓："孔子之道必有大行人类之时。"心窃以为妄语，乃今听欧美通人议论，渐复同此，彼中研究中土文化之学者，亦日益加众，学会书楼不一而足，其宝贵中国美术者，蚁聚蜂屯，价值千百往时，即此可知天下潮流之所趋矣。②

太息春秋无义战，群雄何苦自相残。欧洲三百年科学，尽作驱禽食肉看。

（战时公法徒虚语耳。甲寅欧战以来，利器极杀人之能事，皆所得于科学者也。孟子曰："率鸟兽以食人。"非是谓欤？）

汰弱存强亦不能，可怜横草尽飞腾。十年生聚谈何易？遍选丁男作射堋：

（德之言兵者，以战为进化之大具，谓可汰弱存强，顾于事适

---

① 相关论述参见欧阳哲生：《严复看第一次世界大战》，《中国高校社会科学》2014 年第 1 期。

② 《与熊纯如书》（七十三），《严复集》第三册，第 690 页。

得其反。)①

严复"暮年观道",由对西方文明的深深失望,转向对中国传统儒学的重新评估,大力发掘孔孟之道的思想价值及其现代意义:

> 不佞垂老,亲见脂那七年之民国与欧罗巴四年亘古未有之血战,觉彼族三百年之进化,只做到"利己杀人、寡廉鲜耻"八个字。回观孔孟之道,真量同天地,泽被寰区。此不独吾言为然,即泰西有思想人亦渐觉其为如此矣。②

从严复对欧战形势的审时度势、从他对西洋文明负面的深刻认识、从他力主中国参战的及时决断,可以看出严复确是当时中国最具世界眼光、并真正了解世界情势的思想家。

四、"期于文明可,期于排外不可"

近代中国是中西两大文明激烈冲突、交融的大时代。围绕处理中西文化关系,国内产生、流行过各种不同论调,这些论调囿于传统的、本土的视野,表现出这样那样的局限。针对时兴的这些论调,严复以其世界性的眼光,表达了不同凡响之见。

为抵触引进西洋近代工业的影响,晚清出现了"西学中源"的奇谈怪论,严复对此批评道:"晚近更有一种自居名流,于西洋格致诸学,仅得诸耳剽之余,于其实际,从未讨论。意欲扬己抑人,夸张博雅,则于古书中猎取近似陈言,谓西学皆中土所已有,羌无新奇。如星气始于臾区,勾股始于隶首;浑天昉于玑衡,机器创于班墨;方诸阳燧,格物所宗;烁金腐水,化学所自;重学则以均发均悬为滥觞,光学则以临镜

① 《何嗣五赴欧战归,出其记念册子索题,为口号五绝句》,《严复集》第二册,第403页。

② 《与熊纯如书》(七十五),《严复集》第三册,第692页。

成影为嚆矢；蜕水蜕气，气学出于亢仓；击石生光，电学原于关尹。哆哆硕言，殆难缕述。此其所指之有合有不合，姑勿深论。第即使其说诚然，而举划木以傲龙骧，指椎轮以訾大辂，亦何足以助人张目，所谓诟弥甚耳！”他区别近代西方科学与鬼神迷信，指出两者之间的本质差异：“夫西学亦人事耳，非鬼神之事也。既为人事，则无论智愚之民，其日用常行，皆有以暗合道妙；其仰观俯察，亦皆宜略见端倪。第不知即物穷理，则由之而不知其道；不求至乎其极，则知矣而不得其通。”鼓吹“西学中源”说“此种令人呕哕议论，足见中国民智之卑。……时局到今，吾宁负发狂之名，决不能喔咿嚅睨，更蹈作伪无耻之故辙”。①

“中体西用”论是自洋务运动以来奉行的官方哲学，也是保守势力阻挡西学的盾牌，严复对其弊端有深刻的洞察：“善夫金匮裘可桴孝廉之言曰：体用者，即一物而言之也。有牛之体，则有负重之用；有马之体，则有致远之用。未闻以牛为体，以马为用者也。中西学之为异也，如其种人之面目然，不可强谓似也。故中学有中学之体用，西学有西学之体用，分之则并立，合之则两亡。”② 对“中体西用”论这种“风马牛不相及”的体用二分法做了深切的批判。

“文明排外”论貌似合理而实为不当，严复以为其万不可行：“突厥、埃及、波斯、印度是已。之数国者，夫岂不言排外？其所以排外之道，夫岂不自谓文明？其于教育也，夫岂不自张其军，而以他人为莫我若？然而其效，则公等所共见而共闻者矣。吾故曰：期于文明可，期于排外不可。期于文明，则不排外而自排；期于排外，将外不可排，而反自塞文明之路。……总而论之，今日国家诏设之学堂，乃以求其所本无，非以急其所旧有。中国所本无者，西学也，则西学为当务之急明矣。”③ 力斥“文明排外”论，将学习西学放在优先地位。

随着社会达尔文主义的流传开来，“强权即公理”论调甚嚣尘上。严复不认同这种论调，他发表题为《有强权无公理此语信欤》的演说：

---

① 《救亡决论》，《严复集》第一册，第52—53页。

② 《与〈外交报〉主人书》，《严复集》第三册，第558—559页。

③ 《与〈外交报〉主人书》，《严复集》第三册，第561—562页。

"不佞颇闻近日学界，盛行有强权无公理之说，道德本属迂谈，公法亦为虚论，日甚一日，不知所终。使此说而为感慨有激之言，犹之可也；乃至奉为格言，取以律己，将其流极，必使教化退行，一群之中，抵力日增，爱力将息，其为祸害，不可胜谈。"① 对学界流行"有强权无公理"的论调抱以警觉的态度。认为"公理自属世间长存不坏之物，而强权有效，亦必借重公理而后可行"，强权之说与自由平等之义相矛盾，二者不可相互包容。但诚如斯宾塞尔所说，"言为众口所传，虽谬不实，常含至理，不可忽也"。因此对于强权即公理之巷谈，切不可忽视。"故有强权无公理之说虽大谬，而其中有至信者存焉。盖于此可见有文德者，必有武备，无强权而独恃公理者，其物亦不足存也。故国不诘戎，民不尚武，虽风俗温良，终归侮夺"。严复一方面谴责列强"无公理之强权，禽兽之强权也"；一方面又告诫沦为奴隶之国，与其"叹息流涕而但见强权者，何其不早寤乎！"② 他以埃及、土耳其、高丽三国的不同命运为例，警示国人，要发愤图强，勿沦落为强权之奴隶，勿重蹈高丽之覆辙。

严复对上述"西学中源"说、"中体西用"论、"文明排外"论、"强权即公理"等各种论调的批评，实为文明对话，其意是为了促进方兴未艾的近代文化交流。文明互鉴的最终目的是消除隔阂，相互融合，走向大同，这是由人类文明发展的大趋势决定的。"五洲人类，既日趋于大同矣，欧亚之各国，其犹一乡一闉之人家乎！"③ 如果国家不求进步，抱残守缺，成为人类之阻梗，就难免被强者所铲除。从这个意义上说，严复的文明互鉴论不啻是一副唤醒国人自我觉悟的清醒剂。

五、结语

细究严复的文明互鉴之道，我们可以发现：在近代中西文化交流的

① 《有强权无公理此语信欤》，《〈严复集〉补编》，第 52 页。

② 《有强权无公理此语信欤》，《〈严复集〉补编》，第 55—56 页。

③ 《有强权无公理此语信欤》，《〈严复集〉补编》，第 56 页。

大背景下，由于西方文化的相对强势和先进，严复主要是扮演将西方先进文化带回本国这样一个角色，他的历史作用和思想贡献表现于此。严复在传播西学时，以常识论道，以理服人，重视语言交流的直接作用。初看上去他似乎是偏向西学，但当西风偏离正道，其现代性的弊病充分显露之时，严复又会重拾中国传统儒学的价值，重估中西文化，在中西文化之间谋求综合与平衡，表现出与时俱进的一面。他“暮年观道，十八九殆与南海相同，以为与吾国旧法断断不可厚非……即他日中国果存，其所以存，亦恃数千年旧有之教化，决不在今日之新机”①，这是严复自我调适的高明。

严复重视科学在文明互鉴中的指导作用。他译介西方政治学、经济学、社会学经典名著，阐述这些学科的基本原理，讲究逻辑、实证，这与传统的论道方式明显有别。他不希望现行的社会政治改革是一场不计成本的变革实验，而要走循序渐进、稳健进步的路子，这种英国版的渐进模式虽不合时宜，却用心良苦。

严复的文明互鉴之道是在充分估衡中西文明价值的基础上形成的。他讲究直面现实，针对性强，不凭空议论，始终保持批判性的姿态，代表着中国文化从传统向现代转型的自我探寻、自我进取。严复的思考，经过20世纪大风大浪的历史考验，穿越漫长的时间隧道，对我们当今仍具有不可磨灭的思想价值。

---

① 《与熊纯如书》（四十八），《严复集》第三册，第661、662页。

严复与清末民初中国士人的现代转向

黄克武[①]

清末民初以来中国人开始面对西方的冲击，追求国家的现代化。这个过程不但涉及模仿西法，也与中国士人自觉地结合中西，努力建立一套新的现代化方案有密切的关系。中国士人的思想是一个动态而连续的发展过程，自清朝中叶起，从魏源的《皇朝经世文编》（1826 年）出版后，逐步形成了影响深远的经世之学的传统，在清末民初时士人进一步以经世济民的关怀为基础，接引西学，促成了中国的现代转向。为了清楚地从思想史层面阐释中国的现代化进程，吾人需要重新检视中国传统的思想预设及其接引西方思想、构思现代化方案的过程。本文围绕“科学”与“民主”两大主题，以严复等人的思想为例，从历史的连续性角度看待传统思想在中国现代转型中所发挥的作用，以阐明中国式现代化的历史根源。

一

清末民初这一历史阶段在中国思想史上具有特殊意义。它一方面是中西文化的相互冲击，另一方面则是从传统到现代的迂回发展。总体而言，随着西学的进入和政治的转型，中国思想与文化在此阶段逐渐从传统过渡到现代，发挥了承前启后的作用。西学的传播和中国士人对西学的吸收与转化是该过程的一体两面，关于这一点已有不少学者做了

---

① 黄克武，台湾“中央研究院”近代史研究所特聘研究员。

讨论。

张灏教授认为，1895 年至 1925 年是“中国近代思想史的转型时期”。此一时期，报章杂志、新式学校以及学会等制度性传播媒介大量涌现，以学会为代表的知识阶层诞生，带来了新的思想论域与文化取向危机，这也造成了传播媒介与思想内容的突破性巨变。[①] 潘光哲的《晚清士人的西学阅读史》一书则以具体的个案，爬梳了晚清世变日亟之际的中国士人对西学的阅读与理解。西学不仅通过译介出版和新闻报刊等渠道传入中国，在清末还以与科举考试相结合的方式深刻影响了广大的中国士人。当是时，旧学与新知在中国思想界融合，其中有“以西证中”，也有“中西互证”。[②] 晚清西学输入的另一个表征是外语词汇的大量引进，其中的关键性事件是上海商务印书馆于 1908 年出版了以颜惠庆（1877—1950）为主所编纂的《英华大辞典》，它以 12 万条英文词汇掀起了“new terms for a new world”（以新词汇来表达一个新的世界）的浪潮，书中收录了大量 20 世纪之后流行的“现代学术术语”，代表了一个新时代的来临。

伴随着新学的兴起和新世界的建构，中国在 19 世纪末 20 世纪初逐渐进入现代社会。这一现代化的过程主要包括四个新的观念或特征：一是世俗化（secularization），即人与宇宙关系的科学化；二是文化地理的多元化，国人认识到世界上存在多个文化中心，在地球上除了中国之外还有其他的文化中心；三是现代意义上的国家主义（nationalism）的出现；四是科学和经济的发展与政治参与的提升。[③] 与上述转变同时的，是中国士人思想上的现代转向，这体现在四个方面：一是在空间观上，从“中国的世界”变为“世界的中国”；二是在时间观上，从三代史观与循环史观转变为线性进化史观；三是宇宙观的转变，从阴阳五行或宗教式的宇宙观转变为科学的宇宙观；四是政治合法性观念的转变，政治统治的基础从“天命”转变为以“民约”观念为基础的

---

① 张灏：《中国近代思想史的转型时代》，《时代的探索》，联经出版公司，2004 年。

② 潘光哲：《晚清士人的西学阅读史》，凤凰出版社，2019 年。

③ 墨子刻：《中国近代思想史研究方法上的一些问题：一个休谟后的看法》，黄克武编：《政治批评、哲学与文化：墨子刻先生中文论文集》，华艺数位，2021 年。

“民主”。

在这一现代转型中，传统思想扮演了什么角色？对此学界有不同的诠释。美国史家列文森（Joseph R. Levenson）认为，中国传统思想与文化在转型中发生了断裂，因此只剩下了情感依托而失去了实质的意义，这造成了中国士人内心相当深的紧张与焦虑感。① 史华慈（Benjamin I. Schwartz）也抱持着类似的观点，他认为近代中国思想发展的主轴是放弃传统，追求西方“浮士德—普罗米修斯”的“动力”精神，来实现国家富强的理想。② 要讨论这一判断，吾人需回答传统思想的作用与延续性问题，了解中国近代思想中的传统预设，进而在此基础上准确把握它在中国现代转型中的地位。

沟口雄三和余英时两位先生都强调在现代转型中，传统思想保持了延续性，这具体表现为天人合一的宇宙观（余英时所谓“内在超越”）和群己关系上集体价值的优先性对现代转型的影响。两位先生认为由此二预设所发展出的中国近代思想，与西方近代思想表现出明显的差异。后者随着怀疑主义与个人主义的兴起而有天人分裂（余英时所谓“外在超越”）、自我的自立与私领域观念的崛起。③ 墨子刻（Thomas A. Metzger）先生则比较集中地阐述了传统思想的特点，并归结出中国文化的五个固有预设，即天人合一的关系（价值源自天，落实于人的心性之中）、乐观主义的人性论（无西方的“原罪”观念或张灏教授所说西方的“幽暗意识”）、乐观主义的认识论（天地万物的道理均可格而知之）、政治核心架构的一元性（也包括其中道统与政统间的对话与紧张关系）和在群己关系中坚持社区社会（Gemeinschaft，亦即道德感

---

① Joseph R. Levenson, *Confucian China and Its Modern Fate: A Trilogy* Berkeley: University of California Press, 1965 [1958].

② Benjamin I. Schwartz, *In Search of Wealth and Power: Yen Fu and the West* Cambridge: Belknap Press, Harvard University, 1964.

③ 沟口雄三：《中国前近代思想的演变》，中华书局，1997 年。余英时：《从价值系统看中国文化的现代意义》，时报文化，1984 年。杨芳燕：《明清之际思想转向的近代意涵：研究现状与方法的省察》，《汉学研究通讯》2001 年第 20 卷第 2 期。

强、人情味浓的农业社会)[①] 与内圣外王的理想。[②] 接下来要讨论的问题是，这种根深蒂固的中国思想传统在中国现代化的过程中，是否影响了时人对西方知识的吸取，进而影响了国家的现代转型？

二

以上关于中国传统思想预设的讨论表明，与列文森和史华慈的传统断裂性视角不同，沟口雄三、余英时和墨子刻等开创了另一条理解路径，关注中国思想传统在现代转型时期的连续性。这种连续性是可以被观察到的历史事实，明末清初的反专制思想与新的公私观念对清末民初儒家知识分子选择性地接受新思想发挥了“暗示”或“导向”的作用。[③] 同时，近代以来深受传统影响的经世之学则是晚清中国士人“应变图强”的思想资源，并具有持续性的影响力。

魏源和贺长龄在 19 世纪 20 年代编辑了《皇朝经世文编》，后世不断补编、续编、新编，发展到 1914 年的《民国经世文编》，这一过程形成了连绵不断的经世之学。这套书取材丰富，开始之时是以“学术”、“治体”以及有关“六部”的架构来做分类，1860 年之后引入了相当多的西学知识。[④]《经世文编》的读者既有曾国藩、左宗棠、张之洞等封疆大吏，又有杨昌际、刘大鹏等一般士人，倡导维新变法的康有为、梁启超等士人也积极阅读此书，甚至参与编辑新的《经世文编》。例如麦仲华的《皇朝经世文新编》（1898 年）收有严复的《原强》、《辟韩》；邵之棠的《皇朝经世文统编》（1901 年）收有《原强》；于宝轩的《皇

---

① Gemeinschaft（社区社会）和 Gesellschaft（结社社会）是德国社会学家费迪南·唐尼斯（Ferdinand Tönnies）用来把社会关系归类为两种互相界定的二分法社会学类型。一个是农业社会乡村生活，一个是都市化之后的市民生活。两者之间有道德性的紧张。按照前者的理想，后者缺乏道德秩序，因此要合法化结社社会必须“新民德”。

② 黄克武编：《政治批评、哲学与文化：墨子刻先生中文论文集》，第 366—370 页。笔者对其观点有所归纳与整理。

③ 余英时：《现代儒学的回顾与展望》，《现代儒学论》，上海人民出版社，1998 年。

④ 黄克武：《经世文编与中国近代经世思想研究》，《反思现代：近代中国历史书写之重构》，四川人民出版社，2021 年。

朝蓄艾文编》(1903 年) 收录了严复的《天演论》。[1] 可见西学正是在经世思想的基础上逐渐为中国士人所接受的。特别地，在清末科举改制与西学相结合后，《中外政治策论汇编》、《中外策问大观》等受到《经世文编》传统影响的应试书籍大量涌现，西学与经世之学的这一结合通过科举广泛地影响了中国士人。[2]

吾人应重视经世传统在中国现代转型中的意义。就经世之学的源流而言，严复与梁启超等人均延续了清中叶以来的经世传统，试图解决“兼内外”的核心议题，亦即结合内在道德、知识的追求与外在事功上的成就（一方面避免宋明理学过度重视内在的缺点，另一方面又避免法家或功利学派偏向外在事功而不重内在修养的毛病）。他们进一步将内外问题与中西接融问题结合为一，从事“会通中西”的努力。以严复来说，笔者曾借着宋明理学内在/外在的区分，指出严复并没有全盘否定中国传统，而是有选择地将中国传统与西方思想相结合。他所选择的传统价值主要是内在的伦理和精神价值，而西方价值则以外在为中心：科学的宇宙观、技术发展与政治和经济的制度设计等。而这一“会通中西”的志业为后世的港台新儒家们所继承。就经世传统的思想内容而言，民国政治深受其影响，国共两党都在尝试将自己的政治统治与中国传统思想资源相结合。总而言之，在经世传统的影响下，中国的现代转向没有完全走向西方工具理性的道路，没有将科学的充分发展和技术的全面统治作为终极目标，而是努力将“工具理性”和“价值理性”结合起来。[3] 在价值理性的部分，中国人的思想深受传统影响。这包括勤俭、重视读书等固有的美德，“差序格局”的人际关系（费孝通在《乡

---

① 这是根据“清代经世文编”全文数据库所做的搜寻。网址为：http：//mhdb. mh. sinica. edu. tw/mhtext/title. php。

② 章清：《“策问”与科举体制下对“西学”的接引：以〈中外策问大观〉为中心》，《“中研院”近代史研究所集刊》2007 年第 58 期。

③ 根据社会学家马克斯·韦伯观察，人类具有两个独立的理性能力，一是工具理性（zweckrational），借助理性达到自己需要的预期目的，行动者纯粹从效果最大化的角度考虑。一是价值理性（wertrational），那是由一种自觉的价值观所决定，这种价值观是为了某种道德、美学、宗教或其他形式的行为，而与成功的前景无关。

土中国》一书中的观念），独特的语言、文学与艺术，与西方民主不同的政治形态（例如，贝淡宁曾指出，基于中国传统政治哲学而又异于选举民主制的垂直民主尚贤制，在国家治理上具有独特性与优越性[①]），以及希望能“驾于欧美之上”的“天下”的理想等。

与这一历史连续性的认识相对应的，是西方汉学界自 20 世纪 80 年代开始的范式革新，中国近代史从“国耻史”的失败史一变而为重构的开端和成功的前奏。前者从转型期的断裂性角度出发，用诸如“冲击—反应”等模式来看待中国近代积贫积弱的状况和向西方学习的过程，着重于寻找中国“错”在何处，失败在何处。后者则采用转型期的连续性视角，认为民国是晚清的延续，19 世纪的中国不再是“积弱”与“衰世”，而是今日中国“重构”的开始，是大国崛起的预备阶段；20 世纪的社会主义革命更是具有世界史上的意义。近 40 年来，后一范式所代表的目的论史观随着中国的崛起而备受关注。[②] 史华慈与笔者在不同时代有关严复的研究也表现出范式的演变。[③] 史华慈在 20 世纪 60 年代的研究显示，严复摒弃了中国的传统思想和价值观，转而接受西方的思想和价值观。史华慈宣称，直到晚年，严复才对西方产生了深刻的怀疑，并在个人生活中倾向于保守主义，更多地沉浸于道家的真理。史华慈描述了一个抛弃儒家核心价值观以接受西方“浮士德—普罗米修斯”精神从而追求富强的严复。笔者在 2008 年出版的书则试图描述一个更为复杂的观点，即严复的思想与中国传统有着基本的连续性，这种连续性决定了他对自己所翻译和评论的欧洲书籍的理解和误解。因此，与史华慈将严复视为摒弃儒家核心传统，转而支持以西方价值观为主要基础的世

① 贝淡宁：《贤能政治：为什么尚贤制比选举民主制更适合中国》，中信出版社，2016 年。

② 以上对西方中国研究的观察采自 2023 年 4 月 6 日叶文心教授在台北“中研院”近代史研究所的演讲，题目为《重整世界与重写历史：从几个近代史课题的修正论述谈起》。

③ Benjamin I. Schwartz，*In Search of Wealth and Power*：*Yen Fu and the West*，Cambridge，Mass.：The Belknap Press of Harvard University Press，1979 [1964]. Max K. W. Huang，*The Meaning of Freedom*：*Yan Fu and the Origins of Chinese Liberalism*，Hong Kong：The Chinese University Press，2008.

界观的形象不同，笔者看到的严复深受传统思想影响，他的儒家（和佛道）传统始终是一种新的世界观的一个基本组成部分，这种新的世界观是会通中西的结果。①

三

在回顾了中国转型时期的历史连续性后，我们可以紧扣“民主”和“科学”这两个近代中国的主要议题，具体讨论传统思想对中国现代转向的影响。最早指出民主与科学是西方文化的核心的人也是严复。他说西方文化的强盛在于其系统性，其命脉不是表面上的“汽机兵械”、“天算格致”，而是内在的一种精神：“于学术则黜伪而崇真，于刑政则屈私以为公而已。”② “黜伪而崇真”即五四时期所谓的“赛先生”（science），而“屈私以为公”则是“德先生”（democracy）。

如何理解中国现代转向了民主政治？又共和何以成为辛亥革命的政治理想？要回答这两个问题，不仅要关注清末民初的思想界动态，还要回溯国人在清道光咸丰年间对西方观念的引介，其中最重要的是对欧美民主、共和等观念的介绍。

早在19世纪三四十年代，中国思想家与西方传教士即开始介绍西方的政治理念，英国的君主立宪制与美国的民主政体都进入了国人的视野。当是时，华盛顿被描绘成三代时尧、舜那样的明君，他所树立的民主风范被视为天下为公、万世不易的典范。到了19世纪80年代，“君主”、“君民共主”、“民主”等政体类型的三分法已在中国知识界确立，而肯定后二者之人越来越多。这些想法都加强了人们对民主理想的认识与向往。③

---

① 有关两书的对比，参见艾恺教授所撰写的书评。Guy Allito, “Book Review: *The Meaning of Freedom: Yan Fu and the Origins of Chinese Liberalism* by Max Ko—wu Huang,” *China Review International: A Journal of Reviews of Scholarly Literature in Chinese Studies* 18: 2 (2011), pp. 194—199.

② 严复：《论世变之亟》，《严复集》第一册，中华书局，1986年，第2页。

③ 黄克武：《从晚清看辛亥革命：百年之反思》，《近代史研究》2012年第9期。

值得注意的是，这一新思想被逐渐接受的背后，实际上有其传统的根源。若忽视新思想是在“前有所本”的情况下在中国兴起的，就可能会低估清末民初转向民主制度的难度。从晚明以来，儒学内部萌生了变迁，中国思想界内部涌动着一股反专制的思潮，从黄宗羲、顾炎武、王夫之、唐甄到清中叶的龚自珍等人，均“讥切时政，诋排专制”，提倡一种新的公私观念与富民论，倡言地方分权，要求反省君主专制。这一明清之际的儒学变构对于晚清的思想解放起到了重要的推动作用。具体而言，对于在中国传统之下思索解决专制问题的士大夫来说，西方有关民主政治的知识的传入提供了可供参考的制度，为实现民本理想和天下为公的政治理念提供了可能性。① 严复的民主观即配合此一思想趋向。他与当时许多思想家一样，将儒家理想与卢梭“主权在民”的理念结合在一起，以为民主是“合私以为公”。民主制度需要国民具有“合天下之私以为公”或“屈私以为公”的精神，使人民能“为公产公利自为斗”。严复认为此一精神是民主体制的道德基础，也是“新民德”中的重要部分。对严复而言，因为民主可以合私以为公，因此实行民主可以解决君主专制中“私天下”的问题，而达到“公天下”的理想。②

对这一问题，沟口雄三先生、余英时先生所做的若干讨论值得再做思考。沟口雄三认为，近代中国人对平等、民权、革命等以反封建专制为目标的新思想的接受，乃是晚明至清末四百年间中国思想史（儒学的变迁）与社会史（地主与佃农对立的深化终究会导致民权思想的产生）的发展所蕴含的内在要求，因而它既是主动的，也是必然的。余英时将明清之际儒学变构产生的新特点称为“新基调”，它体现在对地方性社会性活动的重视、强调民间力量在组织事务中的作用、保障私有财产、重视通商、从“私”之中导引出“公”和重视商人角色等六个方面。这一新基调对清末民初儒家知识分子选择性地接受西方民主思想起到了

① 黄克武：《从追求正道到认同国族：明末至清末中国公私观念的重整》，黄克武、张哲嘉编：《公与私：近代中国个体与群体的重建》，台北“中研院”近代史研究所，2000 年。

② 黄克武：《自由的所以然：严复对约翰·弥尔自由思想的认识与批判（修订版）》，浙江古籍出版社，2021 年，第 253 页。

“暗示”或“导向”作用，他们希望不断增强民间社会与个人的功能，使之从国家的压抑中解放出来。①

不过，吾人还应当看到19世纪的中国思想界实际上并立着各家各派的思想，包括儒家经世学说、宋明理学、今文经学、诸子学、大乘佛教等。因此，除了儒家的新基调外，许许多多的思想资源都能够成为接引西方新思想的动力，例如诸子学之中的墨学研究就很注重接引西学的逻辑（logic）与“舍生取义”的爱国精神。② 因此，在谈论明清之际儒学变构对近代思想的形塑时，我们应该意识到它的作用机制存在一个“再发现”的筛选过程，是复调而非单调的发展。例如，清末民初存在着宋明理学的“大公无私”与明清儒学“合私以为公”这两种公私观的竞争，刘师培在接受无政府主义思想之时，所持观念就发生了从后者到前者的转变。也就是说，国人对于西方观念的吸收与选择受某些与它亲近的传统观念影响。有了这一认识，就不难理解，国人在清末个人解放的风潮之下为何选择了卢梭—黑格尔—马克思主义的民主传统而非弥尔的自由传统，而各式各样的社会主义为何成为近代中国的主流思想。诚如拙著《自由的所以然》所述，严复在介绍弥尔自由主义时面临着相当多的困难，因为弥尔思想中的个人权利（right）、隐私（privacy）、品味（taste）、消极自由（negative freedom）等观念与中国传统思想观念存在着一定的矛盾性，而相较之下卢梭的思想就更具亲近性。③ 换句话说，并非西学的所有方面都能够为国人顺利接纳，中国传统思想之基本预设影响了国人接纳某一类型和流派的西学，而抵触另一种。

四

除了民主之外，中国现代转向的另一大主题即科学。经由接引西

---

① 这方面的讨论参见杨芳燕：《明清之际思想转向的近代意涵：研究现状与方法的省察》，《汉学研究通讯》2001年第20卷第2期。

② 参见黄克武《文字奇功：梁启超与中国学术思想的现代诠释》（广西师范大学出版社，2024年）第100—156页有关墨学的部分。

③ 黄克武：《自由的所以然：严复对约翰·弥尔自由思想的认识与批判（修订版）》，第239页。

学，中国近代经历了一个韦伯（Max Weber）所说的理性化（rationalization）与祛魅（disenchantment）的过程，宋明理学的阴阳五行或者宗教式的宇宙观在此过程中渐渐被科学理性所取代。世俗化和科学理性在西方的出现并不是单元性的，而是牵涉相应的政治理论的发展，即启蒙以来的科学对宗教与保守主义政治哲学的激烈冲击。①

从科学权威的建立过程来看，西方世俗化深受怀疑主义和道德相对论的冲击。麦金太尔的《德行之后》一书深入描写怀疑主义兴起之后切断了从“实然”得出“应然”的可能性，造成当代西方道德伦理的危机。② 相对来说中国的世俗化没有受到道德相对论的冲击，二者之别是与中西方处理天人关系的不同方式，以及认识论与人性论上的差异密切相关的。余英时认为，中国人相信作为人间道德秩序的价值之源的天是内在于人心的，心与天之间并非泾渭分明，而是“不即不离”。因此，儒家强调追求超越界的努力方向应该是向内的，是“为仁由己”，是“尽其心者知其性，知其性则知天”。相反，希伯来的宗教信仰将宇宙起源和价值之源等问题归诸无所不知、无所不能的上帝，其超越界（天）因此具体化为人格化的上帝，这就造成了超越界与现实世界的高下分殊和与人的分离。于是，论说人及万物系自然起源的达尔文主义会冲击西方价值的源头，它事实上也引发了一种强烈的抗拒（尤其是宗教界的抗拒）；相对而言，严复将进化论引入中国时则没有受到太多的阻力，毕竟中国未加以实质化和形式化的真理观念与科学并不处在尖锐对立的地位上。③

由此观之，天人关系与真理价值的源头差异决定了世俗化和科学理性会对中西方产生不同的影响。在西方，怀疑主义思潮引发对于知识范畴的讨论，将知识范围缩减成最小的能够证实的范畴（科学），并衍生出“道德的相对论”，而后者成为当代西方国家所面临的重要挑战。这

---

① 黄克武：《世俗化理论是否适用于近代中国？》，《反思现代：近代中国历史书写之重构》。

② 参见麦金太尔著，宋继杰译：《德行之后：伦理理论研究》，译林出版社，2003 年。

③ 余英时：《从价值系统看中国文化的现代意义》，时报出版公司，1984 年，第 23—42 页。

一世俗化过程也带来了个人主义的兴起与自由范围的扩大。相对来说，中国世俗化过程没有出现怀疑主义，也没有引发类似西方所出现的道德与知识危机。那么，中国在接引西方思想时，科学的宇宙观是如何建立的？科学知识何以未同中国传统观念发生龃龉？

为了回答这一问题，我们可以用进化论在中国的传播为例来做说明。如上所述，余英时指出中国人价值之源不是寄托在上帝观念之上，也没有包罗万象的神学传统。在西方，科学排斥宗教，进化论的科学知识不可避免地要与西方神学中的宇宙论、生命起源论等发生冲突。美国心理学者也是基督教徒的詹姆士（William James）就说他内心痛苦主要来自进化论。然而在中国士大夫对于西方科学知识的接纳几乎都是“来者不拒”，各种科学知识传入之时并未引起太多的争端，而且常常引用传统观念来解释（“格义”）西方科学。例如达尔文的生物进化论在西方引起强烈的抗拒，其余波至今未已。但进化论在近代中国的流传，几乎完全没有遭到阻力。①

张洪彬也有类似的看法。他在《祛魅：天人感应、近代科学与晚清宇宙观念的嬗变》第六章中指出严复所译介的《天演论》与中国本土的“有机宇宙观”有着高度的一致性，使国人在接受天演论时更为顺利。因为有机的宇宙观认为：万物并非源于人格化的上帝，而在从起点到纷繁复杂的万物之间，存在着演变、发展的过程，且发展过程是有规律的（这是来自《易经》的观点）。这三点与天演论有相似之处，《天演论》书中的内容因而迅速为国人所接受。②

《天演论》在中国的命运与严复的翻译手法有关。严复将赫胥黎的“evolution”翻译为“天演”是经过深思熟虑的。他非常了解“天”在中文中的歧义性。严复在《群学肄言》的按语中对“天”的歧义性做了精辟的分析，他认为西方语境中的“天”有四种意思，即“以神理言之上帝”、“以形下言之苍昊”、“无所为作而有因果之形气”、“虽有因果而

① 余英时：《从价值系统看中国文化的现代意义》，第 38 页。

② 张洪彬：《祛魅：天人感应、近代科学与晚清宇宙观念的嬗变》，上海古籍出版社，2021 年。

不可得言之适偶”。[①] 他在《天演论》中的“天”取上述第三种之意，也就是物象与基本物质所造成因果关系的变化。在贺美玲所编的词典中，“physical experiment”译为“形气试验”，“physical phenomena”则翻译为“形气现象”。[②] 在《天演论》之中“形气”至少有13个例子，例如：

> 古之为学也，形气、道德歧而为二，今则合而为一。所讲者虽为道德治化，形上之言，而其所由径术，则格物家所用以推证形下者也。……自夫人终囿于形气之中，其知识无以窥天事之至奥。[③]

可见对严复而言，形气是物质性的、形下的、物理的、自然的，但也包括人（“人为形气中物”），严复从此一角度来了解天演。同时严复在转译此意时，借用了《易经》和老庄的观念，以中国本土用以描绘“天”的“自然”来理解进化论中的观念（例如物竞“天”择与natural selection的对译）。

笔者认为，在这种宇宙观下，万物自然发生变化，而自然的变化引发了新的天道，严复用“天”这样一个模糊性的语汇来引介进化论，将中国传统思想观念中作为价值之源的天变成了一个与自然演变和社会演变交织在一起的天。以往“形气”的概念本与道德无关，而严复介绍的这种新的天道（科学），即以形气解释的宇宙万物的所以然，就跟人道产生了一种新的连接。换句话说，天本身没有道德性，但天的演变原则中衍生出了道德原则。事实上，在严复之后，有不少思想家如熊十力都用《易经》中的“翕辟成变”观念来解释宇宙“相反而相成”的变化。20世纪的中国思想从来没有将自然视为一个与价值无关的东西，其主

---

① 《严复集》第四册，第921页。

② Hemeling, Karl Ernst Georg（贺美玲），*English—Chinese Dictionary of the Standard Chinese Spoken Language and Handbook for Translators*, Shanghai: Statistical Department of the Inspectorate General of Customs, 1916, p. 1037.

③ 赫胥黎著，严复译：《天演论》，台湾商务印书馆，1987年，第46页。

流一直是追求建立一种与现代科学相配合的形而上学。[①]由此可见近代中国对科学的理解与传统思维之间的密切关系。也因为这个缘故，中国在“现代转向”中避免了怀疑主义与道德相对论，也没有造成科学与宗教和伦理之间的严重冲突。

最后，笔者强调本文的主旨是从连续性与非连续性的角度出发，围绕民主与科学的接纳过程考察清末民初中国士人思想的现代转向，而尝试指出其中连续性的面向产生了关键性的作用。就民主而言，中国儒学在明清之际出现的新思潮，有助于接引民主共和等新观念，并为清末民初中国士人重新发现反专制的思想提供了资源。由于传统思想的作用，卢梭—黑格尔—马克思的民主传统相较于弥尔的自由传统更容易被国人接受，中国传统与西学知识的结合最终形成了辛亥革命的政治理想。就科学而言，科学在中国建立权威的过程走了与西方不同的道路，在内在超越的基底之上，科学（以进化论为先声）的引进并没有切断中国人价值的源头，没有引发怀疑主义和道德相对论，国人借助《易经》与老庄思想的透镜，建立了一种新的天道。

当我们进一步地讨论中国的“现代转向”中的连续性与非连续性时，如果同时考虑现代化的四个变化（世俗化、文化地理多元化、国家主义、科学经济发展和政治参与）与中国传统思想的五个预设之间的关系，可以认识到中国式现代化道路的独特性就在于保持了传统思想的连续性，始终追求价值理性与工具理性的结合。这不但是长期历史演变的实然，也促使吾人在今日自觉地建立一个具有中国特色的现代文明。

---

① 黄克武：《何谓天演？严复“天演之学”的内涵与意义》，《“中研院”近史所集刊》2014 年第 85 期。

为建设中华民族的现代国家寻觅哲学基础

——严复对康德和黑格尔哲学的阐释

王宪明[①]

1906年夏，严复"自皖旋沪，适《寰球学生报》出，总理李君登辉等，踵门求文字，前后书七八通，殆不可已"[②]。严复推辞不过，只好"勉强挥汗"，撰成《述黑格儿惟心论》一文。

严复的这篇文章并不太长，全文连标题计算在内还不到5700字，但它却是最早且较为系统地把德国古典哲学译介到中国的代表性文献，更重要的是，它反映了严复在哲学层面对中华民族现代国家建设问题所做的深层次思考，是一篇学术性、思想性、理论性极高的文献。但遗憾的是，由于时代剧变等原因，进入民国以后，了解严复在德国古典哲学译介方面曾经有过贡献的人已经不多。[③] 新中国成立后，除贺麟[④]等少数学者外，哲学界的一些前辈学者所著中国近代哲学史著作中多未涉及严复在这方面的贡献。[⑤] 近年来，情况有所改观，[⑥] 但在一些重要问题

---

① 王宪明，清华大学马克思主义学院教授。

② 王栻主编：《严复集》第一册，中华书局，1986年，第218页。

③ 有关情况，可参见佐禹：《严复与黑格尔》，《申报》1947年12月16日，第3张。

④ 参见贺麟、洪汉鼎：《康德黑格尔哲学东渐记——兼谈贺麟对介绍康德黑格尔哲学的回顾》，中山大学西学东渐文献馆主编：《西学东渐记研究》第二辑，商务印书馆，2009年。

⑤ 参见冯友兰《中国哲学史新编》第68章《中国第一个真正了解西方文化的思想家——严复》（《冯友兰文集》第12卷，长春出版社，2017年）等。

⑥ 参见杨河、邓安庆：《康德黑格尔哲学在中国》，首都师范大学出版社，2002年，第41—45页；黄见德：《西方哲学东渐史》上册，人民出版社，2006年，第255—258页。

的认识上，也还存在一些误解和有待进一步深入探讨之处。

一、研读、批注康德《纯粹理性批判》

19 世纪末 20 世纪初，在经历了甲午战争的惨败尤其是八国联军侵华战争的冲击后，中国教育界一些著名人士非常希望严复不仅译介英、法两国的政治社会学说，还要把德国的古典哲学介绍给中国，但严复的答复是："仆于法文已浅，于德语尤非所谙"，虽偶尔阅读康德、黑格尔、歌德诸人的著作，但都是英、美译本，与原作差距甚远，"大抵翻译之事，从其原文本书下手者，已隔一尘，若数转为译，则源远益分，未必不害，故不敢也"。[①] 尽管如此，还是有人写信甚至直接上门求取严复译介德国古典哲学方面的文字，前引李登辉就是其中之一，时在 1906 年夏。

随后，严复着手准备材料。他最初准备撰文介绍的并不是黑格尔哲学，而是康德哲学，为此，他研读批注了康德的《纯粹理性批判》。[②]

康德的《纯粹理性批判》英文译本系米克尔约翰（J. M. D. Meiklejohn，1836—1902）所译，美国纽约殖民出版社 1900 年出版，系"世界伟大经典"丛书之一，书前有新奥尔良纽科姆纪念学院（该院现为图兰大学下属的学院之一）首任院长、法学博士布兰特·狄克逊（Brandt V. B. Dixon，1850—1941）所写的《特别介绍》。[③]

《纯粹理性批判》扉页上有严复亲笔题注三行。第一行"Yen Fuh"，第二行"June 1906"，第三行"Shanghai"。由此判断，严复购买或得到此书的时间是 1906 年 6 月，地点是在上海。从这一时间、地

① 王栻主编：《严复集》，第三册，第 567 页。

② 有关严复批注康德《纯粹理性批判》一事，据笔者了解，只有皮后锋和黄克武两先生的论著中曾经提及此事。参见皮后锋：《严复大传》，福建人民出版社，2013 年，第 87—88 页；黄克武：《笔醒山河：中国近代启蒙人严复》，广西师范大学出版社，2022 年，第 83 页。

③ 严复批注本《纯粹理性批判》，系多年前黄克武先生复印寄赠。在此谨向黄先生表示衷心感谢。

点及书上所做签名和大量批注看，严复不可能是从公共图书馆或私人手中借得此书的，他应该是专门为撰写介绍德国哲学的约稿而购买了此书。

购得《纯粹理性批判》后，严复立即开始研读批注。从笔者所见到的严复批注本《纯粹理性批判》看，严复在该书上做了110多处文字批注，并留下了数百处划分句、段、意群用的斜线（“/”），另在部分句段下面画了横线。文字批注多用英文写成，少数用的是中文。

在该书《特别介绍》的末尾处，严复分两行题注：“Finished reading”，“Shanghai—14th. June 1906”。这说明严复在1906年6月14日读完了该书的《特别介绍》。在康德《自序》末尾，严复题注：“15th. June 1906”，“24/4’/32”，“Shanghai”，“Today I had delievered a lecture ‘On the System of Education for China’ in Y. M. C. A. cl. 8 pm. Read this preface when returned. Yen Fuh”，说明严复于1906年6月15日，亦即光绪三十二年四月二十四日在上海读完了《纯粹理性批判》中康德的自序。当天晚上8点开始，严复在上海英租界北京路中国青年会第七次师范研究会上作了题为《教授新法》的演讲，① 演讲完毕回家后阅读了康德此序。

从批注中所标注的时间看，严复并不是按部就班地按顺序从开头读起。6月11日，他首先阅读了康德《纯粹理性批判·导论》第一部分《纯粹知识与经验的知识之区别》、第二部分《人类具有某种先天的知识，乃至常识亦绝不缺乏此类知识》全部，以及第三部分《哲学须有一种规定先天的知识之可能性、原则及其范围之学问》的开头部分。次日，继续阅读第三部分其余部分。13日，读完《导论》第四部分《分析的判断与综合的判断之区别》及第五部分《理性之一切理论的科学中皆包含有先验的综合判断而以之为原则》。14日，严复没有接着往下读《导论》的第六部分，而是回过头去读狄克逊所写的从整体上介绍康德

① 见《师范研究会开会日期》，《申报》光绪三十二年四月初九日，第3张第17版。另严复此次演讲后为《国文报》（1906年第12—14期）、《广益丛报》（1906年第116—118期）、《通学报》（第1卷第16期）等全文刊载。现收入王栻主编《严复集》第二册中的《论今日教育应以物理科学为当务之急》只是此次演讲中的一部分内容。

此书主要内容及康德在德国哲学史上所处地位的《特别介绍》。在读完《特别介绍》之后，15 日，严复又夜读康德的《自序》。在读完了书前的这两部分内容之后，16 日，严复又回到《纯粹理性批判·导论》第六部分《纯粹理性的普遍问题》和第七部分《名为纯粹理性批判之一种特殊科学的概念及其划分》。

6 月 17 日，严复阅读《纯粹理性批判》第一部《先验感性论》的《导言》及第一部分《空间》，未完。19 日，继续阅读《空间》的其余部分。21 日，阅读《先验感性论》的第二部分《时间》。此后，严复是否还接着阅读了《纯粹理性批判》的其余章节，不得而知。

严复的批注大多是对康德原文的注释，但也有些是他自己对康德原文的理解和发挥。例如，在康德《纯粹理性批判》第一部《先验感性论》开头部分，严复用中文做了如下边批："民之接物以象。物之可觉以官。官之所觉曰现象。现象有法有实。实具于物而法具于心。"

《空间》第一目《空间概念之玄学的阐明》开头，严复用中文作了如下批注："宇宙者，觉之二大法也。物居宇中者，心必为然也。意行犄中者，亦心以为然也。是故外觉见位，而内觉知时，特二者在物，不待心知而自若。抑□[①]吾心接物之法，待吾心之接而后被之。"

在《空间概念之先验的说明》[②] 一目开始处，严复批："几何之所论，皆物所必至者。心所必至，故无待于经历。无待经历，而心有以知其必至，则其法乃早具于吾心，有以范围。夫外觉非后，外觉而后有明矣。"

从上举几例可以看出，严复对康德《纯粹理性批判》的研读是非常认真的。但让我们感到有些奇怪的是：严复研读、批注了康德的《纯粹理性批判》，但却并未在此基础上进一步写成文章发表。

从时间节点上看，严复研读、批注康德的《纯粹理性批判》，很有可能是为完成李登辉的约稿而进行的。但是，康德对纯粹理性所作的极

---

① 严复批注文字模糊，无法识别。下文几处的"□"亦属此种情况，不再一一说明。

② 上述几个小标题的译文，采自康德著，蓝公武译：《纯粹理性批判》，三联书店出版社，1957 年，第 49—51 页。

其玄奥抽象的思考，可能让严复觉得难以用适当的方式，让中国读者理解、接受。严复从康德转向了黑格尔。

二、《述黑格儿惟心论》

1906年9月1日，严复《述黑格儿惟心论》公开发表。① 此文主要参考黑格尔《精神哲学》和《历史哲学》两书写成。

文章一开始，严复仅用不到60个字言简意赅点出了黑格尔唯心论方面的代表作及其核心内容：

> 德哲黑格儿之言心也，其分为三：曰主观心、客观心，终之以无对待心。其论至深广，见所著《智环通解》Encyclopedia。今为举其大义，略述之如左。谈心性者，或有取欤？②

严复此处所说的《智环通解》，指的是黑格尔所著《哲学科学百科全书》(*Encyclopedia of the Philosophical Science*)，德文初版于1817年，修订再版于1827年，1830年即黑格尔逝世前一年又出第3版。该书由三部构成，即：《逻辑学》、《自然哲学》、《精神哲学》。严复所说的“黑格儿惟心论”，即其中的第三部，今译《精神哲学》。严复所参考的，当是由英国牛津大学道德学教授威廉·华莱士(*William Wallace*)所译、牛津出版社1894年出版的英文版《黑格尔精神哲学》(*Hegel's Philosophy of Mind*)。③ 华莱士毕生从事德国古典哲学的翻译和研究，所译《黑格尔逻辑学》和《黑格尔精神哲学》自出版以来，一直受到西

---

① 以往研究者多将《寰球中国学生报》第1卷第2期出版时间说成是“1906年7月”。实际上，据该期首页所标，其出版日期是9月1日。

② 王栻主编：《严复集》第一册，第210页。

③ *Hegel's Philosophy of Mind*, Translated from *The Encyclopaedia of the Philosophical Sciences*, *with Five Introductory Essays by William Wallace*, Oxford: At the Clarendon Press, 1894.

方学术界的重视，被视为译者对西方哲学的重大贡献。[①]

严复所说的“黑格儿之言心也，其分为三：曰主观心、客观心，终之以无对待心”，指的是黑格尔《精神哲学》的三个组成部分，即第一部分“主观精神”，第二部分“客观精神”，第三部分“绝对精神”。

在高度概括地点明了黑格尔“惟心论”的三大内容和版本依据之后，严复以黑格尔《精神哲学》中的结构为其文章结构顺序，并重点参考黑格尔《历史哲学》等著作，对黑格尔的“惟心论”作了简明扼要的介绍，并根据自己的理解，作了发挥。

黑格尔的《精神哲学》等向以艰深难懂著称，黑格尔自己承认：“关于精神的知识是最具体的，因而是最高和最难的”[②]，严复也承认黑格尔的著作后世学者“辄苦难读”[③]。但是，读严复所撰《述黑格儿惟心论》，却很难让人产生“难读”之感。全文以“心”为中心线索，考察生物个体意义上的人的“主观心”的产生和发展演变，探析契约、法律、家庭、市民社会、国家层面的“客观心”的出现、发展规律及其与个人自由、社会发展和国家兴亡的关系，揭示“无对待心”即“皇极”境界出现的先决条件等。

严复介绍说：黑格尔所谓的“主观心（Subjective mind）”，是就作为个体的人所具有的“心”而言的，“人之所以为人，唯心”。“心德”是“天演之产物”，是不断发展变化的。原始时代，就像童幼未受教育之前，“若禽兽然，顺其耆欲，为自营之竞争”，等到接受了教育、思理开明之后，“乃知有同类为一己之平等。所谓理想，所谓自由，所谓神明（三者实为同物），非一身之所独具也，乃一切人类之所同具，而同得于天赋者”。由此而“不敢以三者为己所得私”，并进一步“本一己之自由，推而得天下之自由，而即以天下之自由，为一己自由之界域、之

① 有关华莱士的生平和学术贡献，参见 Obituary，Mr. W. Wallace，The Standard，February 20，1897，p. 2；B. Bosanquet，The Late Professor Wallace，in Mind，New Series，Volume 6，No. 22（April 1897）。

② 黑格尔著：《哲学科学百科全书 III 精神哲学》，《黑格尔著作集》第 10 卷，人民出版社，2022 年，第 1 页。

③ 王栻主编：《严复集》第一册，第 218 页。

法度、之羁绁”，原来的“禽兽自营之心德，一变而为人类爱群之心德”。严复说，这就是黑格尔所说的“以主观之心通于客观之心Objective mind”。客观心是“人群之所会合而具者也”，是在人进入社会之后产生的。主观心最初“受命于形气，有饮食男女之大欲”，一方面是为了个体自我的生存，另一方面则是为了繁育后代，一旦有什么妨害了人在这两方面的需求，“则祸害仇疾之情生”。后来有先觉者起，“教之以礼让，而婚姻饮醴之俗成；董之以刑威，而流宥锾杀之法立”，这才使之放弃原来的禽兽一般的习惯，逐渐“成于人道”。因此，客观心之发现，首先表现在人类的“天直”即“天赋权利”上。此种天赋权利的范围，可以从其“所主之产业，所受之利益而见之”，并得到法律的认可，然后，又“由主物之天直，而得通物交易之天直”。通物交易的权利以契约作为保证，因此，契约便成为“国家法制之胚胎”。①

个人自由、财产既得契约保护，为众所公认，那么，一旦“主观之人心，忽而有所欲为”，要破坏契约，夺占他人自由、财产，他就可能“与众志（客观心）迕”，亦即与社会法典相迕，“迕之而过，则罪犯形焉”。这种犯罪行为也许能够一时得逞，但是，“天直封域”并非个人所私定，而是由“众志之所定”，所以，“公道必有时而伸，伸则行其诛罚”。“诛罚之行，依于法典，非弼教也，非改良也，乃公道之报复”。随着社会文明的进步，“此主客二心之相迕而不协者，将尽泯而悉除。向者虚悬无所附之公志，所谓天直，所谓公理，必散而分丽于社会之人心，主于中而为言行之发机。向之法典，今为民德”。以客观心为主观心，“仁义”成为“民心之法典”，由此出现这样的局面：“国家之三尺法，乃与人心方寸所怀之志愿无殊……向也，法典自为法典，人心自为人心，乃今有民义焉，其异于法典者，所课不徒外迹之合也，神明之地所发中而起迹者，皆无遗焉”。②

接下来，严复借述黑格尔哲学，提出了如下重要观点。

1. “伦理礼俗基于家，而为一切之基础”。严复指出：“伦理礼俗基

---

① 王栻主编：《严复集》第一册，第210—211页。

② 王栻主编：《严复集》第一册，第211—212页。

于家，而为一切之基础。”有了夫妇匹合，父子兄弟相维，由此而后有社会、国家，“无家不可以为国”。文明国家对于婚姻制度极为重视，其“于嫁娶也，皆称天以临之，虽夫妇道苦，律许休离，而其事望于不得已，为之制限至严”。婚姻家庭，“其事之严且重如此，夫亦曰国基于斯而为下民幸福之原已耳”。从历史上看，婚姻家庭制度一旦出现混乱，“凡有男女淫佚，易内窃妻，与夫民恤己私，各立于独”，那么，将会严重影响到其国家民族命运，“其国种未有不陵夷衰微者也”。①

2. “除蔽去偏，和同调燮而成一统大同”。严复认为，家为社会一切之基础，“家积而为宗，宗聚而成群”，但这样的群，其宗旨在保护“小己”之利益，还“尚未足以为国也”。等到真正成为国家之后，“将其所以为一二人之私利泯焉，而所祈向之公义立，此成国与未成国之社会之大分也”。未成国时，“以个人之利益为最重”；既成国之后，则“以求臻于所祈向之上理为最重。所祈向之上理，思想之所成也。每有欲臻此境，虽牺牲个人之利益而不恤。故往者之治，散而近于私，极其成就，分据小康而止；后乃除蔽去偏，和同调燮而成一统大同之治体。一统大同者，思理之治制也，客观心之现象也，而人治以此为之极则”。②

3. “君主者，治之正制”。严复指出：“自黑氏言，庶建共和 Republic 之治，非治之极则也。”原因在于，“主其说者，不知群与国之分殊，而视小己之利害过重”。从世界历史看，古代凡实行民主共和者，“其制恒不可以长久”，最终的结果，其政权“常卒归于一姓”。之所以如此，是因为他们没有认识到“国有皇极，皇极即向所求臻之上理，所合成之客观心，所由思想而得之胜义。国之进者，必以此为鹄，而牺牲其个人之利益以趣之。乃今不然，转牺牲此皇极焉，以为个人，以为私家，以为品流”，他们这种“先私益而后公义”的行为，最终导致亡国。③“共和之制”不是治制的最高形式，那么，最高形式是什么？严复用黑格尔的

---

① 王栻主编：《严复集》第一册，第 212—213 页。
② 王栻主编：《严复集》第一册，第 213 页。
③ 王栻主编：《严复集》第一册，第 213 页。

话说，是君主制："君主者，治之正制也。"而之所以说它是"治之正制"，是因为在这一制度下，君主"一人首出，其所行无所屈，其所居为至尊，而向之皇极上理胜义客观心，乃于此得代表焉"。过去只能作为虚悬之理想的"道"，现在有了君主，由此实现"道与器合"，"大君者，有形之皇极也，变虚悬之道，而为有知觉之道，所以会亿兆之公志而为一人之大志者也"。① "皇极"即黑格尔的《精神哲学》第三部分《绝对精神》中的"绝对精神"，它所指的主要是艺术、启示宗教、哲学等，而在其《历史哲学》中，黑格尔又把当时普鲁士的君主制度视作最完美的体制。严复从黑格尔的这两大经典中，总结概括出以下观点："绝对精神"（"道"、"无极"、"皇极"）与"人"合一，由"君主"代表"绝对精神"，或反过来说，"绝对精神"外化为具体的特殊的个人，形成"君主制度"。

4."国之合，以观念之合为先"，"民族之自由"不可侵犯。严复指出：黑格尔反对政治自由（Political Liberalism），却赞成民族自由（National tibcralism）。国家是由民族组成的。那么，什么是民族？所谓的民族指的是言语文字相同，宗教礼俗与道德观念等方面也都相同，这样的群体就是民族。因此，如果哪个国家以强力"取一绝异之民而羁平之，不顾其所不欲，而强使服焉，如是者犯大不韪，而行逆性之事者也"。在这种情况下，如果被侵犯强迫的民族奋起反抗，则其行为"为无罪"。由此得出的结论是："国之合，以观念之先合为之，未有观念不合而能强合其民者也。"②

不过，在这里，严复还介绍了黑格尔对"民族之自由不可侵犯"的适用范围的限定："天下固有民族，侵然无礼义，即其始有教化可言，而经数百千年之陵迟衰微，已为天下之敝民，而丧其所以立国者，如是而不强为善；抑见他族之有善，又虚怀傲慢，耻于相师，斯其国固宜灭。"灭了这种已经丧失"立国"资格的国家，是"天理之极则耳，乌

① 王栻主编：《严复集》第一册，第213页。

② 王栻主编：《严复集》第一册，第213—214页。

有所谓不韪而可叛者乎”。[①] 很显然，黑格尔思想中包含了西方文明优越论等错误观点，主张所谓的“文明国家”侵并“无礼义”之国，或过去曾经有过教化而今已经“丧其所以立国”资格的国家，或者是“见他族之有善”而傲慢不向之学习而“耻于相师”的国家，“斯其国固宜灭”。这是近代以来西方国家打着“文明”的旗号侵略其他“落后”国家、进行殖民统治的理论依据。严复介绍黑格尔的这一观点，显然不是赞成殖民侵略，而是意在警醒国人：在一个由列强主导的世界里，没有“教化”的民族，或不愿意向先进国家学习的民族，就意味着亡国灭种。

5.“国各有道以为存立”，“道之胜者常为雄”。严复指出，世界各国，“国各有道，以为存立”，有道则立，无道则亡，列国竞争，“道之胜者常为雄”。一部人类历史，“所载无他，前立之国家，与后起之国家，二者继继绳绳，相与竞于无穷而已”。在此过程中，作为观念的“道”，并不是清晰呈现在世人面前，相反，开始时它只是“浑然暗然，莫之知孰为优劣”，各国各持其道，互相争竞，“各持之而有胜负，斯其优者见。见乃形，形乃进”。因此，历史所载之前后国家，都是道外化的表现，都是“道之有形者”而已，“随时而甄成，不久而蜕化”。由此而得出的结论是：“道常新，故国常新，至诚无息，相与趋于皇极而已矣。”不过，道是绝对的，“皇极无对待，无偏倚者也。无对待无偏倚，故不可指一境以为存，举始终，统全量，庶几而见之”。从这个意义上说，国家进化到什么程度才算达到顶点，虽是圣人，也说不清楚。另一方面，道又是无处不在、无在而处的，即所谓“皇极在在而是，无在而是”。说它“在在而是”，是因为“历史所载之国家，莫不以此为归墟也”。说它“无在而是”，是因为“此问题必后乃能决，而后之后，又有后也。历史之所载，其渐进之能决也”。道或皇极就像是“佛氏浮图”，古今各国为了建造其浮图，“皆有一砖一石之布施”，但是，各民族各有其“种业”，而“种业与皇极之大道常反对”，因此，这些国家早晚都会灭亡。“自皇极之道言，凡为国家所存立者，莫不载其一义而莫或载其全体者，故曰无不亡之国，无不败之家。皇极以下皆对待之物也，惟对

① 王栻主编：《严复集》第一册，第214页。

待乃相胜，故国恒相灭；然而灭者必载而传所灭者之典章文物而加张皇焉。然则虽号胜家，寔则所胜者之法嗣，而承其衣钵法器者也，惟其承之，是以保之”。①

6.“居今而言强国，问所持主义之何如”。严复介绍了黑格尔的“历史之相生名学”即“历史辩证法”（Dialectics of History），其要点是：“民族朝代相传，以后者受前之文物”。“相生名学于寻常理想，着人心思想天演之情态耳。而于历史则著世界思想天演之情态”。“寻常名学”是一种主观心的名学，而历史与之不同，它是一种“客观心之名学”。二者虽有主、客观之不同，但它们“所明之理趣，所用之涂术”，并没有任何不同之处。人心进化，“悬意观念相续，前之偏狭而黮暗者日退，后之溥博而条理者益臻”。历史的进化也是如此，“其为进也，人心之观念，渐而著于事物名迹之中，纠合经纬，日就月将，缉熙光明，相与趋于人类之终局而已。是故其为物也，为心意之玄冥，而哲人收视之所独见可也；为物体之粲著，而森列于上天下地之间亦可也；或相与组织鸠合，而成历史递嬗之国家”。人心与历史，它们“为物至殊而其进化之情，所以隤然沛然，相与趋于无对之皇极为归墟者，其秩序浅深，不可丝毫紊也”。从世界历史看，欧洲之帝国，古有希腊、罗马，今有英、法、德、俄；亚洲之帝国，则有波斯、突厥、蒙古、中国，它们“起伏相乘，成功者退”，史家“但见朝代之兴亡，人民之相竞，军旅之相斫已耳，岂知此之现象，皆人心观念之代表，非国之争为雄也，乃道之争为优也。两军交绥之间，以黑格氏之法眼观之，皆新旧教化之争，宜孰存立而已”。② 这里，严复借介绍黑格尔“历史辩证法”之机，阐发了国家兴亡、战争胜负只是表面现象，决定这一切的，是“人心观念”，是“教化”，是“道”，是它们决定着国家兴亡、战争胜负。

严复进一步发挥道：“国群天演，所以淘汰劣者之利器也。”自18世纪末以来，人人都知道现代的战争与古代的战争性质完全不同。“古之为战也，以一二人之私忿慾，率其民人，以膏血涂野草；乃今为战，

① 王栻主编：《严复集》第一册，第214—215页。
② 王栻主编：《严复集》第一册，第215—216页。

将必有一大事因缘。质而言之，恒两观念两主义之争胜。向谓民族国种，有共趋之皇极，今之战而胜者，其所持之主义，必较战而负者之所持，其去皇极为稍近。何则？世局已成，非近不能胜也。胜者，天之所助也，败者，天之所废也。故居今而言强国，问所持主义之何如？显而云乎，则察乎其通国之智力与教化耳”。不研究弄清这个道理，而只顾痛哭流涕，“专专乎于排外争野蛮文明之稍异”，则只会成为“亡国之具”。①

7. “国会之制，乃以众治救独治之末流”。严复指出，从世界历史看，各民族都想当世界强国，它们“相与竞进于皇极而世降世升，常有其最近之民族。此当其时，则为世界文明主人而为他族所宗仰”。古代的埃及、叙利亚、希腊、罗马、法兰西等，无不如此。“盖一切之民族，各自为其客观心，而无对待心，为之环中枢极”，称霸一时。从制度上看，专制之后“往往为共和”，但共和制度之下，国民虽重，但有时亦会出现“小己奋其私，各立于独不相下，而害大群之公义”的乱象。这时就必然会有“专利之霸权兴焉，以弹压小己之私，使有所服而用命。其初起也，势恒至利，足以大启士宇，齐一异俗，致同文同轨之盛规”，但随着历史发展，“浸假而大群小己之利害又过于不平，其势复不可以终日”。在这种情况下，“国会之制，乃以众治救独治之末流，而底于今日之治制”。严复最后以 8 字作结：“英伦法度，其模型已。”②

三、结语

严复从研读批注康德的《纯粹理性批判》开始，最终却写下一篇《述黑格儿惟心论》的文章。尤值得重视的是，严复述黑格尔唯心论，最终聚焦到了现代强国建设上。严复阐释黑格尔哲学，显然是借黑格尔之杯酒，浇自己之块垒，为的是寻觅建设中华民族的现代国家之“道”。

曾有学者批评严复《述黑格儿惟心论》对黑格尔哲学的述介过于偏

① 王栻主编：《严复集》第一册，第 216 页。

② 王栻主编：《严复集》第一册，第 216—217 页。

向政治，因而“曲解”了黑格尔哲学。但是，回顾自黑格尔《哲学科学百科全书》出版以来国际学术界对黑格尔哲学的研究和评价，尤其是对黑格尔《精神哲学》的研究和评价，我们不难看出：黑格尔哲学，尤其是黑格尔的《精神哲学》，亦即严复所述黑格尔的“惟心论”，常常被西方学者当作“政治学说”、“国家理论”、“伦理哲学”等来研究，[①] 但是，西方学界却鲜有以此批评他们“曲解”黑格尔哲学的。

贺麟先生说过：黑格尔所处的时代与近代中国非常相似，“都是政治方面，正当强邻压境，国内四分五裂，人心涣散颓丧的时候”，黑格尔的学说，“于解答时代问题，实有足资我们借鉴的地方”，黑格尔哲学“及其重民族历史文化、重自求超越有限的精神生活的思想，实足振聋起顽，唤醒对于民族精神的自觉，与鼓舞对于民族性与民族文化的发展，使吾人既不舍己骛外，亦不故步自封，但知依一定之理则，以自求超拔，自求发展，而臻于理想之域”。[②] 贺麟先生这番话本是说明他自己为什么要翻译《黑格尔学述》一书的，但笔者感觉拿来说明严复为什么述介黑格尔哲学，似亦十分贴切。

---

① 参见 J. K. Bluntschli，*Theory of the Sate*，Oxford：The Clarendon Press，1895；Bernard Bosanquet，*The Philosophical Theory of the State*，MacMillan &. Co. Limited，London，1910。

② 贺麟：《后序》，鲁一士著，贺麟译：《黑格尔学述》，商务印书馆，1936 年，第 200 页。

严复启蒙救国思想及其对中国现代化的影响

苏振芳[①]

严复是中国近代史上向西方国家寻找真理的"先进的中国人"之一，开创了中国近代思想文化史的一个新纪元，是探索中国现代化的杰出代表。探讨严复启蒙救国思想与中国现代化道路关系，对以中国式现代化全面推进中华民族伟大复兴具有重要意义。

一、严复走上启蒙救国道路的时代背景

严复是"中国近代思想文化史上里程碑式的巨人"，但是，一直到不惑之年，严复才走上了传播西方思想、启蒙救国的道路。严复启蒙救国思想发生转折性变化的时间节点在戊戌变法时期，发生这一转折性的变化，是中国在甲午战争中的惨败。

1. 为救亡而进行思想启蒙，是严复启蒙救国思想的一大特色。

严复所处的时代，山河破碎，风雨飘摇，泱泱华夏竟摆脱不了积贫积弱、受人欺凌的悲惨命运。严复把救亡与启蒙、爱国主义与民主主义思想紧密地结合起来，把近代中国的爱国主义推进到一个新的发展阶段。为我们提供了极其有益的历史经验。严复主张变法维新，救亡图存，引导中国人向西方学习，探索救国救民的道路，是符合历史潮流的。

清朝闭关锁国 300 年，陶醉在天朝上国的梦幻中，全然不知道、不了解也不愿知道、不愿了解国门外发生的任何事与物。其时，英国正处

① 苏振芳，福建师范大学马克思主义学院教授、博士生导师。

于维多利亚时代，经济稳定，社会繁荣，自由主义获得进一步的发展，达尔文、赫胥黎、斯宾塞等的思想学说正风行英国。在这300年里，中国还是停留在小农社会，自觉良好。而西方却用这300年，在工业社会道路上摸索并建立自己的工业系统，一举超越自认为是超级大国的清朝，并将之远远甩在身后。此时的清廷丝毫不知，在遥远的大洋彼岸，一个岛国正觊觎华夏财富。鸦片战争，一场冷兵器与热兵器的不平衡战争，打醒了正在沉睡之中的中国。

鸦片战争中，西方列强的坚船利炮，使东方古老帝国的羸弱暴露无遗。于是传播西学，师夷长技，成为朝野之共识。中国的一批最早接受西方思想的知识分子，如魏源、王韬、李善兰、徐寿、华蘅芳、郑观应等，为译介西书，传播西方的政治体制、科学知识，发挥了很大的作用。洋务派创办的江南机器制造总局翻译馆译介出版了大量西方科技著作，在中国近代出版史上留下了不可低估的作用。

然而，甲午海战的惨败，再次将中华民族推到了危亡的关头。这次战败，是一个泱泱大国败给了一个蕞尔小国，还被迫订立了亡国条约。它带给中国人心灵上的创痛，对沉睡的国人的警醒作用，是前所未有的。严复以炽热的爱国激情，把救亡与启蒙、爱国主义与民主主义思想紧密地结合起来。他作为民主启蒙的最初倡导者，把近代中国的爱国主义推进到一个新的发展阶段。

面对落后贫困、思想封闭的祖国，严复深受震动，于是，他更关注西方资本主义的社会、政治，孜孜不倦地研究“中西学问同异”，探求中国富强之道。回国后，始在福建船政学堂任教习。北洋水师学堂创办后，严复被调任学堂总教习，后又出任总办（校长）之职。这些经历使严复具备了成为思想家的必备素养和参与政治的条件。甲午中日开战，国家危亡悬于旦夕，《马关条约》的签订更激起国人的愤怒。严复于1885年2月至5月，在天津《直报》连续发表《论世变之亟》、《原强》、《辟韩》、《原强续篇》、《救亡决论》五篇政论文，疾呼变法。其惊世骇俗的议论，使之声名日响，为世人瞩目。在《原强》一文中，他首次向国人介绍了达尔文《物种起源》及其生物进化论观点，同时又介绍了英国实证主义哲学家及社会学家斯宾塞的优胜劣汰学说，撮合二者，阐述自己救亡图存的见解。而这一思想的深入论述，即体现在《天演论》一书的翻译过程中。

2. 出版和发行启蒙译著，是严复启蒙救国思想的重要成果。

严复留学英国，接受了西方的民主、科学文化。他将西方的自然科学、文化和社会政治学说介绍到中国，并以近代西方文化为参照，对中国传统文化进行一次深刻的清理和反思，在中国近代文化史上，开辟了一个崭新的历史时期。严复系统地将西方的社会学、政治学、政治经济学、哲学和自然科学介绍到中国，形成了中国 20 世纪最重要的启蒙译著。

严复的启蒙译著主要包含在两类成果中：一是他自撰的政论文章；二是他所翻译的一系列西方哲学社会科学名著。其中尤以后者为典型。在严复看来，他翻译西方著作的目的，绝不在“汽机兵械”及“天算格致”，而是要直探资本主义社会的命脉所在，所以，他不仅翻译和介绍了西方资产阶级的古典政治经济学说、社会学说等，还介绍了西方政治、哲学思想和自然科学的新成就。这样，严复的翻译，其意义不仅超过明末徐光启、李之藻等对西方天文水利知识的介绍；同时也超过洋务派、维新派有选择的支离破碎的译书活动。不仅如此，在严复一生所翻译的 170 多万字的西方著作中，约有十分之一的内容是他自己撰写的按语，它们或对名物做诠释；或对原书观念做补充与纠正；或对国内外实际问题提出见解，突出地反映了严复的政治倾向，强烈地表现了他的政治态度和主张，体现了严复的爱国热情与思想精华，特别值得重视。

二、严复启蒙救国思想对中国现代化的突出理论贡献

严复系统地将西方的政治学、哲学、经济学、社会学、法学、逻辑学和自然科学介绍到中国，对中国现代化建设有其突出的理论贡献。

1. 在政治学方面，提出变法维新的思想。

严复对变法维新的思想认识主要体现在他 1895 年发表于《直报》的《论世变之亟》、《原强》、《辟韩》和《救亡决论》等震动一时的政论，以及 1897 年创办的《国闻报》，1898 年出版的译著《天演论》中。

严复在天津主张变法维新，与梁启超在上海、谭嗣同在湖南，相齐名于世。对严复在当时的地位，梁启超在其《清代学术概论》一书中有这样评价："时独有侯官严复，先后译赫胥黎《天演论》，斯密亚丹《原强》，穆勒约翰《名学》、《群已权界论》，孟德斯鸠《法意》，斯宾塞尔《群学肄言》等数种，皆名著也，虽半属旧籍，去时势颇远；然西洋留学生与本国思想界发生关系者，复其首也。"

2. 在哲学思想方面，提倡唯物论，宣传进化论。

为了推行维新主张，严复还针对清末流行的"中学为体，西学为用"的主张，提出了"体用为二"的原则。他认为，体与用应是一个问题的两个方面，是不能分开的。"体用者，即一物而言之也。有牛之体，则有负重之用；有马之体，则有致远之用。未闻以牛为体，以马为用者也……故中学有中学之体用，西学有西学之体用，分之则两立，合之则两亡"。从哲学发展史的角度来看，主张进化发展，提倡变法维新，无疑对中国传统哲学中"天不变，道亦不变"的概念做了根本的否定；与进化论相关的"人定胜天"的认识，也在充实、发挥中国古代哲学积极因素的基础上，具有了更多的唯物主义的倾向。从理论上看，严复的这种认识并不完全正确，但在当时，却在反对洋务派名为新政、实则妥协投降的"中体西用"观方面，起到了积极的作用；同时也为资产阶级世界观和政治制度在中国的广泛传播提供了积极的思想基础。

3. 在经济学方面，抒发自己对西方政治经济学的看法。

严复是介绍资产阶级古典学派经济理论到中国来的第一人，也是介绍资产阶级庸俗经济学到中国来的第一人。这一思想主要体现于亚丹·斯密的《原富》的翻译之中。西方资产阶级古典政治经济学在中国的传播，是从严复翻译亚丹·斯密《国富论》开始。严复译本定名为《原富》，1902 年初版。在此以前，中国学者已经知道英国有这样一部重要的经济学著作，但不知其具体内容，甚至闹出了张冠李戴的笑话。《原富》的出版，对中国学者学习西方的古典政治经济学起了扫盲和启蒙的作用。严复在《原富》中附有《译事例言》15 段和按语 6 万多字。按语除补充一些其他经济学家的论点外，主要是抒发自己对西方政治经济学的看法，因此，它是研究严复经济思想的主要依据。

4. 在法学方面，表达对孟德斯鸠法律制度的价值取向。

严复的法学思想主要体现于所译的孟德斯鸠《法意》。严复为《法意》加了许多按语，据统计达 330 条之多。这些按语内容十分广泛，既有译者对孟氏政治学说的各种评述，又有译者对与此相关的中西文化方面的各种议论，是研究孟德斯鸠与中国的绝好材料。通过对《法意》中这些按语的解读，我们可以了解东方资产阶级启蒙救国思想家严复对 18 世纪思想巨子孟德斯鸠的价值取向，从中窥见孟氏在中国的影响的一个重要侧面。对严复来说，孟德斯鸠首先是一位讲授西方法律基本原理的老师，他使严复更加懂得了西方法律的两大标准是非人格性和普遍性。这就是说，孟德斯鸠教给严复的不是（或不只是）西方法律的具体条文，而是一种新的价值观。这种价值观正是由施与者孟德斯鸠与接受者严复一致赞赏的英国法律制度和政治制度所体现出来的自由观念。

5. 在社会学方面，把社会学作为教育的基础课程。

严复指出《群学肄言》与《大学》、《中庸》有相通之处。他还主张多办现代学校，引进科学的教育内容和方法，并把学习好的学生送出国留学，以造就学有专长的人才。严复对社会学贡献最大的一点是他提出“鼓民力、开民智、新民德”是到达变法以图强，实现自由民主的必由之路，提高人口的文化素质即“开民智”乃是“富强之原”的观点，这是事关国家前途、民族命运和人类未来的百年大计。严复认为，一个国家的强弱决定于三个基本条件：“一曰血气体力之强，二曰聪明智虑之强，三曰德行仁义之强。”在严复看来，中国未来的年轻一代必须具备这三个条件，才能为国家的富强贡献力量。严复所提出的这三个条件，是对中国教育的最大贡献。

6. 在学术研究方法上输入西方的逻辑学，促进了中国传统思维方式的转变。

西方逻辑学的思维方法，严复认为是“于学术则黜伪而存真”的科学方法。他在自己的著作及译作中对此均有涉及，还专门翻译了《穆勒名学》及《名学浅说》两部逻辑学专著，并撰成逻辑学著作《政治讲义》。严复在研究和宣传过程中，充分认识到逻辑学作为思维方法论的重要性。他认为，逻辑乃为一切法之法，一切学之学。西方国富民强的根本原因，正在于有新的认识论——逻辑学为指导，西方逻辑学是科学发明、文明进步的关键。而中国要富强，最根本的也在于掌握科学逻辑方法。

严复对西方逻辑学的输入，不但在当时对于纠正中国学术之弊病有重要作用，而且对中国近代社会诸多领域产生深远影响：一是开创了研究逻辑学的新时期，推动了中国文化建设；二是变阴阳五行思维为逻辑思维，促进了中国传统思维方式的转变；三是把西方逻辑与中国传统正名论相结合，促进了中国科学用语的精确化；四是对逻辑术语的翻译定名工作也有很大的贡献。正如有学者指出：由严复肇始的汉译西方逻辑术语本土化工作，推进了中国逻辑回归世界逻辑话语体系的研究。严复以汉译逻辑术语来寻求文化融通的路径。他作为激发中国逻辑显现出世界意义的第一人，以汉译逻辑术语使西方逻辑中国化，也推动了中国逻辑世界化。

在严复介绍的西学中，如果说《原富》和《法意》主要为中国人提供了以英国为榜样的西方资本主义经济、政治理论模式，那么《天演论》和《穆勒名学》引进的则主要是一种世界观（“物竞天择”）和方法论（逻辑）。

三、深入探讨严复启蒙救国思想对中国现代化的影响

严复启蒙救国思想对中国现代化所产生影响，有三个问题需要深入探讨。

1. 在社会变革中不断发展与创新是严复启蒙救国思想的强大生命力。

严复的爱国与科学思想，是在社会变革中不断创新、发展，对中国近代文化名人投身于新文化运动，提供了强大的精神食粮，指出了渴求进步的知识分子探索救国真理的方向，影响了整整一代知识分子的成长。严复以他在哲学、政治、经济、伦理等方面的广泛著述，有效地批判了封建专制主义及洋务派的新政，同时开启了介绍资本主义文明的一个新阶段。他的思想成分包含着“黜伪崇真”、“更革心思”的宝贵精神，亦有着提倡民主自由以反对君主专制的改革因素。

除此之外，严复在法律、教育、史学诸方面，也都有自己的看法，这些认识来源于西方资产阶级思想营养，又体现着严复对中国文化的深入了解。今天看来，这些看法仍有其学术价值。比如他强调法治以及真理面前人人平等，控制人口增长，注重人口素质，彻底解放妇女，维护思想自由和言论自由，等等。从这个意义上说，严复对中西文化交流的功绩是巨大的，完全可以肯定的，严复不愧为一个先进的中国知识分子，他不但把世界带进了中国，也让中国人走向了世界，作为中国的一位启蒙救国思想家，应该说是极为称职的。严复已经过世一百多年，他带给我们关于西方政治制度、哲学、自由、民主、人文主义思想、教育制度，以及进化论、科学思想，直到今天仍然具有巨大的价值。

但是，必须清楚地看到，严复启蒙救国思想的产生与发展，与当时的历史条件有着不可拆解的关系，如果离开严复启蒙救国思想产生的时代而生搬硬套地进行创新，那么这种创新将是缺乏根据和理性的，其结果必然走向荒谬。严复启蒙救国思想只有和时代相适应，在不断地创新与发展过程中，同时又带有自身传统的特色，才会具有强大的生命力。严复启蒙救国思想的生命力在于这种思想是在社会变革中不断发展与创新，他不仅为东西文化交流搭起了一座便桥，而且开辟了一条通向西方又立足于中国现实的崭新道路。

2. 对待严复启蒙救国思想必须克服两种非历史主义的观点。

在如何对待严复启蒙救国思想问题上，一直存在两种不同观点。一种观点认为，严复启蒙救国思想是一笔丰厚的财富，可以原封不动地拿来指导现实生活。在这种观点看来，中国现代化过程中出现的困难、矛盾以及价值失落和价值错位，只能靠传统的恢复来拯救。另一种观点则认为，严复启蒙救国思想根本没有与中国现代化内在要求相一致的内容，它是压在中华民族身上的一个沉重包袱，不仅毫无价值可言，而且还是现代化的严重障碍，中国现代化只能从异质文化亦即西方文化中汲取力量，因而现代化的过程也就是文化转型即以西方文化模式代替中华民族传统文化的过程。

这两种观点都带有极大的片面性。前一种观点只看到它的积极内容，而忽略它的消极影响、腐朽成分，进而主张向严复启蒙救国思想复归的国粹论，也是有害无益的。过度夸大严复启蒙救国思想的积极内容，甚至认为它可以直接拿来指导今天的道德实践与社会生活，是错误的，它忽略了严复启蒙救国思想和当今社会思想之间的历史跨度和本质区别。后一种观点只看到严复启蒙救国思想的消极一面，对之持简单否定态度，同样是完全错误的。过度贬抑严复启蒙救国思想，是民族理性不成熟的一种表现，看不到严复启蒙救国思想中所包含的价值和精华，势必要否定历史，否定严复启蒙救国思想，而这样，严复启蒙救国思想就丧失了吸收和整合外来文化的基础和根据。

两种倾向虽然表现不同，但都是非历史主义的观点。严复启蒙救国思想资源中包含着积极、合理的内容，应该而且能够为中国现代化建设做出贡献，已成为学者的共识。只是对于如何发掘、利用这些资源，仍在继续讨论之中。曾有不少学者提出了有价值的观点，但是，这些意见在如何实现转换、变革等现实性方面，似乎可操作性不足。这看起来是个具体方法问题，但我们认为，问题仍然是出在对严复启蒙救国思想所包含的社会变革的理论依据认识不够。

进入 21 世纪，情况则有了很大不同。首先，中国现代化建设中，一方面为严复启蒙救国思想的创造性转化和创新性发展提出了更为迫切的要求，另一方面也为这种创造性转化和创新性发展提供了更广泛的现实基础。其次，改革开放 40 多年的社会发展，使人的自我革命有了相对充分的条件，建设适应社会主义现代化的价值观，已成为普遍的要求。严复启蒙救国思想既是一个系统、一个整体，同时，它的许多内容在摆脱了原有的价值指向之后，可以作为思想材料，为中国现代化提供依据和资源。因此，严复启蒙救国思想面临的创造性转化和创新性发展困境是完全可能走出的，关键是如何确定主体的方位和价值坐标，从继承与超越的方式、方法上寻找突破。

3. 对严复的启蒙救国思想，必须坚持的科学态度。

严复的启蒙救国思想如何在近代社会中创造性转化与创新性发展？这是深入研究和宣传严复思想必须解决的一个重要问题。

严复之所以以著译的方式来系统地介绍赫胥黎的社会进化论思想，有两个目的：一是在于能够方便人们的理解接受。当时国人对接受西方的理论和学说还存在一定的语言和思维的差异，因此需要做一些必要的变动和改造。二是为了打破国人的一种偏见。由于受五千年传统文化的影响，当时读书人心中有一种很深的偏见，即认为中国道德文化天下第一，西学只是形而下的象数之学比较发达。严复认为通过这种方式进行著译，可以使国人了解到，西学也有深邃精密的形而上学。

对于严复的启蒙救国思想不能照搬照抄。要深入挖掘严复的启蒙救国思想中的精华，并赋予其新的时代内涵，使之真正成为推进改革开放和社会主义现代化建设的精神动力。要用符合时代需要和大众口味的形式对严复的启蒙救国思想作出新的阐释，使之以人们喜闻乐见、具有广泛参与性的方式推广开来。继承传统不是要简单地回到传统，而是要使时代精神和传统文化相融合，发出中国特色社会主义新伦理的新苗，使其成为实现民族复兴的精神支柱和价值支撑。

要发扬与时俱进的精神，积极推动民族优秀传统文化教育。坚持解放思想，实事求是，与时俱进，开拓教育，是贯彻习近平新时代中国特色社会主义思想的必然要求，也是促进民族优秀传统文化繁荣发展的不竭动力。因此，在严复启蒙救国思想的宣传和教育问题上要克服四种错误倾向：一是对严复启蒙救国思想的僵化、教条倾向——照搬照抄；二是对严复启蒙救国思想的实用主义态度倾向——各取所需；三是对严复启蒙救国思想的修正、歪曲；四是对严复启蒙救国思想观点的随心所欲。

总之，在严复启蒙救国思想的创造性转化与创新性发展过程中，在对严复启蒙救国思想的宣传与教育中，必须一要能够正确回答现实生活中提出的问题，而不是错误地误导人民群众的思想行为；二要能够解决现实生活的实际问题，为经济、政治、文化和社会建设提供指导；三要能够为广大干部和群众所接受，正确揭示人类社会发展、社会主义社会发展和共产党执政的规律性问题。

四、结束语：深化严复启蒙救国思想的研究与宣传，推进中国式现代化建设

严复启蒙救国思想在当时影响了整整一代知识分子的成长，直到今

天仍然具有巨大的价值。其生命力在于这种思想是在社会变革中不断发展与创新，他不仅为东西文化交流搭起了一座便桥，而且开辟了一条通向西方又立足于中国现实的崭新道路。因此，对于严复的启蒙救国思想不能照搬照抄，而是要深入挖掘其中的精华，并赋予其新的时代内涵。严复在逝世前给后人留下“中国必不亡”的遗嘱，他认为个人的历史不过沧海之一粟，国家民族的前途大业是壮阔的大海、巍峨的高山，为祖国人民的利益，“则舍己为群”。分居在各地的严复后人遵循着这一遗嘱，在民族复兴、祖国统一大业中发挥了重要的作用，已经成为两岸文化交流的品牌。纪念严复，缅怀先哲历史功绩，对弘扬爱国主义精神，推动民族复兴伟业和祖国统一大业有着重要意义。

严复新民思想的发展及其历史地位

苏中立[①]

一、严复是中国近代新民思想的首倡者

中国式现代化，一项重要内容是人的现代化，而人的现代化是何时由何人首先提倡的呢？这个问题，在史学界是有分歧的。有人说："梁启超率先强调全面提高以'新民'为标准的国民素质，要求智育、情育、意育全面发展，特别强调突出政治素质、思想道德素质和身体心理素质等方面的养成。"[②] 并引梁启超在1922年所撰《为学与做人》一文中的话，说："人类心理，有知、情、意三部分，这三部分圆满发达的状态，我们先哲名之为三达德——智、仁、勇。"[③] 这里的第一句话"梁启超率先强调全面提高以'新民'为标准的国民素质"，是值得商榷的。笔者认为，率先强调全面提高以新民为标准的国民素质的人是严复，而不是梁启超。

（一）严复率先提出民之"力、智、德"说

梁启超写《新民说》一文是在1902年2月8日至1903年11月2日，严复提出"鼓民力，开民智，新民德"之"三民"说，是在1895

---

① 苏中立，华中师范大学历史文化学院教授。

② 董方奎、陈夫义主编：《梁启超论教育·引言》，海南出版社、三环出版社，2007年，第1页。

③ 参见董方奎、陈夫义主编：《梁启超论教育》，第257页。

年的《原强》和1896年10月后的《原强修订稿》等文中。严复在《原强》一文中首次提出“三民”说：“今而图自强，非标本图治焉，固不可也。……标者何？收大权，练军实……至于其本，则亦于民智、民力、民德三者加之意而已。”并提出了“民智日开、民力日奋、民德日和”的治本目标，“至于民智之何以开，民力之何以厚，民德之何以明，三者皆今日至切之务，固将有待而后言”。[①] 在《原强修订稿》中，则进一步阐述了“三民”思想，说：“今日要政，统于三端：一曰鼓民力，二曰开民智，三曰新民德”，并详细加以说明。[②] 严复在他于1896—1898年译述的《天演论》中，又将“民力、民智、民德”说与“智、仁、勇”说相提并论：“故欲郅治之隆，必于民力、民智、民德三者之中，求其本也。……学校庠序之制善，而后智仁勇之民兴，智仁勇之民兴，而有以为群力群策之资，而后其国乃一富而不可贫，一强而不可弱也。”[③]

此外，严复在1902年翻译的《原富》、1903年翻译的《群学肄言》、1904年翻译的《社会通诠》、1904—1909年翻译的《法意》、1906年的《政治讲义》、1907年的《〈女子教育章程〉序》等论著中，都提到了“三民”思想——“力、智、德”。

总之，从时间上说，在新民学说方面，严复提出的“力、智、德”说和“智、仁、勇”说都要早于梁启超提出的“新民说”和“智、仁、勇”说，而且他还反复加以提倡和发挥。

（二）梁启超较早知道严复提出“三民”说

在1896年10月严复写给梁启超的信中，曾提到“发明富强之事，造端于民，以智、德、力三者为之根本，三者诚盛，则富强之效不为而成”。“次指中国之民智、德、力三者已窳之实迹”。“是以今日之政，于除旧，宜去其害民之智、德、力者；于布新，宜立其益民之智、德、力

① 严复：《原强》，王栻主编：《严复集》第一册，中华书局，1986年，第14、15页。
② 严复：《原强修订稿》，《严复集》第一册，第27页。
③ 赫胥黎著，严复译：《天演论》，商务印书馆，1981年，第21—22页。

者”。严复在该信中还说：“拙译《天演论》，仅将原稿寄去。”[①] 可见，梁启超在1896年10月后已读到《天演论》原稿，其中民之“智、德、力”说和“智、仁、勇”说肯定就已存于心中。

梁启超在1902年撰写的《新民说》中还提到民之德、智、力，说：“若以今日之民德、民智、民力，吾知虽有贤君相，而亦无以善其后也。”“为中国今日计……必其使吾四万万人之民德、民智、民力，皆可与彼相埒，则外自不能为患，吾何为而患之”。“民德、民智、民力，实为政治、学术、技艺之大原。不取于此而取于彼，弃其本而摹其末”。“苟不及今急急斟酌古今中外，发明一种新道德者而提倡之，吾恐今后智育愈高，则德育愈衰，泰西物质文明尽输入中国，而四万万人且相率而为禽兽也”。因此必须实行道德革命。[②]

梁启超在1902年11月30日撰写的《新民议》中，也提到了民之德、智、力：“苟有所旷、有所废，则其智、德、力三者，必有以劣于他人，而不足竞胜于天择之界。”[③] 可以说，梁启超的《新民说》直接受到严复的“三民”说之影响。

（三）梁启超发挥了严复提出的“智、仁、勇”说

梁启超在1922年所撰《为学与做人》一文中提出“知、情、意”的“三育”说，他认为：“人类心理，有知，情，意三部分；这三部分圆满发达的状态，我们先哲名之为三达德——智，仁，勇。为什么叫作‘达德’呢？因为这三件事，是人类普通道德的标准，总要三件具备才能成为一个人。三件的完成状态怎么样呢？孔子说：‘知者不惑，仁者不忧，勇者不惧。’所以教育应分为知育情育意育三方面。——现在讲的智育德育体育，不对。德育范围太笼统，体育范围太狭隘。——知育要教到人不惑，情育要教到人不忧，意育要教到人不惧。教育家教学生，应

① 严复：《与梁启超书》，《严复集》第三册，第514、515页。

② 梁启超：《新民说》（1902年2月8日），李华兴、吴嘉勋编：《梁启超选集》，上海人民出版社，1984年，第207、210、212、217页。

③ 梁启超：《新民议》（1902年11月30日），《梁启超选集》，第361页。

该以这三件为究竟。"① 这里，一方面说明梁启超是知道严复提出的"三民"说、"三育"说和"智、仁、勇"说的，同时也可看出他的新"三育"说——"知育、情育、意育"说，也是对"智、仁、勇"说的发挥，而"智、仁、勇"说，如前所述，严复早在1896年《天演论》中即已提及，可见，梁启超所说的关于"知育、情育、意育"发达状态的"智、仁、勇"说，也是严复率先提出来的。

严复是中国近代新民思想的首倡者，并不是否认梁启超在新民学说方面的巨大贡献。他不仅提出了自己的新"三育"说，即"知育、情育、意育"说，而且写了《新民说》（1902—1903年）、《新民议》（1902年）等简明而又生动感人的文章，传播新民学说，使严复首倡的新民思想为更多的人所了解和接受，这是应该肯定的。在创立和传播新民学说方面，严复和梁启超的关系就像在创立和传播进化学说方面的达尔文和赫胥黎一样，他们各自都有着不可磨灭的功绩与贡献。

二、严复新民思想的发展

严复的新民思想，初名为民之力、智、德，即"民力、民智、民德"；后改名为民之"德育、智育、体育"，"三民"与民之"智、仁、勇"并提；"三育"与"三尚"——"尚公、尚实、尚武"一致。这里，三个字依次变化为："力——体——勇——武"，"智——智——智——实"，"德——德——仁——公"，其中变化最大的字是"力"字，而根本性的变化则是"三民"变"三育"。据此，可将严复新民思想的发展，具体分为两个阶段。

（一）"三民"："民力、民智、民德"

如前所述，严复在1895年撰写的《原强》一文中，首次提出了"三民为其本"以及"开民智、奋民力、和民德"的治本目标；在1896

① 梁启超：《为学与做人》，夏晓虹编：《梁启超文选》下集，中国广播电视出版社，1992年，第362页。

年10月后的《原强修订稿》中，则进一步阐述了“三民”思想，提出“要政三端”：鼓民力，开民智，新民德，并详细加以说明。严复在前期强调民力或民智为最急，他说：“（民智、民力、民德）三者又以民智为最急也。”[①] 又说：“西洋言治之家，莫不以此（鼓民力）最急。”[②]

为何西人以鼓民力为最急？概括严复所述，大致有四个方面的原因：一是，今者论一国富强之效，而以其民之手足体力为之基。二是，历考中西史传所垂，以至今世五洲六十国之间，贫富弱强之异，莫不于此焉肇分。三是，从人器关系来看。不知古今器用虽异，而有待于骁猛坚毅之气则同。四是，古今中外都重视鼓民力。此其理吾古人知之，故庠序校塾，不忘武事，壶勺之仪，射御之教，凡所以练民筋骸、鼓民血气者也。而孔孟二子皆有魁杰之姿。彼古之希腊、罗马人亦知之，柏拉图所创学塾之中，莫不有练身院属焉，而柏拉图乃以骈胁著号。至于近世，则欧罗巴国，尤鳃鳃然以人种日下为忧，操练形骸，不遗余力，饮食养生之事，医学所详，日以精审，此其事不仅施之男子已也，乃至妇女亦莫不然，盖母健而后儿肥，培其先天而种乃进也。

为何以开民智为最急？严复从理论和事实两方面进行了说明。一是从理论上说：民智者，富强之原，此悬诸日月不刊之论也。二是从学问与事功之关系上说：两者相资而不可偏废也。一方面，功名之士多有，而学问之人难求，是则学问贵也；西国今日之财利多，悉归功于亚丹斯密之一书，此泰西有识之公论也；而二百年学运昌明，则又不得不以柏庚氏之摧陷廓清之功为称首。另一方面，学问之事，倡其新理，事功之士，窃之为术，而大有功焉。

严复还明确指出，他的“三民”思想直接来源于英人斯宾塞尔：“《明民论》者，言教人之术也。……其教人也，以濬智慧、练体力、厉德行三者为之纲。”“是以西洋观化言治之家，莫不以民力、民智、民德三者断民种之高下，未有三者备而民生不优，亦未有三者备而国威不奋

① 严复：《原强》，《严复集》第一册，第14页。

② 严复：《原强修订稿》，《严复集》第一册，第27页。

者也”。[①]

(二)“三育”:“德育、智育、体育”

严复在11年之后即1906年撰写的《论教育与国家之关系》一文中,进一步发展了他的新民思想,他说:“是以讲教育者,其事常分三宗:曰体育,曰智育,曰德育。三者并重,顾主教育者,则必审所当之时势而为之重轻。是故居今而言,不佞以为智育重于体育,而德育尤重于智育。”[②] 并对此作了详细的说明。这里,严复新民思想的发展,主要体现在两个方面:

首先是将“三民”即“民力、民智、民德”改为“三育”即“体育、智育、德育”,特别是将“力”改为“体”。

其次是将“三民”的顺序颠倒过来,由“力、智、德”改为“德、智、体”。一般来说,民之力、智、德三者应该并重,但在不同时期却有轻重缓急之分。严复在前期强调民力或民智为最急之时,往往是为了实现救亡、富强、民主之目标,尤其重视民智与富强之关系,如说:“民智者,富强之原”[③],说:“居今而言强国……则察乎其通国之智力与教化耳”[④]。严复在中后期则强调“智育重于体育,而德育尤重于智育”[⑤]。

为何说智育重于体育呢?一则,中国人多,当时有四亿人,占世界人口五分之一;国不忧其寡弱,而忧其民之无知、无德。二则,智育既深,为人父母者,都明白保持卫生之理,其根基自厚,是以言智育而体育之事固已举矣。三则,竞争之场,徒云强硕,尚未足耳。如1905年之日俄战争,俄人体干长大,无人超过,日本人被天下人称之为侏儒者也,结果日本人战胜了俄国人,是亦可思其理矣。四则,主张智育应重于体育,并不是不重视体育,但三者筹其缓急,觉无智育,则体育万万

① 严复:《原强修订稿》,《严复集》第一册,第17、18页。
② 严复:《论教育与国家之关系》,《严复集》第一册,第167页。
③ 严复:《原强修订稿》,《严复集》第一册,第29页。
④ 严复:《述黑格儿惟心论》,《严复集》第一册,第216页。
⑤ 严复:《论教育与国家之关系》,《严复集》第一册,第167页。

不逮事耳。

何以言德育重于智育呢？一则，从道器之关系、应用来看：吾国儒先有言，形而上者谓之道，形而下者谓之器。夫西人所最讲、所最有进步之科，如理化，如算学，总而谓之，其属于器者九，而进于道者一。故西国今日，凡所以为器者，其进于古昔，几于绝景而驰，虽古之圣人，殆未梦见。独至于道，至于德育，凡所以为教化风俗者，其进于古者几何，虽彼中夸诞之夫，不敢以是自许也。唯器之精，不独利为善者也，而为恶者利用之。浅而譬之，如古之造谣行诈，其果效所及，不过一隅，乃自今有报章、邮政、电报诸器，不崇朝而以遍全球可也，其力量为何如乎？由此推之，如火器之用以杀人，催眠之用以作奸，何一不为凶人之利器？二则，从社会的本质来看。今夫社会之所以为社会者，正恃有天理耳！正恃有伦理耳！天理亡，人伦堕，则社会散，散则他族得以压力御之，虽有健者，不能自脱也，此非其极可虑者乎？三则，从东西方的历史来看。须知东西历史，凡国之亡，必其人心先坏。前若罗马，后若印度、波兰，彰彰可考，未有国民好义，君不暴虐，吏不贪污，而其国以亡，而为他族所奴隶者。四则，从我国的现实状况来看。今夫诸公日所孜孜者，大抵皆智育事也。乃自西学乍兴，今之少年，觉古人之智，尚有所未知，又以号为守先者，往往有末流之弊，乃群然怀鄙薄先祖之思，变本加厉，遂并其必不可畔者，如天理人伦、忠孝节义，亦取而废之。目睹今日之人心风俗，此乃社会最为危岌之时，故曰德育尤重于智育也。

严复在这一时期还特别强调了德育与大同、太平之世的联系，如在1918年的《心远校歌》中，他说："天心欲启大同世，国以民德分劣优。我曹爱国起求学，德体智育须交修。"①

严复早在《原强修订稿》中就说，必须提高全民素质，才能实现贵贱贫富之均平，才能得以致太平。他说："世之所以得致太平者，必其民之无甚富亦无甚贫，无甚贵亦无甚贱。""欲贵贱贫富之均平，必其民

---

① 严复：《心远校歌》，《严复集》第三册，第689页。

皆贤而少有不肖，皆智而无甚愚而后可”。①

严复在1897年至1902年翻译出版的《原富》按语中，强调了“均”，说：“顾均者虽多，而其所欲均而未能者尚伙。民德之厚薄，民智之明暗，民力之贫富，与夫民品之贵贱，而皆所未逮者矣。大抵至治之世，其民势均而才殊。势均所以泯其不平，才殊而后有分功之用，夫而后分各足而事相资，而民乃大和。”②

严复在1904年至1909年翻译出版的《法意》按语中，则强调了“平”，说：“必其力平，必其智平，必其德平。使是三者平，则郅治之民主至矣”。“民主者，治制之极盛也”。此时之富贵，才是真富贵：“其富者非徒富也，以勤业而富，以知趋时而富，以节欲而富。其贵者亦非徒贵也，以有德而贵，以有功劳而贵，以多才能而贵。”③

此时，严复还从传统文化中寻找“三民”、“三育”的思想渊源。如孔子的“智仁勇”说（知者不惑，仁者不忧，勇者不惧）；清代诏书中的“教育宗旨”——“尚公、尚实、尚武”说，严复都用它来与“民力、民智、民德”说相提并论或相比附，如说：“德育当主于尚公，体育当主于尚武，而尚实则惟智育当之。”④

总之，严复新民思想由感性到理性、由现象到本质、由浅入深的认知过程，是中西历史文化交融互释的结果。

（三）严复是否具有美育思想

现在，学校教育，一般都提“四育”，即“德、智、体、美”。那么，严复是否具有美育思想呢？这是一个值得探讨的问题。根据现有资料，可以说他是具有美育的基本思想。

第一，严复重视美术。严复指出认为西方重视美术：“其所以必学西文者，因一切科学美术，与夫专门之业，彼族皆已极精，不通其文，

① 严复：《原强修订稿》，《严复集》第一册，第24、25页。

② 亚当·斯密著，严复译：《原富》上册，商务印书馆，1981年，第145页。

③ 孟德斯鸠著，严复译：《法意》上册，商务印书馆，1981年，第158页。

④ 严复：《论今日教育应以物理科学为当务之急》，《严复集》第二册，第282页。

吾学断难臻极。”我国历来也重视美术：“盖吾国教育……自物理、美术二方面而言，则偏于艺事，短于物理。”① 严复在1918年的《与熊纯如书》中，谈到西方学者特别重视学习中国的美术，说：“彼中研究中土文化之学者，亦日益加众，学会书楼不一而足，其宝贵中国美术者，蚁聚蜂屯，价值千百往时，即此可知天下潮流之所趋矣。”② 严复在《实业教育》中说，“以建造屋宇、结构亭台”为例，国人认为这“几几乎与实业为类矣”，但西人却认为这“为美术之一”。③

第二，严复讨论过美术与德育、智育的关系。一是美术与德育有关：“德育主于感情，智育主于思理，故德育多资美术，而智育多用科学。”二是美术介于德育与智育之间：“西人谓一切物性科学之教，皆思理之事，一切美术文章之教，皆感情之事。然而二者往往相入不可径分。科学之中，大有感情；美术之功，半存思理。而教育之事，在取学者之心之二方面而并陶之，使无至于偏胜。”④

严复重视美术，具有美育的基本思想，为什么又未明确提出美育的主张呢？究其原因，主要有两个方面：一是从思想来源方面看，严复主要是继承了英国学者斯宾塞《明民论》中的“教人之术”：“濬智慧，练体力，厉德行三者为之纲。”⑤ 这里有智、体（力）、德，没有美，所以严复也只提了力智德的“三民”说或德智体的“三育”说，而没有提及美育。二是从美术的内涵来看，严复认为美术是介于感情和思理之间，即德育和智育之间的学科，既说“一切美术之教，皆感情之事”；又说“美术之功，半存思理”。从“德育主于感情，智育主于思理”来说，美术显然居于德育与智育之间，美育的内涵也就包含在德育与智育之中，故而在他看来就没有必要再单独提出美育的主张了。

---

① 严复：《论今日教育应以物理科学为当务之急》，《严复集》第二册，第285—286、281页。

② 严复：《与熊纯如书》，《严复集》第三册，第690页。

③ 严复：《实业教育》，《严复集》第一册，第203页。

④ 严复：《论今日教育应以物理科学为当务之急》，《严复集》第二册，第279—280页。

⑤ 严复：《原强修订稿》，《严复集》第一册，第17页。

三、严复新民思想的影响

(一) 标本思想的影响

严复在1895年提出“三民”说时，认为“三民”——“民智、民力、民德”，是“本”；“收大权，练军实”是“标”。“标本”说，今天已成了人们的口头语。一是并治论：“及今而图自强，非标本并治焉，固不可也”①，“标、本为治，不可偏废”②。二是缓亟论：“势亟，则不能不先事其标，势缓，则可以深维其本。”③ 三是功效论：标是“救目前之溃败”，“挽救中国之至难”；④ 本则是“争自存而欲遗种”⑤，“本所以期百年之盛大，标所以救今日之阽危”⑥。

(二) 救国、谋国方面的影响

严复的“三民”思想，首先是作为救国、谋国的基本方略提出来的，他将“三民”视为个人、国家、民族，乃至社会的存亡、高下、强弱、贫富、进退的准绳，并分别作了翔实的论述。他主张通过发展教育，鼓民力，开民智，新民德，以期达到彻底实现近期救亡图存、中期富强民主、未来极盛均平的伟大目标。所谓国民强，国家强；少年强，中国强，等等，都是其影响的突出反映。有人认为：“在近代中国历史上，严复的‘三民’思想代表了与革命救国主张相区别的另一救国路径。”⑦

孙中山也是从救国和建国思想出发来继承和发展严复的三民思想

① 严复：《原强》，《严复集》第一册，第14页。

② 严复：《拟上皇帝书》，《严复集》第一册，第65页。

③ 严复：《拟上皇帝书》，《严复集》第一册，第65页。

④ 严复：《原强》，《严复集》第一册，第14、15页。

⑤ 严复：《原强》，《严复集》第一册，第14页。

⑥ 严复：《与梁启超书》，《严复集》第三册，第514页。

⑦ 冯夏根：《严复与近代中国的思想转型》，郭卫东、牛大勇主编：《中西融通：严复论集》，宗教文化出版社，2009年，第87页。

的，他于1923年在广州全国青年联合会的演说中，认为该会的宗旨是“注重体育、智育、德育三项，改良人类来救国，是全国所欢迎的”，他希望青年要“研究体育、智育、德育”，做一个全面发展的人才和接班人。① 有人说：“严复的三民思想与孙中山的三民主义同为中国近代思想史上的两座丰碑。”②

（三）教育思想方面的影响

严复提出的“三民”说、“三育说”，在斯宾塞那里是“教人之术”，而在我国，则成了“教育三宗”，以至成为教育方针，影响深远。严复说：“（清朝）明定此后教育宗旨，有尚公、尚武、尚实三言。”他还将“三尚”与“三育”联系起来，说：“德育当主于尚公，体育当主于尚武，而尚实则惟智育当之。”③

曾任北京大学校长和教育部长的蔡元培，于1920年在新加坡南洋华侨中学演说中，曾提出“四育”说：“所谓健全的人格，内分四育，即体育，智育，德育，美育。这四育是一样重要，不可放松一项的。”④

中华人民共和国成立后，毛泽东在《关于正确处理人民内部矛盾的问题》（1957年）中提出：“我们的教育方针，应该使受教育者在德育、智育、体育几方面都得到发展，成为有社会主义觉悟的有文化的劳动者。”⑤

改革开放初期，《关于建国以来若干历史问题的决议》中提出“坚持德智体全面发展、又红又专、知识分子与工人农民相结合、脑力劳动

---

① 孙中山：《在广州全国青年联合会的演说》，《孙中山全集》第8卷，中华书局，1986年，第319、325页。

② 马克锋：《严复“三民”思想及其当代价值》，黄瑞霖主编：《严复思想与中国现代化》，海峡文艺出版社，2008年，第51页。

③ 严复：《论今日教育应以物理科学为当务之急》，《严复集》第二册，第282页。

④ 蔡元培：《普通教育与职业教育——在新加坡南洋华侨中学演说词》，转引自唐伯学等编：《中华人民共和国教师节纪念册》，教育科学出版社，1985年，第55页。

⑤ 毛泽东：《关于正确处理人民内部矛盾的问题》，《毛泽东文集》第7卷，人民出版社，1999年，第226页。

与体力劳动相结合的教育方针”[①]。在上述教育方针中，都包含了德育、智育、体育的内容，使“德智体”说深入人们心中。

2018年9月10日，习近平总书记在全国教育大会上发表重要讲话。他强调：“我国是中国共产党领导的社会主义国家，这就决定了我们的教育必须把培养德智体美劳全面发展的社会主义建设者和接班人作为根本任务”，“努力构建德智体美劳全面培养的教育体系”。加快推进教育现代化、建设教育强国、办好人民满意的教育。[②]“四育”说、“五育”说，都可以视作是严复“三育”思想的影响和发展。

可见，严复率先提出的民之“力、智、德”说、“德、智、体”说，对于中国式现代化，尤其是教育现代化、科技现代化和干部队伍建设，乃至中华民族伟大复兴，都具有广泛而又深远的影响和借鉴意义。

---

① 《中国共产党中央委员会关于建国以来党的若干历史问题的决议》，《三中全会以来重要文献选编》（下），人民出版社，1982年，第842页。

② 习近平：《培养德智体美劳全面发展的社会主义建设者和接班人》，《习近平著作选读》第2卷，人民出版社，2023年，第195、203页。

严复思想在中华民族伟大复兴进程中的现实意义

林贤明　张燕妹[①]

严复作为学贯中西的思想家、翻译家和教育家，在国难深重、民族危亡的关键时刻，以极大的爱国热情和深重的忧患意识探索救国救民的道路，表现了作为先进的中国人非凡的见识和勇气。他以思想启蒙促进民族觉醒，影响了一代又一代中国人，时至今日仍不过时，对推进中华民族伟大复兴伟业具有重要现实意义。

一、严复思想的时代特征

严复在救亡图强成为近代中华民族的时代主题的情势下，第一次把西方哲学社会科学、自然科学系统且全面地介绍到了中国，他在思考中西方的差异中提出了许多新主张，并在传统儒学思想的基础上进行推陈出新，以思想启蒙促进民族觉醒，具有鲜明的时代特征。

第一，在思考中西差异的基础上提出新主张。清朝末期，社会动荡不安，国家内忧外患，面对西方列强的侵略，民族危机日益严重。在经过了数次改良变法后，知识分子深知清政府的政策制度已经不再适用于当时的社会，于是开始寄希望于西方的思想文化。严复就是其中一员，他在英国留学时学的是海军，但他却对当地的社会文化十分感兴趣，用心地观察英国社会和政治文化，阅读大量西方社会科学经典著作，思考

① 林贤明，福建农林大学马克思主义学院院长、教授；张燕妹，福建农林大学马克思主义学院副教授。

中西差异。他在对西方进行研究之后发现，中国传统的圣人之道与当时西方国家的君主专制制度有着密不可分的关系，认为中国古时的君臣观是导致社会衰弱的重要原因之一，于是提出一系列石破天惊的思想主张：自由为体，民主为用；身贵自由，国贵自主；鼓民力、开民智、新民德。严复倡言独立思想，追求真理的言论，在《〈群己权界论〉译凡例》中指出："须知言论自繇，只是平实地说实话求真理，一不为古人所欺，二不为权势所屈而已。……使中国民智民德而有进今之一时，则必自宝爱真理始。仁勇智术，忠孝节廉，亦皆根此而生，然后为有物也。"① 在严复的译文中君子是真理的代言人，将中国古典的君子观与西方近代的自由观作了无缝对接。

第二，在传统儒学思想的基础上推陈出新。戊戌变法之后，严复投身西方思想文化翻译工作，将西方思想传播到当时的中国社会，深深影响了当时处于低迷状态的中国人民。严复主张变法维新、救亡图存，并译《天演论》，宣传生物进化观点和社会进步理论，引导中国人向西方学习，探索救国救民的道路，符合历史潮流。他认为学习西方的思想文化不是最终目的，而是通过此手段探索出传统文化中适用的思想。严复认为《天演论》并不是西方专有的东西。他认为"天演学说滥觞于周秦之间"，其"最为深切著明者，尤莫若《周易》之始于乾坤，而终于既未济"。此外，严复还将天演进化思想融入进儒家的中庸之道中，以中庸之道来对进化论进行阐释。严复致熊纯如说："鄙人行年将近古稀，窃尝究观哲理，以为耐久无弊，尚是孔子之书。四子五经，故〔固〕是最富矿藏，惟须改用新式机器发掘淘炼而已。"② 但是我们可以看到，严复的旧学，并非食古不化的旧学，而是在西学视野观照之下的旧学。严复指出："居今言学，断无不先治旧学之理，经史词章，国律伦理，皆不可废。惟教授旧法当改良。诸公既治新学之后，以自他之耀，回照故林，正好为此。"③ 1907 年发表《上海华童学堂散学演说》："所读者，

① 王栻主编：《严复集》第一册，中华书局，1986 年，第 134 页。

② 王栻主编：《严复集》第三册，第 668 页。

③ 王栻主编：《严复集》第二册，第 284 页。

尤必为本国之书。但读矣而仅囿于此，则往往生害。故必博参之以他国之书，而广证之以真实见闻。”

第三，在中西文化比较中彰显文化自觉。严复大量翻译西方思想文化，为国人打开了认识世界的窗口。但这并不意味着他对中国传统文化是完全摒弃和否定的。他在比较和重估中西思想资源的基础上，对中国传统文化进行反思批评，对中华民族的前途命运充满信心。如在1899年写给张元济的信中，严复就提出民族“复苏”说，认为“炎黄种类未必遂至沦胥；即不幸暂被羁縻，亦将有复苏之一日”①。中华民族之所以能够复兴，在于文化从未间断，他说：“横览五洲，纵观历史，五帝尚矣，自唐虞三代以至于今，虽官家之事世殊，而民族所居，长为天下如故，深根宁极，不可动摇，夫非吾等所有所居之中国耶!”② 1914年，严复向参政院提出《导扬中华民国立国精神议》的议案，该议案不但指出了传统文化作为立国精神的价值，也提出了发扬这种精神的具体建议和措施，包括中外先贤、名人言行编入学校教科书，并以通俗歌曲、戏剧、图画的形式或祭典、庙会的方法广泛宣传。这些思想都体现了严复有别于并超越于清末以来“中体西用”论、“西学源于中国”说、“全盘西化”论的深刻的文化自觉，更是他统故苞新，融通中外的思想气度的体现。

二、严复思想与推进中华民族伟大复兴的耦合

中华文明具有悠久的历史，其中不乏很多优秀传统文化。严复思想作为其中的一颗结晶，在现代中华文明的发展过程中不断发挥着自己的作用。

第一，在历史文脉中找寻“现代社会”的生成可能。严复提倡社会学，宗旨就是以科学的方法将各种学问组织成一个有机的、连续的体系，重视寻根问底、追求实证的科学精神。与此同时，严复并不认为中

---

① 王栻主编：《严复集》第三册，第525页。

② 王栻主编：《严复集》第二册，第330页。

国的传统文化要完全摒弃，而是需要在学习探究西方思想文化之后深入挖掘其精华之处，并运用于当时的社会之中。可以看出，严复对待中西方文化的态度，是要坚持与当时社会的具体实际相结合，要与优秀的传统文化相结合。现如今，建设中华民族现代文明，我们更是需要坚持“两个结合”，更好地担负起新的文化使命。

第二，在“文明国家”开启“天人合一”的新探索。传统中国是一个族群与文化互化互构的融合体，对于生活在其中的普通人来讲，他们生活的世界被天下、朝廷、宗族等一系列观念组织起来，但极度缺乏对现代国家的认知。严复指出：“吾所居者，只有天下，并无国家。而所谓天下者，十八省至正大中，虽有旁国，皆在要荒诸服之列，以其无由立别，故无国家可言。”① 但在甲午战争之后，中国人开始意识到中国只处于“家国天下”结构中的一环：“国”不再被想象为“天下”本身。这种关于世界体系和秩序的新认识，推动着传统中国向实质的现代主权国家演化。严复直接反思传统，翻译《天演论》，使“物竞天择、适者生存”的社会进化论成为一种新的“天演”世界观，并以石破天惊之势在国人之中广泛传播。受斯宾塞的影响，严复理解的“天演”世界观“贯天地人而一理之”，即在人类社会和自然宇宙中都遵循着进化规律。因此，在这种世界观的支配下，国家这种政治形态同自然界一样遵循进化的规律，也需要通过相互竞争和调节自身，不断向“最适者”演进。换句话说，严复指出了传统中国将按照从“草昧国家”到“文明国家”的路径发展，赋予了国家更加积极的角色。

第三，国家至上的爱国主义新伦理的建构。中国历代推崇以“大一统”牢笼天下，平争泯乱，最终导致民智日窳，民力日衰，社会长期不进化。严复强调当时中国的治理之方根本不在于制造坚船利炮，而在于开发民力、民智、民德，而开发民力、民智、民德的根本就是要发展个体自由。严复指出“第由是而观之，则及今而图自强，非标本并治焉，固不可也。……标者何？收大权、练军实，如俄国所为是已。至于其本，则亦于民智、民力、民德三者加之意而已。果使民智日开，民力日

① 王栻主编：《严复集》第五册，第1245页。

奋，民德日和，则上虽不治其标，而标将自立”①。严复始终把国家富强和民族振兴摆在了第一位，也构成了严复思想中爱国主义的灵魂和核心。

第四，黜伪而崇真的科学观的启蒙与传播。严复对自然界的认识显露出从形上层面向经验科学层面的转变。他以《天演论》所内含的实证科学性，使得传统之“天”丧失了对宇宙起始、人类起源、社会秩序和政治理念的绝对话语权。他不傍依任何权威，运用自然科学知识阐发进化论思想，引发了伦理价值观念的近代启蒙。“科学”即严复所说的“于学术则黜伪而崇真”。针对传统学术偏重形上，缥缈虚空的特点，严复强调学问之事，贵审其真，“执果穷因，是惟科学”。严复通过科学来实现对人的启蒙、社会的发展以及国家的富强，显然，科学是工具而非目的性的价值要求，是富有爱国主义色彩的伦理目标实现的手段。

三、严复思想对推动中华民族伟大复兴进程的重要启示

严复思想是以中国救亡图存的问题为核心展开，贯穿着他一生的爱国思想和爱国实践，给人以历史启示，秉承和弘扬严复思想对推动中华民族伟大复兴的进程具有重要的启示意义。

第一，拓展和深化：坚持弘扬中华现代文明。严复思想中蕴含的丰富哲学思想、人文精神、道德理念等，有许多契合中华文明的部分，对现代中华文明的研究与弘扬有着不可替代的作用。严复既反对中体西用，也反对全盘西化，这突出体现了他对世界文化的独到见解。在尊重文化个体差异性的同时，从中找到适合自己发展的优秀文化，将之与本国文化相结合，就能绽放出别样的生机活力。我国作为社会主义国家，与西方资本主义国家的制度和体系有着本质的不同，但这并不意味着我们要全盘否定西方文化。我们要尊重世界文化的多样性，用人类创造的一切优秀思想文化成果武装自己，以一颗“中国心”放眼看世界，不因循守旧、故步自封，汲取人类一切精神养料，吸纳世界所有优秀文明成

① 王栻主编：《严复集》第一册，第14页。

果。以人类文明新形态走出西方国家现代化的迷思和其他国家实现现代化的历史窘境。

第二，基础与支撑：坚持教育、科技、人才一体推进。现代化强国必定是教育强国、科技强国、人才强国。中国近代历史的发展与教育救国实践是互相伴随的。严复作为中国近代教育救国理论的积极倡导者，他认为国家能否在充满竞争的世界上有生存立足之地关键取决于人民的素质。因此，他主张废八股科举，开展“鼓民力、开民智、新民德”的全面素质教育，强调要治愚、疗贫、起弱，尤以治愚为最急。他深切呼吁要通过发展教育、学习科学、培养人才以求救亡图强。严复的教育救国思想和实践对我们今天发展教育事业，促进教育强国、科技强国、人才强国战略的实施仍然有着重要的启迪和借鉴作用。我们只有崇尚科学，重视教育，发挥人才积极性，才能为中国式现代化提供支撑力、贡献力，更好地在激烈的国际竞争中赢得主动、赢得优势。党的二十大报告强调，要以创新驱动为核心，充分发挥教育、科技、人才的系统集成功能，把握好教育—科技—人才在内在价值上的一致性，把握三者间的辩证统一关系。教育是根本、科技是动力、人才是基础，三者协同作用推动创新发展。因此，我们要坚持教育优先发展，培养更多高素质人才，为科技创新发展提供源源不断的人才支持；坚持科技自立自强，不断推进科技创新，提高国家创新能力和竞争力；坚持人才引领驱动，打造一支高素质人才队伍，推动创新发展。

第三，传承与弘扬：增强文化自信自强。严复十分注重中国传统文化的价值，他认为，中华文化绵延几千年不曾中断，有其独到的向心力和凝聚力，要批判地继承中华传统文化，与西方文化进行良性的交流，实现中华文化的自我更新。这对今天传承与弘扬中华优秀传统文化，增强文化自信自强有着重要的启示作用。特别是在百年未有之大变局中，各种思想文化相互激荡，文化在综合国力竞争中的地位和作用愈加凸显，只有推动文化繁荣兴盛，才能形成与我国综合国力和国际地位相适应的国家文化软实力，点亮中华民族伟大复兴的光明前景。

第四，主题与目标：实现中华民族伟大复兴。近代以来，中国面临的历史使命是实现中华民族伟大复兴，这是每个中华儿女的共同夙愿和理想期盼，它凝聚了一代代先辈们坚持不懈的追求。严复在中华民族面临生存性危机的关键时刻，以极大的爱国热情和深重的忧患意识探寻救国救民之道，形成了以爱国与科学为核心的思想，也成为实现中华民族伟大复兴的重要思想资源。在实现民族复兴的过程中不仅需要雄厚的物质基础而且需要强大的精神力量。我们要大力弘扬以爱国主义为核心的民族精神和以改革创新为核心的时代精神，为强国建设、民族复兴伟业提供精神力量。我们要立志做理想远大、信念坚定的模范，带头学习马克思主义理论，树立共产主义远大理想和中国特色社会主义共同理想，自觉践行社会主义核心价值观，大力弘扬爱国主义精神；我们还要弘扬与时俱进、锐意进取、勤于探索、勇于实践的改革创新精神，在新时代新征程，为实现中华民族伟大复兴目标而奋斗。

四、结语

严复思想体现的是一种对中华民族命运的深沉关注与思考，展现出一种强烈的爱国情怀。1997 年习近平总书记在福建工作期间为“严复与中国近代化学术研讨会”题词：“严谨治学，首倡变革，追求真理，爱国兴邦。”2021 年 3 月 24 日，习近平总书记来到福州三坊七巷，走进严复故居，故居上的题词依然清晰有力。百年故居承载历史记忆，人物研究观照古今之变。研究和弘扬严复思想，观鸿儒之志、感浩然之气、悟爱国之情，鼓励我们为全面建设社会主义现代化国家、实现中华民族伟大复兴而团结奋斗。

缅怀先哲严复　聚力民族复兴

——纪念严复诞辰170周年

靳方华①

“物竞天择，适者生存；世道必进，后胜于今。”在中华大地一派衰败凋零的那个年代，作为会通中西的大学者，严复一心爱国忧民，以非凡的胆识引进新的世界观和方法论，努力警醒国人，梦想富民强国。严复是中国近代思想文化史上里程碑式的巨人，纪念严复，缅怀先哲历史功绩，对于弘扬爱国主义精神，促进民族全面复兴和祖国统一大业有着重要意义。

一、严复是福建的，也是天津的

严复出生于福建，也终老于福建。“鼹饮津沽水，燕居二十春”，严复在天津，恰值26岁到46岁，是其人生最富激情和创造力的黄金时期，是其成名成家的最重要时期，达到了他人生的顶点。从1876年第一次到天津，到1908年第四次到天津任职，前后经历32年，严复又自称“吾系卅年老天津”。

严复最重要的历史功绩应该是在天津翻译了赫胥黎的《天演论》，后来翻译的亚当·斯密的《原富》、斯宾塞的《群学肄言》、约翰·穆勒的《群己权界论》和《穆勒名学》、甄克思的《社会通诠》、孟德斯鸠的《法意》，耶方斯的《名学浅说》等西方思想名著，也主要是在天津完成或开始的。蔡元培曾评论道：“五十年来，介绍西洋哲学的，要推侯官

① 作者单位：天津市政协文化和文史资料委员会。

严幾道（严复）为第一。”严复关于翻译的思想也是在天津形成的。严复是近代中国翻译标准的开创者，他对翻译标准详细而集中的议论呈现于译作《天演论》的“译例言”，指出“译事三难：信、达、雅”，即忠于原文（“立诚”）、意思准确（“辞达”）、富有文采（“尔雅”），至今都深刻影响着翻译界。梁启超曾评价道：“译事之难久矣，近人严复，标信达雅三义，可谓知言，然兼之实难。”严复关于翻译时的概念界说明确提出了五条原则：即界说“必尽其物之德”，避免“失混”；“不得用所界之字”，避免“失环”；“必括取名之物”，避免“失漏”；“不得用诂训不明之字”，避免“失荧”；不用反义之词，避免“失负”。严复还明确提出了“翻译宗旨”：“一曰开瀹民智，不主故常；二曰敦崇朴学，以棣贫弱；三曰借鉴他山，力求进步；四曰正名定义，以杜庞杂。”时至今日，发人深省。严复的翻译成果和思想，奠定了他作为中国近代最主要的翻译家的历史地位。

严复最主要思想的形成和阐发应该说是在天津完成的。甲午战争前，严复在天津北洋水师学堂部分翻译了《国计学甲部》（法）、《计学浅说》（英），开始关注国计民生。甲午战争失败后，严复“觉一时胸中有物，格格欲吐”，首次在大众传媒天津《直报》上公开发表政见，三个月内发表了《论世变之亟》、《原强》、《辟韩》、《原强续篇》等文章，阐述西方国家富强的奥秘，抨击封建专制的痼疾，剖析洋务运动的弊端，推究甲午战败的原因，提出了“鼓民力、开民智、新民德”的救国方略，为了解西方和认识中国提出新视角，为维新变法提供理论根据。为开辟维新舆论阵地，严复与夏曾佑、王修植创办《国闻报》，出版《国闻汇编》（旬刊），仅一年间，在《国闻报》上刊发27篇社论，反对德国占据胶州湾、抗议沙俄“代保”旅大、讽刺科举制度、上书皇帝变法等。他还在《国闻汇编》上刊登其译作《劝学篇》、《天演论悬疏》等，宣扬“物竞天择，适者生存”的进化论思想，强调提高民德、民智、民力对强国的作用，提出“合群”、“保种”的爱国救亡观念，极力鼓动维新变法。同时在天津《北洋学报》、《直隶教育杂志》发表《教育讲义》、《实业教育》、《〈女子教育会章程〉序》等倡导中国教育近代化的论文。这一时期，是严复一生中其思想最为人瞩目的时期，“他全部被压抑着的思想终于公开表达出来了”，“并且成为中国知识界的出色代言人”，成就了严复成为近代中国启蒙思想家的历史地位。

二、严复是思想家，也是实践家

严复是思想大家。严复最基本的历史地位是翻译家和翻译思想家，而最重要的历史地位是近代中国启蒙思想家，最值得缅怀弘扬的是其爱国主义思想。面对当时积弱积贫、内忧外患、恶性循环的中国，严复以救国图存之念翻译系列西方名著、引进西方思想、启蒙和警醒国人，自称“复今者勤苦译书，羌无所为，不过闵同国之人，于新理过于蒙昧，发愿立誓，勉而为之”，“自不容不以西学为要图……救亡之道在此，自强之谋亦在此”。严复的翻译并不是照本宣科式的直译，而是译述结合、译介一体，对原著有所取舍和有所创造，对每部译著都加了自序和按语，以此阐发自己的政治主张和思想观念，着重宣扬“保种进化，与天争胜”的自强观点。严复在公开报刊上发表众多文章，无不是针砭时弊、力倡变法，追求“近之可以保身治生，远之可以经国利民”。严复的思想是丰富多面的，有超越达尔文生物进化论范畴的社会历史观“天演哲学”，有批判西方自由主义、主张“两害相权，己轻群重”的伦理本位自由观，有“鼓民力、开民智、新民德”的国家治理观，有体、智、德三育并重的教育观，有“主以中学、辅以西学”、“会通中西”的文化观，有首次提出“中华民族”概念并将民族演变历史划分为三个时代的民族观等，都在中国近代思想史上具有开创性和启蒙性意义。

严复也是文化大师，是中华传统文化的阐发者。严复自幼研习四书五经，深受儒家、道教等传统思想影响，“治经有家法，饫闻宋元明儒先行”，并著有《〈老子〉评语》、《〈庄子〉评语》，一生之中对中华传统文化思想深有体悟，多有阐发，也多有批判。“童年从师数人”，青年苦求“学而优则仕”之途，中日甲午之战后，倡言学习西方、变法图强，但不忘传统文化之精意。戊戌变法失败后，大力传播西学，仍固守文化救国之道，晚年更加注重传统文化的现实价值，终生尊崇传统文化道统，在引进西方思想、推动社会变革中批判性继承和弘扬。他既是中华传统文化思想的集大成者，也是中华传统文化精神的信从者，临终依然坚持“须知中国不灭，旧法可损益，必不可叛”（严复遗嘱）的立场。囿于他处的时代背景和他对社会变革的保守态度，严复只是资产阶级文化思想的启蒙者、资产阶级软弱的变法维新者，没能成为传统文化的革命者，但仍不失为中国近代文化思想大师。严复的诗词和书法也体现出其文化大师的风范。严复留下的诗作200多首，常常以诗记事抒怀，律诗绝句信手拈来，著有《瘉壄堂诗集》、《严幾道诗文钞》等，有“随时纵论古今事，尽日放怀天地间”的豪情，也有“千层石磴经阶级，十里松风管送迎”的闲趣，还有“投老还乡卧小楼，自随残梦两悠悠”的感伤。梁启超曾将严复与莎士比亚相提并论，在《饮冰室诗话》中专意全文录入了严复的赠别熊季廉的七言长诗。严复在这首诗中抒情言志、倾思吐感，表现了真挚奔放的爱国主义思想热情。严复也是一位颇有造诣的书法家，并坚持用毛笔写作，其书法既有二王的笔意，又融入魏碑的笔法，雄浑之中见飘逸，秀美之中含朴茂。《中国美术家大辞典》评其字“风神飘萧，力入纸而气凌虚”。其小字落笔精妙凝练，含筋抱骨，结体宽绰端庄，骨格清织；其行草笔势收敛多于舒畅，含蓄多于直露，疏朗而不松散，观其作品，可以感受到文化大师的纯粹理性与文雅脱俗的素养情趣。

严复也是实践家。正是中国近代的时世造就了严复。严复的思想启于社会生活，立于社会实践，功于社会变革。严复推崇“一理之明，一法之立，必验之”的实证原则和实践精神，自言“水中盐味饮方知”。他虽然没有如康有为、梁启超、谭嗣同等维新变法人物的政治风云经历，但仍不失为推动近代中国变革的实践家。严复的变革实践是多面的、丰富的，也是为有所成、创有所就，颇具社会影响和意义的。严复的翻译实践和历史功绩显著，自不必赘述。严复的教育实践和业绩也足以青史留名。首先，严复是近代中国军事教育转型的开拓者和实践者。他从事军事教育长达21年，主要是在北洋水师学堂，心怀师夷制夷、救国图强的使命，总揽教务、制定章程、管理教学、掌定课程、悉心授课，培养了吴毓麟、郑汝成、沈寿堃、黎元洪、张伯苓等中国近代史上赫赫有名的毕业生，并形成了“本诸格致”、“学有所用”、“神形相资”

等军事教育思想。其次，严复是近代中国国民教育杰出的先行者，是中国近代教育理论建设的奠基人。他批判封建教育制度，借鉴西方教育理念，结合中国变革需要，提出了“鼓民力、开民智、新民德”三育论，并在经办教育中加以实践。严复先后出任复旦公学监督、安庆高等学堂监督、京师大学堂总监督（校长）等，基于这些教育实践，比较系统地提出了教育救国思想和国民教育特别是青少年教育的基本内容即体育、智育、德育。严复创办新闻媒体的实践具有独特的影响和意义。为摧陷廓清守旧势力的重重黑幕，启动中国的维新之机，严复在天津发起创办了《国闻报》和《国闻汇编》，大张旗鼓宣传变法维新、救亡图强，成为戊戌变法运动的最重要的喉舌，也成为中国新闻史上的重大事件，堪称严复一生中所办成的最辉煌事业之一。严复的工商实业实践主要是其在开平矿务局的一段经历。他临到矿务局之前曾诗赠弟子：“人生行止不自诡，扁舟又欲随南风。临行执手无所赠，惟有真气如长虹。”严复在任矿务局总办期间，主张筑路开矿，发表《路矿议》长篇论文，提出了对中国近代化经济建设的构想蓝图。后赴伦敦交涉矿权，但深陷列强入侵、官场腐败的内外交困社会环境，进退维谷、彷徨徘徊，留下他一生最困惑的遭遇。

三、严复是历史的，也是当代的

严复是历史的，是中国近代仁人志士追求救亡图存、强国富民的杰出代表。严复出生在中国社会动荡变革的时期，少年丧父，中年丧偶，三考乡试而不成，多次求官而不顺，可称一生坎坷，然而，他自幼苦读，一生好学，会通中西，满腔家国情怀，著述众多，实践不断，终成中国近代思想文化史上里程碑式的巨人。他用著译的方式系统介绍西方经典，警示国人，教化朝野，成为近代中国传播西方文化的第一人，开启了一代新风。他以强烈的危机意识，通过中西文化比较，深入探究中国落伍的原因，倡导认清时势、遵循历史演进规律。他大力宣扬“物竞天择、适者生存”的进化理论，抨击“天不变、道亦不变”的守旧观念，试图激发国人自强不息的进取精神。他以朴素的民族意识和民族振兴观念，阐发“合群”、“保种”的群体爱国主义思想，成为将群体理念和爱国救亡有机结合第一人。他将个人自由和民族独立、国家建构融合起来，提出“自由为体、民主为用”的社会构想。他十分重视介绍和推广西方近代科学方法，对国人重视科学方法、崇尚科学精神有首创之功。严复不愧为中国近代极具影响力的启蒙思想家、翻译家、教育家、文化大师和变法维新的实践家。严复也有其历史的局限，他的思想和活动存在着旧知识分子和有产阶级的软弱性、空想性，当历史已经把革命提上日程，客观要求有一场更加猛烈的新文化运动的时候，他没有继续站到历史舞台的中心位置，而是逐渐退隐。这不能不是一个历史的遗憾。

严复是历史的，也是当代的。严复去世之年，中国诞生了中国共产党。党领导中国人民经过一代代人的接续奋斗，使中华民族实现了从站起来、富起来到强起来的伟大历史转变，迈进了全面建成社会主义现代化强国的新时代新征程。只有立足波澜壮阔的中华五千多年文明史，才能真正理解中国道路的历史必然、文化内涵和独特优势。历史正反两方面的经验表明，把马克思主义基本原理同中国具体实际相结合、同中华优秀传统文化相结合，是我们取得成功的最大法宝。经过长期努力，我们比以往任何一个时代都更有条件破解“古今中西之争”，也比以往任何一个时代都更迫切需要一批熔铸古今、汇通中西的文化成果，以更加坚定的文化自信和更加彻底的自我革命，守正创新，赓续历史文脉，谱写当代华章。对历史最好的继承就是创造新的历史，对人类文明最大的礼敬就是创造人类文明新形态，而对严复最好的缅怀就是聚力强国建设、民族复兴。

今年是严复诞辰 170 周年，是中华人民共和国成立 75 周年，我们纪念严复、缅怀严复，也致敬严复、感谢严复。

严复对“意”的诠译

董起帆[①]

严复（1854—1921），初名宗光，字又陵，又字幾道，福建侯官（今福州）人。严复是中国近代极具影响力的启蒙思想家、翻译家和教育家。主要作品有《论世变之亟》、《原强》、《辟韩》、《救亡决论》等政论文章和《天演论》等八大译著等。他的思想在中国近代影响极大。例如胡适认为严复所传播的思想“像野火一样，延烧着许多少年的心和血”[②]。而根据曹聚仁的观察，“近二十年中，我读过的回忆录，总在五百种以上，他们很少不受赫胥黎《天演论》的影响”[③]。作为我国近代重要思想家，严复的思想呈现为中西交融的特征。他主要通过诠译方式阐明自己的思想。所谓诠译即诠释性翻译，诠译的过程并非原原本本忠实于原文的翻译活动，而是以译者自身的文化与历史背景为前提，对原始文本进行再创作。故此本文对“意”概念之分析，将以其所诠译的经典作品《穆勒名学》为中心，采用中西比较之方法，深入阐明严复对中西方思想之绾合所做的努力与贡献。

一、意我关系：积意成我

区别于后世学者将笛卡尔“Cogito ergo sum”命题译为“我思故我

---

① 董起帆，兰州大学马克思主义学院讲师。

② 胡适：《胡适四十自述》，人民日报出版社，2013 年，第 54 页。

③ 曹聚仁：《中国学术思想史随笔》，生活·读书·新知三联书店出版社，1986 年，第 353 页。

在”，严复将这一命题诠译为“意在故我在”。他认为：“盖‘意’有是非，而无真妄。疑‘意’为妄者，疑复是‘意’，若曰无‘意’，则亦无疑，故曰惟‘意’无幻，无幻故常住。吾生始终，一‘意’境耳。积意成我，意自在，故我自在，非我可妄，我不可妄，此所谓真我者也。”[①] 现在很难判断严复究竟根据何种版本来诠译笛卡尔《谈谈方法》，根据通行本大致可以看出严复这段话源自《谈谈方法》第四部分第一、二段。笛卡尔认为：“可以设想没有我所在的世界，也没有我立身的地点，却不能因此设想我不是。恰恰相反，正是根据我想怀疑其他事物的真实性这一点，可以十分明显、十分确定地推出我是。另一方面，只要我停止了思想，尽管我想象过的其他一切事物都是真的，我也没有理由相信我是过。”[②]

这里值得注意的问题有两个：一是严复以“我意”与“我在”翻译“Cogito sum”是否准确；二是“意在故我在”表达了怎样的哲学观点。根据王太庆的看法，“sum”应译为“是”。汉语中“在”一词表达在场或未死，而“sum”意为“起作用”，对应于汉语中的“是”一词。[③] 根据聂敏理之分析，西方哲学中的系词既可以在语法层面作为连接词使用，也可以作为逻辑判断词使用，还可以作为实意动词“存在”使用。[④] 根据笛卡尔的意思，“sum”主要表达的是作为个体自我的存在，因此将其译为“在”也并没有错。进一步来看“意在故我在”中把“Cogito”诠译为“意”比译为“思”更为准确。倪梁康指出：“笛卡尔所说的‘思’与我们通常理解的‘思维’概念并不相互涵盖。文德尔班在许多年前对德文的相应翻译所做的告诫，也适用于对中译文的理解：‘通常将 Cogitare、Cogitatio 译成思维，这种做法并非不带有误解的危险，因为德文中的思维意味着一种特殊的理论意识。笛卡尔本人用列举法阐释‘Cogitare’的意义；他将此理解为怀疑、肯定、否定、领会、意

① 《严复全集》卷一，福建教育出版社，2014 年，第 315 页。

② 笛卡尔著，王太庆译：《谈谈方法》，商务印书馆，2000 年，第 27—28 页。

③ 笛卡尔著，王太庆译：《谈谈方法》，第 27 页。

④ 聂敏理：《“是”与“存在”：对西方哲学中 Be 动词的再考察》，《云南大学学报（社会科学版）》2012 年第 2 期。

欲、厌恶、臆想、感觉，等等。对于所有这些功能的共同点，我们在德文中除了‘意识’以外，几乎别无他词可以表示。’”[①] 由此可见，笛卡尔所谓“Cogitare”绝非纯而又纯的理性思维过程与内容，而是融思维、情感与意志为一体的综合概念。在汉语中“思”的内涵主要是“深通”,[②] 更多指向较为纯粹的理性思维过程，而“意”是包含了心意、思意、情意、言意、志意等内涵的一个综合概念，因此“意在故我在”的译法更为准确。

区别于“我思故我在”，“意在故我在”的诠译更多强调“意”之先在性。在萨特看来，笛卡尔的“我思”概念具有两方面的特征：一是直接的思维意识；二是反思层面的思维意识。然而，“我”之存在是在意识的第一层（直接意识）被确定还是在第二层（反思意识）中被确定的呢？萨特认为意志非反思意识的主体性。他批评笛卡尔对“我”与“思”的不同层次没有做出区分，从而使得后世学者对其“我思故我在”的命题摇摆于意识之第一或第二层。[③] 可以说把“Cogitare”译为“我思”更多强调的是反思意义上的思，即以我之存在为前提，反思是我存在之确证，呈现出某种对纯粹意识之强调；而“意在”的翻译法呈现出以“意”之先在性来确证我之存在，此所谓“意”是融合了情感、名理、意志等经验内容的第一意识。由此可以看出，“意在故我在”与“我思故我在”之间并不仅限于翻译上的差异，同时也有更为深刻的哲学意蕴之差异。

根据“积意成我”的观念，严复又对孟子“万物皆备于我”的思想进行了新阐发。他认为：“观于此言，而以与特嘉尔所谓积意成我，意恒住故我恒住诸语，合而思之，则知孟子所谓‘万物皆备于我’一言，此为之的解。何则？我而外无物也。非无物也，虽有而无异于无也。然知其备于我矣，乃从此而黜即物穷理之说，又不可也。盖我虽意主，而

① 倪梁康：《“我思故我在”及其现象学的解析与重构》，《开放时代》1999年第2期。

② 汤可敬：《说文解字今释》，岳麓书社，2002年，第1437页。

③ 萨特著，杜小真译：《自我的超越性：一种现象学描述初探》，商务印书馆，2010年，第10—11页。

物为意因，不即因而言果，则其意必不诚。此庄周所以云心止于符，而英儒贝根亦标以心亲物之义也。”① 这里首先要注意的是，经严复阐发之后，“我”主要体现为“意”的特征。根据以往之解释，“万物皆备于我”有三种可能：一是在知识论层面从主客二分的方式理解物与我之关系，在此基础上把“万物皆备于我”理解为一种主观唯心主义学说；二是从道德哲学层面把这一命题理解为道德性之起源，在此意义上物之存在及其意义离不开人，例如诸多学者以“诚”来解释“备”，此“诚”一方面指向道德或存在价值的根据，另一方面指向实现这一根据的方式；三是从形而上学层面理解该命题。作为存在的万物，其意义之开显需要人参与其中，例如朱熹认为“万物不是万物之迹，只是万物之理皆备于我”②。以“理”来界定“万物”，显示作为存在根据的人对万物存在之理的把握与运用，也正是因为有了人参与万物之中，本来寂灭的万物的意义才显示出来。反观严复把意作为枢纽来考察物我关系，因此“万物皆备于我”中的“物”并非实存内涵，而是表象式的“符号”，所谓“我之外，非无物也，虽有而无异于无也”就是对表象或符号之物的承认；所谓“我”也并非存在之根据或者认知主体，而是意识呈现之载体。“我为意主，物为意因”是把物之表象过程中与我之意识过程中合二为一，要做到“诚意”就必须“即物而穷理”，不断丰富意的内容。可以看出，受实证主义哲学影响，严复对“万物皆备于我”的阐发，一方面消除了实在论层面的物之内涵而提倡表象主义物论，另一方面又坚持在事物之中丰富意之内容，意的不断积累过程也就是我不断完善的过程。

二、意之运行：觉、感、情、思的关系

可以说对意我关系之处理，奠定了严复意观念之本体特征，然而意究竟以何种方式运行，也是严复意论所关注的核心问题之一。要而言

① 《严复全集》卷五，第 65 页。

② 《朱子语类》第四册，中华书局，1986 年，第 1438 页。

之，严复对该问题之探索，与约翰·穆勒的逻辑学思想之间有紧密关联。其中尤其涉及意与觉、情、理之间的关系。严复认为："意与觉虽二名，而在义言，实为同物。凡吾心之所觉者皆意也。心之有觉，如身之有生，故待觉而心见，积意而心存。第自谣俗之言语观之，则觉、意二名，若有异者。盖常语谓觉，多属于官，如耳目之所闻见，肢肤之所抵触。或以专属情感而言，别于思想之事。（西语觉为非林，其义诚如所论，而中文觉字尚无此弊也）。"① 其原文为："A Feeling and a State of Consciousness are, in the language of philosophy, equivalent expressions: everything is a feeling of which the mind is conscious; everything which it feels, or, in other words, which forms a part of its own sentient existence. In popular language Feeling is not always synonymous with State of Consciousness; being often taken more peculiarly for those states which are conceived as belonging to the sensitive, or to the emotional, phasis of our nature, and sometimes, with a still narrower restriction, to the emotional alone, as distinguished from what are conceived as belonging to the percipient or to the intellectual phasis."② 将其翻译成现代汉语就是："在哲学家看来，知觉以及意识状态同出而异名。在他们看来，只要是心灵所意识到的，都是某种知觉；也就是说，只要是心灵所知觉到的，或者说只要是构成心灵自身之感知存在（sentient existence）的一部分，都是某种知觉。但是，在日常语言中，知觉并不总是和意识状态同义。人们通常更喜欢用'知觉'一词来表示某些状态，这些状态被认为专指人们与生俱来的感觉。"

这里严复把"Consciousness"译为"意"，把"feeling"译为"觉"，并认为"意为心之所觉"。在穆勒看来"feeling"有时并不与"Consciousness"的内涵一致，在日常生活中，"觉"有时指向与生俱来的感觉状态，即自然感觉。对此严复认为中文"觉"一词并不存在内涵

① 《严复全集》卷五，第49页。

② John Stuart Mill, *A System of Logic Ratiocinative and Inductive*, *collected works of John Stuart Mill* (*volume vii*), Toronto: University of Toronto Press, 1974, p. 51.

混淆的情况。在中文知识系统中“觉”之本意为“悟”，可引申为“明”或“直”。[①] 而所谓“悟”是综合性直觉判断过程，其中既包括理性思维，也包括灵感式领悟。严复把“觉”等同于“意”显示出其所谓“意”并非纯粹理性意识活动，而是包含着自然认知、情感融合与灵感顿悟的复杂过程。所谓“待觉而心见，积意而心存”的说法把心、觉、意三者关联起来。作为人之本性表达状态的“觉”因其自然活动过程而反证人心之存在，而不断觉知过程中积累下来的东西即为意，一种稳固的人格（即心存）需要“积意”过程来实现。在严复这里，“积意而心存”的说法强调“意”的经验性获得，而“待觉而心见”则强调心的认识机能。如此，“觉”与“意”的等同一方面强调认识过程中的先验性认识机能，另一方面又强调先验机能在认识过程中的经验性积累。尤其是对中文中“觉”一词所蕴含的双层含义的肯定，显示出严复对这一问题理解上的综合性。

与把意等同于觉的综合判断相关，严复对意之理解也包含了情与思的内容：“意为干、为纲，而感、情、思三者为支、为目。所谓思（读去声）者，心有所思之意之名。”[②] 这里所谓“意”就是“feeling”（在觉的意义上使用意），所谓“感”就是“sensation”，所谓“情”就是“emotion”，所谓“思”就是“thought”。“意”包括“感觉”、“情感”、“思想”，值得注意的是，在“意”中没有“志”的内涵，而在传统中国哲学的理解中，“意”与“志”有着更多的关联。严复对“志”之理解更多与“为”相关，而非与“意”相关。

严复对意之理解，与约翰·穆勒对意之理解相关。对于心灵的组成而言，穆勒认为有四个重要部分：思想（Thoughts）、情感（Emotions）、意志（Volitions）和感觉（Sensations）。其中关于“感觉”属于心灵还是身体，存有争议。穆勒将其归属于心灵，原因是：“感觉的直接原因是身体的状态，但感觉本身是精神的状态。如果‘心’这个词有什么意义的话，那就是它所知觉（feels）的东西。无论我们对

① 汤可敬：《说文解字今释》，第1180页。

② 《严复全集》卷五，第49页。

物质和精神的基本同一性或多样性持何种观点，无论如何，精神事实与物质事实、内部世界与外部世界之间的区别，作为分类问题将永远存在。在这种分类中，感觉（sensations），像所有其他知觉（feelings）一样，必须被列为精神现象。"① 在我们目前的一般性翻译中，将"feelings"翻译为知觉，而将"sensations"翻译为感觉，但是在英语世界中两者之间的区分，成为心灵哲学所考虑的核心问题之一。尤其是对于"sensation"的心灵性和身体性的归属问题，直至目前还存在争议。在穆勒看来，"sensation"的发生机制属于身体性或者外在性的，而其真正意义上产生作用的机制属于心灵，因此从本质上而言"sensation"被归属于心灵。

严复认为"意为干、为纲，而感、情、思三者为支、为目。"觉与意在内涵上相一致，而感、情、思是形成意的重要部分。感是现实与观念相关联的关键环节，情与思涉及感性能力与理性能力综合下对客观实在之表象的取舍。严复认为区别于感，情指向对人之内在情绪能力在认识过程中所发挥的选择作用的肯定，而思突出呈现为对意之内容的推理判断。情与思的特征是"纯为心境之端，而与所思外物，厘然而二"。可以说把觉等同于意是在综合思维过程中理解意，显示出严复所谓意具有综合判断的特征。同时在意之内容的形成过程中，首先与人之感受能力相关，感一方面指向对客观实在的感官性觉察，另一方面指在与客观实在相接触的过程中，触发人之内在感受能力。其次人之内在的情能力又对所接受到的感的内容进行目标性选择，而思又以理性判断之方式加强这一选择，因此情与思是纯然人之内在认知能力的体现，所谓"此所谓思，全属在心，不关外物"体现的正是这一道理。但在强调思的内在性的同时也承认外在事物对思的触发性，同时起到触发性作用的万物之本体是不可知的，不仅外物本体不可知，内在心之本体亦不可知。所能知的仅是经过觉、感、情之后的思的内容。可以说这是一种彻底的现象主义认识方法。

---

① John Stuart Mill, *A System of Logic Ratiocinative and Inductive*, p. 849.

三、意志与行为：为、志、事的关系

对于意概念之讨论，无可避免要涉及意志与行为之间的关系问题。关于行为，穆勒有一个定义：“什么是行为？行为不是一件事，而是由两件事构成的一个系列：其一是被称作意志的意识状态，其二是随之而来的结果。形成结果的意志或动机是一回事，作为动机的结果则是另一回事。两者合一，才构成行为。”① 严复将其译为：“然而为何物乎？曰：为者，非一物之所就也，一物不足以言为，言为者必资二物。二物者何？心之志为之因，而得事焉为之果，是则真为而已矣。志一物也，而事从之，又一物也。有志而无事，有事而不由志，皆不足以为为，二者合而为出焉。”② 穆勒认为行为必须由两部分构成：一部分是促使行为发生的意志或者动机，另一部分是在意识或者动机促使下所发生的效果，两者合而言之才是行为。

当下行动哲学中所讨论的核心问题之一是行动之理由与原因的异同。大致而言，在诸多讨论中对行动之界定主要包含两方面内容：(1) 一个行为可以被视为行动，当且仅当，它是由特定的心理原因经由合适的因果途径所引起的；(2) 这些心理原因构成了当事人行动的理由。③ 根据这一定义，一种行为之所以能够被称为行为，其关键要素有三个：一是特定的心理原因；二是这一心理原因与外在因果途径相结合；三是这些心理原因构成行动者之所以行动的理由。针对行动、理由与原因三者之间的关系，杨国荣先生论述道：“理由为行动提供了根据，也使对行动的理解成为可能。在现实的形态上，理由表现为一种系统，并关联着内在与外在、现实与可能等不同的方面。以个体意愿与理性认知的互动为背景，理由同时关联着自觉和自愿等不同的行动形态。通过化为内在动机，理由进一步进入因果之域。行动不仅涉及理解与解释，而且关

---

① 穆勒著，郭武军、杨航译：《逻辑体系》，上海交通大学出版社，2014 年，第 52 页。

② 《严复全集》卷五，第 52 页。

③ 虞法：《行动因果论研究进展》，《哲学动态》2012 年第 11 期。

乎规范与引导，后者意味着不能将行动的原因仅仅限定在逻辑层面的理由，而应对其作更广意义上的考察。”① 简而言之，一种行动之所以发生的理由在解释行动过程中具有关键作用，此理由并不仅限于心灵状态之中，而是融合了内在与外在、现实与可能等诸多方面的解释系统。通过对这一解释系统之分析，行动之理由既为现实行动过程提供动机与规范，同时也对行动之所以发生的因果机制做出分析。这一因果机制已经不是纯然物理主义的机制，而是体现为一个复杂综合的认知过程。

穆勒认为：“在我看来，将必然性（necessity）这一不恰当的术语用于对人类品格形成的因果关系的描述，是哲学术语滥用的最明显例子之一。这个术语被滥用的后果是语词严重影响我们的行为。除非这个令人反感的术语被删除，否则我们无法正确理解这一主题。我们经过精确地考察后发现，所谓自由意志学说蕴含着必然性这一词所隐藏的含义，亦即心灵在形成人之品格时所发生的互助作用。进一步而言自由意志主义者的实际感受，比那些必然主义者的感受更为真切。”② 穆勒这里所谓行动者之行为专门指向人之品格的养成，并认为对于人之品格养成而言，自由意志所发挥的作用远比因果必然性所发挥的作用大得多。穆勒认为人类的行为符合因果关系的原则。在对其因果关系的分析中，一方面是外在性的影响因素，例如身体机能、所处环境等，另一方面是内在性的自由意志的作用，而与自由意志相关的人是目的、习惯和品格的养成。要合理考察一个人的行为，内在性因素与外在性因素都不可或缺，或者说一个行为必须由内在性因素与外在性因素同时构成，徒然具有内在性因素不足以称之为行为，徒然具有外在性因素也不足以称之为行为。

在严复对穆勒行动哲学之翻译中，我们可以看出他把穆勒所谓意志诠译为“志”，而把行动之结果诠译为“事”，把行动过程诠译为“为”。在穆勒那里行动、意志与结果之间的关系，被严复转化为为、志与事三者之间的关系。穆勒原文中把意志或者动机促使下发生的效果被称为“effect”。我们知道“effect”并没有“事”的内涵，而严复用“事”来

① 杨国荣：《理由、原因与行动》，《哲学研究》2011 年第 9 期。

② John Stuart Mill, *A System of Logic Ratiocinative and Inductive*, p. 839.

对译“effect”一词可以视为一种创作。因此，在严复的话语中“为”由两部分组成，分别是“志”与“事”。“事”之发生出于“志”，“志”的结果就是“事”，两者合而言之就是“为”。进一步而言，所谓“为”指向“行”，而所谓“志”内涵于“意”之中。严复基本判断是“为”由“事”与“意”构成。事实上，“事”在传统中国哲学的话语体系中是一个较为独特的语词。杨国荣先生对此有精深论述。他认为：“在宽泛意义上，‘事’可以视为人所从事的多样活动，后者既指实践层面的所‘作’所‘为’，包括人与对象的互动、人与人之间的交往，也兼涉观念性的活动，包括科学研究、文学创作，等等。”① 杨国荣先生认为“事”可以被广义地理解为“人之所作”或“人之所为”，在“人之所为”的层面上而言，杨国荣先生与严复对“事”之界定有相通之处。但两者所谓“事”的区分也很明显。杨国荣先生所谓“事”不仅指向人与对象的互动，同时也包含观念性的活动，很明显“事”的范围更加广阔。

四、总结

通过以上分析，我们可以看出在比较哲学的视域下严复对意概念做了新阐释。在中国传统哲学话语体系中，与意相关的主要问题呈现为三个方面：一是意之产生及其与自我关系之确证；二是意之运行过程中，感觉、情绪、思维之间的关系；三是意志与行为之间的关系。经由严复之诠译，区别于“意为心之所发”或“所存”的观念，“积意成我”说成为一种新的理解意我关系的命题。而意之运行过程，呈现为觉、感、情、思、志等多种心理要素之综合运行，其中觉具有从总体把握意之运行的特征，感成为关联意之内在心理结构与外在要素之间的关键环节，情与思都呈现为主观主义特征，具体表现为选择过程中的情态与知识判断，而志更多与意之实现亦即人之行动过程相关。在严复看来，意志与行动之关联，呈现出为、志、事三者之间的关系，只有把作为行动之结果的事与行动之所以产生的志统而言之，才是一完整之为的过程。

---

① 杨国荣：《心物、知行之辨：以“事”为视域》，《哲学研究》2018 年第 5 期。

严复论华侨

陈友良[①]

作为启蒙思想家，严复一向主张“知外情、求自奋”[②]，且其出生及成长之地即为今日所谓“侨乡”或“海上福州”，那么，对于晚清华侨势力的崛起，严复会视而不见吗？通过文献检索，我们发现，严复关于华侨问题不仅有所见，而且有所论，甚至有所行动。但不应讳言，严复对于华侨或海外华人没有专门著述和研究，他主要从其生活阅历及所撰政论文、翻译案语、奏稿，以及与华侨知识精英的交往中，屡屡表达对于这个群体的认识。整合这些零散论述，严复作为晚清最具影响力启蒙思想家之一，其华侨观跃然纸上。

已知晚清人关于海外华侨的形象书写，较有代表性的有三种：一是洋务派及驻外官员如郭嵩焘、陈兰彬、薛福成、郑观应、黄遵宪等人的“护商护侨”论述；[③] 二是梁启超在1904年撰写的题为《中国殖民八大伟人传》将南洋的华侨及其社会视作“殖民者”及“殖民地”；[④] 三是

---

① 陈友良，福建师范大学社会历史学院副教授。

② 严复：《拟上皇帝书》，汪征鲁等主编：《严复全集》卷七，福建教育出版社，2014年，第63页。

③ 较有代表性的成果包括：Ching—Hwang Yen（颜清湟），*Coolies and Mandarins：China's Protection Of Overseas Chinese During The Late Ch'ing Period*（1851—1911），Singapore University Press，1985。苏小东：《晚清海军护商护侨实践及其得失》，《安徽史学》2013年第1期。

④ 王赓武：《中国历史著作中的东南亚华侨》，《天下华人》，广东人民出版社，2016年，第22页。

孙中山赋予“华侨”以浓厚的政治含义，即“华侨是革命之母”说。[①]这三种论述或多或少在严复的言说中有所反映，问题在于各家言说时机及其思想史意义。梁启超《中国殖民八大伟人传》是在阅读严译《天演论》之后才写的；而孙中山在辛亥革命时期关于华侨爱国的概括，在严复那里则表述为华侨具有“为黄种出死力”、“爱国亲种之心”等，其思想苗头早在戊戌变法时期已闪现。本文主要整理严复译著案语中关于海外华侨的评论，考察其认识华侨的方式，并对其中思想内容加以剖析，以说明其华侨观的特点。清末民初是关于“华侨与中国”形象书写的关键时期，对严复华侨观的梳理和研究，有助于说明关于华侨认知的基本命题的历史形成。

一、严复著述中关于华侨的论述

严复出生于东南沿海的福州府“十邑”之一的侯官。福州十邑乡人自明朝以来就有移居南洋和美洲谋生的。鸦片战争后，福州被辟为中国沿海对外通商的五个口岸之一，乡人出洋更为便利，有些则是作为契约劳工被贩运到东南亚、南北美洲。所以一般说来，早年时期严复对于乡人私自出洋贸易、寓居，或者成为离乡的逃犯等事情，应不会觉得稀奇。他后来说“吾闽粤民走南洋美洲者，所在以亿计”[②]，又说以往统治者一般“指为流民海贼，恝置蔑如”[③]，应是这种经验上的认识。

青年时期严复在福建船政学堂接受了严格的海军教育和航行训练，船政所代表的现代海洋文化为他打开了一扇可以接触外部世界的窗口，更有机会目睹海外华人社区。比如，1873 年 3 月至 7 月间，严复、刘步蟾、林泰曾等一批船政学生在洋教习德勒塞指挥下，登“建威”号，“驾船南行，先厦门，次香港，次新加坡，次槟榔屿”等地。在“岛屿萦回、沙线交错”的旅途中，各学员须“逐段誊注日记，量习日度、星

① 王赓武、张铭：《中国革命与海外华人》，《华侨华人历史研究》2001 年第 2 期。

② 严复：《天演论（慎始基斋本）》案语，《严复全集》卷一，第 97 页。

③ 严复：《代北洋大臣杨拟筹办海军奏稿》，《严复全集》卷七，第 318 页。

度，按图体认，期于精熟”。[1]“南洋”的地理概念及居住其中的族群，实已入严复的实际认知。又如，1876 年 10 月，严复又随“扬武”号兵船南巡东南亚，这次登陆新加坡，与当地华人有所接触。据刘锡鸿《英轺私记》记载，当时他与郭嵩焘等人途经新加坡，与马尾船政南巡兵船带队长官，一同与当地华人领袖会面，“时福建船政厂之扬武兵船亦巡洋至此，带兵官蔡国祥、国喜两提督……偕本坡客长胡璇泽来见”[2]。尽管没有直接记载当时作为学员的严复能否参与此次会面，但并不妨碍我们将这种旅行视为严复的一种海外体验。

而 1877 年至 1879 年严复留学英国近两年半，他亦有机会与当地华人社区接触。留学时期严复除了理论学习以外，也喜欢外出考察英国、法国社会的情况。他曾经到英国法庭旁听审判，曾陪同中国驻英大使郭嵩焘去考察巴黎城市下水道设施，对于英、法城市里的“一沟一塍一廛一市”，有所考察，若有所思。[3]从郭嵩焘日记中，可见郭嵩焘相当欣赏当时尚作为海军生员的严复的才华及敏锐的观察力，二人之间的思想有不少共鸣之处。[4]而郭嵩焘作为驻英法公使，早已熟悉欧美及南洋的侨情，在光绪三年（1877 年）即向清政府提出在“中国流寓经商人民共计数十万人”的新加坡设立领事，一为“保护商民”，一为“弹压稽查”。[5]尽管不能判断郭嵩焘是否会把他关于海外华侨问题的看法与严复交流，但可以推断当时为数不少的生活在南洋、欧美的海外同胞及其形象，会对爱思考的严复产生一定刺激作用。严复后来说，海外华人喜欢聚居，往往是“自为风气，而不与他种相入”[6]，又说海外华人喜欢

---

① 孙应祥：《严复年谱》，福建人民出版社，2003 年，第 23 页。

② 福建师范大学历史系华侨史资料选辑组编：《晚清海外笔记选》，1981 年 5 月刊印本，第 12 页。

③ 严复：《〈法意〉案语（八七）》，王栻主编：《严复集》第四册，中华书局，1986 年，第 985 页。

④ 参见郭嵩焘：《关于严复在英留学活动的日记》，苏中立、涂光久主编：《百年严复：严复研究资料精选》，福建人民出版社，2011 年，第 71—83 页。

⑤ 郭嵩焘：《新嘉坡设立领事片》，《郭嵩焘奏稿》，岳麓书社，1983 年，第 384 页。

⑥ 严复：《〈社会通诠〉案语（九）》，《严复集》第四册，第 926 页。

建庙宇，“所以为祀神饮福之地”[1]，应是在国外观察得来的种种体验。但总体上说，留学时期的严复资料较少留存下来，关于这方面的深入探究已无可能。

直到1895年以后，严复作为维新思想家，在报纸上发表系列政论文，并着手翻译西学名著多部，撰写大量的编译案语，由此构成了他的启蒙思想体系。在其文字著作中，严复有关海外华人的论述时有出现。经检索和梳理，晚清时期严复著述中大概有15段文本（含在12种著述中）属于涉侨论述，列表如下：

序号	文本	出处	称谓	发表年份	出版媒介
1	案语1条	《天演论》	“吾闽粤民走南洋美洲者”	1897.12	《国闻汇编》
2	政论文	《有如三保》	“粤女”	1898.6	《国闻报》
3	案语3条	《原富》	“吾国闽粤之民” “出力求庸之众” “浮海华工”	1899—1902	上海南洋公学译书院
4	案语1条	《社会通诠》	“寄籍外国之华人”	1904	上海商务印书馆
5	案语2条	《法意》	“中国之民” “旅于南洋美洲者”	1904—1909	上海商务印书馆
6	政论文	《论抵制工约之事必宜通盘筹画》	“华工” “侨美之工人” “华商”	1905.8.16	《中外日报》
7	政论文	《瘉壄堂主人答于君书后书》	“华工”	1905.8.21	《中外日报》

① 严复：《〈法意〉案语（一〇八）》，《严复集》第四册，第997页。

续表

序号	文本	出处	称谓	发表年份	出版媒介
8	政论文	《答某报驳议》	“侨美之工”	1905.9.2	《中外日报》
9	政论文	《答某报本月初二日驳议》	“华工”	1905.9.3	《中外日报》
10	政论文	《再答某报本月初六日驳议》	“华工”	1905.9.6	《中外日报》
11	政论文	《论近日外交之困难》	“侨民” “华侨”	1906.6.11	《广益丛报》
12	代拟奏稿	《代北洋大臣杨拟筹办海军奏稿》	“侨黎” “侨民”	1908.9.4	据吴闿生《杨士骧行状》，此奏稿由杨士骧上奏朝廷

注：上表主要依据《严复全集》相关内容整理。

我们首先考察严复对海外华人华侨的称谓的演变。严格说来，严复是在翻译《天演论》时，撰写出了第一条评论海外华人族群的文字。写作时间应不迟于1897年12月，使用的称谓是“吾闽粤民走南洋美洲者”。随后在《原富》3条案语中，分别使用“吾国闽粤之民”、“出力求庸之众”、“浮海华工”等。这些称谓中的辅助动词如“走”、“求庸”、“浮海”等，与严复早年关于乡人出洋谋生的观念是一脉相承的。

在1904年前后所撰《社会通诠》、《法意》案语中，严复关于海外华人的观念，似有进一步的认识和改善，他使用“寄籍外国之华人”、“旅于南洋美洲者”等词汇，已经表达出了“寓居”或“旅居”海外的华人概念，也向“定居”这个概念逼近。

1905年春夏之交，上海、广州、厦门等二十多个大小城市兴起抵制美货运动，可谓“群情汹汹”。严复不甚赞成抵制美货的方式，于是在《中外日报》上发表《论抵制工约之事必宜通盘筹画》一文，提议对于抵制运动应考量各方利益实效问题，所谓“宜略课报施，衡其轻重”。① 结果此倡议一出，立刻招致激进的“学界少年”（严复语）的强烈抨击。不得已，严复先后在报纸上又撰写了四篇回应文章，就争论纷纭之处，再予申辩。在这批文章中，严复与一般人一样用“华工”、“华商”称呼当时海外不同华人阶层。

为了使论辩更有说服力，严复对于“华工”的界定，也下了一些功夫。如他查阅美国政府1893年通过的排华法案，并据其中条文：“华工者，固包有巧无巧二项而言，但凡华人受雇于矿业、渔业、垦田、沿街叫卖、代人洗衣，及收取晒干海螺、小鱼，以贩卖本国或出口之类者，乃为律文华工字面之所指”，认为，生计受大量廉价华工影响的美国人以下层无技艺的工人为主，真正的美国产业工人未受任何影响。所以严复指出，在中国发起抵制美货运动，并不能使美国产业工人受到困扰，“而使之去其妒嫉之心，罢持工约乎？此又事之可以商略者也，非瞆瞆也”。②

值得注意的是，在这批论辩文字中，他两次使用“侨”字作为助动词，而不是“走”、“旅”、“浮海”等，如“侨美之工人”，用以称谓海外华工。“侨”字的使用，意义较大，说明他对海外华人已形成专门称谓的概念。据现代学者指出，“侨”字的使用是“华侨”一词起源的关键，“先用‘侨寓’，进而‘侨民’，最后与‘华民’的‘华’字结合，形成专指移居海外中国人的称呼——华侨”③。果然，1906年6月，即在抵制美货运动发起一年后，严复在一篇题为《论近代外交之困难》文章中，同时使用“侨民”和“华侨”的称谓。他说：

华工禁约，吾侨民之濒于疾苦者，亦已有年。而幸值改约之

---

① 严复：《论抵制工约之事必宜通盘筹画》，《严复全集》卷七，第145页。

② 严复：《再答某报本月初六日驳议》，《严复全集》卷七，第166页。

③ 庄国土：《“华侨”一词名称考》，《南洋问题研究》1984年第1期。

> 期，朝野人士遂合团体以争之，不忍使海外同胞再罹水火。奈美终循其工党中人之意见，出全力以相持，殊未自知其悖于公理，事更一载于其禁约仍无改订之明文，而转以抵制者为多事。华侨百万，其将长此终古矣乎？此外交困难之属于美者也。[①]

通过以上名词的考察，严复对于海外华人及其社区的概念似乎经历了这样一个过程：先是用“闽粤民”、“粤女”等指称漂泊海外的华人，随着中国社会对海外华人整体关注度的提升，开始使用“华人”、“华工”、“华商”等词指涉海外华侨；先说中国之民“走”、“浮海”、“旅”、“寄籍”于外国，然后用“侨”字来表示移居外国，进而与“中国之民”、“华人”等结合，最终使用“侨民”、“华侨”两个较为严谨的专门指称之词，完成了对海外华侨的认识。

二、严复对于海外华侨的文化认知和思想特色

（一）“天演”法则下的海外华侨的“垦荒”之业

戊戌维新时期严复翻译英国生物学家赫胥黎的《天演论》，宣扬“物竞天择，适者生存”的进化法则，鼓励国人“自强保种”，在种族与国家竞争之丛林中成为强者、适者。赫胥黎在《天演论》悬疏七提出“天演之说，若更以垦荒之事喻之，其理将愈明而易见”。他以数十英人登录澳洲小岛开荒立国的故事，说明在“天行”、“物竞”之外，英人竟以“一朝之人事”，“蔚然成国”。[②] 严复了解欧洲人在亚洲、美洲和非洲进行殖民扩张的历史，但他并不以道德视角视之。与赫胥黎一样，严复以“浮海”表示越洋开拓的艰辛过程，以“垦荒”表示建立族群社区及其法制。所不同的是，他增加了民族比较的维度，提出“垦荒”能力

① 严复：《论近日外交之困难》，《严复全集》卷七，第231页。

② 严复：《天演论悬疏（〈国闻汇编〉本）》译文，《严复全集》卷一，第350—351页。

是衡量世界不同民族的海外生存和竞争能力的标准：

> 由来垦荒之利不利，最觇民种之高下。泰西自明以来，如荷兰，如日斯巴尼亚，如蒲陀牙，如唓，皆能浮海得新地。而最后英伦之民，于垦荒乃独著，前数国方之，瞠乎后矣。西有米利坚，东有身毒，南有好望新洲，计其幅员，几与欧亚埒。此不仅习海擅商，狡黠坚毅为之也，亦其民能自治，知合群之道胜耳。……中国廿余口之租界，英人处其中者，多不逾千，少不及百，而制度厘然，隐若敌国矣。吾闻粤民走南洋美洲者，所在以亿计，然终不免为人臧获，被驱斥也。悲夫！①

无疑，英人在“垦荒”方面胜出，是因为他们的“人事”特点，如冒险、商贸、狡黠、坚毅，尤其是自治、合群等能力，为其他民族所不及。英国在华侨民人数虽少，但是其人管理的在华租界犹如国中之国，中国政府尚不能干涉；而海外华人人数众多，往往不能自立自强，尤其在法制设施和自治合群方面，远远落后于外人，其结果是华人遭受歧视和压迫。

在《法意》的一条案语中，严复以互文的方式，再度赞美外国在华侨民所经营的租界，法制设施井然有序，其社区组织犹如国中之国。他反观海外华人的社区，除了建立庙宇、组织乡社等文娱活动外，法制设施和自治组织几乎没有，他更指明其中原因在于中国传统王道在法治与自治理念上的欠缺：

> 吾每于租界，察外人之所制立者，而叹其种民之能事为不可及也。即如天津上海间，其所租有之地，往往不敌一乡镇，而居留之众，至多亦不过数百千人。顾其中制度厘然，自议制、行政、司法，至于巡警之备，教育之资，纲举目张，靡所不具，则隐然一敌国矣。且其形常有以坐大，多多益办，归斯受之。此其所为可畏者

① 严复：《天演论悬疏（〈国闻汇编〉本）》案语，《严复全集》卷一，第351页。

也。回观吾国之众，其旅于南洋美洲者亦不少也。顾所立者，除一二庙宇，所以为祀神饮福之地，无可言者矣。是何二民之相异耶？盖彼国常有地方自治之规，故虽商贩小民，皆知所以合群而立治。而吾国自三代至今，所以与其民者，不过乡射傩赛之事而已，至于政法，非所得立者也。孔子谓观于乡，而知王道之易行。使此老而生于今，所言当稍异耳！①

而在《社会通诠》的案语中，严复则进一步用甄克思的社会进化论来解释华人延绵不绝的宗法观念或者“王道”其实不适用于文明时代。甄克思指出，宗法观念根深蒂固的民族往往没有立法思想，因为祖先的遗训就是子民所应遵守的法度，“古之社会，义由人起，彼谓一人所宜守之法度，必其种与族之所常行者，无自作之理也”。他又指出，“一人之身，无论所居为何国土，必挟其旧法与偕”，比如犹太民族宗法性质持久不变，“其俗固重宗而不重国，故国亦随亡”。② 严复显然赞同甄克思的观点，而且认为所有中国人，包括已“寄藉外国之华人”，亦是深深浸渍在宗法传统下而不能融入现代文明，即他所谓以自治和法治为特征的军国主义社会：

中国社会，宗法而兼军国者也。故其言法也，亦以种不以国，观满人得国几三百年，而满汉种界，厘然犹在。东西人之居吾土者，则听其有治外之法权，而寄籍外国之华人，则自为风气，而不与他种相入，可以见矣。故周孔者，宗法社会之圣人也。其经法义言，所渐渍于民者最久，其入于人心者亦最深。③

由上可见，严复在其所译的三本西学著作中分别撰写的三条案语，均评论了海外华人社区的建设能力，其中观念竟构成了一条互文关系的

① 严复：《〈法意〉案语（一〇八）》，《严复集》第四册，第 997 页。
② 严复：《〈社会通诠〉案语（八）》，《严复集》第四册，第 925 页。
③ 严复：《〈社会通诠〉案语（八）》，《严复集》第四册，第 925—926 页。

线索，即围绕着海外华人的自治、法治、合群等政治能力的反思。值得注意的是，1904 年梁启超在《新民丛报》上发表的《中国殖民八大伟人传》中也反思了海外华人的“政治能力与国际竞争之关系”问题。其文曰：“我先民前此不借政府之力，尚能手辟诸国或尚能传诸子孙，及一旦与文明强有力之国相遇，遂不得不贴服于其统治之下。……呜呼！海以南百数十国，其民口之大部分，皆黄帝子孙，以地势论，以历史论，实天然我族之殖民地也，而今也托居彼宇者，仅得自比于牛马。呜呼！谁之罪欤？”① 此论与严复前论有异曲同工之妙。

（二）全球自由贸易与美国华工禁约之间的张力

严复在翻译亚当·斯密《原富》时，根据书中的经济学原理，分析了华工出国的经济因素以及在美华工遭受歧视的原因。所撰三条关于出国华工的案语分别出自《释庸》、《释赢》、《论外属》三篇，换句话说，在亚当·斯密关于工资、利润、海外投资的相关理论框架下，严复得到了启发，阐发了关于出国华工的政治经济的观点。

关于华工出国，严复指出，富裕国家的过剩资本流出与贫困国家的剩余劳力输出是全球经济发展的基本规律，因此，外国资本家投资中国路矿和中国劳工移民国外都是国际贸易的必然现象：

> 夫母财溢而出以假人，无异民丁溢而谋庸于外也。前所以救赢息之过微，后所以救庸钱之过薄。今者，中国过庶而不富，而国中可兴之新业最多。此所以浮海华工，日以益众，而各国争欲主中国矿路者，亦正为此耳。②

严复认为，历史上，各国劳工移民美国实际上促进了美国的人口净增长，以及财富的积累，包括华人移民在内，都做出了不可磨灭的贡献，但美国政府偏袒欧洲移民，出台华工禁约，有意歧视和限制华工：

---

① 梁启超：《饮冰室合集》专集第三册，上海中华书局，1936 年，第 5 页。

② 严复：《〈原富〉案语（七八）》，《严复集》第四册，第 894 页。

> 则美洲新民之集，以财计之，乃不异岁进三千万镑也。即吾国闽粤之民，岁至其地者，当以千计。强力勤事，方之欧民，盖有加焉。以计学之道言之，固于北美为大利，乃当道者徇欧民媢嫉之私，时持驱逐华民之议，而彼族之来吾土者，乃日责遍地之通商。此所谓公理私利两无所取者矣。①

此为严复首次表达对寓居美国的华工所受禁约之苦的同情。在另外一条案语中，严复也是明确指出美国华工禁约违背了资本与劳力全球自由流动的“计学公例”，对华人极为不公正：

> 今之英美诸国，皆庸优赢劣，而中国反此。彼之通我，最为得利。此所以海禁既开，自西徂东，日盛月炽，虽铁牡汤池，不能距也。而我出力求庸之众，亦航海适彼，如新旧金山者，势亦日多。美人恐吾佣夺其小民之生，乃造天下至不公之律，以拒华佣。故至今在美者，不过十余万众。使不为此，一任事势之自然，则益充斥无疑也。凡此，皆计学公例之行而不可遏者也。②

很显然，《原富》中的这三条案语其实也构成了互文关系。研究者指出，严复对经济问题的讨论中，“放任自由”和“个人自利”是受亚当·斯密影响最深的两项。③ 他同样贯彻了亚当·斯密在国际贸易领域中的经济自由主义思想，并以此为武器，解释了华工出国“求庸”与外国投资中国的经济学原理，并赋予它们同等的正当性，同时激烈批判了美国政府的华工禁约，视之为狭隘的贸易保护主义，以及对华人的不公正对待。

---

① 严复：《〈原富〉案语（七）》，《严复集》第四册，第857页。

② 严复：《〈原富〉案语（一六）》，《严复集》第四册，第860页。

③ 刘瑾玉：《翻译、概念与经济：严复译〈国富论〉研究》，社会科学文献出版社，2021年，第247页。

（三）海外华侨的“爱国心”与“合群”

严复最早明确阐述海外华人具有诚挚的爱国之心，是在1898年戊戌维新时期，其时他尚在天津与友人合办《国闻报》。他在报上发表政论文《有如三保》，作为对当时讨论极为热烈的“保种、保国、保教”问题的回应。严复不赞成教化危机的说法，毋宁说他将社会达尔文主义的生存竞争观念运用到对人类生活的理解上，所以他认为当前中国面临亡国灭种的危机主要是民族的生存危机，中国的社会经济和人民生活正在遭遇毁灭性的打击，如西力东渐导致谷贵银贱，造成的“时事之艰”、“种之难存”及“吾民之病”，已经从沿海各省逐渐蔓延到全国范围，“则知吾灭种之说，非恫喝之词，而为信而有征者矣”。他认为，孔教派用以挽救民族危机，“其持孔教也，大氐于耶稣、谟罕争衡，以逞一时之意气门户而已”。所以，与其“深闭固拒”，不如“强立不反”，“出与力争，庶几磨砺玉成，有以自立”。他又说：“只须我辈砥节砺行，孔教固不必保而自保矣。”① 在严复看来，面对亡国灭种之危机，人民的自立、自强，及对国家怀有“爱力”等这些气节，比坚持孔子的教义更加有效。

文末，严复又引用一位外国记者朋友的来信，讲述两位寓居法国的华裔女子心系祖国命运的故事：

> 本馆数日前接到泰西访事友人一信，今略陈之，则我辈凡为中国男子者，皆当愧死。信云：前有法兰西人名迈达者，为福建船厂雇为教习有年。娶一粤女为妇，伉俪甚笃。生二女一男，长者今过笄矣。迈归，挈之回法，入学皆通达。去岁自德占胶州、俄租旅顺之后，欧洲国论纷纭，皆云瓜分之局已具。是二女者，日夜流涕，至忘寝食。每日早起，有闻卖报纸过者，必讯其中有中国事否，有则必购阅之，阅已复哭。见其弟，则勖其努力为学，后日归华，为

① 严复：《有如三保》，《严复全集》卷七，第79—80页。

黄种出死力也。此固友人亲见之者，非谬悠之说也。①

这个故事透露出海外华人具有“为黄种出死力”，且愿意回国服务的爱国思想。严复随后的评论颇为大胆，“嗟乎！诸公何必学孔子，但能以迈二女子之心为心，则不佞高枕无忧，有以知中国之不亡矣”②。可见早在20世纪初革命党大肆宣传“华侨爱国”特点之前，严复已指出海外华人亦具有团结、爱国与奉献的特点。

1905年夏季中国东南沿海城市爆发大规模的抵制美货运动，声援北美华人反对美国政府的华工禁约及各种歧视华人政策的抗议行动。时处上海的严复目睹这场群众抗议运动，甚觉欣慰，认为这正好破除了外国人“支那黄人无爱国心无团体之说”，抵制运动就是一场国内人民“以合群结团体，抵制外力，勖其同胞”的爱国护侨运动。③

但其实严复不赞成抵制美货的方式，曾拒绝出席好友马相伯、曾铸主持的在上海务本女塾召开的抵制美货名人演讲会的邀请，④ 甚至在运动最高潮时候，他发表《论抵制工约之事必宜通盘筹画》一文，公开质疑抵制运动的效果，要求运动发起者少安勿躁。此举自然招致国内一些激进青年的猛烈抨击。之所以有此反差，从其对“爱国心”的阐释，可见端倪：

爱国心之所以可贵者，非深闭固拒，厚同种，薄他族之谓也。念种族之荣誉，奋国土之事业，守法循理，后一身之私利，先同胞

① 严复：《有如三保》，《严复全集》卷七，第80页。

② 严复：《有如三保》，《严复全集》卷七，第80页。

③ 严复：《论抵制工约之事必宜通盘筹画》，《严复全集》卷七，第142页。

④ 严复说：“当发起会议之时，屡蒙诸君子见推，邀请演说，即缘不识所以措辞，叠经吒避。”（见严复：《论抵制工约之事必宜通盘筹画》，《严复全集》卷七，第145页。）另外，他也说：“当此事起议之日，仆尚在途，甫归即有以演唱抵制见委者。当此之时，诚如前跋所述，不识所以措词，非诳语也。”（见严复：《痛壁堂主人答于君书后书》，《严复全集》卷七，第148页。）在《与熊元锷书》中，他曾拜托熊季廉代为转告马相伯、曾铸等人，婉谢演讲之邀请，并表达自己不能认同抵制美货运动的发起。（见严复：《与熊元锷书》（二十九），《严复全集》卷八，第178页。）

之公益，遇国急难，虽以身殉有不顾。此真爱国之极致矣。若夫嚣然而合，偾然而议，用一部分之宗旨，鼓一国以趋之，事未图其终始，策不出于万全，如今日抵制美约，诸君子之所为者。[①]

从互文角度看，严复对“爱国心”的界定，无疑是对他在戊戌时期的“为黄种出死力”的说法的完整阐述。严复所主张的“爱国心”，并非狭隘的“同种”观念，而是秉持“公益”、“合群”等观念，为民族、国家的荣誉和事业献身的精神。同时，他所主张的爱国行动，也不是以某种口号鼓动民气的盲动主义，而是对于运动的宗旨、策略、目标、效果、利弊等问题进行充分讨论之后的文明行动，“既曰文明，则一切必衡其至当，庶理得心安，不见可悔，上不贻朝廷以忧，下不为市廛之困。凡此皆发起者所宜常目存之者也”[②]。

严复后又撰文解释，抵制运动若持“厚同种，薄他族”的爱国观，其效果将是无解，因为禁制华工在美国为爱国，抵制美货在中国也是爱国，两国人民的“爱国之事”，都有正当性，我们又该如何去争、去抵制呢？所以，他主张，我们的抵制运动应是“取美人之不公、不恕而抵制之”[③]，也就是抗议美国政府的排华法律，以及一切变本加厉的歧视华人的政策和行为。可见严复又是主张在文明的普遍性价值观，而不是狭隘的民族观念的指导下，为海外华人谋取自立与平等的地位。

（四）海外华侨与中国海权国家的建设

在严复看来，要实现海外华人与祖国的爱国合群，还有一个关键的问题，就是清政府与人民的关系。他认为在清政府的治国理念中，人民的地位和权利远远未得到应有的重视。《法意》中还有一条案语，显示严复对清政府的护侨不力的严重指责。当孟德斯鸠讨论斯巴达奴隶地位之低，不如雅典奴隶尚且受雅典法律之保护时，严复加上一段案语指

① 严复：《论抵制工约之事必宜通盘筹画》，《严复全集》卷七，第142页。
② 严复：《论抵制工约之事必宜通盘筹画》，《严复全集》卷七，第143页。
③ 严复：《答某报驳议》，《严复全集》卷七，第152页。

出，今日中国人民的地位之低，与斯巴达奴隶无异，备受诸列强种族之欺凌，而自己的国家却无法为之伸张正义。

> 或曰，中国之民，犹奴隶耳；或曰，中国之民，非奴隶也。虽然，自孟氏之说而观之，于奴隶为近，且斯巴达之奴隶，而非雅典之奴隶也。何以言之？使中国之民而非奴隶乎，则其受侵欺于外人，当必有其责言者。今中国之民，内之则在上海、牛庄各租界之近，外之则在美、斐诸洲之殖民地，其见侵欺杀害者，亦屡告矣，而未闻吾国家有责言之事。是非五洲公共之奴，乌得有此乎？①

在这段叙述中，严复认为广大海外华人与祖国人民一样，应受本民族政府的同等保护。他批评清政府对于受侵害国民的不作为，包括对在天津、上海等外国租借地内外的华人，以及在美洲、非洲的华人，有失作为中央政府的职责。

如何笼络海外华人的“民心”，在1907年以后变得更加明晰。这一年，清政府于陆军部设立海军处，颁布振兴海军计划，并且下旨讨论每年拟派遣军舰定期巡视南洋实行护侨护商的举措。次年，身为“北洋新政顾问官”的严复应北洋大臣杨士骧之请，代撰《筹办海军奏稿》一折，“做得一篇奏请兴办海军摺稿六七千言，大家佩服无地”②。此奏稿以美国军事学家马汉的“海权论”为理论框架，提出重建海军方案。③

在这个方案中，严复举出兴复海军有六项必不可缓的措施，其中第五项即为“嘉谋及远，翕附侨黎”。由此可见，严复运用海权理论将中国国家对海外华人的“联络保护”融入了海军建设方案中。他说：

> 南洋各岛，中国侨民最多。盖自明季、国初，即已先至其地，始则辛勤启辟，继乃休养孳生；质而言之，固吾国之殖民地也。欧

---

① 严复：《〈法意〉案语（七八）》，《严复集》第四册，第980页。

② 孙应祥：《严复年谱》，第327页。

③ 李金强：《严复与清季海军现代化》，《书生报国：中国近代变革思想之源起》，福建教育出版社，2001年，第120页。

人继至，如荷兰、大吕宋等，肆行攘夺，亦有时联合土蕃与之开战。不幸帝阍高远，呼吁不闻。即使战而胜之，亦莫为后继；甚至指为流民海贼，恝置蔑如。于是外人目为中国弃民，益相蹂躏，奴驱隶使，视同土蕃。此南洋数十百岛间，情形大都如此。观黄人则簇簇如蚕，而无一地可指为中国之外属。徒以其地开采营作必资华人，由是积蓄经商，每成巨富。夫爱国亲种之心，人所同有，是以喁喁内向，日祷祖国之盛强，曰：尚庶几其抚我乎？每闻战败，则疾首蹙额，痛不欲生。故其责备政府时或太过，然亦忠爱之诚激而为此。苟察其隐，是亦可念者矣。甲午、庚子以来，侨民之气弥厉，虽会匪不乏潜图煽诱，而明白持正之人亦多。每遇华舰周游至于其地，莫不额手国徽，欢呼鼓舞，甚至涕零。此足见圣朝德泽之深长，而吾国民心之甚可恃也。顷者朝议岁遣两舰遍至南洋各岛，以为联络保护之资。此实圣明丕冒之规，不遗在远。所惜现有之舟寥寥无几，若不更添新舰，恐上之不足以壮国威，下之亦不足以联众志。①

从以上文字可明白严复对于当时侨情的判断：其一，明、清两朝政府对于移民海外的华人的“垦荒”事业未能及早认识其意义，而痛失南洋“殖民地”或“外属”，以致未能拥有海权。其二，海外华人具有自然主义的“爱国亲种之心”，以及对祖国的景仰内向之心，这种爱国心既可能为人所“潜图煽诱”，变成朝廷的威胁，也可能因为朝廷主动“联络保护”，而变成凝聚侨民民心之举。其三，加紧建设中国军舰，落实军舰巡历南洋常态化，既可“壮国威”，也是“联众志”，既是对海外华人表明关怀，也是纳海外华人于合群事业中。显然，在晚清海军和海权重建方案中，唯有严复的献策，明确赋予了海外华人重要地位。

综上所述，严复关于“华侨”的概念及内涵的演变过程，其特点可以总结如下：

第一，严复从“闽粤民”到“华侨”的概念使用具有一定代表性。

---

① 严复：《代北洋大臣杨拟筹办海军奏稿》，《严复全集》卷七，第317—318页。

有学者考述，晚清的洋务官员和外交人员，如郑观应、黄遵宪、伍廷芳、杨儒等，对于海外华人的称呼，经历了从“华民”，到“华商”、“华工”，再到“侨民”、“华侨”的确认过程，这个过程到19世纪末已基本完成。[①] 而严复在1905年以前，未尝习惯使用“侨”字称呼海外华人及其社区，说明当时华侨在中国社会上的影响力和存在感并不强。在声势浩大的抵制美货运动的影响下，中国社会对于“华侨”的认同感才逐渐加强。可见，通过考察严复对海外华侨的认知过程，才能更深刻地了解清末社会对于华侨形象的感知特点。

第二，严复关于华侨的论述总量不多，但其思想并不单薄，甚至可以说，严复的华侨观具有一定理论意涵。其理论渊源包括社会进化论、政治经济学、海权论，以及文明论，其有关华侨的评论虽然散布在各译著案语和政论文中，却以互文的形式连接成一个关于海外华侨的阐释框架。在其变法图强和启蒙思想蓝图中，海外华侨亦是中国同胞，所谓“于华为一部分者”[②]，其种族、政治、文化、组织特性，在社会达尔文主义的法则下，如何进化与趋于文明，如何与其他族群竞争生存和发展，是其关注的重点。

第三，严复关于海外华侨的阐述有着鲜明的现代性价值观。在现代性的视野下，严复批评华人的弱点，在于固守宗法文化观念，缺乏拓殖和冒险精神，缺乏自治、合群和法治精神，以及漠视海权等，他同样批评美国政府的华工禁约违背了自由、平等、大同等其自诩为“文明之国”[③] 的精神。同时，他相信，在中国走向自立、富强和文明国家的征程中，海外华侨的垦荒事业、爱国心和归属感，一定能够发挥出应有的作用。

---

① 庄国土：《“华侨”一词名称考》，《南洋问题研究》1984年第1期。

② 严复：《答某报驳议》，《严复全集》卷七，第152页。

③ 严复：《论抵制工约之事必宜通盘筹画》，《严复全集》卷七，第143页。

社会学中国化的接力传承

——论林耀华的《严复研究》

孙汉生①

一、严复是社会学中国化的开路先锋

社会学家孙本文（1891—1979）说："严氏（复）似为介绍西洋社会学入中国第一人。"以社会学的内容介绍入中国者，当以严氏所译《群学肄言》的前二篇《砭愚》、《倡学》为始，时为光绪二十四年（1898年）。② 其实应以1895年3月初严复在天津《直报》上发表《原强》为始：

> （斯宾塞）宗其理而大阐人伦之事，帜其学曰"群学"。"群学"者何？荀卿子有言："人之所以异于禽兽者，以其能群也。"凡民之相生相养，易事通功，推以至于兵刑礼乐之事，皆自能群之性以生，故锡彭塞氏（斯宾塞）取以名其学焉。约其所论，其节目支条，与吾《大学》所谓诚正修齐治平之事有不期而合者，第《大学》引而未发，语而不详。③

《原强》应是中国第一篇社会学（群学）论文。严复没有采用日文

---

① 孙汉生，福建教育出版社总编辑、编审。

② 孙本文：《当代中国社会学》，胜利出版公司，1948年，第10、8页。

③ 《严复全集》卷七，福建教育出版社，2014年，第16页。

的译名“社会学”，而是以“群”名学，具有天然的中国属性。几年后，严复翻译斯宾塞《社会学研究》为《群学肄言》，其《译余赘语》曰：

> 荀卿曰：“民生有群。”群也者，人道之所不能外也……尝考六书文义，而知古人之说与西学合。何以言之？西学社会之界说曰：“民聚而有所部勒（东学称组织），祈向者，曰社会。”……其书实兼《大学》、《中庸》精义。而出之以翔实，以格致诚正为治平根本矣。①

严复仍如著《原强》一样，以《荀子》思想和《大学》之义来理解和诠释斯宾塞的Sociology，其内容无非能群合作，正心诚意，修齐治平，礼乐刑政，治乱兴衰。当然，严复的群学如果止于此，只是重复《荀子》、《大学》，并无新意。严复的开创性意义在于认识到“《大学》引而未发，语而不详”，而以斯宾塞的社会学内容大加阐发和延伸，注入现代科学体系的内容：数学、名学、力学、质学（化学）、天学、地学、人学（含生学、心学；生学是生物学，心学是心理学）。“人学者，群学入德之门也”。“夫唯此数学者明，而后有以事群学，群学治，而后能修齐治平，用以持世保民以日进于郅治馨香之极盛也”。②

对中学西学都有深厚功底的严复在《群学肄言》的译序中把社会学看作一门研究社会治和乱、兴和衰的原因，揭示社会所以达到治的方法或规律的学问。③

严复就连翻译西方社会学著作，也将西书中国化。《天演论》严格意义上看，不是翻译，而是编译，或曰“重写一过”④。《天演论》对外国思想的介绍翻译没有生搬硬套，而是力求服务于当时中国的需要。

---

① 《严复全集》卷三，第9、10页。

② 《严复全集》卷七，第16—17页。

③ 参考郑杭生、李迎生：《中国社会学史新编》，高等教育出版社，2017年，第38页。

④ 冯友兰：《从赫胥黎到严复》，转引自《进化论与伦理学》，北京大学出版社，2013年，第6页。

查看《天演论》译文手稿本，时有“《易·大传》曰”、“正如孟子所谓”、“荀卿之言曰”、“如庄周所云”、“班孟坚之志刑法也，其言曰”等语。严复看似纵意驰骋，其实是下意识的中国化行为。吴汝纶致函严复，指出其不当：“执事（严复）若自为一书，则可纵意驰骋；若以译赫氏之书为名，则篇中所引古书古事，皆宜以元书所称西方者为当，似不必改用中国人语。”① 严复接受了吴汝纶的建议，定稿时将译文中阑入的文字删除，但还是不忍割爱，于是将这些文字写成案语，附于相应处，以用中国传统人事或思想比附原文内容，引导读者理解西学内容。

严复的翻译行为和翻译选题的选择，就是社会学中国化的一种表现。严复在《译〈天演论〉自序》中称此书旨在自强保种。为开智启蒙、救亡图存，选择对当时中国社会最切要、最有用的著作翻译、介绍给中国知识精英。

二、林耀华社会学中国化的教育背景

中国最早的社会学专业教育是由教会大学创立的，外籍教师居于支配地位，其本意则在于将西方宗教与文化价值观念向中国社会渗透。②中国人许仕廉 1926 年出任燕京大学社会学系主任，提倡“本土社会学”研究。他在就职演说中，称燕大社会学应当以科学方法研究中国社会，并为中国提供完全中国化的、科学的社会服务。许仕廉开拓了将社会学原理与中国社会现实有机结合的学术研究和学术培养道路。③

1930 年许仕廉制定的燕京大学社会学系办系的宗旨和原则体现了社会学中国化的意图：特别注重社会调查，使学生明了中国现时的社会状况，掌握搜集科学材料的方法；要求一切课程计划要符合中国现实社会的需要。1931 年许仕廉提出教材“要多用国货，不尽用洋货”。④

---

① 王栻主编：《严复集》第五册，中华书局，1986 年，第 1560 页。

② 参见郑杭生、李迎生：《中国社会学史新编》，第 68—69 页。

③ http://www.shehui.pku.edu.cn/wap/second/index.aspx?contentid=1527&nodeid=20&page=ContentPage。

④ 郑杭生、李迎生：《中国社会学史新编》，第 69 页。

1927年6月燕京大学社会学系创办的刊物《社会学界》出版，其《编辑者言》宣示的宗旨含有社会学中国化的内容："为了我们想请求中国的社会学者起来做些整理中国社会学材料的工夫，好让喜欢研究本国社会学的本国人，有自己的田地可以耕耘。"①

梁启超曾在燕京大学社会学会演讲，演讲词发表在《社会学界》第一卷（1927年6月），题为《社会学在中国方面的几个重要问题研究举例》，大意为：学问、原理虽无国界，资料却有分别。无论哪个国家、民族，哪种学问，都有其独立的资料，为其他国家、民族所无。根据既定原则，证以本国新搜集的资料；或印证原则的正确性，或加以修正，甚至完全改造，则是一国家一民族对于人类文化的贡献，亦尽对于人类文化的责任。② 梁文提出了发掘本国材料对于社会学研究的重要性，虽未明言，实际上触及社会学中国化问题，影响深远。在这里梁启超还揭示了社会学中国化的具体办法和途径：研究自己的资料和问题。

1929年6月，留学美国获得哥伦比亚大学博士学位的吴文藻来到燕京大学社会学系任教。据其弟子林耀华等撰《吴文藻传略》记载：当时中国的民族学和社会学基本上还处在模仿或照搬西方模式的状态，没有具有自己特点的民族学和社会学，很少有人把中国的社会和民族实际情况结合到教学和科研之中。他决定以自己的行动来改变这种状态，对所任西洋社会思想史、家族社会学、人类学三门课程做了改造。他为每门课都编写了一本汉文教材，对其内容进行修改。他提出了民族学和社会学"中国化"的主张。③

吴文藻观察欧美社会学界的情况，发现美国社会学是学习欧洲的，但是没有全盘欧化，"而是根据美国的社会历史的特殊情况，响亮地提出了'社会学美国化'的问题。同样，我们面对欧洲的大师、又面对美国的大师，我们同样不可以全盘西化，我们也应该根据中国的国情，创造出能为中国社会服务的社会学，所以，我们今天也应该响亮地喊出

① 李剑华：《社会学史纲》，孙文本主编：《社会学大纲》下，世界书局，1932年，第126页。

② 参见李剑华：《社会学史纲》，《社会学大纲》下，第126—128页。

③ 参见《林耀华全集》第3卷，福建教育出版社，2023年，第403页。

‘社会学中国化’!”①

吴文藻为《社会学丛刊》作总序说：

> 社会学诞生于中国，将近40年，而大学之开讲社会学，至多不过30年。始而由外人用外国文字介绍，例证多用外国材料。继而由国人用外国文字讲述，有多讲外国材料者，亦有稍取本国材料者，又继而由国人用本国文字讲述本国材料，但亦有人以一种特殊研究混作社会学者……社会学在知识文化的市场上，仍不脱为一种变相的舶来品。②

怎样才能实现社会学中国化？吴文藻在此总序中指出：

> 理论符合事实，事实启发理论，必须理论与事实糅和一起，获得一种新综合，而后现实的社会学才能植根于中国土壤之上，又必须有了本此眼光训练出来的独立的科学人才，来进行独立的科学研究，社会学才算彻底地中国化。③

吴文藻的民族学和社会学“中国化”的主张，实际上主要是三项工作：第一，寻找一种有效的理论构架；第二，用这种理论来指导对中国国情的研究；第三，培养出用这种理论研究中国国情的独立科学人才。

吴文藻明确提出社会学中国化，在学术界引起广泛深远的影响，“社会学中国化”的命题开始引领了中国的社会学派与体系。

当然，任何一门学术要发展，都不能脱离学者的国家、社会，洋教授教中国学生也提倡中国化。据林耀华的同学费孝通回忆：美国芝加哥大学的社会学和人类学，影响了中国燕京大学的社会学。1933年派克教授到燕京大学讲学，给我们指出了到群体生活中去直接观察人们的社

---

① 王炳根：《世纪情缘：冰心与吴文藻》，安徽人民出版社，1999年，第98—99页。

② 吴文藻：《论社会学中国化》，商务印书馆，2010年，第3页。

③ 吴文藻：《论社会学中国化》，第4页。

会活动，这样使我们当时主张的社会学中国化得到了具体的入门方法。①

林耀华正是在燕京大学社会学中国化的浪潮中，于1928年考入燕京大学社会学系，1932年毕业，毕业论文是《严复研究》。据《林耀华学述》，严复思想研究是在恩师吴文藻指导下做的，在燕京大学最早提倡社会学中国化的许仕廉教授是论文阅评人之一。吴先生以为研究严复的生平与学说，对于实现西方学术思想与中国社会的有机结合十分重要。林耀华认识到，研究严复是社会学中国化的实践，因为由严复的社会思想与学术成就，可以认识近代中国社会思潮以及中国社会学的早期历史。1933年《严复研究》的主体部分被推荐发表于《社会学界》第七卷。林耀华自此加入了社会学中国化的学术大合唱。

三、《严复研究》在林耀华学术道路和社会学中国化进程中的意义

（一）严复研究学术史上第一部专著，具有开创性意义

1. 是对严复的首次专门研究。

《严复研究》全文大约12万字。虽是本科毕业论文，却是严复研究学术史上第一部专著。林耀华开始研究严复，写作论文，大约在1931年。彼时，严复逝世十周年。我们回顾一下严复生前及去世后十年内，关于他的研究有哪些，就可以知道林耀华的《严复研究》的学术创新意义。

先看晚清，涉及严复的研究性文章屈指可数，代表性的有：梁启超《介绍新著原富》（1902年2月），王国维《论近年之学术界》（1905年）、《论新学语之输入》（1905年），胡汉民《述侯官严氏最近之政见》（1906年），章太炎《社会通诠商兑》（1907年3月）。

① 费孝通：《关于人类学在中国》，《费孝通选集》，海峡文艺出版社，1996年，第4页。

民国早期，林耀华之前，论及严复，知名的有：柳诒徵《中国文化史》第 14 章《译书与游学》，将严复的翻译成就纳入整个中国文化史，视为近代文化的重要内容，给予很高评价。蔡元培《五十年来中国之哲学》(1923 年) 全文大约 2.4 万字，有近 2000 字讲严复哲学。胡适《五十年来中国之文学》(1923 年) 从文体与文学角度谈严复译著。贺麟《严复的翻译》(1925 年) 是其专著《翻译西籍小史》第四章中一节，有一万多字，算是专论严复翻译的篇幅最长的文字，论述了严复的翻译对中国学术思想之影响与功绩。

从以上回顾可知，20 世纪 30 年代以前，严复研究领域尚无全面的长篇专著问世。

2. 运用社会调查方法，首次全面研究严复社会思想。

《严复研究》主要是对严复社会思想的综合研究。全文分 12 章，从目录看，框架完整，涉及方方面面：时代背景、生平事略、学说渊源撮要、社会进化原理、中西社会进化之比较、国家进化之根本原理、中国社会问题、中国政治问题、中国经济问题、中国之变法图强（两章）、教育学说。

林耀华能够全面研究严复，得益于他具备得天独厚的学术资源。他自述：

> 受吴先生启发和社会学新流派的影响，我有意用了一点儿人类学方法。当时虽然已经有了不少的出版资料，也就是严氏的译著及研究论著，然而距我写论文所要求的仍相差较远。于是我在图书馆之外另辟一条门径，通过同窗严群的关系，找到了传主的家里。结果，那篇学位论文除了正式出版的文献外，也用上了许多未出版的资料乃至一部分口述史料。①

林耀华因研究严复，而与严复侄孙严群结下终生深厚友谊，由此体会到在社会学、人类学研究中，人际沟通与信任十分重要。“在从事严

① 《林耀华全集》第 6 卷，第 472 页。

复研究中总结出来的这条经验，于人类学田野工作的准则不期而合”[①]。林先生除从严群处获得严复文献之外，还实地考察，“先生故居，著者尝至焉”[②]，得到口述资料。所以第二章《生平事略》，特别受到后来严复研究界的重视。而实地调查也正是社会学中国化的一种方法，林耀华在严复研究中应用了。

正是这种实地调查，让《严复研究》区别于从概念到概念、从原理到原理的社会学著作，而具备社会学意义上的本土色彩。例如，《生平事略》章通过乡风环境和家世家教，说明严复幼年成长的基础条件，非常生动、鲜活：

> 先生幼时随父母居南台（其父在南台行医），丁外艰后，奉母返里，阳崎乡是也。乡有上下崎之分，中隔一河，通以石桥。先生家于上崎河畔，岸旁森林，远近田野，时而小舟竞渡，时而众鸟嘤鸣；南国四时，风光明媚；如此环境，宜乎出思想界泰斗耶！（先生故居，著者尝至焉）四五岁时，有凿井者设架高丈余，先生顾旁无人，窃登架，俯视井底，大呼圆哉！圆哉！其母闻而出视，大惊，然又不敢斥之，盖恐其惧而下坠也。遂佯为悦状而言曰：“儿真本领过人，如能凭梯下降，则更能干矣。”及下，始笞责之。此亦其母氏教子之一斑也。[③]

《生平事略》一章，是林耀华对严复学术思想渊源的追溯，对严复学术思想的全面概述，不仅是严复研究的第一次，也有很多独到之处，对后来严复研究学术框架和范式的建构，有筚路蓝缕之功。

（二）《严复研究》奠定学术道路、学术风格、学术主题的基调

1. 坚定了林耀华一生读书做学问的信心，奠定了其学风的基调。

① 《林耀华全集》第6卷，第470页。
② 《林耀华全集》第3卷，第110页。
③ 《林耀华全集》第3卷，第110页。

林耀华非常珍爱自己的学术处女作《严复研究》。他说：对《严复研究》一直偏爱着，初出茅庐的作品，自有不足之处，但也较少束缚。许仕廉教授给的评价很高，更坚定了自己一生读书做学问的信心。吴文藻师对论文也赞赏有加。①

《严复研究》为林先生的学风，及作为学者为人处世的态度开了个好头。据其《自序》，写作《严复研究》就以胡适所要求的学术态度从事学术研究和写作，自我要求严，起点很高：一、选题“关系一国的生命”；二、写生传神；三、“用绣花针的细密功夫来搜求考证”，用远大识见来评判人物。②

林耀华认为严复翻译作品都是经过精心选择，受此启发，觉得中国史材料丰富，但是这些材料很散漫，热心研究者非具有忍耐的心情和科学的方法，把那散漫的材料收集和整理起来不可。③

2. 严复人生经历、文章和译著，帮助林耀华认识中国传统社会和现实。

《严复研究》之中的中西社会进化之比较、中国社会问题、中国政治问题、中国经济问题、教育问题等章节内容，正是许仕廉、梁启超提倡社会学中国化所要挖掘的“本国材料”和“历史的事实”。作为一个大学本科生，林耀华正是通过《严复研究》认识中国传统社会，进而认识现实社会。林耀华认为，对于中国社会问题的认识，严复有独特视角，分为贫穷问题、人口问题、家庭问题和罪犯问题等加以讨论。严复认为中国贫穷的原因，一是人们“安于简陋”，二是“苛政深律”。贫穷之中最甚者有二事，即“钱荒”和“谷贵”。贫穷自然会带来其他一系列社会问题，所以被他列在各种社会问题之首。中国家庭制度中有许多陋习，如女子地位低下，多妻盛行，早婚弃婴等。严复认为，中国家庭女子地位低下，婚姻制度不良，以致人口过剩，生活困难。欲求改革，必先废宗法之制。受他的影响，林耀华也认为近代中国社会的症结，

① 《林耀华全集》第 6 卷，第 473—474 页。

② 《林耀华全集》第 3 卷，第 101 页。

③ 《林耀华全集》第 6 卷，第 477、486 页。

“当以贫穷为最，贫穷之因，由于人口‘过庶’；过庶之患，出乎多妇及早婚之俗。际此人满罹患之日，民业未进之世，罪犯丛生故无疑焉”。①

甚至严复本身，在一个社会学研究者的眼里，不仅仅是著作的作者，更是社会学研究的本土材料。林耀华说：“整体而言，严复一生在仕途上一直失意，但他与许多近代新派人物的瓜葛也很深，所以从他身上可以看到中国近代社会的缩影。介绍民主和科学思想，并且身体力行。”②

3.《严复研究》奠定了林耀华学术范式和研究方法中国化。

《严复研究》为林耀华奠定全面的人文社会科学思想理论知识结构。《学说渊源撮要》一章将严复所受影响的思想流派和代表人物的学术思想做了分析，并追溯渊源，剖析主旨，由此对西方思想史已能了然于胸。

接触了一些西学知识之后，林耀华感到中国社会研究实在离不开对中国社会的了解，离不开国学和民俗方面的知识。再由这些知识、理论反思中西社会之异同、中国社会的发展前途等现实问题，就能对社会学等现代学科在中国社会中应有的位置有个清楚的认识，也可明白社会学的目的、能力、责任和前途。

严复将西方社会学理论与中国的实际有机结合，对照西方理论而提出了针对当年现实的变法图强措施。林耀华认为，包括严复在内的早期思想家们将现代科学传入我国，使中国学术从此有了一套切近社会实际的科学方法。他自言，其治学之道就是在吴文藻等燕大老师的帮助下，从社会学入门，从严复入手，逐渐展开，从而成为社会学、人类学、民族学三位一体的学者。③

4.《严复研究》影响了林耀华学术题材和主题中国化：宗法与家族。

对于中国社会及中西社会进化之异同，受严复启发，林耀华认识

① 《林耀华全集》第6卷，第478页。

② 《林耀华全集》第6卷，第477页。

③ 以上参见《林耀华全集》第6卷，第477、483、484页。

到，中国以家族主义为中心，而西方以个人主义为中心；中国宗法社会，以家法治天下，尊君主之权，此即孟德斯鸠所谓中国政府乃父母政府。[①] 通过《法意》、《社会通诠》译文和严复案语，林耀华进一步认识到，中国社会是宗法社会，以家族为中心，要了解、研究中国社会，必须着眼于宗法和家族。林耀华后来的著作《义序的宗族研究》、《金翼》，以及少数民族研究，都是以家族为切入点。林耀华的弟子，著名社会学、人类学学者庄孔韶教授说："《金翼》就是他运用人类学理论研究中国文化的一次大胆的尝试。"[②]

以什么样的视角来看题材，以什么思想理论来审视、处理题材，得出什么样的认识，还是受严复的影响，这主要体现在《天演论》和《群学肄言》。林耀华将物竞天择、适者生存的原理，运用到家族研究之中，《金翼》里张黄两家的兴衰命运，正是适者生存的生动表演、诠释和印证。1942 年林耀华作《金翼》英文版前言说："人类的生存是一个持续不断地学习对刺激做出反应的过程。人的行为像所有动物的行为一样，处于这些过程的控制之下。"《金翼》讲的是张黄两家的命运，"他们适应实际状况、环境和种种事件以便学习与生存"。[③] 严复《译〈群学肄言〉序》解释社会学是"用科学之律令，察民群之变端，以明既往，测方来也"[④]，意思是社会学能以科学方法研究社会发展现状，对社会趋势做出预测。

林耀华还运用斯宾塞的社会有机体理论及由斯宾塞先导的结构功能主义理论观察、叙述张黄两家的命运，认为张黄两家的命运正是社会这个有机体在平衡与失衡、均衡与不均衡之间的摇摆表现。林耀华在《金翼》最后一章《把种子埋入土里》讲：应该怎样通过对家庭历史的剖析来解释支配人际关系的那些原则呢？从东林和他的家庭关系的描述中，我们可以看出存在着一种关系体系。人际关系的体系处于有恒的平衡状

---

① 《林耀华全集》第 6 卷，第 477—478 页。

② 庄孔韶：《林耀华先生写作〈金翼〉》，林耀华：《金翼：中国家族制度的社会学研究》，商务印书馆，2015 年，第 242 页。

③ 《林耀华全集》第 4 卷，第 759 页。

④ 《严复全集》卷三，第 7 页。

态，我们即可称之为均衡。人类生活就是摇摆于平衡与纷扰之间，摇摆于均衡与非均衡之间。《金翼》描写、剖析各人的人际关系，其目的就是要客观地勾画出张黄两家各自命运的变迁，从而发掘出人类生活的真正图景。[①] 这就是《金翼》的主题思想，其理论渊源之一，来自严复引进的斯宾塞的社会有机论和社会平衡理论。林耀华说："斯氏以社会为有机体，乃生长而成，非人力所能旦夕造成。"[②] 这些理论在严译《天演论》、《群学肄言》里都有涉及。

结　语

中国社会学诞生于中华民族危急存亡之际，她本是舶来品，但是引进她的先贤们从一开始就要她入乡随俗，不仅要华服华冠，还要具备一颗中国心，为中华民族救亡图存服务。第一代社会学学人严复急不可待，直接用古文将西方社会学著作易服易冠，还注入中国血液——中国事典，但整个躯体毕竟还是西方的。第二代学人许仕廉、孙本文、吴文藻等人在引进西方学说的同时，自著著作，自编教材，自铸中国魂，培养社会学中国化的传人。第三代就是林耀华、费孝通等学者，接过社会学中国化的接力棒，从下笔为文开始，就能自觉地着眼中国现实状况和历史材料，自铸伟词。对林耀华而言，《严复研究》是牛刀小试，而《金翼》已能运斤成风，轮扁斫轮，成就传世佳作。

---

① 参见《林耀华全集》第 4 卷，第 922—923 页。

② 《林耀华全集》第 3 卷，第 127 页。

鲁迅“执中”之道与严复译著

俞兆平①

早期鲁迅在研读严复译著、接受西学的过程中，曾提出过“执中”之道。这一观念在他1907—1908年间发表的《人之历史》、《科学史教篇》、《文化偏至论》、《摩罗诗力说》、《破恶声论》等文章中有较为明显的展露。在鲁迅研究中补上这一笔，可还原其完整、立体之貌。

一、严复与鲁迅在学理上的贯连

鲁迅对他那一时期的学人敬佩的不多，但对严复却颇为赞赏：“佩服严又陵究竟是‘做’过赫胥黎《天演论》的，的确与众不同：是一个十九世纪末年中国感觉锐敏的人。”② 提及他与严复的缘分，人们脑中首先闪出的就是鲁迅《琐记》中所描述的画面，18岁的他在南京矿路学堂读书：“一有闲空，就照例吃侉饼，花生米，辣椒，看《天演论》”，他甚至能背诵书中一些篇章。曹聚仁说过，早期鲁迅的世界观在质上的拓展，始自赫胥黎。可以说，赫胥黎—严复—《天演论》—鲁迅，形成了逻辑与学理上的贯连。

学理，为科学上的原理或法则。严复在《译〈天演论〉自序》中写道：“古之人殚毕生之精力，以从事于一学，当其有得，藏之一心，则

---

① 俞兆平，厦门大学中文系教授、博士生导师。

② 鲁迅：《随感录二十五》，《鲁迅全集》第1卷，人民文学出版社，2005年，第311页。

为理；动之口舌，著之简策，则为词，固皆有其所以得此理之由，亦有其所以载焉以传之故。”① 在严复的心目中，学理颇为神圣，它是学者以毕生之精力，殚思极虑于某一学科，潜心所悟而得到的，再以语词为载体而传示于世。

严复认为，学理上最重要的是“名学”，即思维逻辑方法问题，它是“及物穷理之最要途术也”。此“途术”有二：

> 及观西人名学，则见其于格物致知之事，有内籀之术焉，有外籀之术焉。内籀云者，察其曲而知其全者也，执其微以会其通者也；外籀云者，据公理以断众事者也，设定数以逆未然者也。②

严复指出，西方的逻辑学，在格物穷理、求得知识方面有两大方法，即“内籀”与“外籀”。

其一，“内籀”方法，严复又称之为“内导”，“内导者，合异事而观其同，而得其公例”③。人在认知时，先要考察个别事物背后之理，把握其微妙之处，从个别的“异事”，综合、归纳，得出“同”，即一般之公例，此即英国哲学家培根倡导的“归纳法”。其二，“外籀”方法，严复又称之为“外导”，是根据公理推演，以判断众多个别案例。亦即法国哲学家笛卡尔所倡导的“演绎法”，即“设定数以逆未然”，从一般之公理，演绎、推导得出个别。

严复以此思维逻辑来反观中国的古籍经典《易》与《春秋》，幡然觉悟：“今夫六艺之于中国也，所谓日月经天，江河行地者尔。而仲尼之于六艺也，《易》、《春秋》最严。司马迁曰：‘《易》本隐而之显，《春秋》推见至隐。’此天下至精之言也。始吾以谓本隐之显者，观《象》、《系辞》以定吉凶而已；推见至隐者，诛意褒贬而已。……迁所谓本隐

---

① 严复：《译〈天演论〉自序》，赫胥黎著，严复译：《天演论》，商务印书馆，1981年，viii页。

② 严复：《译〈天演论〉自序》，《天演论》，viii—ix页。

③ 严复：《西学门径功用》，王栻主编：《严复集》第一册，中华书局，1986年，第94页。

之显者，外籀也；所谓推见至隐者，内籀也，其言若诏之矣。”①

中国的两本典籍——《易》、《春秋》，若从西方的“名学”，即逻辑学的视角考察，其新义立显：司马迁所谓《易》“本隐而之显”，则是“外籀”，即笛卡儿的演绎法，由既定之“公理”推演出世间的吉凶等事像；而《春秋》“推见至隐”者，则是“内籀”，即培根的归纳法，由具体的事像及经验，归纳出相应的规律法则来。

严复这种活用西学，并得出全新结论的实践，可说是首开中外思维原理的比较方法，对中国思想界是一场巨大的冲击。这不可能不影响到正敞开胸襟、接纳新知的鲁迅，此时在日本留学的青年鲁迅陆续写下了《科学史教篇》、《文化偏至论》等以文言文为载体的论文，其间明显地留下了严复译作的思维轨迹，严复译作的学理精义渗透到鲁迅论著的深层。

在《科学史教篇》中，鲁迅论及培根的归纳（“内籀”）与笛卡儿的演绎（“外籀”）这两种思维逻辑方法：

> 顾培庚之时，学风至异，得一二琐末之事实，辄视为大法之前因，培庚思矫其俗，势自不得不斥前古悬拟夸大之风，而一偏于内籀，则其不崇外籀之事，固非得以矣。……所述理董自然见象者凡二法：初由经验而入公论，次更由公论而入新经验。②

鲁迅论析道，17 世纪之前的经院哲学有“悬拟夸大”之弊端，甚至是以“琐末之事实”为“前因”做出判断，其结论往往先于经验而存在，因此不能认识真理。培根为纠正这一思维方法上的流俗，提出认识起源于经验的归纳（内籀）之说：从自然具象之事物寻得深藏的原理，只有两种方法，先由经验归纳出原理，再由原理演绎至新经验。这是培根的归纳法。

鲁迅继续论述：

---

① 严复：《译〈天演论〉自序》，《天演论》，viii—ix 页。

② 鲁迅：《科学史教篇》，《鲁迅全集》第 1 卷，第 31 页。

后斯人几三十年，有特嘉尔（R. Descartes 1596—1650）生于法，以数学名，近世哲学之基，亦赖以立。尝屹然扇尊疑之大潮，信真理之有在，于是专心一志，求基础于意识，觅方术于数理。……故其哲理，盖全本外籀而成，扩而用之，即以驭科学，所谓由因入果，非自果导因。①

而后，法国哲学家笛卡儿（特嘉尔）出现，确立"我思故我在"的哲学原理。他推崇人的理性，以此为根据作为推理的基点，运用演绎求索真理，从而引发"怀疑论"之大潮，清算了经院哲学与神学的谬误。他以人的自我意识为基点，以数理逻辑为方法。也就是说，笛卡儿哲学的唯理论是以一种演绎法（外籀）来驾驭、导控科学，以与生俱来的不证自明的"天赋观念"为原点，"由因入果"，演绎、推导至个别、具体的结果。

显然，鲁迅对培根和笛卡儿的评述，对经验归纳和原理演绎这两大逻辑思维方法的把握，很大成分是来自严复的译著，甚至连所用的核心词汇，如"内籀"、"外籀"等都沿用了严复的"定名"。但鲁迅对归纳、演绎这两种逻辑思维方法的遵从又与严复略有不同。

严复认为西方学运之昌明，得益于逻辑学甚多，但他受法国孔德实证哲学影响较大，重视认知者的实践经验，对客观外物的判定须经考察、检验、证实，如此反复再三，方可万汇归一，确立原理。他在培根这一经验归纳方法的启示下，开始革新中国传统的"经学思维"。

夫外籀之术，自是思辨范围。但若纯向思辨中讨生活，便是将古人所已得之理，如一桶水倾向这桶，倾来倾去，总是这水，何外有新智识来？②

中国传统经学之"外籀"——演绎法，即从"子曰"、"诗云"之

---

① 鲁迅：《科学史教篇》，《鲁迅全集》第1卷，第31—32页。

② 耶方斯著，严复译：《名学浅说》，商务印书馆，1981年，第65页。

“公例大法”出发，进行推导的论析方法，多是以“已得之理”作为前提，再行推演，其所衍生的知识，仅如一桶倒来倒去的水而已，无创新之义。而且若前提有误，其演绎所得更成误中之误。他认为旧有那种纯粹“思辨”的方法，其弊病与陈腐呈露无遗。因此，以科学体系代替经学体系，以新的科学思维摧毁旧的经学思维，也就势在必行了。

所以，在归纳、演绎这两种方法中，严复更偏向于培根的经验论与归纳法。他认为西方“二百年学运昌明，则又不得不以柏庚氏之摧陷廓清之功为称首。学问之士，倡其新理，事功之士，窃之为术，而大有功焉。故曰：民智者，富强之原。此悬诸日月不刊之论也”①。

西方科学技术突飞猛进这二百年，培根之功绩排在首位。所以严复认定，在“名学”，即逻辑学中，培根的经验归纳法是更重要的科学方法。

鲁迅就不同了，他看到若偏执于经验归纳一方，势必存在不足之处：“偏倚培庚之内籀，惟于过重经验”，也会产生学理上的不平衡。正确的态度与方法应该是：

> 若其执中，则偏于培庚之内籀者固非，而笃于特嘉尔之外籀者，亦不云是。二术俱用，真理始昭，而科学之有今日，亦实以有会二术而为之者故。②

他主张，不管是归纳还是演绎，两种方法都有其偏颇和优越之处，只有二术俱用，二者互补，方可使真理显明，这是科学发展至今所证实的。鲁迅列举了格里累阿、哈维、波义耳、牛顿等科学家，指出他们“皆偏内籀不如培庚，守外籀不如特嘉尔，卓然独立，居中道而经营者也”③。他们成功之原因就在于持“执中”之道，“居中道”而寻取研究的路向。

当然，鲁迅并不静止地看待“执中”这一原则，归纳抑或演绎仅是

① 严复：《原强修订稿》，《严复集》第一册，第 29 页。
② 鲁迅：《科学史教篇》，《鲁迅全集》第 1 卷，第 32 页。
③ 鲁迅：《科学史教篇》，《鲁迅全集》第 1 卷，第 32 页。

运作的方法而已，在具体的实践过程中，它们仍动态地变化。对此，鲁迅亦以辩证的观点看到思维对立双方之间的相互联系，以及在冲突中向着更高层面的演进："由是观之，可知人间教育诸科，每不即于中道，甲张则乙弛，乙盛则甲衰，迭代往来，无有纪极。……世事反复，时势迁流，终乃屹然更兴，蒸蒸以至今日。所谓世界不直进，常曲折如螺旋，大波小波，起伏万状，进退久之而达水裔，盖诚言哉。"①

可以看到，在鲁迅眼中，"中道"与"分立"，如人类历史上的宗教与科学、知识与道德、科学与美艺等科类的对立，其之间的撞击，完全是正常的现象。甲张乙弛，乙盛甲衰，就像水流之大波小涌，此起彼伏，但最终仍汇入宽广水域，蔚为大观。所以，鲁迅的"执中"的观念是建立在辩证思维的基础上，它的确立与导向，更多地在鲁迅的学理意识中呈示出来。

二、鲁迅在学理上的"执中"之道

"执中"之道的确立，对立双方的"二术俱用"，方可昭示真理。由此出发，在早期鲁迅著作中看似矛盾的一系列主张，像科学与人文、创新与复古、物质与精神、众数与个人、功利与审美等问题，从这一角度楔入，就有可能得到较为准确、合理的解答。

（一）科学——人文，互不偏倚

在《科学史教篇》中，鲁迅一方面高度肯定、颂扬了科学之伟绩："故科学者，神圣之光，照世界者也，可以遏末流而生感动"，把科学提高至人类社会的"本根之要"的地位；另一方面，他在文章结尾却以反向思维为收结，提醒人们不要陷入"唯科学主义"之偏误：

> 顾犹有不可忽者，为当防社会入于偏，日趋而之一极，精神渐失，则破灭亦随之。盖使举世惟知识之崇，人生必大归于枯寂，如

① 鲁迅：《科学史教篇》，《鲁迅全集》第1卷，第28页。

是既久，则美上之感情漓，明敏之思想失，所谓科学，亦同趣于无有矣。①

20世纪初，唯知识之崇、唯科学是从的社会趋向，形成了主潮，这引起鲁迅的警觉：若偏颇地崇奉之，势必致使人的精神丧失、生命枯寂、美感浅薄、思想呆滞，所以，人类世界需要科学认知与人文精神并行不悖。鲁迅举例：我们不仅需要物理学家牛顿，还需要诗人莎士比亚；不仅要有科学家波尔，还要有画家拉斐尔；既然有哲学家康德，必然会有音乐家贝多；既然有生物学家达尔文，也必然会有文人嘉来勒。

这一切的目的在于“致人性于全，不使之偏倚”，这是“今日文明”的要义。鲁迅在倡导科学的同时，反向关注人文，为的是使人性完整、全面地发展。他之所以能摒弃“非此即彼”的独断思维方式，显然来自上述所确立的“执中”的学理意识。

(二) 取今——复古，翕合无间

在《文化偏至论》中，鲁迅提出“立人”之要旨，达其标准之“人”应该是这样的：

明哲之士，必洞达世界之大势，权衡校量，去其偏颇，得其神明，施之国中，翕合无间。外之既不后于世界之思潮，内之仍弗失固有之血脉，取今复古，别立新宗，人生意义，致之深邃，则国人之自觉至，个性张，沙聚之邦，由是转为人国。人国既建，乃始雄厉无前，屹然独见于天下。②

1907年青年鲁迅面对衰败如“沙聚之邦”的中国而写下救国之策。他在精英、明哲之士对古今中外资源的选择上，强调要“权衡校量，去其偏颇”，在“取今”与“复古”这双向对立中，牢记“执中”之要则。

---

① 鲁迅：《科学史教篇》，《鲁迅全集》第1卷，第35页。

② 鲁迅：《文化偏至论》，《鲁迅全集》第1卷，第57页。

“取今”，即汲取外来新的知识，以“不后于世界之思潮”；“复古”，即传承内在传统的精华，以“弗失固有之血脉”。对二者均要“得其神明”，从学理的最高层面吸收之，如此二者融合，立下“新宗”，确立新的人生价值追求，方能使国人理性自觉、个性张扬，方能达到“立人”之标准。

在文化思潮趋于改革更新的20世纪初，“取今”易为人们所接纳；那么“复古”，对旧有的文化资源，又该如何处置呢？在《摩罗诗力说》中，鲁迅指出：

> 夫国民发展，功虽有在于怀古，然其怀也，思理朗然，如鉴明镜，时时上征，时时反顾，时时进光明之长途，时时念辉煌之旧有，故其新者日新，而其古亦不死。①

若论一个国家、民族的发展，对其历史的怀念与继承这一功绩是不能割离的。但这种怀念与继承，在思想观念上必须十分明晰清朗，就像以镜为鉴，在时时向上升腾之际，仍时时反顾历史的教训；在时时向光明前程进发之时，仍时时怀念旧有文化之辉煌。只有做到这样，创新的才会日日更新，而古老的旧有也会继续延长。

（三）物质——灵明，个人——众数，调整纠偏

鲁迅《文化偏至论》一文批判了19世纪末叶以来人类文明的两大偏至：“物质也，众数也，其道偏至。”他何以能揭示出“唯物质主义”和“托言众治”这两个偏至，并提出“剖物质而张灵明，任个人而排众数”的对策呢？原因也在于他牢牢地把握住“执中”这一学理准绳。

第一个“偏至”——唯物质主义。鲁迅揭示其恶果：“人惟客观之物质世界是趋，而主观之内面精神，乃舍置不之一省。重其外，放其内，取其质，遗其神，林林众生，物欲来蔽，社会憔悴，进步以停，于

① 鲁迅：《摩罗诗力说》，《鲁迅全集》第1卷，第67页。

是一切诈伪罪恶，蔑弗乘之而萌，使性灵之光，愈益就于黯淡。"[①] 19世纪诞生了各种各样的科技发明，创造了大量的物质财富，但对物质的占有与享受，激起人类与生俱来的私欲——"唯物质主义"，使人类发展的航向偏离了正道。"物欲"遮蔽了"灵明"，外"质"取代了内"神"，人的旨趣平庸，罪恶滋生，社会憔悴，进步停滞，"唯物极端"，就是"杀精神生活"。

第二个偏至——"托言众治"。鲁迅指出，法国大革命后，"扫荡门第，平一尊卑，政治之权，主以百姓，平等自由之念，社会民主之思，弥漫于人心。……同是者是，独是者非，以多数临天下而暴独特。"[②] 革命之举，使平等自由的观念、社会民主的思想得以普及高扬；它荡平出身门第之高下，拉齐身份尊卑之差异，同时把国家政治决策之大权交由百姓来主导。但正由于此，处于少数地位的有独特思想的精英人士，就被多数民众所压制，甚至被欺暴、剿灭，形成"以多数临天下而暴独特"的局面，这样，社会精神随之衰败，社会秩序因之崩毁，国家离沦亡也就不久了。

于是，从"执中"之道出发，鲁迅提出自己的方略：以"任个人"来调整"众数"，以"张灵明"来平衡"物质"。个人，即精英、先觉之士等，鲁迅标示了哪些人呢？有斯蒂纳、叔本华、克尔凯廓尔、易卜生、尼采等，他们卓尔不群，主我扬己，守护真理，不阿世媚俗，不见容于人群，追求的是个性之尊严，人类之价值。鲁迅认为，唯此类"超人"出，社会与国家方可避免陷入"众数"治理那种凡庸、愚昧的泥淖。

灵明，即新的人文精神，鲁迅推崇当时兴起的"新神思"一宗。它崇奉主观心灵，张扬意志力量，以带有浪漫主义色彩的精神追求与物质主义相互抗衡。鲁迅甚至把它比喻成在当今物欲横流时代，能救赎精神的"诺亚方舟"。对这一思潮，鲁迅列出四派：黑格尔的理想"主智"派，卢梭、沙弗斯伯利的情感"罗曼"派，席勒的"知感圆满"派，叔

① 鲁迅：《文化偏至论》，《鲁迅全集》第1卷，第54页。
② 鲁迅：《文化偏至论》，《鲁迅全集》第1卷，第49页。

本华、尼采、易卜生的本体“意力”派。鲁迅认为，“新神思”一派的宗旨，是20世纪“新思想之朕兆，亦新生活之先驱”，它必能挽“唯物质主义”之狂澜，发扬人类精神生活之光耀，建构20世纪之文明。

鲁迅紧紧把握住学理意识上的“执中”之道，为扭转“物质也，众数也，其道偏至”之误，鲜明而锐利地提出“剖物质而张灵明，任个人而排众数”这两大意旨。在这新思潮动荡起伏的20世纪初，把稳了精神的航向：“内部之生活强，则人生之意义亦愈邃，个人尊严之旨趣亦愈明，二十世纪之新精神，殆将立狂风怒浪之间，恃意力以辟生路者也。”① 如此，方能“立人”，中国方能“转为人国”。

（四）审美——功利，不用之用

在文学功能说中，审美与功利是相向的一对矛盾。在中国，“文以载道”的传统久矣，曹丕的《典论·论文》甚至把文学抬升到“经国之大业，不朽之盛事”的高度，文学与国运兴衰联系在一起，其功利作用已到了极致。但到了近代，法国的卢梭高扬人类的感性情感，使它与认知理性、伦理道德分庭抗礼；而后德国的康德由卢梭延展，确立了人之精神的知、情、意三分法，为近现代美学开拓出独立的界域，文学艺术的审美一维得以高扬。这一弱化文学和政治功利、道德准则之间的关系，强调文学艺术审美自律的趋势，也在20世纪初进入了中国的思想界和文化界。

在中国，鲁迅和王国维可能是最早感应到这一美学动向的先觉者。1908年鲁迅所写的《摩罗诗力说》一文中，有这样的表述：

> 由纯文学上言之，则以一切美术之本质，皆在使观听之人，为之兴感怡悦。文章为美术之一，质当亦然，与个人暨邦国之存，无所系属，实利离尽，究理弗存。②

---

① 鲁迅：《文化偏至论》，《鲁迅全集》第1卷，第57页。

② 鲁迅：《摩罗诗力说》，《鲁迅全集》第1卷，第73页。

鲁迅认为，文学类别中最高一级应是较为纯粹地摆脱了功利需求的“纯文学”，它在本质上隶属于美学，它的作用在于使接受者，即“观听之人”因其美之魅力而感物寄兴、娱悦动情。它和曹丕所谓“经国大业”之功利，或某种深奥之事理，无所关系。

但现在问题是，《摩罗诗力说》一文的总体指向是呼唤诗与文学的抗争精神，即文学的社会功利作用。鲁迅在文中同时也极力肯定诗歌触发人心的功能：“盖诗人者，撄人心者也。……惟有而未能言，诗人为之语，则握拨一弹，心弦立应，其声澈于灵府，令有情皆举其首，如睹晓日，益为之美伟强力高尚发扬，而污浊之平和，以之将破。平和之破，人道蒸也。”① 人们心中都有诗意，却未能说出，而诗人代为表达，这就像握琴一弹，众人心弦立时震响，其声如清流溢于心灵，使感应者举首如同望见朝阳，这样便打破了存纳污浊的平庸的社会状态，而使壮美、雄强之伟力，高尚之道德情操在人间得到张扬。

在同一篇文章中，以诗为代表的文学，一方面是纯美的，它超越了现实功利或深奥事理；另一方面却又是旗帜、长剑，它立意反抗，争天拒俗，深深介入现实的斗争。那么，鲁迅是如何解决这一明显的对立矛盾呢？还是回到本文的题旨，鲁迅仍是以“执中”之道来化解之。

鲁迅设立了一个重要的命题——“文章不用之用”：

> 文章不用之用，其在斯乎？约翰穆黎曰，近世文明，无不以科学为术，合理为神，功利为鹄。大势如是，而文章之用益神。所以者何？以能涵养吾人之神思耳，即文章之职与用也。②

对此，他以约翰·密尔之说阐明：人生一般处于两间之中，或活动于“现实之区”，或神驰于“理想之域”，若偏于一方，都会感到不满足。因此，文学直接的表现是“不用”的，与维持人的温饱生存的利害无关；但它却能对人的精神起作用，使人感受到美的陶冶，使身心愉

① 鲁迅：《摩罗诗力说》，《鲁迅全集》第1卷，第70页。

② 鲁迅：《摩罗诗力说》，《鲁迅全集》第1卷，第73页。

悦，精神振奋，畅游于理想的界域，以更充沛的精力投入对现实改造的实践，在间接上产生作用。这就是文学的“不用之用”，文学的功利性与审美性的矛盾，就这样在“执中”间达到平衡。

三、“执中”之道与“中庸”方略

必须着重指出的是，此处所论的鲁迅“执中”之道，并非儒家折中调和的“中庸”处世方略，因为儒学之“中庸”是鲁迅一生所竭力批判的对象。本文所论及“执中”之道，侧重于学理意识上的把握，即看到学理上相对抽象论题中对峙双方的强弱优劣，注意其双向之间的互动共容，做到互不偏废，使事理正道而行。

而对于社会实践界域，特别是中国封建伦理中的“中庸”之道，鲁迅深恶痛绝。1925 年答徐炳旭来信的《通讯》：“惰性表现的形式不一，而最普通的，第一就是听天任命，第二就是中庸。我以为这两种态度的根柢，怕不可仅以惰性了之，其实乃是卑怯。遇见强者，不敢反抗，便以‘中庸’这些话来粉饰，聊以自慰。”认为儒教貌似公允的“中庸”内质，其实为卑怯。但他们如若获得权力，则是另一形态了：“看见别人奈何他不得，或者有‘多数’作他护符的时候，多是凶残横恣，宛然一个暴君，做事并不中庸；待到满口‘中庸’时，乃是势力已失，早非‘中庸’不可的时候了。”① 活脱脱的一副色厉内荏、奸猾无耻的嘴脸。

在中国，中庸的理念先是由治国理政慢慢延展到修身处世、权谋计策等，如《论语·雍也》：“子曰：中庸之为德也，其至矣乎！民鲜久矣。”李泽厚评述道：“庸，用也。‘中庸’者，实用理性也，它着重在平常的生活实践中建立起人间正道和不朽理则，此‘人道’，亦‘天道’。虽平常，却乃‘道’之所在。”② 因此，在中国的“执中”之道，多与实用理性相连，形而上的纯学理意味不浓。到了封建社会晚期，则变成了圆滑、骑墙、折中、伪善、不置可否、不偏不倚的代名词，而这

① 鲁迅：《通讯》，《鲁迅全集》第 3 卷，第 27 页。

② 李泽厚：《论语今读》，三联书店，2004 年，第 186 页。

正是鲁迅所着力抨击的形态。

因此，早期鲁迅所主张的“执中”之道，多在形上的“理论理性”，即纯学理意识范畴中使用；而他所批判的“中庸”之道，多与“实用理性”相关联，涉及社会意识形态等问题。但在学理的总体意识上，早期的鲁迅把握“执中”之道仍是主调。

严译《美术通诠》及其英文原著

皮后锋[①]

1995年，笔者在上海图书馆发现《寰球中国学生报》登载有严复所译《美术通诠》前三篇，此后一直尝试找到其英文原著。《美术通诠》篇名下虽然注明“英国倭斯弗原著”，但从作者及书名中的“美术”与“通诠”两个关键词入手，均未查找到有效线索。近年，有若干文学艺术专业的学术论文论及严译《美术通诠》，同样未能查明其英文原著。[②]长期以来，由于其英文原著线索不明，学界相关研究也就自然止步于严复的中译文本。2013年，笔者在美国加州大学伯克利分校访学期间变更思路，经由严译文本中夹注的系列英文单词入手，终于查明严译《美术通诠》的英文原著是倭斯弗（William Basil Worsfold）著《文学批

---

① 皮后锋，江苏省社会科学院现代化研究中心研究员。

② 本文原载《学海》2021年第6期，系国家社科基金一般项目“严复稀见译作整理与研究”（15BZS072）结项报告的部分内容。笔者于2020年底提交结项报告时，在中国知网上未能检索到有关严译《美术通诠》的学术论文。本文发表后，笔者注意到《复旦学报（社会科学版）》2021年第1期刊有上海社会科学院狄霞晨、朱恬骅两位学者合撰的《严复与中国文学观念的现代转型——以新见〈美术通诠〉底本为中心》一文，他们也较早找到了严译《美术通诠》的英文原著。又，2021年4月16日，清华大学罗选民教授在一次学术报告中提及：其弟子于蕾在2009年找到《美术通诠》的英文原著，并撰写了硕士学位论文《译者可见性：严复〈美术通诠〉的个案研究》（见《外国语学院举办第133场著名学者系列讲座：严复〈美术通诠〉底本和原著的发现》，http://www.wyxy.snnu.edu.cn/info/1043/3526.htm）。同年，罗选民教授又发表《关于严复〈美术通诠〉底本和原著的发现》一文（载罗选民主编：《亚太跨学科翻译研究》第10辑，五洲传播出版社，2021年）。不过，于蕾的学位论文没有公开发表，在中国知网和万方数据等平台检索不到，学界同行鲜有了解。

评》(*Judgement in Literature*),而此书又脱胎于倭斯弗的另一本专著《批评原理》(*The Principles of Criticism*)。本文根据这一重要发现,拟简要介绍原作者倭斯弗的生平,析述其《批评原理》与《文学批评》的主要内容以及二者的关联,在此基础上再结合相关史料探讨严复选译《文学批评》前三章的用意与动因。

一、倭斯弗生平

据牛津大学博德利图书馆(Bodleian Libraries)的介绍,[①] 倭斯弗1858年12月5日出生于英国约克郡(Yorkshire),先后在圣彼得学校(St. Peter's)、韦克菲尔德学校(Wakefield School)、牛津大学学院(University College, Oxford)求学,并于1887年获得大律师资格。1891年至1900年,他应聘为牛津、伦敦等地成教学员讲授经济学和文学课程。在此期间,倭斯弗共出版了7本著作,其中3本与非洲历史有关。1904年,他被任命为《约翰内斯堡之星》(*Johannesburg Star*)编辑,因此而与南非高级专员米尔纳勋爵(Lord Milner)联系密切。1905年米尔纳退休时,倭斯弗也回到了英国。1939年9月26日,倭斯弗去世。

倭斯弗一生著述甚丰,题材多与英国殖民地或保护国有关,如《访问爪哇》(*A Visit to Java*, 1893)、《埃及救赎》(*The Redemption of Egypt*, 1899)、《埃及故事》(*The Story of Egypt*, 1904)、《埃及未来》(*The Future of Egypt*, 1914);很多著述尤其与其个人经历密切相关,如《南非》(*South Africa*, 1895)、《南非史》(*A History of South Africa*, 1900)、《南非统一问题》(*The Problem of South African Unity*, 1900)、《南非联盟》(*The Union of South Africa*, 1913)、《米尔纳勋爵的南非工作》(*Lord Milner's Work in South Africa*, 1906)、《米尔纳勋爵治下新殖民地的重建》(*The Reconstruction of the New Colonies under Lord Milner*, 1913)等。此外,还有《铁砧上

① *Papers of William Basil Worsfold*, https://archives.bodleian.ox.ac.uk/repositories/2/resources/1582.

的帝国》(*The Empire on the Anvil*, 1916)、《战争与社会改革》(*The War and Social Reform*, 1919)、《巴特尔·弗雷尔爵士》(*Sir Bartle Frere*, 1923)等书。与本文有关的两本专著则是《批评原理》与《文学批评》,其中,前者是倭斯弗在牛津、伦敦授课期间出版的专著,后者则是前者的衍生之作。

倭斯弗虽然是位多产作家和学者,但在英国期刊数据库(*British Periodicals Collection*)、西文过刊全文数据库(JSTOR)、西文人文社科过刊全文库(*Periodicals Archive Online*)等数据库中,仅能查到《旁观者》(*The Spectator*)、《学会》(*The Academy*)、《爱丁堡评论》(*Edinburgh Review*)、《大不列颠及爱尔兰人类学研究所杂志》(*The Journal of the Anthropological Institute of Great Britain and Ireland*)、《地理杂志》(*The Geographical Journal*)等期刊所载有关倭斯弗著作的书评、书讯20余篇,其本人并不为学术界所关注,中外学者均无研究倭斯弗及其著作的专题论文,目前维基百科上也没有倭斯弗的词条。

二、《批评原理》的主旨与内容

《批评原理》的副标题是"文学研究导论"(*An Introduction to the Study of Literature*),本书1897年由伦敦乔治·爱伦公司(George Allen)首版,1902年、1914年、1923年多次再版;1902年,美国纽约的朗曼·格林公司(Longman's, Green and Co.)也出版了此书。此书以西方文艺批评领域的经典作家为主轴,较为系统地阐述了从古希腊到19世纪西方文艺批评理论的发展与流变,全书共分12章。

第一章阐释柏拉图的观点——文学是知识的载体;文艺作品是表达哲学真理的工具;在文学中思想先于形式;艺术与道德相互关联。倭斯弗指出,柏拉图对艺术再现特征有误解,如指责诗歌和艺术不真实、仅为对物质存在的模仿、只能反映人类生活的日常观念等。[1]

① W. Basil Worsfold, *The Principles of Criticism*, London: George Allen, 1897. pp. 25, 27, 31, 42.

第二章评述亚里士多德的观点——诗歌是艺术分支：艺术是创造力与理性结合的产物；模仿过程的某些基本特征为艺术所共有，见于各类诗歌或创意文字；悲剧六要素已包含了诗歌诸要素。作者认为，区分艺术真实与逻辑真实，是亚里士多德对诗学理论的重要贡献。①

第三、四、五章高度评价艾迪生（Joseph Addison）对文学批评理论的贡献。作者推崇艾迪生为现代文学批评的奠基人，认为其贡献在于：超越亚里士多德重视情节与灾难结尾的主张，在文学批评中引入“诗性正义”（poetic justice）说，强调艺术作品价值的终极标准是品味而非特殊艺术规则，激发想象力是诗歌的生命与最高境界。②

第六章评述莱辛（Gotthold Ephraim Lessing）对艺术批评的发展。作者指出，莱辛进一步拓展了艾迪生的想象力论断，认为所有艺术的最终吸引力都是通过感官获得想象力；其代表作《拉奥孔》（*Laocoon*）通过画家、诗人各自成功再现真实的程度，辨析了绘画（代表造型艺术）、诗歌（代表创意文字）两种艺术在激发想象力时，其方法与限度上的区别。③

第七章析述库辛（Victor Cousin）对哲学批评的发展。作者认为，库辛的代表作《论真善美》（*Du Vrai*，*du Beau et du Bien*），阐述了主观美、客观美、何为艺术以及区分美术之依据等四个重要问题，勾勒出规整而完备的美与艺术理论框架；相比莱辛，其结论既不精确也不实用，但应用更广泛，也更为持久可信。④

第八、九章论述马修·阿诺德（Matthew Arnold）对文学批评的贡献。详细评述了阿诺德的几个重要论断：作者个性与时代精神氛围两种因素在任何创意文学作品中均清晰可见；诗性思维可用散文或韵文表达；诗歌是“对生活的批评”；诗歌具有解释力，“至诚庄严”（the high seriousness of absolute sincerity）是诗歌的最高价值标准。⑤

---

① *The Principles of Criticism*, pp. 4, 27, 46, 52.

② *The Principles of Criticism*, pp. 76, 69, 86, 106, 134.

③ *The Principles of Criticism*, pp. 107, 109～110.

④ *The Principles of Criticism*, pp. 132, 134～135.

⑤ *The Principles of Criticism*, pp. 165, 154, 187～188, 194～195, 200～205.

第十章探讨戏剧艺术的发展与评价标准。作者指出，相比希腊古典悲剧受到的严格限制，现代戏剧逐步走向专业化，在以下四个方面得到长足发展：题材范围更为广泛，用散体代替韵文，演员贡献增大，舞台表演渐趋视觉真实。一言以蔽之，现代戏剧朝着真实方向发展，因而不能以特定文学标准评价现代舞台表演。①

第十一章阐述小说在19世纪文学中的主导地位与影响。作者认同贝桑特（Sir Walter Besant）的观点，即小说是与绘画、雕塑、音乐和诗歌等并驾齐驱的艺术种类，并具体揭示出小说的主导地位与影响：以散文克服韵文局限，取代戏剧成为表达严肃思想的主要载体；突破戏剧表现方法的局限，全方位再现了19世纪的全部生活；将诗歌创作与历史细节及哲学经验结合起来，对19世纪西方社会思想产生了重大影响。②

第十二章讨论文艺权威的作用与限度。作者强调：道德、艺术密不可分，道德是人类鉴赏中的支配性因素，也是艺术家权威的基础及其作品的价值标准，“为艺术而艺术”的教条不切实际；任何艺术规则都是对艺术大师作品中所遵循规则的总结；文艺批评家的工作不是指导诗人和艺术家如何创作，而是引导读者和观众如何欣赏文艺作品。③

三、《文学批评》的主旨与内容

1900年，英国出版商登特公司（J. M. Dent & Company）计划出版一套“圣殿启蒙丛书”（*The Temple Primers*），其图书广告声称：

> 本系列简明丛书，选取重大问题，由权威学者执笔，浓缩精华，指引门径，以适应大众需求，亦可作为学者专门研究之入门。本丛书旨在以便捷经济之方式，提供通常只有卷帙浩繁、价格昂贵、一般读者无法问津的百科全书才会提供的知识。与此相适应，

---

① *The Principles of Criticism*，pp. 211，217，228.

② *The Principles of Criticism*，pp. 229～231，236，242～244，233～234.

③ *The Principles of Criticism*，pp. 257～258，260，264～265.

> 本丛书将力求涵盖文学、科学与艺术三大领域的主要学科，并希望各卷合成一套完整可靠的现代知识入门百科全书。①

为使该丛书实现国际化，编者聘请了英、法、意、德等国相关学科的著名学者担任各专题撰稿人。该图书广告还提到《批评原理》作者、牛津大学文学硕士倭斯弗先生将撰写《文学批评》并注明作者倭斯弗是《南非故事》、《埃及救赎》等书的作者；透露当年完稿或接近完成、将于近期出版的著作有 13 种，其中第 2 种是甄克思著《社会通诠》（Edward Jenks, *A History of Politics*），第 5 种是《南非》（*South Africa*）。显然，倭斯弗因撰写出版《批评原理》一书而具有一定的学术声誉，从而进入该丛书编者的视野，应邀承担“圣殿启蒙丛书”的写作任务，撰写其中的《文学批评》，并于 1900 年正式出版。

《文学批评》的主要内容有对文学与艺术概念的界定、从柏拉图到马修·阿诺德之间西方文艺理论发展简史、西方文学批评原理的运用以及西方文学体裁的特点及创作手法与风格，涉及文艺道德之关系等当时西方文化界争论激烈的重大问题。《文学批评》全书共分八章，其具体内容与作者此前出版的《批评原理》有着千丝万缕的联系。

第一章《艺术》（Art），主要界定并区分了“批评”与“批评家”、“美术”（Fine Arts）与“实艺”（Mechanical Arts）等概念，并讨论了“艺术”分类。其中，论及黑格尔将美术分为建筑、雕刻、绘画、音乐、诗歌五个等级；② 也论及库辛将美术分为听觉艺术（音乐、诗歌）和视觉艺术（绘画、雕塑、建筑）两个大类，③ 大段引用库辛解析奥地利作曲家海敦（Franz J. Haydn）描写暴风雨的文字，借此说明音乐比视觉

---

① *The Temple Primers* Forming An International Primer—Cyclopædia, in Edward Jenks, *A History of Politics*, London: J. M. Dent & Company, 1900。译文主要据王宪明：《语言、翻译与政治——严复译〈社会通诠〉研究》，北京大学出版社，2005 年，第 35 页。

② W. Basil Worsfold, *Judgement in Literature*, London: Aldine House, J. M. Dent & Co., 1900. pp. 4～5；*The Principles of Criticism*, p. 151.

③ *Judgement in Literature*, p. 4；*The Principles of Criticism*, p. 149.

艺术更能震撼灵魂。[①] 这些论述与《批评原理》第七章相关内容基本相同。[②]

第二章《文学》(Literature),分析主客观表达方式的异同、文学性质与题材对人类世界观的影响,同时以“战争场面”为例,比较了绘画与文学等不同艺术类型的表达方式。[③]

第三章《古代批评》(The Criticism of the Ancient World),扼要评述柏拉图和亚里士多德的文艺批评理论,主要观点及论证与《批评原理》第一、二章内容一致,此不赘述。

第四章《现代批评》(Modern Criticism),评价艾迪生对文学批评理论的贡献,实际上综合了《批评原理》第三、四、五章的内容。

第五章《创意文学如何激发想象力》(How Creative Literature Appeals to the Imagination),评述莱辛、库辛关于想象力的重要论断,主要内容和观点与《批评原理》第六、七章内容一致。

第六章《当代批评》(Contemporary Criticism),主要评述 19 世纪西方著名人物对同时代作家及作品的盲目批评。[④] 既肯定了阿诺德、罗斯金(John Ruskin)和莫里斯(William Morris)等学者的共同主张——艺术、道德相互依存,[⑤] 也记述了斯温伯尔尼(Algernon C. Swinburne)等学者依然坚守“为艺术而艺术”的信条。[⑥] 此外,还有很多观点,如华兹华斯(William Wordsworth)认为以既有模式评判新创意文学作品徒劳无益、形式批评规则无法衡量带来愉悦的品质,[⑦] 又如阿诺德强调作者与时代之关联、诗歌是对生活的批评,[⑧] 等等,均

---

① *Judgement in Literature*, p. 9; *The Principles of Criticism*, p. 152.

② 详见相关注释,下同。

③ *Judgement in Literature*, pp. 10~15.

④ *Judgement in Literature*, pp. 46~47; *The Principles of Criticism*, pp. 254, 259.

⑤ *Judgement in Literature*, pp. 51~52; *The Principles of Criticism*, pp. 174, 181.

⑥ *Judgement in Literature*, p. 53; *The Principles of Criticism*, p. 258.

⑦ *Judgement in Literature*, p. 47; *The Principles of Criticism*, pp. 254, 259.

⑧ *Judgement in Literature*, p. 49; *The Principles of Criticism*, p. 165.

与《批评原理》第八、十二章的观点高度一致。

第七章《文学批评的应用》（The Exercise of Judgment in Literature），首先指出应区分文学批评中的若干次要规则与基本原则，与《批评原理》第十二章开头的观点相呼应；① 随后讨论了真实（truth）、对称（symmetry）、典型化（idealization）三大基本原则在西方文学批评中的运用，强调真实是文学的终极价值标准，典型化原则必须受制于真实原则，② 与《批评原理》导言及第七、十二章的有关论述一脉相承。③ 此外，有些具体论述，如培根对"诗性正义"说的哲理思辨、艾迪生和阿诺德对比较方法的强调与重视等，④ 也与《批评原理》的相关论述基本相同。

第八章《文学体裁、古典与浪漫手法、风格》(Forms of Literature — Classical and Romantic Methods — Style)，将文学体裁分为诗或韵文创意文学（史诗、抒情诗、挽歌、戏剧诗等）和散文创意文学（小说、历史和传记、随笔等）两大类，并逐一点评了各类体裁的特点与优长，以及创作手法与风格。其中，关于史诗的特点、雅典悲剧中的复仇主义、悲剧人物与环境的冲突、现代戏剧中文学元素的衰落，以及 19 世纪小说的发展与作为思想工具的重要性等若干重要观点与论述，与《批评原理》导言以及第九、十一章的内容高度一致⑤。

综上所述，倭斯弗虽然将其《批评原理》列为《文学批评》的参考书目，而由前面的分析比较可知，前者并非只是后者的参考书，实际上，这两本书的论旨基本相同，都是梳理西方文艺理论发展简史，总结出公认的真实、对称及典型化三大原则及其在当时西方文学批评中的运用。相比《批评原理》，《文学批评》第二章是新增内容，第一、八章增

---

① *Judgement in Literature*, p. 62; *The Principles of Criticism*, pp. 251～252.

② *Judgement in Literature*, pp. 65, 68, 71, 74～76.

③ *Judgement in Literature*, pp. 37～38; *The Principles of Criticism*, pp. 3～4, 145～146, 253.

④ *Judgement in Literature*, pp. 73, 77～78; *The Principles of Criticism*, pp. 57～58, 76, 81, 262～263.

⑤ *Judgement in Literature*, pp. 82～83, 85～86, 88; *The Principles of Criticism*, pp. 51, 188～189, 232～233.

加了部分新内容，其余部分的主要观点与前者基本相同，很多大段论述和引文，也与前者完全相同；所不同的是二者的组织结构，前者以时间、重要学者为主轴，后者则侧重专题讨论。整体上看，《文学批评》脱胎于《批评原理》，篇幅大约为后者的三分之一，在某种程度上就是其简写本。

倭斯弗《文学批评》出版后，《学会》（*The Academy*）杂志当年有书评对此书提出了严厉批评：该书最大的缺点是缺乏处理抽象难懂主题所必需的简洁、清晰和精确的表达方式，作者惯于慢条斯理，铺张成癖，以致全书浮词赘语过多，文意曲折隐晦，异常笨拙；① 有的结论不可靠，如作者从柏拉图的道德艺术相关论草率推导出“伟大艺术家必须是好人”的结论，② 实际上已为艺术史所否定；有的驳论存在稻草人谬误，如作者反对罗斯金的观点，即道德价值本身不能赋予诗作“独特艺术魅力”，③ 而罗斯金本没有这种看法；有的表述含糊不清，如作者认为，艺术品特性可称之为“带来愉悦”，④ 但“带来愉悦”不是品质，而是品质带来的结果或效果……如此等等，不一而足。这些批评可谓一针见血，切中肯綮。相比之下，《批评原理》显然更为冗长隐晦。或许，这正是倭斯弗的两本文学批评专著及其本人并不为学界所重视的重要原因之一。⑤

---

① Worsfold's（W. Basil）*Judgment in Literature*（Book Review），in *The Academy*，Sep，1. 1900，pp. 167～168.

② *Judgement in Literature*，pp. 27～28.

③ *Judgement in Literature*，p. 60.

④ *Judgement in Literature*，p. 71.

⑤ 有学者指出，倭斯弗此书在当时颇为流行，不乏肯定性评论，如 1900 年 8 月 25 日《星期六评论》（*The Saturday Review*）认为，该书为文学批评入门书中的翘楚；《旁观者》（*The Spectator*）杂志认为，该书颇具思想性和趣味性，尤其是提出了当代批评在于进行阐释这一命题。1920 年，此书还出现在一份高中和大学教材的推荐书目上。它曾多次重印（1901 年、1905 年、1917 年、1920 年、1925 年），1906 年还出版了波兰语译本。详见狄霞晨、朱恬骅：《严复与中国文学观念的现代转型——以新见〈美术通诠〉底本为中心》，《复旦学报（社会科学版）》2021 年第 1 期。

四、严译《美术通诠》的主观用意与动因

由前述可知，倭斯弗《文学批评》一书并非十分出色的学术著作，严复仍然选译此书前三章，何以故?

通观八种“严译名著”，严复选择英文原著的标准与用意各不相同。其中，斯密《原富》（*The Wealth of Nations*）、孟德斯鸠《法意》（*The Spirit of Laws*）、穆勒《穆勒名学》（*A System of Logic*）与《群己权界论》（*On Liberty*）都是相关领域的经典名著，而且前三种都是卷帙浩繁的大部头著作；斯宾塞《群学肄言》（*The Study of Sociology*）是篇幅较大、严复以为兼备《大学》、《中庸》精义的重要著作；赫胥黎《天演论》（*Evolution and Ethics*）以篇幅短小、其主题“演化与伦理”切合中国救亡运动的需要且便于阐释发挥等因，而被严复选中；至于甄克思《社会通诠》（*A History of Politics*）与耶方斯《名学浅说》（*Primer of Logic*）两种，主要是篇幅短小、便于流传启蒙。

实际上，包括《社会通诠》、《名学浅说》在内的多种严复译作，其英文原著都选自当时欧美地区颇为流行的小型丛书。如《名学浅说》及严复未竟译著之一耶方斯《计学浅说》（*Political Economy*），均选自伦敦麦克米伦公司出版的“科学启蒙丛书”（*Science Primers*）；严复未竟译著之一弗里曼《欧史蒙求》（Edward A. Freeman，*General Sketch of European History*），其英文原著选自“学校历史讲座”（*Historical Course For School*）丛书；严复另一种未竟译著沙礼卑《有机天演》（C. W. Saleeby，*Organic Evolution*），其英文原著选自“谢林科学丛书”（*The Shilling Scientific Series*）。如前所述，严译《美术通诠》与《社会通诠》两种译作，其英文原著均选自“圣殿启蒙丛书”。显然，篇幅短小、便于流传启蒙是严复选译《美术通诠》前三章的重要原因之一。

另一方面，严复选择《美术通诠》前三章与李登辉[①]及其创办的寰

---

① 李登辉（1872—1947年），字腾飞，福建同安人，印度尼西亚华侨，1899年毕业于美国耶鲁大学，1905年返国至上海，旋加入上海基督教青年会（Shanghai Young Men's Christian Association）。

球中国学生会密切相关。1905 年 5 月，严复自欧洲回到上海，协助马相伯筹备复旦公学复学，在此期间结识了归国华侨、耶鲁大学毕业生李登辉，二人志趣相投，交往颇多。

1905 年 7 月 1 日，李登辉借用上海北京路 15 号青年会场所，倡议成立全国性学生民间社团——寰球中国学生会，以联络寰球各地学生声气、传播新知、资助学生出洋留学、接待往来学生、介绍学生就业等为宗旨。① 当日，严复代替马相伯主持大会并发表演说，宣扬李登辉发起成立寰球中国学生会的重要意义。② 此后，严复积极参加寰球中国学生会的各种活动，多次发表演说。1906 年初，李登辉筹办出版中英文《寰球中国学生报》双月刊，由曾子安、严复、李登辉、唐国安四人担任主编，③ 并举定严复为总撰述。④ 作为《寰球中国学生报》总撰述，严复责无旁贷，积极为该刊提供稿件，先后发表三篇重要论说和译作：(1)《述黑格儿惟心论》，载第 2 期（1906 年 9 月）。⑤（2）英国倭斯弗著《美术通诠》第一篇《艺术》，载于第 3 期（1906 年 12 月）。《美术通诠》第二篇《文辞》，载第 4 期（1907 年 1～2 月）；《美术通诠》第三篇《古代鉴别》，载第 5～6 期合刊（1907 年 3～6 月）；(3)《英文百科全书评论》，载第 5～6 期合刊。由此可见，严复翻译发表倭斯弗著《美术通诠》，在某种程度上是清偿自己背负的文债。

当然，严复选译《美术通诠》前三章的主要动因，还在于其教育理念，尤其是对美育与德育关系的认识。

从时间上看，严复早在 1900 年撰写的《原富》案语中就提出："移风易俗，莫善于乐，中西圣哲，所论皆同"⑥，指出了艺术在陶冶情操、

---

① 《组织寰球中国学生会之发起大意》，《申报》1905 年 7 月 1 日。

② 《寰球中国学生会发起人之集会演说》，《时报》1905 年 7 月 2 日。

③ Frontispiece——Board of Editors, *The World's Chinese Students' Journal*. Vol. 1. No. 1, July—August, 1906.

④ 《赠报志谢》，《申报》1906 年 1 月 31 日。

⑤ 此据该刊英文撰述部分首页所标注的时间。上海图书馆编《中国近代期刊篇目汇录》第二卷（中册）记载：《寰球中国学生报》第 2 期出版于 1906 年 8 月（丙午七月），此说不准确。下同，不一一注明。

⑥ 亚当·斯密著，严复译：《原富》下册，商务印书馆 1981 年，第 634 页。

化民成俗方面的独特作用。甲午战争后，严复主要借鉴达尔文的演化论、斯宾塞的教育论，提出了“鼓民力、开民智、新民德”的救世方略，以及“濬智慧、练体力、厉德行”的教育主张。严复主张，中国教育必须以“物理科学”（即自然科学）为当务之急，重视德育的重要地位，“智育重于体育，而德育尤重于智育”[①]。而且严复较早认识到美育与德育和智育的密切关系，呼吁重视以往被忽略“美术”，说：“科学之中，大有感情；美术之功，半存思理……德育主于感情，智育主于思理，故德育多资美术，而智育多用科学。”[②] 严复此处所言“美术”，包括建筑、雕塑、绘画、音乐、文学以及中国书法等，而且，文学除诗词歌赋外，还应包括小说、词曲、传奇、稗官等创意文字。[③]

严复深刻体认到，中国缺乏美育已衍生出审美观扭曲、百为简陋、文明退化等严重恶果。1905 年七八月间，严复撰写的《法意》案语[④]有言：

> 美术九流，才士所鄙，则其国不特不强也，且以不富。不特不强不富也，且百为简陋，野邑湫秽，其气象乃日趋于野蛮，其学术

---

① 《论教育与国家之关系》，王栻主编：《严复集》第 1 册，中华书局，1986 年，第 167 页。

② 《教授新法》，孙应祥、皮后锋编：《〈严复集〉补编》，福建人民出版社，2004 年，第 66 页。

③ 参见倭斯弗著，严复译：《美术通诠·篇一艺术》，《寰球中国学生报》第 3 期（1906 年 12 月）；倭斯弗著，严复译：《美术通诠·篇三古代鉴别》，《寰球中国学生报》第 5～6 期合刊（1907 年 3～6 月）。

④ 严复至迟于 1904 年开始翻译《法意》，至 1909 年译毕。1904 年 10 月 25 日，严复《与熊季廉书》有云：“鄙处近译，即是《万法精理》，其书致佳，惜原译无条不误。今特更译，定名《法意》，他日书出，当奉呈耳。”（孙应祥、皮后锋编：《〈严复集〉补编》，第 253 页）案：下文所引用《法意》第 19 章第 5、27 节两条案语，均在《法意》第 4 册。上海外国语大学庄驰原考证：《法意》前 3 册首次出版时间是光绪三十年（1904 年）十二月，第 4 册是光绪三十一年八月，由此可推断第 4 册翻译时间是 1905 年 1～9 月之间；又，1904 年 12 月 3 日，严复随张翼离沪赴伦敦参加开平煤矿诉讼，直到 1905 年 4 月上旬回国，期间较为忙碌，很可能 4 月下旬才开始做翻译工作。第 4 册包括 16～19 章，而第 19 章第 27 节基本上是该章最后部分内容，所以，其撰写时间大概率在 1905 年 7～8 月间，但也不排除早翻译而晚出版的可能。

技能，无足道者。[①]

自其最易见者而言之，则在在悉呈其苟简，宫室之卑狭，道路之莱污，用器百工之窳拙，设色之浓烈，音乐之嗷楚，图画则无影，刻塑则倍真，以美术之法律绳之，盖无一不形其失理，更无论其为移情动魄者矣。[②]

而且，中国传统教育中唯一重视的文学形式美教育，又极为偏重诗赋，“如词曲、小说之属，中国以为乱雅，摈不列于著作之林”[③]；即使是诗赋，在皇权专制时代也因科举八股走向了歧途，沦为“贡谄导谀”[④] 的工具。

鉴于美术的重要地位以及中国传统教育中美术教育的缺失，严复从国族生存竞争的高度极力提倡美术教育。《法意》案语明确而集中地反映了他的美术教育主张：

吾国有最乏而宜讲求，然犹未暇讲求者，则美术是也。夫美术者何？凡可以娱官神耳目，而所接在感情，不必关于理者是已。其在文也，为词赋；其在听也，为乐，为歌诗；其在目也，为图画，为刻塑，为宫室，为城郭、园亭之结构，为用器、杂饰之百工，为五彩彰施、玄黄浅深之相配，为道涂之平广，为坊表之崇闳，凡此皆中国盛时之所重，而西国今日所尤争胜而不让人者也。而其事于吾国则何如？盖几几乎无一可称者矣。……美术者，统乎乐之属者也。使吾国而欲其民有高尚之精神，诜荡之心意，而于饮食、衣服、居处、刷饰、词气、容仪，知静洁治好，为人道之所宜，否则，沦其生于犬豕，不独为异族之所鄙贱而唤讥也，则后此之教育，尚于美术一科，大加之意焉可耳。东西古哲之言曰，人道之所

① 孟德斯鸠著，严复译：《法意》上册，商务印书馆，1981 年，第 433 页。

② 孟德斯鸠著，严复译：《法意》上册，第 399 页。

③ 倭斯弗著，严复译：《美术通诠·篇三古代鉴别》，《寰球中国学生报》第 5～6 期合刊（1907 年 3～6 月）。

④ 孟德斯鸠著，严复译：《法意》上册，第 433 页。

贵者，一曰诚，二曰善，三曰美。或曰，支那人于诚伪善恶之辨，吾不具知，至于美丑，吾有以决其无能辨也。愿吾党三思此言，而图所以雪之者。①

显然，严复希望通过美术教育改变国人的日常习惯、生活环境，塑造国民高尚优雅的精神风貌、横逸豪放的心胸气度，自爱自信而不为外族所轻视，扭转近代中华文明的沉沦趋势。20世纪初，虽有王国维、蔡元培、刘师培等少数几位中国学者在学术研究中大量使用“美术”概念，也认识到“美术”的功用及其与德育的关系，② 而《法意》案语表明，严复是近代中国提倡美术教育的第一人。

与上述《原富》、《法意》案语及《教授新法》演说相呼应，严复《美术通诠·篇三古代鉴别》案语交代了迻译《美术通诠》的良苦用心，即提倡“美术”教育：

天之所赋各殊，其优劣之间，不可以相强。明乎教育之术，必即所优之天分而培之，斯其民无弃材，而其为教与学也皆易，及其成德，则皆其国之荣华也。孔子曰：“安上治民，莫善于礼；移风易俗，莫善于乐。”斯宾塞尔曰：“瀹民智者，必益其思理；厚民德者，必高其感情。”故美术者，教化之极高点也，而吾国之浅人，且以为无用而置之矣。此迻译是篇所为不容缓也。③

最后，需要指出的是，《美术通诠》书名本身也彰显了严复的翻译动因，即对美术教育的重视。严复其他译作如《天演论》、《原富》、《群学肄言》、《法意》等，无论如何求信求雅，其中译书名总能从西文原著书名中找到对应的关键词，但《美术通诠》中的“美术”，原著书名中

① 孟德斯鸠著，严复译：《法意》上册，第399页。

② 参见谈晟广：《王国维与现代中国“美术”观念的起源》，《文艺研究》2018年第7期。

③ 倭斯弗著，严复译：《美术通诠·篇三古代鉴别》，《寰球中国学生报》第5～6期合刊（1907年3～6月）。

并无对应关键词 Art 或 Fine Arts，明显不同寻常。如前所述，倭斯弗《文学批评》全书旨在简要梳理西方文艺理论的发展与流变，因“文学”是广义“艺术”的一个分支，故第一章《艺术》实际上是艺术通论。严复译成此书前三章，在《篇三古代鉴别》最后注明“（未完）”，显示其原计划将该书译完，据此，《美术通诠》可视为他的一种未竟译著。而从严复增加的案语来看，其主要目的是托译言志——提倡美术教育，所以，他极有可能本无翻译全书的打算，最终也仅选译自己感兴趣的艺术通论部分及其随后两章，并且离开原著另拟书名，突出“美术”主题，否则，全书译完，倒显得名不副实了。正因为严复对《美术通诠》书名的特殊处理，导致学术界近 20 年来未能从其中译书名入手找到其英文原著，成为严复译著中的一个特例。

从中国国家博物馆藏严复《美术通诠》手稿论严复的美术观

张婧乐①

严复是我国近代史上第一位向中国系统译介西方政治学、经济学、社会学的先进人物，也是一位学贯中西的大师。梁启超评价他“于中学西学皆是第一流人物”。1958年，中央文化部文物局向中国国家博物馆的前身——中国历史博物馆调拨了一批严复的遗物，主要包括严复日记、书信、诗稿、书法作品等，更有一批重要的严复翻译作品手稿。这批手稿既涵盖了严复翻译后即付梓的著作，如《社会通诠》、《群学肄言》、《穆勒名学》、《自由释义》等，也包括《法意》、《美术通诠》等未完成译著，还有当时未及出版，甚至至今也尚未出版的翻译残稿，如《国计学甲部》、《计学浅说》、《有机天演》。

《美术通诠》是严复关于艺术理论和美术教育的译著，是其8部译著之外的较为特殊和重要的作品。在严复以往的研究中，往往更加重视其对社会学、经济学、政治学方面的影响，而他对于“美术”、“美术教育”的观点，长期以来未受到重视，随着对严复研究的全面展开，以及严复作品整理成果的涌现，其美术观才得到了越来越多的关注。近年来，严复《美术通诠》所据底本的发现和确认，解决了研究史上一大疑难。在严复逝世100周年之际，罗选民教授翻译的原著全本出版，对严复美术观的研究具有重要价值。

中国国家博物馆藏有《美术通诠》翻译手稿，本文对其进行介绍和分析，了解严复在翻译这部作品的思考过程，以期形成对严复美术观的

---

① 张婧乐，中国国家博物馆馆员。

更加全面的认识。

一、严复译《美术通诠》基本情况

1906年初，严复担任中英文《寰球中国学生报》双月刊主编时，在该刊物的第3、4、5—6期连载了他的翻译作品《美术通诠》的前三章——《艺术》、《文辞》与《古代鉴别》，《美术通诠》篇名下注明“英国倭斯弗著/侯官严复译”。

关于严复翻译此书的英文底本，由于缺少相关线索，多年来一直是学界一个悬案。直到近年来，随着学界对严复研究的逐渐深入，其《美术通诠》受到越来越多的重视，陆续有学者开始关注并查找该作品的英文原著。最终确认了该书原著应是倭斯弗所著的《文学批评》（*Judgement in Literature*）。[①] 可见，严复将“Literature”（文学）一词翻译为“美术”，导致了人们长期对此的误解。

英国学者倭斯弗（William Basil Worsfold）1858年出生于英国的约克郡，1883年获得牛津大学文学学士学位，后获得牛津大学文学硕士学位，1887年获得大律师资格。他涉猎广泛，关注政治学、经济学、法学和教育学，曾游历四大洲，著有《访问爪哇》、《埃及救赎》、《埃及故事》、《南非》、《南非联盟》等，与文学有关的作品有《批评原理》（*The Principles of Criticism*）与《文学批评》。1900年，英国出版商登特公司计划出版一套“圣殿启蒙丛书”，聘请了英、法、意、德等国相关学科的著名学者担任各专题撰稿人，旨在以简单便捷的方式，向读者提供百科全书式的知识，该套丛书请倭斯弗撰写了《文学批评》。同样在该套丛书内的作品还有甄克思的《社会通诠》等。[②]

① 探讨严译《美术通诠》之底本的学者和论文有罗选民《关于严复〈美术通诠〉底本和原著的发现》（《亚太跨学科翻译研究》2020年第2期）、皮后锋《严译〈美术通诠〉及其英文原著》（《学海》2021年第6期）、狄霞晨和朱恬骅《严复与中国文学观念的现代转型——以新见〈美术通诠〉底本为中心》〔《复旦学报（社会科学版）》2021年第1期〕等。

② 皮后锋：《严译〈美术通诠〉及其英文原著》，《学海》2021年第6期。

《文学批评》是在倭斯弗《批评原理》的基础上增删而成，其主要内容包括对艺术概念的界定、西方文学批评方法、西方文艺理论发展史，西方文学体裁的创作风格等当时西方文化界的热点问题。而严复翻译的《美术通诠》，实际只翻译并刊载了该书的前三章，且第三章《古代鉴别》并没有译完，篇末署“未完”。这也引发读者思考：严复是否有意继续译完全本。

严复翻译此书，是基于对当时中国文教缺失的反思以及对美术教育的提倡。严复是最早向中国倡导美术教育的先驱之一，为了引起教育界同仁对美术教育的重视，他特意翻译了倭斯弗的《美术通诠》。[①] 在1906—1907年间，“美术”一词在中国流行起来。在严复翻译中，“美术”一词有时对应的是“literature”，有时对应的是“arts”或“fine arts”。[②] 严复在翻译使用“美术”一词时，相当于现在所理解的“艺术”，包括了建筑、雕塑、绘画、音乐、词赋等内容。严复翻译《美术通诠》，将“literature”译为“美术”，使他参与到了中国现代文学和艺术理念建构的进程之中。[③]

二、中国国家博物馆藏《美术通诠》手稿特点

中国国家博物馆严复译《美术通诠》手稿，为红格稿本，四周双边，半页12行，长29.6厘米，宽21.7厘米，版心部位印有“辅自然斋丛稿”几个字。“辅自然斋”是严复的书斋名，严复亦曾号“辅自然斋主人”，取自《老子》第六十四章“以辅万物之自然，而不敢为”，即道法自然之意。这部翻译稿本曾被误认为是严复另一部翻译手稿《社会通诠》的第四册，其所用稿纸及抄写情况亦相同，在保存时记作一个文物号。

---

① 皮后锋：《严复评传》，南京大学出版社，2006年，第211页。

② 狄霞晨、朱恬骅：《严复与中国文学观念的现代转型——以新见〈美术通诠〉底本为中心》，《复旦学报（社会科学版）》2021年第1期。

③ 狄霞晨、朱恬骅：《严复与中国文学观念的现代转型——以新见〈美术通诠〉底本为中心》，《复旦学报（社会科学版）》2021年第1期。

通过对比手稿文字与刊发之文字内容，指出其异同与修改之处，往往能够了解翻译者在翻译过程中的思考。《美术通诠》手稿，具有以下几个特点。

（一）经圈改之后与刊发文字差异较小

相对于馆藏其他手稿而言，这部《美术通诠》手稿的修改痕迹相对较少，仅有少量的文字修改或增删。从这些修改之处可以看出，这是严复在书写这篇手稿时随时进行的修改，而非书写之后进行的校订。可见严复书写这篇手稿时，或是誊抄一遍，或者是直接翻译且过程较流畅顺达。

与刊发于《寰球中国学生报》上的文字相比，手稿的格式特征几乎相同。比如严复的文间案语，皆用双行小字的形式；文中一些翻译词汇或音译的人名，均在词后标注了英文原词等。在文字方面，手稿上修改后的状态与刊发的文字几乎相同，仅有极个别之处与刊发稿略有区别。因此可以认为，此手稿即付梓前的修改稿。

手稿与刊发文字之区别有几处，其中最明显的一处是第一章的标题。刊发的文字中都翻译为“艺术”，然而在手稿中写的是“术艺”。由于严复本人是《寰球中国学生报》的主编之一，因此这个区别笔者还是更倾向于理解为严复自己的修改。其他如：“其天然者，各有远近阴阳之差，而为之浅深浓淡。夫而后平面之物，呈诸视官，得野外之景物，或室中之所有也”①。此句在手稿中为：“其天然者，各有远近阴阳之差，而为之浅深浓淡。夫线则循视学之规，色则有光值之等递，而后平面之物，呈诸视官，得野外之景物，或室中之所有也。”多了论述绘画中线与色的一句。可能是在刊布时认为此句并不是很重要，因此进行了删减。

① 倭斯弗著，严复译：《美术通诠》，《严复全集》卷五，福建教育出版社，2014年，第545页。

（二）修改主要在语句措辞

从国博所藏稿本的修改笔迹中可以看到，严复在翻译《美术通诠》时，对文字上的斟酌思量，体现了严复翻译时“一名之立，旬月踯躅”的严谨态度，同时也真实详细反映了严复在翻译过程中的思想和决策过程。

例如，“托意写诚”是严复翻译这部作品中最重要的语汇之一，此词用以概括艺术的含义。在手稿中，严复最开始写作“托意于诚”，后又将“于”圈改为“写”。这一修改过程很值得体会，修改后，“托意”与“写诚”成为一对互文的概念，更好地阐释了原文以及严复自己想要表达的艺术含义。

其他一些改动，主要可分为虚词修改、实词修改、增减语句等。词语的修改如“今不佞此篇，所用衡鉴品评诸语”，原作“所论衡鉴别裁诸语”；“美术如营建，如刻塑”原作“美术如建造，如刻塑”；“别识抒实之文字，其义法本于格物之名理”，原作“其义法本于科学名理”。语句的增减如手稿中原作：“而其书品格之高下、组织之工拙、感人之深浅，悉视其结构脉理，选列品色，神采节奏之何若，此美术之事也。”删减部分语句，作：“而其书品格之高下、感人之浅深，悉视其结构脉理，选列物色，凡所以传叙之者之何若，此美术之事也”。又如：“试观闳丽之工，游者为之神动，当有以悟相感之所由也。”修改增加一句，改为：“……当有以悟相感之所由然，何则？建者意有所寓而呈故也。”整体上主要反映了语句措辞的审慎。

（三）第三章翻译之结尾较刊发文字稍多

在《寰球中国学生报》刊载的第三章篇末署“未完”，而从国博所藏手稿中可以看出，手稿也未译完全篇，但比刊布的文字多一句译文。即：“虽然，显其中有不可不注意。一雅里氏所论者，词章也，顾乃论其一体之脱拉节地以蔽其余，而所析之论如后。二之台场部署、音乐佐侑，实与其文字之事为无涉。”

从手稿中的截止位置也看不出有什么特殊含义，或许可以说明，严复是打算继续翻译，但由于种种原因停笔。原著后续的文字内容，主要讲述亚里士多德的文学理论，不如原著前两章他所想表达的内容急切，因此并未继续翻译完成。

三、严复的“美术”观

严复译书具有明确的政治目的，这一点前人多有论述。如商务印书馆在重印“严译名著丛刊”前言中就指出：“严复埋头译述西方资产阶级思想家的著作，用来表达自己的政治主张和社会思想。……严复的译作，在很大程度上可以视为他自己的著述。”① 严复在译书中，经常夹杂自己的见解和语句，或作补充，或作注解，很自然地将具有中国文化底色的问题在译著中反映出来，从而既介绍了西方学说，又宣传了自己的政治主张，启迪民众救亡图存大业。

严复在文学、艺术方面有很深的造诣，而他对艺术理论的关注和表达，正是在1903年至1909年间他所翻译的《法意》以及《美术通诠》中有集中体现。他在《法意》案语中就曾强调：“……则后此之教育，尚于美术一科，大加之意焉可耳。”②

《美术通诠》的原著本就是一部文学理论著述，尤其在其前两章中，有作者倭斯弗对于19世纪文艺理论的高度概括和精到的理解。严复选择此书来翻译，表明这些文艺理论是他自身所赞同并愿意在国内发扬的，有助于他的美术教育理念的实施。严复在翻译的同时，也夹杂和表达了自己的文艺理论观点，一定程度上，《美术通诠》中的文艺理论主张就可以理解为严复自己的艺术及美术教育主张。

（一）创造性提出艺术的概念为“托意写诚”

在《美术通诠》第一章中，作者倭斯弗给出了对艺术的理解，即

---

① 《重印“严译名著丛刊”前言》，孟德斯鸠著，严复译：《法意》上册，商务印书馆，1981年，第i—ii页。

② 孟德斯鸠著，严复译：《法意》上册，第399页。

“艺术是现实在精神层面的呈现”[1]。而严复在翻译中，创造性使用了一个更具有中国传统文化内涵的词汇——“托意写诚”。这是一个高度凝练的概括，强调一切艺术形式都应具备两方面特质，一方面是要假托一定的物质来表达现实世界，是客观的方面，即“写诚”；另一方面是要通过物质来传达一定的寓意，是主观的方面，即“托意”。艺术的主观与客观互为表里，不同的艺术形式只是这两方面的比例有所区别。

严复在翻译中，对这个定义进行了更为丰富的解说：“由是观之，则美术之实，有可言者矣：一凡为美术，皆必有所托以为达者。自营建瓦石之最粗，至诗词韵律之微眇，使非有托，无以为功。二其感人之用，必借径于官骸，而大抵在目之为视，与耳之为听。三其有所托以为达，与有所由以为通。言其大用，期诸感人而已。……惟此为美术同具之公德。夫既知其物之公德，则美术界说可试言之。美术者何？曰托意写诚，是为美术。又曰美术者，以意象写物之真相者也。”[2] 后又讲道，“惟其不背于物则，故曰写诚；亦惟其景生于意中，故曰托意”。可见所谓“写诚”，就是要不违背客观法则，忠实依托或反映所表现事物的真实；而所谓“托意”，则是一种主观产生的联想。严复还解释道：“夫界说曰：托意写诚，谓之美术。意，主观也；诚，客观也。是故一切之美术，莫不假客观以达其意境。”[3] 通过主观与客观这一对关系，基本上将艺术的定义解释清楚。

在《美术通诠》中，作者为全面论证艺术的定义，将一切技艺做了一个系统划分。首先，技艺可分为两类，一为“美术”，二为“实艺”。其中，“实艺如匠、冶、梓、庐之所操，乃至圬者、陶人、红女、车工之业”，这些主要以利用为主，并不在艺术叙述之列；而“美术”则包括了营建、刻塑、绘画、音乐、诗赋五种，前三种为“目治之美术”，后两种为“耳治之美术”，二者途径有所区别，但都是“托意写诚”的

---

① 巴西尔·沃斯福尔德著，罗选民译：《文学通诠》，商务印书馆，2021 年，第 10 页。

② 倭斯弗著，严复译：《美术通诠》，《严复全集》卷五，第 544 页。

③ 倭斯弗著，严复译：《美术通诠》，《严复全集》卷五，第 548 页。

艺术形式。作者援引黑格尔的观点，认为美术五等，诗歌最上，营建最下，这正是根据这些艺术形式“托意写诚”的多少而划分的。这五种艺术形式之中，营建所托之物质最粗，如石、砖、木、铁等，而文辞诗赋所托物质最少，仅有文字符号，甚至可以说它不需要依托客观，纯粹依靠主观表达意象。因此说诗赋是艺术的最高形式：“再进而为美术之极境者，则为词赋诗歌。乃于外物绝然无待，而所用以达于人心者，舍文字语言而外，一无所需。而其异于常用语言者，有节文韵律而已。”①诗赋这种艺术形式，对人心境的表达最为透彻直接，我国语言文化中也有相似的表达，即所谓“言为心声，字为心画”。在文中，严复进一步阐释：“是故诗歌为物，所与心灵直接者也。言为心声，字为心画，而诗歌所与心灵接者，即以此心声心画为中尘焉，交于神明，此为最利之器矣。”②

《美术通诠》原作者在这里列举了五种艺术形式，而严复结合中华文化的特征，还提出了另一种中国独有的艺术形式——“中国翰扎”，即书法作品。他在案语中明确写道：“中国翰扎实为美术之一，此西之所无，而中之所独有者。”③ 他对比中国与西方的语言文字，认为中国的语言不管从发音还是书写方面，都比西方语言更能够表达出更多的寓意。他举孙虔礼《书谱》与韩愈《送高闲尚人序》这两篇论及书法文章中的观点，认为书法是“目治之美术，而且进于图画者也”。孙虔礼就提出“存真寓赏”，正是“写诚托意”的意思。而韩愈在序文中论及张旭草书，说其“喜怒窘穷，忧悲、愉佚、怨恨、思慕、酣醉、无聊、不平，有动于心，必于草书焉发之”。即喜怒哀乐等一切内心情感，都能够在他的草书中体现出来。书法达到这一境界，确实是比图画更能体现“托意写诚”之意了，这也是西方文字语言所不具备的特征。严复的这一发现，也能够体现出他对中国传统文化的重视和信心。

---

① 倭斯弗著，严复译：《美术通诠》，《严复全集》卷五，第543页。
② 倭斯弗著，严复译：《美术通诠》，《严复全集》卷五，第547页。
③ 倭斯弗著，严复译：《美术通诠》，《严复全集》卷五，第543页。

（二）强调文辞的地位

《美术通诠》指出，当对一个文学作品进行批评赏鉴时，首先关注的是作品的两个方面，一为其中所言之事实，二为写情叙事之文章，前者一书之质，后者一书之文。“是故以文质之可分，而创意之文与实录之文，区为二类，而所以介绍心灵于万物者，其用固不可偏废也”①。因此，对一个文学作品进行赏鉴，要明确分析该作品这两个方面，分别按照这两个方面的标准来进行评判，而不可混为一谈，如此才能得出科学中肯的结论。文中指出：“所必分文字为抒实、构虚二大类者，盖一言鉴别，则不可不知有此分也。夫鉴别为一宗之科学，而主于别识艺事文章之正伪高下者也。其别识抒实之文字，与别识构虚之文字，其眼藏大殊。别识抒实之文字，其义法本于格物之名理；别识构虚之文字者，其赏会出于怡情之美术也。二者衡尺大殊，虽应用之时，往往有出此入彼之事，顾其大经不可混尔。此学者所宜明之第一义也。”② 并且认为，如果作品内容中构虚者少而跖实者多，则对这类作品的品鉴，最适宜由“格物之士与夫哲学之家”，即科学家与哲学家来做；而如果一部作品构虚内容较多的话，普通人都可以读懂，对这类作品的品评则看其结构脉理、描绘的事物或者传叙的人事等，擅长此类品评的就赖于“文章之宗匠、骚雅之方家”了。原著中，将文学作品划分为两类，而将鉴赏批评的主体也划分为两类，这二者并无高下之分，只是评判标准不同而已。

严复在这两段的案语中，就主要阐发了中国文化中重质轻文的传统，并且认为，文与质应当同等重要，不应有所偏见。他说：“文字分为创意、实录二种，中国亦然。叙录实事者，固为实录，而发挥真理者，亦实录也。至创意一种，如词曲、小说之属，中国以为‘乱雅’，摈不列于著作之林，而西国则绝重之。……以较吾国之临川实甫诸公，其声价为缙绅所不屑道者，而相异岂直云泥而已？”③ 在论及鉴赏家的

① 倭斯弗著，严复译：《美术通诠》，《严复全集》卷五，第552页。

② 倭斯弗著，严复译：《美术通诠》，《严复全集》卷五，第552—553页。

③ 倭斯弗著，严复译：《美术通诠》，《严复全集》卷五，第552页。

区分时，他又说："此节所言，中国为分久矣。于其前者谓之学人，于其后者谓之文人，而二者皆知言之选也。前以思理胜，后以感情胜；前之事资于问学，后之事资于才气；前之为物毗于礼，后之为物毗于乐。天之所赋各殊，其优劣之间，不可以相强。"① 严复在这段案语中，已将自己的文学观表达得很清楚，即在中国文学史上，偏重文辞的一派与偏重义理的一派，应受到同等的重视。《美术通诠》在文学评论的方法这一点上分析得非常清晰透彻，由此也可看到，严复选择此作品翻译，可让读者掌握艺术品鉴之途术，具有很重要的教育意义。

（三）将美术视作教化之最

在严复的美术观中，美术是最能教化人心的，他将此视作教育救国理论的重要内容之一。严复在界定艺术内涵时，加入了自己的阐发，他说："……则美术所以娱心，而实艺所以适用，维二物皆人群天演之见端。然美术之关于民德、民智尤深，移风易俗，存于神明之地……"②

《美术通诠》在论述文辞时提道："独有文辞，无所假托于客观，而其所有事者，皆主观之产物也。"③ 因为文辞所假托的文字，大多来自历史上的记载、知识与经验，这些都是通过典籍不断积累传承的。因此，只有评鉴者掌握了这些典籍的记载和历史经验，才能对文章作品所表达的意境有所感悟，这就是通过主观来影响客观。译文云："文辞者，凡人类之脑海也。……故惟学于古训者，而后能深观其当前之事理与物情也。夫使人而无脑，抑其脑之甚弱，则虽有耳目之用、运动之机，将有益于其生盖浅。然则使一种一群之民，无文辞载籍之积累，或其积累者微，将其生也，下可同于飞走，上但跻于野蛮，与之言强立，且或不克，而美术云乎哉？"④ 这段文字，夹杂了严复自己的理解和阐述，表达了严复对于美术教育的观点，即首先应当对文化传统加以教育引导，使人民首先具备对历史和文化的深入理解，而后才可能与其谈美术、谈

① 倭斯弗著，严复译：《美术通诠》，《严复全集》卷五，第 553 页。
② 倭斯弗著，严复译：《美术通诠》，《严复全集》卷五，第 542 页。
③ 倭斯弗著，严复译：《美术通诠》，《严复全集》卷五，第 548 页。
④ 倭斯弗著，严复译：《美术通诠》，《严复全集》卷五，第 551 页。

审美，否则其人对于文学的理解将会非常粗浅。

严复在案语中批评道："近今百年，其中国文教极衰，将反之时乎？自帖括之敝，至于末流，世几不知学问文章为何物。……嗟乎！中国之衰，或者以谓不识西学之故，其果由于不识西学也耶？读者反覆于倭氏此篇之说，可以憬然矣，可以潸然矣！"① 严复这里重申了教育的急迫性和必要性，认为中国之衰，正是由于文教不兴，官场之人毫无学识之故，因此他认为，行美术教育，必先有学问的积累。

他在《美术通诠》案语中，也论及美术教育的观念，讲到美术教育也是教育的重要内容，应当因材施教，只要悉心培养，均可为救国之栋梁。他说："明乎教育之术，必即所优之天分而培之。斯其民无弃材，而其为教与学也皆易。及其成德，则皆其国之荣华也。"他明确强调："故美术者，教化之极高点也。而吾国之浅人，且以为无用而置之矣。"② 有鉴于此，他也提出了选择此部《美术通诠》翻译，是刻不容缓的。

四、结语

国家博物馆藏严复《美术通诠》手稿，是严复关于艺术理论以及美术教育理念著作的一部珍贵翻译手稿，具有极高的文献价值。

首先，《美术通诠》作为严复翻译的文艺理论著作，是严复最先将西方的美术观直接由英文向中国转译的重要译著，也是严复在近代中国最早提倡美术教育的重要物证，其手稿在中西文化交流史上具有标志性意义。

其次，严复《美术通诠》的手稿，留存有严复翻译过程中的修改笔迹，真实反映出严复在翻译过程中的思想和决策过程，值得深入研究。

最后，手稿为严复亲笔所写，完整展现了严复的书法风格，极具历史价值与艺术价值。

---

① 倭斯弗著，严复译：《美术通诠》，《严复全集》卷五，第551页。

② 倭斯弗著，严复译：《美术通诠》，《严复全集》卷五，第553页。

中国国家博物馆藏严复《群己权界论》翻译手稿研究

孙碧佳①

严复是我国著名的翻译家、启蒙思想家、教育家。严复翻译了一批跨越多学科且自成体系的西学名著，对中国近代思想界产生了深远影响。严复提出了“信、达、雅”的翻译准则，在我国翻译史上具有划时代意义，至今仍被广大译者视为金科玉律。严复翻译了约翰·穆勒的名著《论自由》(*On Liberty*)并定名为《群己权界论》，被公认为将西方自由主义引入中国的第一人。中国国家博物馆藏严复《群己权界论》翻译手稿与刊行本对勘后有诸多差异，对于研究严复的翻译思想有重要的文献价值。

一、约翰·穆勒《论自由》原著及严复《群己权界论》的翻译出版情况

约翰·穆勒(John Stuart Mill，1806—1873)，英国著名的哲学家、经济学家、政治思想家。约翰·穆勒从小家教严格，1823 年至 1858 年就职于不列颠东印度公司。约翰·穆勒从 19 世纪 40 年代开始致力于学术研究，他的主要著作有《逻辑体系》、《论自由》、《政治经济学原理》、《论代议制政府》、《功利主义》等。约翰·穆勒于 1859 年出版的《论自由》关注人类社会政治生活中的基本问题，被公认为自由主义的经典之作。《论自由》共五个章节，著作核心内容是个人与社会之间权利界限

① 孙碧佳，中国国家博物馆馆员。

的划分，探讨社会对个人合法施用权利的性质和限度。严复在《〈群己权界论〉译凡例》中概括了该书的主要内容："穆勒此书，即为人分别何者必宜自繇，何者不可自繇也"①，"穆勒此篇，本为英民说法，故所重者，在小己国群之分界"②。

光绪二十九年（1903 年），《群己权界论》由上海商务印书馆出版。1905 年 1 月《广益丛报》第 60—61 号合本、第 62—64 号合本曾连载《群己权界论》部分内容。1931 年，上海商务印书馆将《群己权界论》、《天演论》、《原富》、《群学肄言》、《社会通诠》、《法意》、《名学》、《名学浅说》等八种严复译著汇集出版，名为"严译名著丛刊"。1981 年，北京商务印书馆整理重印了"严译名著丛刊"。1986 年，中华书局出版了《严复集》。1998 年，台北财团法人辜公亮文教基金会出版发行了《严复合集》。2014 年，福建教育出版社出版了《严复全集》。

二、中国国家博物馆藏严复《群己权界论》手稿基本情况及完成时间

中国国家博物馆藏严复译《群己权界论》手稿，一册，红格稿本，四周双边，半叶 12 行。书高 29.6 厘米，书宽 21.5 厘米；框高 21.9 厘米，框宽 18.3 厘米。版心单鱼尾，版心下部镌"辅自然斋行稿"。辅自然斋是严复书斋名，取自《老子》六十四章"以辅万物之自然，而不敢为"，即"道法自然"之意。墨笔书写，字间有大量墨笔、朱笔删改痕迹以及朱笔圈点痕迹。1958 年，《群己权界论》手稿由中央文化部文物局拨交历史博物馆，成为馆藏重要的名人手稿。

严复译《群己权界论》手稿内容包括五个部分："译序"、"例言"、"穆勒原序"、陈三立《读侯官严复氏所译英儒穆勒约翰群己权界论偶题》手稿、译稿正文。译序即严复为《群己权界论》译稿所写序言，未出版。"译序"与刊行本中《译者序》内容完全不同。"例言"与刊行本

① 《严复全集》卷三，福建教育出版社，2014 年，第 254 页。

② 《严复全集》卷三，第 256 页。

《译凡例》主要内容一致，但段落顺序以及字句内容有差异。“穆勒原序”有多处用墨笔和朱笔增删圈改，修改后与《群己权界论》刊行本内容基本一致，但仍有个别词语有区别。手稿中的《读侯官严复氏所译英儒穆勒约翰群己权界论偶题》为陈三立手书原稿，此诗稿内容出版于陈三立《散原精舍诗》卷上，诗稿内容与出版内容经比勘发现诗句内容完全一致。译稿正文有多处用墨笔和朱笔增删圈改，但修改后内容与刊行本仍有差异，说明中国国家博物馆藏《群己权界论》翻译手稿既是初稿又是修改稿，而非出版前的定稿。

严复在《〈群己权界论〉译凡例》中叙述了手稿的完成时间以及修改时间：“此译成于庚子前，既脱稿而未删润，嗣而乱作，与群籍俱散失矣。适为西人所得，至癸卯春，邮以见还，乃略加改削，以之出版行世。呜呼！此稿既失复完，将四百兆同胞待命于此者深，而天不忍塞其一隙之明欤？姑识之以观其后云尔。光绪二十九年岁次癸卯六月吉日严复识。”① 由此可知，《群己权界论》译稿完成于庚子（1900年）以前，但还未删改润色。适逢义和团运动，《群己权界论》手稿与众多书籍一同散佚。后为西方人所得，到癸卯（1903年）春，邮寄归还，稍加删改后正式出版。但从手稿的修改情况看，严复所言“乃略加改削，以之出版行世”实为自谦之语，手稿中有多处严复用墨笔和朱笔增删圈改的痕迹，足以看出严复对于翻译精益求精的态度。

三、严复《群己权界论》翻译手稿与刊行本比勘

中国国家博物馆藏《群己权界论》翻译手稿中有大量严复修改痕迹，其中未修改前的文本为翻译初稿，初稿完成于1900年以前。用墨笔修改的文本为严复第一次修改的内容，用朱笔修改的文本是第二次修改的内容，这两次修改于1903年春至1903年6月之间完成。通过将手稿本与1903年刊行本的对比，可以看到严复不断修改完善翻译文本的过程。手稿本与刊行本的内容差异主要体现在以下四个方面。

---

① 《严复全集》卷三，第256页。

第一，手稿与刊行本标题相异。

手稿标题为“自繇释义”，刊行本标题为“群己权界论”。严复如此修改有两点原因：其一，据严复《〈群己权界论〉译者序》载：“吾国考西政者日益众，于是自繇之说常闻于士大夫。顾竺旧者既惊怖其言，目为洪水猛兽之邪说；喜新者又恣肆泛滥，荡然不得其义之所归。”① 当时社会士大夫将自由之说视为洪水猛兽的邪说，喜欢西学的人又将自由片面理解为恣意而为，不能理解自由的真正含义。因此，严复认为将译著标题修改为“群己权界论”更为适合。其二，据严复《〈群己权界论〉译凡例》载：“穆勒此篇，本为英民说法，故所重者，在小己国群之分界。”② 严复认为以“群己权界论”为标题更能概括原著核心要旨。

第二，手稿“例言”与刊行本《译凡例》段落顺序以及字句内容相异。

	手稿“例言”	刊行本《译凡例》
第一段	或谓：旧翻自繇……东译失者固多，然此译却不误。	或谓：旧翻自繇……西名东译，失者固多，独此天成，殆无以易。
第二段	中文言自繇……而穆勒此书，即为人分别何等之事必宜自繇，何等之事不可自繇者也。	中文自繇……穆勒此书，即为人分别何者必宜自繇，何者不可自繇也。
第三段	由、繇古字通用，而此译纯用自繇字面者……然此亦姑为区别而已。在中文无关宏旨也。	斯宾塞伦理学，《说公》一篇，言人道所以必得自繇者……权非己操，断断乎不得以自繇论也。
第四段	再原书文理颇深，若顺其文句……盖西人文法，其绝异中文如此。学者每以读中文法眼料理所读西书，无怪不得其门以入也。	名义一经俗用，久辄失真，如老氏之自然……柳子厚诗云：“破额山前碧玉流，骚人遥驻木兰舟。东风无限潇湘意，欲采苹花不自由。”所谓自由，正此义也。

① 《严复全集》卷三，第252页。

② 《严复全集》卷三，第256页。

续表

	手稿“例言”	刊行本《译凡例》
第五段	斯宾塞尔为言人道所以不可不自繇者……予以自繇，而天择为用，斯人争自原，而郅治有必成之一日。	由、繇二字，古相通叚，今此译遇自由字……非虚乃实，写为自由，欲略示区别而已。
第六段	贵族之治制，则民对贵族而争自由……然其所论，实与他制想通，使其事非社会所得干涉而应自繇，则愈非君上贵族所得干涉明矣。	原书文理颇深，意繁句重……海内读吾译者，往往以不可猝解，訾其艰深，不知原书之难，且实过之，理本奥衍，与不佞文字固无涉也。
第七段	西国言论最难自繇者，莫若宗教……尤为卓荦俊伟，但施之实事，未必行耳。	贵族之治，则民对贵族而争自繇……然其所论，理通他制，使其事宜任小己之自繇，则无间君上贵族社会，皆不得干涉者也。
第八段	须知言论自繇……至于仁义礼智、忠孝节廉诸懿，亦皆根此而生，而后有物。	西国言论，最难自繇者，莫若宗教……则尤为卓荦俊伟之言。谁谓吾学界中无言论自繇乎？
第九段	故刺讥谩骂，扬讦阴私，仍为言行愆尤……此干涉之所以不可，而必任其人之自繇也。	须知言论自繇……仁勇智术、忠孝节廉，亦皆根此而生，然后为有物也。
第十段	名义一经俗用，久辄失真，此如老子之自然……柳子厚诗云：“东风无限潇湘意，欲采苹花不自由。”所用正此义也。	是故刺讥谩骂，扬讦诪张，仍为言行愆尤……此干涉所以必不可行，非任其自繇不可也。

从严复《群己权界论》手稿“例言”与刊行本《译凡例》各章节的对比可以看出《译凡例》是在“例言”内容基础上进行字句删改润色和段落顺序调整而成。如《译凡例》第二段内容“中文自繇……穆勒此书，即为人分别何者必宜自繇，何者不可自繇也”，是在“例言”第二段内容“中文言自繇……而穆勒此书，即为人分别何等之事必宜自繇，

何等之事不可自繇者也”基础上精简润色而成。手稿中第三段、第四段、第五段、第六段、第七段、第八段、第九段、第十段段落顺序分别调整为刊行本第五段、第六段、第三段、第七段、第八段、第九段、第十段、第四段。

第三，手稿章节题目与刊行本相异。

	手稿	刊行本
第一章	引论	引论
第二章	初稿：思想言论自繇 墨笔修改为：论意念言论自繇 墨笔修改为：释思想言论自繇	释思想言论自繇
第三章	初稿：论中独立以何为成德淑身之基 墨笔修改为：制行之自繇明特操异撰（亦称小己主义）为成德原行 墨笔修改为：行己自繇明特操为民德之本	释行己自繇明特操为民德之本
第四章	初稿：论国群所得加于小己之权限 墨笔修改为：论国群小己之分界权限 朱笔修改为：论国群小己权限之分界	论国群小己权限之分界
第五章	论自繇大义之施行	论自繇大义之施行

对勘可知，手稿第一章与第五章标题未修改，与刊行本标题完全一致。手稿第二章与第四章标题经墨笔与朱笔修改后与刊行本标题相同。手稿第三章标题经墨笔修改后与刊行本标题不一致，刊行本在手稿题目基础上添加了“释”字。严复对手稿各章节标题字斟句酌，不断修改，可以清晰看出严复对原著的理解不断加深以及严复认真严谨的翻译态度。

第四，手稿正文内容与刊行本相异。手稿正文存在大量严复用墨笔和朱笔修改的痕迹，修改后的文本与刊行本仍有较多相异之处。略举三个较典型的例子：

手稿	刊行本
(墨笔添加“夫”字)此种问题，而为澈底之宣究者，自古讫今，诚为不少。暨见第(墨笔圈改为“虽古人之意，常有所左右，而为之明揭究论者稀。顾”)其理关于人事者(墨笔圈改为“道至”)深，輓近朝野所争，其(墨笔删除)枢机常伏于此，且(墨笔添加“恐”字)过斯以往，其理(朱笔删除)将为人群大命之所悬。	此种问题，虽古人之意，有所左右，而为之明揭究论者希。顾其理关于人道至深，輓近朝野所争，枢机常伏于此，且恐过斯以往，将为人群大命之所悬。
当此之时(墨笔删除)，大抵君(墨笔圈改为“国”)民(墨笔添加“与政府”)之争已耳。或一等之民与其出治之政府(墨笔修改为“彼谓出治政府势必与所治国民为反对”)，故所谓自繇者(墨笔删除)，乃禁沮(墨笔圈改为“裁抑”)治权之暴横。	民之意谓，出治政府势必与所治国民为反对，故所谓自繇，乃裁抑治权之暴横。
为立法，为行法，(墨笔添加“使今之居民上者”)，意所谓利害者(墨笔删除)与社会(墨笔圈改为“国人”)殊，欲用其私好恶，诏民何者乃(墨笔圈改为“为”)所宜言?	为立法，为行法，使今之居民上者，所谓利害与国人殊，意欲用其私好恶，诏民何者为所宜言?

第一个例子，手稿中“常有所左右”，刊行本为“有所左右”；手稿中“而为之明揭究论者稀”，刊行本为“而为之明揭究论者希”。第二个例子，手稿中“大抵国民与政府之争已耳，彼谓出治政府势必与所治国民为反对”，刊行本为“民之意谓，出治政府势必与所治国民为反对”。第三个例子，手稿中“意所谓利害与国人殊，欲用其私好恶”，刊行本为“所谓利害与国人殊，意欲用其私好恶”。

通过《群己权界论》手稿与刊行本比勘可知严复的初稿与刊行本内容差异很大，严复先后用墨笔和朱笔做过两次修改，修改后内容相较于初稿与刊行本更相似，但文本仍有差异，说明中国国家博物馆藏《群己权界论》手稿是严复于1900年前完成的初稿和1903年的修改稿，而非正式出版前的定稿。

四、中国国家博物馆藏《群己权界论》体现“信、达、雅”翻译思想

严复在《天演论》中提出了自己“信、达、雅”的翻译思想：“译事三难：信、达、雅。求其信已大难矣，顾信矣不达，虽译犹不译也，则达尚焉……《易》曰：‘修辞立诚。’子曰：‘辞达而已。’又曰：‘言之无文，行之不远。’三曰乃文章正轨，亦即为译事楷模。故信达而外，求其尔雅，此不仅期以行远已耳。实则精理微言，用汉以前字法、句法，则为达易；用近世利俗文字，则求达难。”①

其中“信”指翻译忠于原文，“达”是指翻译能便于读者理解，“雅”是指译文正确规范，文辞优美。严复认为“顾信矣不达，虽译犹不译也”，如果译文过于忠于原著，而不考虑译入语的语言和文化背景，将无法为读者理解接受。而“故信达而外，求其尔雅”要在保证译文忠于原著，易为读者理解的基础上追求译文规范，文辞优美。中国国家博物馆藏《群己权界论》翻译手稿无论章节题目还是正文内容都体现了严复“信、达、雅”的翻译思想：

第一，章节题目体现严复“信、达、雅”翻译思想。

	约翰·穆勒《论自由》	手稿
第一章	Introductory（引论）	引论
第二章	Of the Liberty of Thought and Discussion（论思想自由和讨论自由）	初稿：思想言论自繇 墨笔修改为：论意念言论自繇 墨笔修改为：释思想言论自繇
第三章	Of Individuality, as One of the Elements of Well-being（论个性为人类福祉的因素之一）	初稿：论中独立以何为成德淑身之基 墨笔修改为：制行之自繇明特操异撰（亦称小己主义）为成德原行 墨笔修改为：行己自繇明特操为民德之本

① 《严复集》第五册，中华书局，1986 年，第 1321—1322 页。

续表

	约翰·穆勒《论自由》	手稿
第四章	Of the Limits to the Authority of Society Over the Individual（论社会驾于个人的权威的限度）	初稿：论国群所得加于小己之权限 墨笔修改为：论国群小己之分界权限 朱笔修改为：论国群小己权限之分界
第五章	Applications（本书教义的应用）	论自繇大义之施行

第二章题目严复分别进行过两次修改，严复首次修改是将“思想”一词改为“意念”，但“思想”比“意念”更符合约翰·穆勒原文中“Thought”一词的本义，因而严复第二次修改时将这一词又改为了“思想”，体现了“信”的翻译思想。第二章题目翻译为“释思想言论自繇”，严复兼顾了“信”、“达”两条翻译准则，既符合中文行文习惯，易于读者理解，又将原著题目的内涵表达得十分充分。

约翰·穆勒原著第三章题目中“Individuality”本义为个性，“Well-being”本义为幸福，“个性”、“幸福”都是西方的概念。“个性”一词严复初稿译为“中独立”即内心独立，后将“中独立”修改为“特操”。“特操”指独立的操守，出自《庄子·齐物论》，为中文特有词汇。“特操”与原著“个性”一词词义相同，又便于中国读者理解，兼顾了“信”与“达”。“幸福”一词严复初稿译为“成德淑身”，意为成就品德以善修身，后相继修改为“成德原行”、“民德之本”。“成德”、“淑身”、“民德之本”皆为中国概念，更易为中国读者所理解，体现了“达”的翻译思想。

约翰·穆勒原著第四章题目中“Society”本义为社会，“Individual”本义为个人。“社会”和“个人”都是西方的概念，清末民初的中国人很难理解这些概念。严复将“Society”翻译为“国群”，将“Individual”翻译为“小己”。“国群”与“社会”含义相同，“个人”和“小己”含义相同，但中国读者更易理解“小己”和“国群”的内涵，体现了“达”和“信”的翻译思想。

约翰·穆勒原著第五章题目“Applications”意为应用，严复翻译为“论自繇大义之施行”，不仅忠于原文，让读者便于理解，且文辞优美，体现了“信”、“达”、“雅”的翻译思想。

第二，正文内容体现严复“信、达、雅”翻译思想。

中国国家博物馆藏《群己权界论》手稿正文内容无处不体现严复“信、达、雅”的翻译思想，略举两个较为典型的例子：

约翰·穆勒《论自由》	手稿
First：the opinion which it is attempted to suppress by authority may possibly be true.（第一点：所试图用权威加以压制的那个意见可能是真确的。）	一（墨笔添加“则”字）自其最显者而言之，则权力（墨笔圈改为“彼操柄者”）所欲禁绝（墨笔删除）之言论，未必其非真理也。
It is not too much to require that what the wisest of mankind，those who are best entitled to trust their own judgement，find necessary to warrant their relying on it，should be submitted to by that miscellaneous collection of a few wise and many foolish individuals，called the public.（即使人类当中最聪明的也即最有资格信任自己的判断的人们所见到的为信赖其判断所必需的理据，也还应当提到少数智者和多数愚人那个混合集体即所谓公众面前去审核，这要求是不算过多的。）	夫使古之圣贤人，所为（墨笔删除）必如此而后敢以为（墨笔圈改为“自”）信于（朱笔删除）其说也，则今所众建（墨笔删除）之公言，（墨笔添加“所”）合百愚一智以为之者，必何如而后乃（墨笔删除）可用乎？

第一个例子约翰·穆勒原著中“authority”本义为权威人士、行政管理机构。严复最初翻译为“权力”，后修改为“彼操柄者”。“操柄”指把持权柄、掌权，出自《商君书·算地》。因此，将“authority”翻译为“彼操柄者”既忠于原著，又易于读者理解，体现了严复“信”、“达”的翻译思想。

第二个例子约翰·穆勒原著中“the wisest of mankind”本义为“人类当中最聪明的”，严复翻译为“古之圣贤人”。“圣贤”是中国特有概念，指品德高尚，有超凡才智的人，出自《易·鼎》：“彖曰：圣人亨以享上帝，而大亨以养圣贤。”因此，将“the wisest of mankind”翻译为“古之圣贤人”既符合原著句义，又便于读者理解，体现了严复“信”、“达”的翻译思想。原著中“a few wise and many foolish”本义为“少数智者和多数愚人”，严复翻译为“百愚一智”，既符合原著内涵，又方便读者理解，文辞简洁优美，体现了“信”、“达”、“雅”的翻译思想。

通过将约翰·穆勒的原著与严复翻译手稿对比可以发现无论是标题、各章节题目还是正文内容无处不体现严复“信、达、雅”的翻译思想。

五、中国国家博物馆藏严复《群己权界论》翻译手稿价值

中国国家博物馆藏严复《群己权界论》手稿具有极高的文献价值、文物价值和艺术价值。

首先，严复《群己权界论》手稿是严复翻译约翰·穆勒《论自由》一书的初稿以及修改稿，其修改后的文本与刊行本有较多差异，文献校勘价值很高。

其次，手稿中有多处严复修改的痕迹，真实、详细地反映了严复翻译这部著作的思考过程，是研究严复翻译思想、翻译理论、自由主义理论不可多得的第一手资料，具有极高的文献价值。

最后，《群己权界论》手稿为严复亲笔手书，具有无与伦比的文物价值。手稿完整展现了严复的书法笔迹。严复书法自成一格，潇洒飘逸，展现了他深厚的学养修为，极具艺术价值。

严复《法意》会通中西的学术模式

张德让①

引　言

严复西学译介善于借鉴传统义理、考据、辞章之法，在涉及中国元素时，更加讲求义理反证、敦崇朴学和文章正轨。《法意》一书论及中国40余处，严复译介中又以案语进行回应近20条，从治学的角度来说，与其说是严复在译介西人讲述中国故事，不如说是在做会通中西的学术研究。这一视角有助于概括严复西学译介中的会通追求、考证意识和文章能力，揭示其强烈的本土学术立场、开阔的世界眼光及其突出的识、学、才译者素养。

一、义理反证：会通中西

《法意》广涉中国政体、法制、礼仪、风俗等，尤重把中国置于世界范围，进行横向对比。严译的核心则是围绕礼援引传统诠释，展开纵向反证会通，启蒙国人反思传统，理性回应西方学者对中国的论述。

孟德斯鸠论述中国礼可谓“精凿”②，特别指出法、礼、俗虽彼此不同，但斯巴达、中国却总而治之；对此，严复译介不时融入诠释，阐

① 张德让，安徽师范大学外国语学院教授。

② 孟德斯鸠著，严复译：《法意》，商务印书馆，1981年，第410页。

明中国圣贤立法，旨在国治民安，民众彼此相敬，因此立法高度重视礼仪规范。如“They therefore gave rules of the most extensive civility.”[①]严复反证传统典籍，采用《礼记·中庸》会通，把原文抽象的“the most extensive civility”分解为重大礼仪、日常规范两方面，再加上“rules”，译为“礼仪三百，威仪三千”[②]。这并非简单的回译，而是要找准描述中国礼仪的具体解释项，尤其是传统贤圣政家的用语，甚至直接添加，以诠释、充实原文相关义理。如中国传统讲究男女授受不亲，学校也非常重视教授道德习俗，严复译为：“其男女之防范最严，以授受不亲为礼，不通名，不通问，阃内外之言语，不相出入。凡如是之礼俗，皆自孩提而教之，所谓《少仪》、《内则》是已。”[③] 诠释中添加男女三不、《礼记》两篇，即“不通名，不通问，不相出入”和《少仪》、《内则》。严复一贯注重译文显明，适当融入本土元素，也是以此为目的，力求宏观与微观相结合，说理与例证相交织，以具体的礼反证会通原文抽象观点。正因为礼是中国传统核心，孟德斯鸠认为，中国官民上下讲究教养礼仪，法、礼、俗合治是一良方，严复则反证本土言说：“其民之为气柔，而为志逊，常有以保其治安，存其秩序，惩忿窒欲，期戾气之常屏而莫由生。”[④] 译文融合传统“气”、“志”、“安”、“序”、“忿”、“欲”、“戾”等，会通原旨。

孟德斯鸠更进一步指出，中国政体合宗教、法典、仪文、习俗四者于一炉而治之，一言以蔽之为“礼”。这一观点让严复叹服孟之伟识，[⑤]进而援引曾国藩《孙芝房侍讲刍论序》的考据之法加以反证：

> 古之学者，无所谓经世之术也，学礼焉而已。《周礼》一经，自体国经野，以至酒浆巫卜，虫鱼夭鸟，各有专官，察其纤悉。杜

---

① Montesquieu, trans. by Thomas Nugent. *The Spirit of Laws* (I), London: George Bell and Sons, 1897, p323.

② 孟德斯鸠著，严复译：《法意》，第410页。

③ 孟德斯鸠著，严复译：《法意》，第406页。

④ 孟德斯鸠著，严复译：《法意》，第410页。

⑤ 孟德斯鸠著，严复译：《法意》，第411页。

> 氏《春秋释例》，叹丘明之发凡，仲尼之权衡万变，大率秉周旧典，故曰，周礼尽在鲁矣。唐杜佑《通典》，言礼居其大半，得先王经世遗意。宋张子、朱子，益崇阐之。清代巨儒辈出，顾氏以扶植礼教为己任；江慎修纂《礼书纲目》，洪纤毕举；而秦氏修《五礼通考》，自天文地理，军政官制，都萃其中，旁综九流，细破无内。①

曾国藩以礼学经世著称，“礼”上承理学之“义理”，如《周礼》、《春秋释例》、《通典》、《礼书纲目》、《五礼通考》；下接天下万事万物，舍礼无所谓宗教、道德、军政、法典，无所谓天文、地理、历史、风俗、生活琐事，乃至晚清新兴之科学，无所不包。严复叹服孟德斯鸠仅仅依据传教士、航海之士等的记载，竟然立论与儒宗如此相合，其考论事实、觇国观化如此精准，令人吃惊。但孟德斯鸠又从政体的角度，局部否定中国之礼，重点质疑荣宠、道德。他认为，对比共和政体、民主政体，中国传统政体重专制，畏惧、荣宠、品德三者兼具，而专制畏惧之下难容荣宠：

> But I cannot conceive what this honor can be among people that will not do the least thing without blows.②
>
> 虽然，荣宠、恐怖二者之为合难。夫使其民之奉令守法，皆出于怀刑畏威而后为之，虑一不当，则鞭笞随其后，则吾不知其民所谓荣宠者为何等观念也。③

严复再次取明深义，显化原文义理。根据有“blows”就难有“honor”，首先，开篇就点明畏惧、荣宠二者难合观；其次，把“do the least thing”具体化为“奉令守法”；第三，添加“虑一不当，则鞭笞随其后”，进一步解释“blows”。严复之所以把孟德斯鸠的质疑解释充分，

---

① 孟德斯鸠著，严复译：《法意》，第 411 页。

② Montesquieu，trans. by Thomas Nugent. *The Spirit of Laws*（I），p179.

③ 孟德斯鸠著，严复译：《法意》，第 177 页。

是为下文反证留下伏笔。严复认为所谓荣宠即礼，恐怖即刑，中国以礼待君子，以刑治小人，无可厚非，反问“而今日即最尚荣宠如英、法、德诸邦，其为法然耶？否耶？”当然，严复也承认中国免不了有无礼之处，如明代惩罚官吏进行去衣廷杖、科举考试为防挟带对考生进行搜检，这些“皆大丧廉耻而于治无几微益者”，但清代都已废除。如果孟德斯鸠以此断言中国无荣宠，严复对此不屑，认为“此不足以为吾辱也”。[①]

其次，孟德斯鸠在质疑荣宠的基础上，进而又质疑中国人的道德。如《法意》所描绘的中国商贾眼中官吏巧取豪夺的形象：“...we need only consult them in relation to the robberies and extortions of the Mandarines.”[②] 严译添加叙事与评价：“官吏号牧养小民，保卫商旅，顾其宠赂之章，侵夺之暴，盗贼不翅焉。且此非仅仅一二见也，暴者其常，平者其偶，道德之民，讵若此乎？”[③] 前半部分叙述官员对商人的“夺”、“盗”，后半部分评价其后果之“暴”，进而得出官员无道德可言。孟德斯鸠否定了中国人的荣宠和道德，剩下的只有专制了。严复一方面批评民主、君主、专制界限难以划定，“必指某之治为民主，某之治为专制，则未有不谬且误者。且制亦在所宜而已”[④]。另一方面以孟德斯鸠的质疑，反证会通了老子《道德经》对儒家论治的批评洞若观火：“失道而后德，失德而后仁，失仁而后义，失义而后礼。礼者忠信之薄，而乱之首也。”孟德斯鸠上述观点，让严复对老子的义理理解恍然大悟，突然悟出其深刻旨归。在此基础上，严复提出：“民主者，以德者也。君主者，以礼者也。专制者，以刑者也。礼故重名器，乐荣宠；刑故行督责，主恐怖也。”并进一步反证了孔子类似的观点：“道之以政，齐之以刑，民免而无耻。道之以德，齐之以礼，有耻且格。”虽然没有像孟德斯鸠说的专制必无德、无荣宠那么绝对，但大同小异。严复对孟德斯

---

① 孟德斯鸠著，严复译：《法意》，第177页。

② Montesquieu, trans. by Thomas Nugent. *The Spirit of Laws* (I), p133—134.

③ 孟德斯鸠著，严复译：《法意》，第177页。

④ 孟德斯鸠著，严复译：《法意》，第43页。

鸠和老子、孔子义理洞察力均认同，同时要求读者对中国文化要有自信，西方义理能给国人启蒙，“而西人言治之编，所以烛漫漫长夜者，未必非自他之有耀也，学者观而自得焉，可耳”。[①] 西学很重要，但传统经典义理要防止失传。

二、敦崇朴学：论断必先考证

孟德斯鸠颇具世界眼光，《法意》旁征博引，善用对比，经常先论述欧美国家之长，然后突然转至中国之短，体现了明显的西方中心主义心态。严复则把传统考据作为有力的学术武器，不轻易盲信盲从，主张凡论断一事，必先考订，以穷源竟委，[②] 综合运用事证和理证，会通中西。

首先是事证，案语援引事类之法，评价孟氏观点一分为二，倾向于归纳推理。这里仅举两例，一是中国安全维护，二是国民性格形成。前者以《法意》第九卷第四章为代表。该章首先对比联盟与藩属两种不同的维护国家安全模式，肯定西方防腐于内、御敌于外的联盟模式，批评中国牺牲周边、确保腹地的封建藩属模式。严复认为没有任何模式是纯粹单一的，但认同孟氏对中国采取隔离方法的批评，认为凡国欲避敌以为固而实未有能固者，其事证有二：一是彼得大帝从莫斯科迁都至圣彼得堡，以示开放的决心；二是秦始皇修筑长城，以防御北方入侵。严复感叹“论者以此为秦之功，吾则以此为秦之罪矣”[③]！中国与沙俄相比，封闭、开放两条路径导致结果截然不同，令夜郎自大的晚清深思。

第十九卷第十章，孟德斯鸠通过对比西班牙和中国民众性格，认为西班牙人世代以忠信著称，反之，中国人生活不稳定，衣食难保，所以贪利至深，又不讲信用，除日本外，他国不愿意与之经商。对此，严复运用事证，予以有力的回击。孟氏立论采用竺赫德神父的记载，严复釜

① 孟德斯鸠著，严复译：《法意》，第 180—181 页。

② 《严复全集》卷五，福建教育出版社，2014 年，第 510、511 页。

③ 孟德斯鸠著，严复译：《法意》，第 186 页。

底抽薪，质疑“诚不识其何所见而云然”，因为事实是中国商贾信义卓著，皦然不欺，一诺千金，父辈欠账，子孙代还。严复反以英国商人克慎士为证，他“在中国经商十余年，未尝有十尖之逋”，中国不但商人不欺人，而且很少有拖欠。至于日本人品德正相反，西方商界在日本所雇人员恰恰多为中国人。[①] 严复把事证法灵活运用于西学译介，开辟了晚清译介考据学新的学术疆域。

其次是理证，严复运用所译的西学理论、本土广为认可之理，回应孟德斯鸠讲述中国故事中存在的推理、评价等问题。这也是严复逻辑文的另一特征，倾向于演绎推理精心挑选的学界公论，回应和批评孟德斯鸠的地理环境决定论。

一是运用经济学理论进行理证。《法意》第七卷第六章论及中国奢、俭问题，孟氏推论的路径是，地理条件影响农作物产量和人口多寡，农作物产量和人口多寡关系进而影响了奢、俭选择。孟氏仍然采用对比法，自负地认为英国、法国地理条件优越，农作物产量充足而人口数量适中，资源相对过剩，有条件进行时髦工艺品的生产和外贸，生活可以奢侈；而中国自然条件一般，且人口繁衍迅速，即使全民无土不耕也不足于养，只能走勤劳和节俭之路以维持生计，难以享受奢华。孟德斯鸠的推理基础是环境决定论，严复首先委婉地批评这一看法与近代经济学家不同，实际上暗指孟德斯鸠经济眼光并不高，远不如亚当·斯密等人，斯密认为俭者乃群之父母。又说：“即所谓英国地产所出，足养其农工有余，即在当时，亦未必即为笃论也。”[②] 拿未定之论批评中国，不足为信。

二是运用社会学理论进行理证。孟德斯鸠从环境决定论视角，在第十九卷第二十章分析中国人的一大矛盾现象，即既遵循礼教又狡黠欺骗，其欺骗尤其表现在贸易中不讲诚信，大秤买进小秤卖出。孟氏认为中国立法目的有二：既要求百姓驯服而不作乱，又要求人人勤劳而能吃苦。究其根源，中国气候土壤使得百姓生活艰难，唯有安安稳稳、勤奋

---

① 孟德斯鸠著，严复译：《法意》，第 403 页。

② 孟德斯鸠著，严复译：《法意》，第 145 页。

劳作，才能勉强养家糊口，艰苦条件养成百姓贪利、自私、狡诈、欺骗等不好品质。严复认为孟氏讥讽国人自私自利切中要害，不容置喙，但追根溯源乃是气候土壤使然，并非笃论。严复深感中国地处温带，天时地利适中而至美，无可非议，更从社会学“小己”角度加以回应，认为民众自私是法制教化使然，不应归罪于天地。西方“小己”之事尊重个人自由，他人不得干涉，而社会、国家之事人人有权发表见解；反之，晚清国家、社会之事，由官吏管理，民众必须安分守己，囿于关心个人“小己”利益，勤奋自营为唯一义务。至于为诳好欺，严复坦言全人类都有，不独中国，没有什么值得大惊小怪。[①]

三是运用天演学说进行理证。第十九卷第十七章论及中国礼教深入人心的根源，孟德斯鸠认为，其一是礼教多为日常行为准则而已，与形而上的玄虚之理相比，更易于接受。严复首先进行事证，纵观赵宋以前儒家所论，基本上是形而下，形而上则囿于老、佛之书。宋明理学打通上下，又以性与天道痛批老、佛之无当。陆王心学主张良知，而永嘉经学逐物破道。中国政术、礼法、宗教、学术讲求综合而治，“凡物之天演深者，其分殊繁，则别异晰，而浅者反是。此吾国之事，又可取为例之证者矣”[②]。第十八章，孟德斯鸠发现中国法典始终没有被征服者所改变，其一大后果是基督教几乎无法在中国立足，因为基督教与中国道德、习俗、法律相抵触。对此，严复援引两条事证、一条理证加以反驳：一是孟德斯鸠生于法国大革命前，社会重视宗教，而大革命摧毁了旧宗教。宗教在法国本身就处于变动之中，批评中国不信基督教很可笑；二是严复在巴黎听一犹太人说，中国如果奉行基督教，“是取欧洲所被千余年之荼毒，至今所极力求去而苦不尽者”。犹太人的观点都与孟德斯鸠所论相矛盾；三是援引斯宾塞的天演学说：“教者，随群演之浅深为高下，而常有以扶民性之偏。……使知人理之要，存于相爱而不欺。此于教化，岂曰小补！”[③] 严复从基督教是否有利于补助中国文明

① 孟德斯鸠著，严复译：《法意》，第 417—418 页。

② 孟德斯鸠著，严复译：《法意》，第 412 页。

③ 孟德斯鸠著，严复译：《法意》，第 414 页。

的角度取舍，宗教干涉政治、阻碍政治不可取，有利者可取。

三、文章正轨：讲求义体气之合

严复开创了近代文章学翻译，主张“实则精理微言，用汉以前字法、句法，则为达易；用近世利俗文字，则求达难”。其解决办法是奉行“修辞立诚”、“辞达而已”、“言之无文，行之不远”的信达雅文章正轨说，[①] 讲求译文义体气三合。

首先是“义合”。义合主张原文字词在译文中都要得到照应，不多不少；但照应的方式灵活，字面上照应或译文隐含照应均可，且位置和顺序也不一定一致。“合”不追求丝丝密扣，更不是机械地搬用词典释义。此外，义合还要考虑意义的轻重、雅俗、古新、褒贬等。[②]《法意》第七卷第七章剖析中国“奢侈之弊”，可谓一部古代中国一治一乱史，严复译文起承转合，义足理明，是展现义合的佳品。原文以抽象说理见长，严译以具象叙事添彩：

> But we may observe in general that all those Dynasties began very well. Virtue, attention, and vigilance, are necessary in China; these prevailed in the commencement of the Dynasties, and failed in the end. It was natural, that emperors trained up in military toils, who had compassed the dethroning of a family immersed in pleasures, should be steady to virtue, which they had found so advantageous, and afraid of voluptuousness, which they knew had proved so fatal to the family dethroned. But after the three of four first princes, corruption, luxury, indolence, and pleasure,

---

① 严复：《译例言》，赫胥黎著，严复译：《天演论》，商务印书馆，1981 年，第 xi 页。

② 潘文国：《译文三合：义、体、气——文章学视角下的翻译研究》，《吉林师范大学学报（人文社会科学版）》2014 年第 6 期。

possess their successors; they shut themselves up in a palace;①

吾辈考其历史，大抵一朝开创，莫不有初，仁圣恭俭，畏天勤民，而奕世之基以立，至其后嗣乃坠丧耳。真主以汗马起家，其所受代者，例皆淫昏之末造，敬胜者吉，怠胜者亡，则其崇道德而戒淫侈者，势也。然而数世之后，继其位者，生帷墙之中，不识下民之疾苦，稼穑之艰难，则恣睢荒宴，忽于治理者，又其势也。……享国短长不同，而平陂往复，一治一乱之机，莫不如是，是则支那之历史而已矣。②

严复向来重深层次义合，褒贬传达到位，字比句次灵动有加，注重前后自善互备。以“考其历史”译“observe”，上下文选词精准；段末添加结论“一治一乱之机，莫不如是，是则支那之历史而已矣”，从“考”到“一治一乱”历史规律，前后遥接互备。译文紧紧围绕“治”、“乱”展开，“真主以汗马起家……势也。……继其位者……又其势也”，前者治、后者乱，对比鲜明，行文紧凑。全文选词褒贬、轻重与“治”、“乱”密扣，如“Virtue, attention, and vigilance”代之以“仁圣恭俭，畏天勤民”，写开国皇帝崇道德而戒淫侈以治；“corruption, luxury, indolence, and pleasure”译为“则恣睢荒宴，忽于治理”，状末代皇帝淫昏腐化而乱。“they shut themselves up in a palace”译为“生帷墙之中”，并点明上下文内涵，即皇帝独居深宫，“不识下民之疾苦，稼穑之艰难”，最终必将致乱。

其次是“体合”。体合是形式对应，如西方诗歌、散文、戏剧、小说，如中国诰、谟、典、誓、贡、命，要素是韵、对、言、声，根据具体情况，明确押韵、对仗、齐言杂言、声调平仄等，在翻译中译出这些元素的标记性。③《法意》里孟德斯鸠所论中国，有的材料就是传教士

① Montesquieu, trans. by Thomas Nugent. *The Spirit of Laws* (I), p110.

② 孟德斯鸠著，严复译：《法意》，第146—147页。

③ 潘文国：《译文三合：义、体、气——文章学视角下的翻译研究》，《吉林师范大学学报（人文社会科学版）》，2014年第6期。

翻译的中国文献，如第七卷第六章，其中提及唐高祖诏书和汉代贾谊《治安策》部分内容，回译是再现文体的理想方法。古代皇帝诏书重义训和文辞，孟德斯鸠引用了其中一句古谚："…if there was a man who did not work，or a woman that was idle，somebody must suffer cold or hunger the empire."① 诏书所引用的劝民耕织古谚，其文体特征特别，严复回译为："一夫不耕，或为之饥，一女不织，或为之寒。"② 对仗、齐言、声调等标记得以再现。前文论及礼是传统治国的核心，既然如此，如何教化、实施至关重要：

> They spent their whole youth in learning them，their whole life in their practice. They were taught by their men of learning，they were inculcated by the magistrates；and as they included all the ordinary actions of life，when they found the means of making them strictly observed，China was well governed.③
>
> 幼而学之，学于是也；壮而行之，行于是也。教之以一国之师儒，督之以一国之官宰，举民生所日用常行，一切不外于是道。使为上者能得此于其民，斯支那之治为极盛。④

原文和译文均骈散结合，和原文一样充分利用代词，译为四个"之"和一个"是道"，学之、行之、教之、督之，对仗更为简洁明快。两组齐言标记由短变长，"幼而学之……壮而行之……"，四言短句成对；"教之……督之……"，八言长句成对，前后错落有致。后面散言部分，原文"as they included...when they found..."并列结构明显，严复整体译为两个假言判断，既是散体，又呈现出原文的并列结构。总之，严复充分发挥文言所长，成功地译出原文"体"的标记。

最后是"气合"。"气"是文章的最高境界，可具体分为"神"、

① Montesquieu，trans. by Thomas Nugent. *The Spirit of Laws*（I），p109.
② 孟德斯鸠著，严复译：《法意》，第 146 页。
③ Montesquieu，trans. by Thomas Nugent. *The Spirit of Laws*（I），p324.
④ 孟德斯鸠著，严复译：《法意》，第 411 页。

“气”、“脉”、“味”。“神”重模拟口气神情，“气”重阴阳刚柔，“脉”重贯穿全文的线索或者作者的思路，“味”重言有尽而意不尽。[①]

《法意》论法，多有间接陈述，如：

> Our missionaries tell us that the vast empire of China has an admirable government, in which there is a proper mixture of fear, honor, and virtue.[②]”
>
> 彼景教宣福教徒，游于东土而归也，莫不曰：“美哉！中国之制也。其所以为精神者，实兼道德、荣宠、恐怖三者而并用之。”[③]

孟德斯鸠接触的传教士，其中多有盛赞中国治理之术者。这里，严复把间接陈述译为直接引语，模拟传教士赞颂口吻，凸显叙述者的身份与神态。“the vast empire of China has an admirable government”转为“美哉！中国之制也”，赞语在先，主体在后；然后一“其”字紧承前句主体，引出对背后原因的思考，最后以一长句作答。短短译文，既传达出了传教士目睹异域中国的优越感，又在行文脉络上，发挥中文优势，把原文作者思路清晰地呈现出来。

除“神”、“脉”外，严复译文十分注重行文的阴阳刚柔之“气”。第七卷第七章考中国一治一乱之历史，可谓一气呵成，尤其对末代皇室致“乱”的叙述与缘由剖析，气势凌厉，辛辣讽刺“味”十足：

> 其智则日微，其年则世促，支叶披离，权奸兴而阉宦日以信用，所推戴而拥立者，非襁褓即其童昏，朝廷所行，事事与天下冲突，勤者耕作，而惰者有秋，甚且取其业而败之，夫如是，则篡弑兴而覆亡无日。虽然，故社屋矣，一姓兴矣，而三四传之后，其新

① 潘文国：《译文三合：义、体、气——文章学视角下的翻译研究》，《吉林师范大学学报（人文社会科学版）》，2014 年第 6 期。

② Montesquieu, trans. by Thomas Nugent. *The Spirit of Laws* (I), p133.

③ 孟德斯鸠著，严复译：《法意》，第 177 页。

者又一循其故者之覆辙。①

末代皇帝智穷命短，直陈乱治的内因；奸臣当道、宦官得宠，揭露乱治的外因；幼皇登基、朝廷乱政，致使乱象丛生。行文至此，以“夫如是”收束，把前文所论，积聚为万钧之势，再以“则篡弑兴而覆亡无日”作结。“虽然”淡淡一转，道出历代王朝重蹈乱治覆辙的宿命，令读者掩卷深思。

结　论

义理反证、敦崇朴学、文章正轨是严复译写西学的重要学术模式，也是回应西方讲述中国故事的有效学术武器。《法意》译介中，严复义理反证的路径是取明深义、撰写案语、启蒙国人；敦崇朴学的路径重事证、理证；文章正轨的路径是义体气三合。对作者负责，从义理到文章，力求准确把握，再现其长，但也不轻易盲从；对读者负责，利用考据作为有力的学术武器，有效引导国人增强辩证思维，走文明交流互鉴之路；对译者负责，要保持清醒的本土学术立场，治学求道的独立人格，突出的识、学、才译者素养。

① 孟德斯鸠著，严复译：《法意》，第146—147页。

严复宗教思想中“土教观”及晚清儒教运动的认识误区

甘满堂[①]

儒教运动是指晚清以来，以康有为为首的部分知识分子从信仰救国的理念出发，认为传统儒学是一种宗教，并谋求中央政府将儒学列为国教的运动。康有为在晚清保教运动中，以基督教为参照系，贬斥中国传统民间信仰为“淫祀”，要将传统儒学改造为制度化的儒教，民间社庙都要改造为孔庙，以强化对皇权国家的信仰认同。康有为改社庙为孔庙的主张，被很多研究康有为保教运动的学者所忽视，其实其主张具有危害性。尽管康有为的孔教运动在晚清时期以失败告终，但在当代还有一些人继续鼓吹儒教制度化，并且忽视中国传统祠庙文化空间对于儒家文化的传承作用。严复最早系统批驳儒教运动的误区，如孔学已是孔教，以“一村一社”为特征的“土教”也有积极的社会功能，不能视为“邪教”等。但严复相关观点没有得到后人的重视，这也导致对于中国传统宗教文化认识出现系统性的分歧。本文在此特阐发严复的“土教观”，以及儒教与土教之间关系等，由此也可见晚清以来儒教运动的认识误区。

一、晚清以来康有为的“孔教”主张与儒教运动发端

鸦片战争以来，西方文化思想纷至沓来，对中国传统文化与思想造成了极大的冲击。其中来华传教士的活动，更是引起清末乃至民初的许

---

① 甘满堂，福州大学社会学系教授、博士生导师。

多忧世之士的不同反应。维新党人如康有为等人认同美国传教士李提摩太等人所强调的宗教在社会改革中的作用。康有为盛赞基督教在“激励人心、振奋精神、团结国民”中的作用，认为宗教是变革社会的精神力量，对民众起着规范和整合的作用，有助于养成“雄强刚健”的精神风貌。康有为在变法中就将中国儒学宗教化与国家化的“孔教”计划列为重要项目之一，并努力付诸实施。① 康有为的“儒学宗教论”主张也成为后来儒教运动的发端。

康有为的“儒学宗教论”观点最早见于其《孔子改制考》，此后，他又写了《请尊孔圣为国教立教部教会以孔子纪年而废淫祀折》、《孔教会序》、《以孔教为国教配天议》等文，在其弟子陈焕章等人的协助下，掀起了一场“儒学宗教化、国教化运动”。而梁启超、蔡元培、章太炎和陈独秀等人，则撰文予以批驳。经过“五四”时期的批孔思潮，这场儒学宗教化运动被扼制了。二十世纪五六十年代，新儒家第二代代表人物唐君毅、牟宗三等，为了与西方基督教传统相抗衡，拯救并弘扬儒学，着力强调“儒家思想的宗教性”及其在中国文化中的“宗教性教化功能”。

康有为提出儒学宗教化、国家化是在1895年《上清帝第二书》，他在提出儒学宗教化的主张时，却排斥传统社庙文化，称其为“淫祠淫祀”，要改社庙为孔庙，“扶圣教而塞异端”。他在文中写道：

> 然近日风俗人心之坏，更宜讲求挽救之方。盖风俗弊坏，由于无教。士人不励廉耻，而欺诈巧滑之风成；大臣托于畏谨，而苟且废弛之弊作。而六经为有用之书，孔子为经世之学，鲜有负荷宣扬，于是外夷邪教，得起而煽惑吾民。
>
> 直省之间，拜堂棋布，而吾每县仅有孔子一庙，岂不可痛哉！今宜亟立道学一科，其有讲学大儒，发明孔子之道者，不论资格，并加征礼，量授国子之官，或备学政之选。其举人愿入道学科者，得为州、县教官。其诸生愿入道学科者，为讲学生，皆分到乡落，

① 房德邻：《康有为与孔教运动》，《北京师范大学学报》1988年第6期。

讲明孔子之道，厚筹经费，且令各善堂助之。并令乡落淫祠，悉改为孔子庙，其各善堂、会馆俱令独祀孔子，庶以化导愚民，扶圣教而塞异端。

光绪二十四年（1898年）五月，康有为上《请饬各省改书院淫祠为学堂折》。他在此折中提出，中国民俗，惑于鬼神，淫祠遍于天下。每乡必有数庙，每庙必有公产。他建议光绪皇帝改庙宇为学堂，以庙产为公费。上法三代，旁采欧洲，责令儿童六岁以上者都必须入学读书。

1898年康氏进一步阐明其“尊孔保教”的主张，再上《请尊孔圣为国教立教部教会以孔子纪年而废淫祀折》。他认为中国无统一的高级宗教，使国民陷入多神的迷信中，是国家的耻辱，应当立“孔教”为国教。康有为在奏折中认为中国民间寺庙林立，百姓日以拜神为事，此等习俗让“欧美游者，视为野蛮，拍像传观，以为笑柄”。中国民众的多神信仰，被欧美人认为是同爪哇、印度、非洲等地一样的蛮俗，实是“国之大耻”。况且流风所及，侨居南洋的海外华人社会也是“妖庙繁立”，“重为欧美所怪笑，以为无教之国民，岂不耻哉”？

基于上述理由，康有为向清帝提出了“令举国罢弃淫祀，自京师城野省府县乡皆独立孔子庙……所在乡市皆立孔教会”的建议。以孔子配天，人民男女老少都应祀谒孔庙。每乡公举一名通六经四书的士子为讲生，每周第七天休息，由讲生宣讲圣经，乡里男女老少必须到场。他请光绪帝在北京设立教部，在各省设立教会。民间之庙专祀孔子，并行孔子纪年以崇国教。康有为的新孔教措施，诸如第七日休息、设讲生颂圣经、男女老幼集体默诵等的出处不言而喻，是借鉴基督教的做法。光绪帝接纳了他的废庙办学主张，在1898年7月10日的诏书中提出：“至如民间祠庙，其有不在祀典者，即着由地方官晓谕居民，一律改为学堂，以节靡费，而隆教育。”[1] 之后又宣谕：“各国传教，载在条约。各叠经谕令各督抚，妥为保护，以期民教相安。”[2]

---

① 《清德宗实录》光绪二十四年五月甲戌。

② 《清德宗实录》光绪二十四年五月丙子。

康有为等人在戊戌变法前后所掀起的“儒学宗教化、国教化运动”，其初衷或主旨是“保国、保种、保教”，这时中国思想界的中西古今之争已从“器物层面”经过“制度层面”而深及作为文化之内核的“精神层面”。康有为“尊孔保教”的提出，使戊戌变法的内容不仅限于科学技术和政治法律层面，而且深入宗教层面。从这个角度看，“尊孔保教”自有其积极的价值意义。① 但攻击与排斥传统信仰，则是其最大的不足，这无疑也会招致民间反对。康有为排斥传统社庙文化，显然也是受基督教传教士李提摩太的影响。20 世纪 50 年代后，唐君毅、牟宗三、任继愈等继续鼓吹儒教宗教论，但不再执着儒教“国教化”的主张，算是理论认识的进步，但还是忽视中国传统祠庙文化空间对于儒家文化的传承作用。

二、严复对康有为孔教运动的批评

严复是近代较早对中国宗教问题进行系统研究的学者，1894 年翻译《支那教案》就介入此问题，对于基督教在中国传播问题有深入思考，1906 年发表的《论南昌教案》更是研究专作。② 在翻译孟德斯鸠《法意》等西方名著时也对中西宗教特点进行过评论，认识到中西方宗教文化的差别。严复针对康有为的儒教制度化、国教化的“保教”提议，连续发表《如有三保》、《保教余议》、《保种余义》三篇评论，认为“教不可保，而亦不必保”。严复拥有西方宗教学理论与知识背景，这是他对于中国孔教与宗教问题认识深刻的基础。严复认为，孔教在秦以后就是国教，但孔教是一种高级宗教，其存在的问题是其教义没有得到认真执行；中国民间也有佛教与土教，故不必将孔教再国家化与制度化，所谓的“保教”就是无的放矢，没有必要；当时急需的还是开启民智。

---

① 喻大华：《论康有为的孔教思想及其倡立孔教的活动》，《南开学报（哲学社会科学版）》2002 年第 4 期。

② 魏义霞：《严复的宗教观与孔教观》，《天津师范大学学报（社会科学版）》2012 年第 5 期。

也有学者认为，严复说孔教不是宗教，所以不必保教，[①] 这是对严复相关论述的严重误读。

在《如有三保》中，严复说，当前鼓吹孔教再制度化的人，出发点是想让孔教与基督教、伊斯兰教抗衡，这都是一时的意气之见、门户之见。保教之道，重在行，而非言。所有宗教都有积极功能，中国不能只尊孔教，而排斥其他宗教为“邪教”。孔教三千年教泽，还是没有达到应当有的效果，原因在于我们没有认真践行孔子之道，如果能认真践行，则孔教可以自保：

> 不知保教之道，言后行先则教存，言是行非则教废。诸公之所以尊孔教而目余教为邪者，非以其理道胜而有当于人心多耶？然天下无论何教，既明天人相与之际矣，皆必以不杀、不盗、不淫、不妄语、不贪他财为首事。而吾党试自省此五者，果无犯否，而后更课其精，如是乃为真保教。不然，则孔教自存，灭之者正公等耳，虽日打锣伐鼓无益也。

严复《如有三保》之后，又写出《保教余义》，认为孔教在秦以后就是国教，只是不同朝代教义有变化；孔教在中国影响很大，西方人也承认中国人有宗教信仰，只是中国人没有将孔教信仰与国家利益相结合；中国除有孔教之外，还有佛教、土教，但由于孔教不设鬼神，是一种高级宗教，由于民智未开，其教义在民间没有得到贯彻，这是当今最大问题。

《保教余义》在篇首点明两点事实：一是每个国家或民族都有“教宗”（宗教），其教宗与风俗相连，风俗也是宗教文化的体现。二是在中国秦代以后，孔教已是国教，只是每个朝代教义有点变化：“中国孔子以前之古教，不可考矣。自秦以后，乃有信史。据史以观，则知历代同奉孔教以为国教。然二千年来，改变极多。”严复提出孔教已是国教，超出当时很多中国知识分子的认知。关于孔教是国教，严复只是简略说

---

① 皮后锋：《严复教案观初探》，《江苏社会科学》1996年第1期。

孔教是国家治理思想，但每个朝代有所变化。中国古代从汉开始，“独尊儒术”，儒家思想已成为帝国统治思想，渗透到帝国中的国家祭祀、民间祭祀、政治与教育文化中。如科举制度是隋唐以来实施的通过考试方式选拔国家管理人才，考试内容是考儒家经典著作。平民子弟也可以通过科举考试，成为国家统治阶层中的成员，实现获得阶层地位向上提升流动。科举制度客观上促进儒家文化思想普及。当代宗教社会学认为，宗教可分为非制度化宗教（也译为“弥散性宗教”，diffused religion）与制度化宗教（diffused religion）两类。非制度化宗教是指一个民族的宗教信仰并没有系统的教义，也没有成册的经典，更没有严格的教会组织，而且信仰的内容经常是与一般日常生活混合，而没有明显的区分，如中国民间信仰、儒学（儒教）。制度化宗教是指那些拥有独特的神学体系、仪式与组织系统，并与其他世俗建制的社会相区别的宗教，如基督教、佛教、道教等。既然儒学已是一种宗教，那么，康有为提出的“孔教国教化”就没有必要。

接着，严复指出当前孔教存在两大问题：一是中国人信仰孔教，但没有将孔教与国家利益结合。关于这点，英国人既承认中国人有宗教信仰，但又觉得中国人愚昧。中国人信仰孔教历史悠久，也有人以孔教之名殉国的；中国人信仰孔教于国于民都有好处。西方人也认为中国人有宗教信仰情怀，但为何还要嘲讽中国人呢？在此，严复以中国与印度两则因宗教信仰而引发的反英运动以说明：

> 夫孔教之行于中国，为时若此之久，为力若此之专，即中国人之斤斤与外人相持，亦均以新法之有碍孔教为辞，若欲以国殉之者。……支那信教之深，于国于种，未尝无益。

严复指出晚清社会怪象，中国人对于英国人占我河山不以为意，但英国人在山东即墨毁坏孔庙，却义愤填膺。英国人在印度也有类似事件发现。印度人对于英国人殖民统治印度没有意见，但英国人把猪油涂在子弹上，却引起士兵哗变。中印两国民众抗争的情理都差不多，即宗教信仰仪式不可冒犯，但国家权益则可以侵犯。舍本逐末，当然遭到西人嘲笑。

严复认为当前孔教存在第二大问题是，由于民智未开，孔教教义在民间没有得到贯彻，这是当今最大问题。

依据对“教”之含义之理解，严复对孔教与道教、佛教、伊斯兰教、耶稣教等宗教作了区分，孔教与一般宗教不同，是一种高级宗教。严复认为，儒家强调的道德礼仪皆本天道而立，非因宗教而起，其所谓神道设教之“神”，并非鬼神之神，孔子不语“怪力乱神”，表明孔教并非近代意义上的宗教；儒家专言人事、注重教化，寓“教”于“学”，表明孔教之“教”并非西方宗教之“教”，而主要是“教化”。严复认为，中国多神信仰与民众低下的智力水平相符，故多神信仰的宗教能在民间得以广泛传播。而孔教之所以不能在下层民众中产生较大影响，原因就在于：“孔教之高处，在于不设鬼神，不谈格致，专明人事，平实易行。……然孔子虽正，而支那民智未开，与此教不合。虽国家奉此以为国教，而庶民实未归此教也。”严复在此再次重申孔教是国教，但普通老百姓却没有归信孔教，改信有鬼神之说的佛教与土教，这也导致孔教在民间影响力较弱，没有达到教化的目标。

严复认为中国民间普遍信仰佛教与土教，拥有积极的社会功能，反对康有为将其视为“淫祀”。在《保教余义》中，严复谈到中国百姓信奉的宗教主要有两种。一是佛教，民间普通老百姓对佛教有关天堂、地狱、菩萨、阎王之说都非常熟悉，即使穷乡僻壤也能见到佛寺、尼庵，社会风俗习惯也深受佛教影响。二是土教，中国民间一村有一社，都有社神，各行各业也是供奉着不同的神明，神明之间也有等级差别。这也是中国传统宗教信仰与西方基督教不同的地方。康有为在提出孔教再制度化的同时，攻击传统信仰为“淫祀”，不能正确对待中国传统信仰。这显然是深受基督教的宗教观的影响。严复批驳康有为关于独尊孔教，排斥土教的主张，指出宗教都有积极的教化意义。

三、严复“土教观”与晚年倡修家乡尚书祖庙

严复对于康有为模仿基督教，倡建中国孔教再制度化与国家化，非

常清楚其存在的问题。严复并没有像康有为那样攻击中国传统信仰，将之间贬为“淫祀”，而是按西方学者的观点，将之称为“土教”。严复承认民间传统信仰是一种宗教，且具有积极的社会功能，这是当时其他国内学者所没有认识到的。

严复将中国民间信仰称为“土教”，一是肯定传统信仰的宗教性质，超自然崇拜，具有社区性；二是强调传统的乡土性，具有地方特色。这在当时确实与众不同，具有创新意义。晚清以来，随着基督教传入中国，“封建迷信”、“落后”的标签贴在中国传统信仰上，其积极意义得不到伸张，“废庙兴学”等举措也深深冲击中国传统祠庙文化。当时知识界普遍认为，既然帝制国家已不存在，服务于帝制国家的社庙文化也就没有存在的必要。

传统社会中，皇权国家为加强思想统治，非常注意“神道设教”。政府所倡导的神道设教，分上层与下层两种，上层主要是宗庙祭祀制度，下层就是社庙祭祀制度。① 皇权国家也会打击“淫祀”，但总体对社庙制度非常肯定与支持。在传统社会中，绝大部分官僚与知识分子也非常尊重传统信仰。康有为将中国传统信仰整体视为“淫祀”，单尊儒教，其实是对中国传统信仰缺乏认知，盲目对照基督教来看待中国传统信仰，也是一种文化不自信的表现形式。严复认为两千多年的孔教并没有提高民众智力水平，解决中国问题的办法不在孔教再制度化，因为民间已有佛教与土教，而在于行动。严复曾大力倡导以“鼓民力、开民智、新民德”为核心的“三民主义”。

严复最令家乡人称道的事就是他主持重修尚书祖庙。他晚年返乡定居，出于对家乡社庙文化的尊重，以及对社庙主神——民族英雄陈文龙的景仰，出面倡议并撰写了《重建尚书祖庙募缘启事》。他亲自劝募，并带头捐资二千银圆。② 祖庙正门上“尚书祖庙”四个遒劲浑厚的楷书大字也是严复所题。尚书祖庙总体布局为三殿堂并列，前后计四进。中

---

① 甘满堂：《传统社庙文化遗产与当代村庙道教》，《宗教社会学》（第六辑），社会科学文献出版社，2020 年。

② 方奇、林中夏：《严复重修阳岐“尚书祖庙”》，《福建论坛（文史哲版）》1996 年第 1 期。

殿祀守土尊王与水部尚书陈文龙；左为毓麟宫，祀临水太后陈靖姑；右为忠肃祠，供奉陈文龙造像。从尚书祖庙神明布局来看，该庙原来就是一座祭祀守土大王的社庙，后因增祭陈文龙，改称尚书祖庙。尽管改称，但守土大王仍居正殿，表明本庙作为社庙的性质没有变化。

严复还给祖庙撰写三副对联，充分体现神道设教的目的。第一副是：“入我门来，总须纳手扪心，细检生平黑籍；莫言神远，任汝穷奸极巧，难瞒头上青天。”第二副是：“十万家饭美鱼香，惟神之助；百余乡风清魔伏，为民所依。”第三副是：“依然麦浪松涛漉酒重檐梓里貌，饶有黄焦丹荔迎神长守故乡风。”这三副对联非常肯定社庙信仰的积极价值。

从严复倡修尚书庙，并亲自题写三副对联来看，严复对于中国社庙文化非常尊重，且充分肯定，希望社庙文化能在乡村社区中发挥积极的道德教化功能。但严复对于中国宗教问题没有做进一步探索，如中国“土教”如何应对近代化问题，如何摆脱近代知识分子与西方传统教士对其“封建”、“迷信”的指控。严复曾说“孝则中国之真教也”①，这里的“孝”应当是宗教精神，严复对于孝所依托的仪式、场所等没有进一步阐发，这也是遗憾之事。

四、晚清以来儒教运动的认识误区

所谓的“重建儒教问题”最早是由康有为等人提出来的，但在当代的论争中，又把“重建儒教”视为复兴中国文化、重建中华文明或建构中华民族意识的当务之急，认为若不重建“中国儒教”，便无法以“儒教文明”来回应当今西方文化的全方位挑战。儒教是传统中国政治与宗教的指导，其精神早已渗透到社会政治文化的各个方面，如中国民间信仰普遍推崇儒释道合一。康有为排斥传统信仰文化，独尊儒教，显然不合时宜。

严复批驳康有为“保教”说，认为所谓的“孔教”是士人之教，而

① 《严复全集》卷五，福建教育出版社，2014年，第526页。

非庶人之教，且中国民间真正奉行的是佛教与土教，不是孔教，佛教与土教也有积极的社会功能，如此说来，所谓尊孔保教之说便是无的放矢了。严复更进一步认为，孝是中国的真教。孝重在教化，载体空间就是祠堂。因此，中国儒家思想在中国民间已有两个空间载体：社庙与祠堂，只要善于利用好这两个空间载体就可以了。

萨缪尔·亨廷顿在《文明的冲突》中认为，构成文明最核心的要素是语言与宗教，中华文明的核心要素是汉语言与儒家文化。[①] 祠堂与社庙是儒家文化在乡村社会扎根的两大载体空间。宗祠文化即宗族制度，源自商周时期的宗庙制度，后经朱熹改良与倡导，明清时期祠堂已遍及天下。祠堂文化倡导“敬祖收宗”，重孝悌之道。宗祠文化是儒家文化在民间的体现形式，构建了中国人的家国一体的情怀。在聚族而居的乡村社会，宗祠文化所构建的宗族社会，可以为族人提供基本的福利保障。社庙主祭社区神，实质是乡贤崇拜，宣扬“护国佑民”。每村皆有社庙，酬神演戏、游神巡境是主要集体仪式。社庙除为民众提供精神信仰之外，还提供娱乐休闲等功能，并为村庄不同姓氏团结提供纽带，这也是儒家文化在民间的体现形式。围绕社区神崇拜而形成的祭祀圈与信仰圈，有助于社区与区域社会团体的发展。

儒家文化，以及其附属的宗祠文化与社庙文化都涉及信仰层次。宗祠文化与社庙文化属于民间社会文化系统，是儒家文化在民间社会得到落实的载体空间，三者本质都是相通的。清朝初年天主教在华引发的“礼仪之争”，充分说明儒家文化与宗祠文化是中华文化之根本，不可动摇。清朝政府在与罗马教会的争议中，坚持中国人信天主教，仍然必须参加祭祖与祭孔仪式，这是非常正确的决策。社庙文化是一种乡贤崇拜的信仰文化，有明确的神明偶像崇拜。基督宗教据此严格禁止中国基督宗教信徒参加社庙祭祀仪式活动，这也限制了基督宗教在中国民间社会的扩张。

康有为发起的儒教国教化运动，既受到西方基督教的影响，也应当

---

① 萨缪尔·亨廷顿：《文明的冲突与世界秩序的重建》，周琪、刘绯、张立平、王圆译，新华出版社，2010年。

受到日本明治维新运动的影响。日本明治维新时就将弥散化的神道教改造为制度化的国教神道教，为君主立宪的天皇制度服务。近代日本村村皆有神社，各行各业也有神社，崇拜各种神明，比较混乱。日本在明治维新时，规定一村一社，较有影响力的神社还纳入国家神社系统，给予经费。日本在近代化过程中，传统神道教仍可继续发挥积极作用。① 康有为在推孔教再制度化时，却要打击传统社庙文化，这既给孔教运动带来阻力，也破坏民间宗教文化生态。如果康有为的孔教主张得到清朝政府的全盘采纳，必将是中华民族的文化灾难。因为康有为要将所有民间信仰场所改为孔庙，也会有利于基督教在民间传播。严复旗帜鲜明地反对康有为的儒教再制度化，无疑具有重大的历史进步意义。

在西学东渐之际，如何理性对待外来文化与中国传统文化问题，严复做了很好的探索，给予我们很多的有益的借鉴。面对西方基督教文化，既不要盲目羡慕，也不要盲目排斥；反观中国传统文化，既不能盲目贬为“淫祀”、“迷信”，必灭之而后快，也不必过度自信，应当采取扬弃策略，积极的一面要弘扬，消极的一面要革除。正是在这个意义上，我们看到严复的文化思想也对后来者影响极大，基本上扭转了晚清以来思想界的方向，为后来的理性主义兴起奠定理论基础。

---

① 刘江永：《从日本宗教文化角度看靖国神社问题》，《清华大学学报（哲学社会科学版）》2005 年第 5 期。

中国传统翻译伦理思想

——严复“译病论”

李　东[①]

在本土翻译理论的系统性论述中，学界首推严复“信、达、雅”，毕竟在“如何译”的规范性问题上，严复的“信、达、雅”为本土翻译理论与实践提供了一套翻译“正法”。[②] 但在“译何为”[③] 的翻译伦理问题上，中国传统翻译伦理认识在西方翻译伦理学面前长期失语，学界迟迟难以提炼出具有本土特色的翻译伦理理论或概念，诚为一件憾事。

从现代翻译学的构建模式看，翻译伦理学是一国翻译理论体系之大端，而一国之翻译伦理思想，往往孳乳于该国之翻译实践及其翻译理论认识，因此应具有本土话语特征和特定的历史书写模式。基于此，余文将聚焦近代以前的中国翻译理论史，系统阐述严复、鸠摩罗什和梁启超关于翻译之“病”的论述，并提出“译病论”这一具有中国传统话语特色的翻译伦理思想。

一、“译病论”核心——严复“学我者病”

严复于《天演论·译凡例》首提“学我者病”的观点，是为中国传统翻译伦理思想“译病论”的核心所在。本节在回顾“学我者病”历史与文本语境的基础上，将严复的这一翻译论述与贝尔曼“翻译伦理”概

---

① 李东，皖南医学院副教授，外语教研室主任。

② 《严复全集》卷一，福建教育出版社，2014 年，第 78 页。

③ 刘云虹：《翻译价值观与翻译批评伦理途径的建构——贝尔曼、韦努蒂、皮姆翻译伦理思想辨析》，《中国外语》2013 年第 5 期。

念相比较，从而揭示严复“学我者病”的翻译伦理本质及其本土化特征。

(一)“学我者病”的历史、文本诠释

欲明确严复“学我者病”的翻译伦理学价值，首先要厘清严复提出这一观点的历史与文本语境。

第一，“学我者病”翻译论述的历史语境。在佛经翻译时期，文、质之争俨然成为翻译伦理问题博弈的舞台。质派出于对佛经文本意义的把握，主张翻译应重原意轻文辞，文派则出于对佛经传播的考虑，主张达经旨应显文采。双方虽然对佛法都是虔诚与尊重的，但在译文表达方式上，两派翻译家代表均明确指出了对方的“翻译病”。在明清科技翻译时期，以传教士为主体的译者群体，一直秉承利玛窦的合儒、补儒路线，欲通过翻译西书传教，而本土读者关心的并不是教义，而是能解国家燃眉之急的“奇技淫巧”，二者在“译何为”的翻译伦理观点上也不一致。可见，翻译伦理问题的实质是译者责任，但基于不同的政治、文化背景与立场，“对于到底何为有道德的译者，并没任何一致意见”①。因此，“翻译病”是客观存在的，也是伴随翻译实践及翻译认识始终的伦理问题。而严复的“学我者病”论述正是在前两次本土翻译高潮发生之后提出的，这既是对本土翻译的经验总结，也是对晚清翻译现状的合理研判。

第二，“学我者病”翻译论述的文本语境。基于上述历史背景，严复在甲午中日战争后，翻译了《天演论》，并在《译例言》中对翻译问题进行历史总结。从“学我者病”在《天演论·译例言》中与“信、达、雅”的位置关系看，“信、达、雅”是严复翻译理论之权舆，而“学我者病”则是严复翻译理论之归宿。

具体来看，严复在《译例言》首段中，首先以“信、达、雅”三分译事之难。随后，他比较了“信”与“达”的重要性，并认为“达”比

① Van Wyke, Ben, *Ethics and Translation*, *Yves Gambier&Luc van Doorslaer. Handbook of Translation Studies*, *Volume* 1 [C], John Benjamins, 2010, 114.

"信"更加重要。严复进而分析了近年来国内翻译市场的困境，并精辟地总结出三点原因：一是"浅尝"，即不深入研究原作，未将原文深意译出；二是"偏至"，即曲解原文意思，造成译文错误；三是"辨之者少"，即对已有译文分析研判不足，因而以讹传讹，造成学问停滞不前。这三点是严复指出的"翻译之病"，由此，严复指出他翻译《天演论》的宗旨在于"取明深义"，而对原文词句常常"傎到坿益"，并将这种翻译方式归为"达恉"（意译），而非"笔译"（直译）。这是严复针对时之译病开出的一剂良方，而这种译法的前提是国内读者鲜知"天演"，因此，严复表示此法"实非正法"，确是不得已而为之的译法。他援引鸠摩罗什"学我者病"的论述，提醒"来者"莫学此法，也"勿以是书为口实"。

从表面上看，这段论述以严复的翻译标准和翻译原则为肇端，又以严复对自己译写《天演论》的开脱之词为归宿。但从深层次看，这段以"学我者病"为归宿的翻译论述，实则抛出了一系列极为重要的翻译伦理问题，即什么样的翻译才是好的翻译，什么样的翻译是坏的翻译，译者在翻译中应该尽到怎样的责任等。

（二）严复"学我者病"的翻译学诠释

在翻译伦理问题上，严复的"学我者病"与当代提出的翻译伦理①与译者伦理②存在认识的一致性。

首先，翻译伦理的一致性。从上文对于严复《译例言》首段的分析可以看出，严复拒斥不咬嚼原文或理解偏驳的译文，这种翻译病象在晚清时期普遍存在。正如严复在《论译才之难》中所说，国人拒斥学习"洋语"，以通习他国语言为"鄙事"，因而只能依靠"乡谈"、"楚囚之说"寻求"自解"，而这些"自解"往往造成误解和曲解。可见，在严复看来，对外语学习的不重视恰恰是造成翻译市场乱象的罪魁祸首。而拒斥外语之人皆为"成名之人"，保守的士大夫担心学习外语会"贻天

① 翻译伦理由法国学者贝尔曼（Berman）提出。
② 译者伦理由西班牙学者皮姆（Pym）提出。

下观笑”。以今观之，士大夫的普遍想法既偏驳又可笑，但从各国对异域文化的接受规律来看，这种现象都普遍存在，即一种民族中心主义的语言观。

针对这一问题，贝尔曼提出了拒绝民族中心主义的翻译观，并把“他者”当作“他者”。这也正是严复提出“学我者病”的翻译观基础。严复虽说从形式上“不斤斤于字比句次”，但在意义上，则提出“不倍原文”,[①] 这正是出于对源语文字的认可与尊重，即一种将“他者”当作“他者”的尊重。正是基于这一宗旨，严复发现，在晚清中国社会谈“取明深义”是十分困难的，如不追加解释说明，势必会造成理解文意的偏差和取义变法的扭曲。因此，严复积极利用有限的中学义理，以此“达旨”。这是超越社会普遍认知的严复，在考量了社会可接受程度后，做出的特定历史选择。因此，严复以“学我者病”总结自己翻译伦理观。

其次，译者伦理认识的一致性。“信、达、雅”或“忠实”问题是译者“态度”问题，“学我者病”则是对译者“态度”最好的伦理诠释。正如贝尔曼所说，翻译的本质是“开放、对话、交杂和非中心化”[②]。严复在《译例言》中频繁对照并引用鸠摩罗什的翻译观，恰恰是为了说明翻译的开放性、对话性和去中心化的特征。佛经翻译，作为一种外来文化的渗透，并不是独立于其他固有的中国传统文化，而是融入其中，并影响了传统学术、文学、美术、建筑、音乐等领域。鸠摩罗什将“心”、“性”、“相”等本土概念与佛法相融合，其本身就是翻译的直接结果，从而在译本这个开放的场域中，促成了佛教文化与本土文化的直接对话，从而也消融了文化中心。鸠摩罗什的“译”经带有“解”经、“讲”经的成分，同样，严复的“译”也带有“解”和“讲”的成分。佛教作为“新学”的传入，和西学作为“新学”的传入，从建立早期对话的角度看，如果没有译者的“解”和“讲”，是很难进行对话的，而如果缺少了这种对话性，就难以去掉固有的“中心”，那么新文化的诞

① 《严复全集》卷一，第 78 页。

② Berman Antoine，*L'Epreuve de l'étranger*，Editions Gallimard，1984，16.

生也便无从谈起。

可见，“学我者病”是严复在翻译这个跨文化交往活动中的“道德准绳”，是超越了字面意义的“忠实”的翻译伦理，是严复在特定历史时期的特殊身份所决定的译“病”。而从西学普及的预见性来看，民众对西学越了解，这种靠大量“解”和“讲”达旨的翻译“忠实”会愈发显得多余，因此，严复认为“学我者”，必“病”。

二、“译病论”源流——吉藏法师“取我相为病”与鸠摩罗什“相论”

当下，学界并没有对严复“学我者病”的渊源做过考证，而对于“学我者病”的专门性探讨，则主要以严复“病”译的西方翻译理论解读为主（王会伟，2019），也未对这句话进行考辨。因此，“学我者病”作为严复《译例言》讨论“信、达、雅”的落脚点，虽然被频繁引用，却无迹可寻，这也导致“学我者病”的内涵及其理论价值被严重忽视。

（一）严复“学我者病”的佛“源”

严复“学我者病”的翻译伦理思想或直接源于吉藏法师《金刚般若经疏》“取我相为病”，间接源于鸠摩罗什《成实论》“相论”。

在《天演论·译例言》中，严复称“学我者病”为鸠摩罗什所说，而笔者梳理了鸠摩罗什的译著、《高僧传》、佛典义疏等文献资料，并未发现鸠摩罗什直接提出过“学我者病”这四个字。但在隋吉藏法师的《金刚般若经疏》中，有“取我相为病”一句。其原文为：“《成实论》云：灰炭不尽，树想还生。又数论取一切有相非病，取我相为病。”通过该句可知，吉藏法师在义疏鸠摩罗什《金刚经》时，总结了鸠摩罗什《成实论》的“我相”观点，即“取我相为病”。这里的“我相”与“一切有相”对，且“我相”因人的执念而生。因此取我相方才有我相，不取我相则无我相，一切烦恼皆因有“我相”而生。

若继续按吉藏之图索罗什之骥，便会发现吉藏法师归纳总结的“取相论”实际上源于鸠摩罗什《成实论》“亦常以我相而取他物，亦随自想而为妄语，是故终无好身”一句。通过比对这两句话的字面意思，鸠摩罗什的“以我相而取他物”便是吉藏法师所说的“取我相”，而“无好身”便是吉藏法师所说的“为病”。而通过吉藏“取我相为病”的经典阐释，回归鸠摩罗什“取相论”的本旨，便会发现，吉藏法师的诠释十分精当。鸠摩罗什的“我相”的确如吉藏法师所说，具有个人对“他物”的主观看法，是“自想”的结果，因而便成了个人的“妄语”。而在《金刚经》中，鸠摩罗什几乎处处提及四相，即我相、人相、众生相和寿者相，而我相又是四相的统一体，一切烦恼便源于此。因此，吉藏法师所陈述的“取我相为病”，就是对鸠摩罗什“相论”的一次经典诠释。

（二）“学我者病”——“相论”和“取我相为病”的译学诠释

严复的“学我者病”是对鸠摩罗什“相论”、吉藏法师“取我相为病”的翻译学诠释。至少有两对概念的关系要梳理清楚。

首先，严复之“我”与佛法之“我相”的对应。上文已述，佛法中的“我相”是外物形象内化的结果，从而形成了种种印象、认识和意识。而严复所谓的“我”，即严复对于作为“他者”的西学知识的“我相”。具体来看，站在作为译者的严复视角，其欲引入达尔文进化论思想，却没有直接翻译达尔文的《物种起源》，而是取道赫胥黎的《进化论与伦理学》，旨在通过这本进化论和社会学、伦理学相结合的著作，解晚清社会燃眉之急。如果将这部英文原作视为“他者”之“相”，那么《天演论》就是严复对《进化论与伦理学》的“我相”。这个“我相”包含两层意思。一是英汉语言文字固有的“相”。英汉语言在字、词、句、篇章等层面体现出诸多差异性，尤其在西有我无、西新我旧的概念输入方面，仅通过本土语词之“相”，很难展现原词之“相”，更不要说原词所描述的自然之“相”。二是严复本人对原作理解的“相”。严复的“我相”可以体现在译名的拟定、概念的本土化、原文的删改、案语的添加等诸多方面，这些严复式的翻译特色都属于严复基于原文理解的“我相”。因此，严复的“我”即佛法中“我相”在翻译上的投射，或可暂且称为“我”之“译相”。

其次，“学我者”的“病”与“取我相”的“病”的呼应。佛法中的“病”为“取我相”所致。“我相”是众“病”之源，因此，去除“病根”关键是要去掉“我相”。由此可见，在佛法中，“我相”是客观存在于众生之中且不可避免的，去除“我相”则是众生得道的必由之路。而在严复看来，无论从英汉语言的差异性看，还是从严复个人翻译《天演论》的背景与目的看，这种“我相”都是不可避免且客观存在的。一方面，进化论未被国人广为了解因而严复的“我相”是阐述陌生西学概念的最佳选择。另一方面，严复欲通过“我相”开启民智，在这一迫切的翻译目的下，严复深知其历史使命。因此，当严复的“我相”完成其历史使命后，这些知识也将为个人所吸收，甚至内化为一种国民性、民族性。此外，正如严复本人所说，语言之事尽归天演，语言形式和译名也会随着历史的变化而变化，所以，严复的“我相”也必然会在语言的天演中或被经典化，或被淘汰。

总而言之，严复的“我相”更像是筏喻者中渡河的木筏，当国人通过严复的译作成功了解进化论等西学知识，并通过身体力行，使西学知识成为本土化知识的生产力，那么严复认为这种应对知识早期传播的“我相”，便应带着历史眼光去看待。因此，严复在“学我者病”后，又说“来着方多，慎勿以是书为口实也”。

三、梁启超基于佛经翻译的“译病论”诠释

梁启超在探讨佛经翻译时，受到严复思想的影响较大，如他在《佛典之翻译》中，总结中国佛经翻译事业“实积数百年不断进化”时，就用到了“进化论”思想，他认为佛经翻译是一个循序渐进、日积月累的过程。此外，从叙述结构上看，梁启超在《佛典之翻译》末节与严复《天演论・译例言》存在结构的一致性，故可以视之为严复“学我者病”的经典诠释。

（一）梁启超“译病——治病”对严复“病”的进化观诠释

在《翻译文学与佛典》一文中，围绕译病的文体特征，梁启超将佛

经翻译史分为五个发展时期。他用“语义两未娴恰，依文转写而已”描述第一阶段的“未熟的直译”，用“于原文是否吻合，不甚厝意”概括第二阶段“未熟的意译”，用“求真之念骤炽，尊尚直译之论起”总结第三阶段佛经翻译的“寖盛时期”，并用“直译矫枉太过，诘鞠为病，复生反动”点破第四阶段“意译论转昌”的弊端，最后以“直译、意译两者调和”总结第五阶段“中外醇化之新文体出”。在这五个时期中，译病是佛经发展的“因”，治病则成为佛经发展的“果”，在译病连续发生的因果互动中，实现了中国佛经翻译事业的繁盛。

而从译病的诠释来看，梁启超在《佛典之翻译》一文中则以隋唐为界分为三类：前两类是隋唐以前佛经翻译的无本之病和小本之病，第三类是隋唐以后的正谬再治。

首先，无本之病。这是对佛经翻译初期译病的归纳。梁启超枚举佛经翻译初期安清、支谶、安玄、康僧等人的译作，称译文中皆有“讽出某经”、“诵出某经”的表述，因此，他怀疑这些译作未必出于原本。而从翻译组织方式来看，则多为口授笔述，所授所述的佛经内容亦未必皆出于原本。可见，无本之病是佛经翻译初期的通病，同时也造成当时“舍口诵外无经本”的窘境，这也成为后人“行求经之动机”。

其次，小本之病。这是梁启超对经本传入再求汉译的佛经翻译初期的评价。随着支谦、法护等人“收集众本”，“大赍梵经”，佛经翻译告别了口授笔述的无本时代，转而进入有本时代，但唐以前的佛经，受“材力所限”，难以达到系统翻译佛经的目的，所以佛经翻译常常“止于小本”。于是，梁启超将佛经翻译初期之病总结为“割裂重沓、不成系统”，他还引用《长房录·新合大集经记》“略至略翻、广来广译”一句概括“当时译界之病”。

最后，正谬再治。隋唐以后的佛经翻译多是对前期无本、小本之病的历史回应。因旧经“义多纰缪”，因此众多佛经译者之最要精神在于“是正谬误”。随着佛经研究的深入，佛经翻译体系逐渐形成，对重要佛经的大师复译也层出不穷，玄奘则组织宏大完备的译场进行翻译，通过“证义考文”，达到“罕复误讹”的精进地步。因此，在梁启超看来，佛经翻译的重译复译，正是对佛经译病的正谬再治，是佛经翻译的必然

“进化”方向，也体现了“译病——治病”翻译史的发展规律。

可见，译病虽是顽疾，但随着文本解读不断深入，学理讨论持续进行，学科概念的轮廓和内涵日渐清晰、翻译的系统性也渐渐得到保证，从而出现了佛经翻译的“盛腾”气象。由此反观严复所言之“病”，表面上看是一种“自谦”，其实质在于澄清翻译发展规律，即译者不断完善前人翻译缺失，使译作逐渐走向成熟的翻译伦理观。

（二）梁启超“岂易学步”对“学我者”的伦理诠释

梁启超在《佛典之翻译》末节，系统阐述了佛经翻译史的特点，并道出“岂易学步”的观点，意在提升译者地位并凸显译者典范作用。

而该节的叙述结构，与严复《天演论·译例言》颇为相近，梁启超以严复“信、达、雅”的论述作为该节的开头，继而聚焦佛经翻译的“信、达、雅”，并以道安、鸠摩罗什、彦琮为译经典范，特别在论述道安、鸠摩罗什时，不禁感慨“非有天才，岂易学步”。无论从内容的互动关系看，还是从叙述结构的对应性，这句话都可以视为梁启超对严复“学我者病”中“学我”的最佳诠释。具体来说，梁启超首先以严复“信、达、雅”三义互兼之难，衬托“译事之难”。他认同严复观点，认为“信、达、雅”的体要在于先求信再求达，最后求雅。梁启超结合佛经翻译史，道出佛经翻译之初，译者“罕明梵旨”，因此，随着佛经翻译及研究的深入，学者“深以为病”，而译病的产生恰好成为翻译大师表演的舞台。一方面，梁启超称道安为“极能文之人”，另一方面，他视鸠摩罗什的翻译“善参意译，乃称良工”，更盛评其语言能力“秦梵两娴，诵写自在”，真正做到了“信、达、雅”。而梁启超对鸠摩罗什译笔的称叹，也可窥于《翻译文学与佛典》，他称在译文文采方面，“未有能过什门者”。

梁启超正是通过佛经翻译的前人与后继者的比较，才能看出道安、鸠摩罗什等人的翻译功力之深厚，他深知佛经之难翻，译者之难当，大师之难求。因此，他十分认可译者的身份，尊重译者的劳动，更为中国佛经翻译史上出现过道安、鸠摩罗什这样的翻译大师而庆幸。于是，作为佛经翻译批评者的梁启超，不会像译者严复陈述“学我者病”那般谦虚，而是通过“非有天才，岂易学步”，不仅警醒世人，不应忽略佛经翻译大师的丰功伟绩，不要小觑翻译之事难，译者之多艰，更是通过细致的翻译文体分析，为译者提供了翻译典范，以及行动纲领——精通双语，深谙义旨，注重文体。可见，梁启超对严复“学我者”的表述加以诠释，肯定了严复的观点，也增加了新的认识。

综上所述，梁启超全面总结佛典翻译之病，从而实现了他对严复“学我者病”的诠释与化用，他增补了严复“学我者病”翻译伦理观的学术内涵，并构建了基于佛经翻译的“译病论”翻译伦理诠释。

四、总结

严复的“学我者病”从佛经及其翻译中汲取养分，是一种超越时代认识局限性的理性认识，它具有本土化特征和自限性特征。从本质上讲，鸠摩罗什对“相”的剖析和“我相”的阐述，具有解释学意义，是解释一切人类实践活动的元概念。吉藏法师的“取我相为病”，使这一解释学意义的概念得到进一步提炼，而严复“学我者病”的理论根源正是上述二者认识的守正与创新，严复将佛经“我相”的观念化用为晚清西学翻译背景下的翻译伦理思想，使之成为“信达雅”翻译标准的落脚点，其认识是对佛经思想的继承，也是对佛经翻译经验的总结，同时突破了晚清时期本土翻译认识的社会历史局限。而梁启超基于佛经翻译史的讨论，又是对严复“学我者病”的经典诠释。梁启超在“学我”之难、“我者”何“病”的层面上，分别论述了译者地位和翻译之病。总之，严复的“学我者病”这一翻译伦理思想再定位了翻译的社会作用及其地位，值得深入探究。而学界也应深入讨论严复“学我者病”的历史渊源、理论价值和实践影响。

严复在中国早期现代化的思想探索及其现实意义

赖扬恩[①]

党的二十大报告将“以中国式现代化全面推进中华民族伟大复兴”确立为新时代新征程中国共产党的使命任务。从历史进程中总结历史经验，把握社会规律，增强历史自信，是中国共产党作为马克思主义政党的重要特质、优良传统和显著优势。在中国逐渐沦为半殖民地半封建社会的背景下，近代中国社会各阶级、各阶层的爱国人士，以不同方式从不同层面开启了现代化探索，客观上促进了中国现代化。[②] 因此，在考察中国式现代化时，历史视角具有基础意义，也是理解中国式现代化的一个关键入口。通过近代历史进程看中国式现代化，深入挖掘传统与现代之间各种要素的关联，才能在历史与现实的联系中理解从早期现代化探索到中国式现代化历史跨越的必然性。

严复代表了在中国共产党诞生以前向西方寻找真理的一派人物，救亡与启蒙自然地交织于一身。他不仅是近代杰出的思想家、教育家、翻译家，而且是中国早期现代化的启蒙思想家。严复虽然没有直接提出过现代化的概念，但是在他所译介的西学著作中（包括在译著加的案语和发表的一些政论）体现了现代化思想要义，不仅对当时和其后的早期现代化产生了重要影响，而且对新征程上全面建设社会主义现代化国家也具有重要借鉴意义。我们应注重弘扬严复首倡变革的精神及其科学思

---

① 赖扬恩，福建社会科学院社会学研究所副研究员。

② 张占斌、熊杰：《从大历史视野看中国式现代化的主动》，《东南学术》2023 年第 2 期。

想，挖掘其在中国早期现代化的思想启蒙作用。

一、严复在中国早期现代化探索中形成的思想框架

1840 年鸦片战争之后，中国传统的“华夷秩序观”、“宗藩朝贡体系”逐渐瓦解，被迫卷入西方国家主导的主权国家体系，开始了早期现代化的历程。一些逐渐觉醒的文人士大夫认为只有变法维新才能救国。严复就是在这特定社会思潮中向时代发起挑战的先进人物，是最早系统地将西学译介到中国的启蒙思想家。他从 1894 年开始先后翻译了赫胥黎的《天演论》、亚当·斯密的《原富》、斯宾塞的《群学肄言》、穆勒的《群己权界论》和《穆勒名学》、甄克斯的《社会通诠》、孟德斯鸠的《法意》、耶芳斯的《名学浅说》等西学著作。对于中国早期现代化的探索，严复突破了洋务派的局限，在清末民初传播维新思想、反对封建专制制度方面做出重要贡献。

（一）严复变革思想

1. 倡导政治体制的变革。（1）倡导“以公治天下”的民主政治原则。严复认为要实现国家富强，就必须发展“黜伪崇真”的科学和“屈私为公”的政治。他说：“（西方）汽机兵械之伦，皆其形下之粗迹，即所谓天算格致之最精，亦其能事之见端，而非命脉之所在，其命脉云何？苟扼要而谈，不外于学术则黜伪而崇真，于刑政则屈私以为公而已。”[①] 1895 年他连续发表《论世变之亟》、《原强》、《辟韩》、《救亡决论》等重要文章，系统分析中国贫弱的根源。严复认为，英国强大而中国贫弱的根本原因不是技术差异，而是制度不同，即封建专制政治和资产阶级立宪政治的对立。他翻译英国哲学家约翰·穆勒的《群己权界论》，目的是反对封建专制统治。他认为封建专制政体维护君主一人私利，不利于解决各种政治与社会矛盾，而民主共和政体不符合中国政体进化实际，中国仍处于宗法社会，民众素质不高，应实行君主立宪对政

① 《严复集》第一册，中华书局，1986 年版，第 2 页。

体进行改良等。(2) 倡导废除维护封建人身依附性的法律，摆脱封建专制统治。1904 年严复翻译出版了法国思想家孟德斯鸠所著《法意》，他同意孟德斯鸠把政体分为共和、君主、专制三种的政体分类法，认为：君主之治与民主之治的实质，前者君有权而民无权，立宪不能实行，只能是专制，而后者民有权，宪由民立，则是民主之治。他探索中国古代社会以来盛衰变化，指出“中国之治制，运隆则为有法之君主，道丧则为专制之乱朝”①。他认为中国为宗法社会，尊君权，礼刑不分、法由君主，中国的专制之法与以自由为宗旨的西方之法相遇，自然就出现“彼法日胜而吾法日消”② 的结果。针对中国臣民观念牢固、民众自由权利被漠视的状况，他提出推进法律变革，建立以人权为基础的近代法律体系等。

2. 倡导经济体制的变革。(1) 改变中国重本抑末传统，倡导农工商同时发展的本末观。严复认为变革不仅在于政治体制，还在于经济方面，应改变中国重农抑商、由小农经济占主导的局面，力主发展市场经济。他倡导农工商兼顾、以工商业为经济发展重点目标的工商立国思想。他认为，工商业不仅关系到农业，更关系到整个国家的富强，“国之贫富强弱明昧，大抵视商政之盛衰”。③ (2) 倡导经济自由主义思想，主张通过市场的自由竞争来推动经济发展。严复吸纳西方近代功利主义派边沁、约翰·穆勒等人的功利主义思想以及英国经济学家亚当·斯密的经济理论。他强调纠正国人“重义轻利”的偏见，鼓励国人积极致富，强调民众是经济发展的根本目的。严复抨击政府对民族资本工商业的打压，认为国家财政、人民生计、中外通商及交通等问题，源于旧社会文化规范之下产生的流弊。

3. 倡导社会体制的变革。(1) 以进化论的自然观与社会历史观为武器，倡导变法图强。严复最为推崇的西学公例就是社会进化论。从天演到人变的推论，是严复等变法维新学者的理论根基，也是严复“群

① 《严复全集》卷四，福建教育出版社，2014 年版，第 82 页。
② 《严复集》第一册，第 12 页。
③ 《严复集》第四册，第 903 页。

学”的立论基础。1898 年严复翻译出版赫胥黎的《天演论》，是其进化论思想形成的标志。他认为民族竞争是国际潮流所趋，应尽快加入竞争进化的行列，反对宗法社会制度。（2）倡导社会改良，主张通过渐进的、非暴力的社会进化实现社会进步。1903 年严复翻译出版斯宾塞的《群学肄言》。西方社会学创始人、法国哲学家孔德以及斯宾塞等人，都具有明显的社会改良思想，无论是孔德处于法国 1848 年革命的前夜，还是斯宾塞处于英国维多利亚时代中期，当时形势都要求进行新的社会整合。斯宾塞的社会有机体论，就为当时英国实现新的社会整合和维护社会均衡提供了理论基础。严复接受了斯宾塞对社会发展的“民之可化，至于无穷，惟不可期之以骤”的观点，主张运用改良方法对社会进行改造，最大限度保障社会的完整性和发展的连续性。严复主张的渐进改良思想也是他一贯坚持的，是以其群学理论为基础的。他早期为变革救亡大声疾呼，反对专制主义，主张君主立宪，倡导以自由为体，以民主为用；到晚年在政治上逐渐趋于保守，可以说，这些并不仅仅是一种应时政治态度。①

4. 倡导教育体制的变革。变法维新的改良派学者的现代化理想，体现为对富国强国的渴望，而他们变法图强的方略，首先是从政治体制、经济体制与社会体制的变革出发，但最终还是归结为民众教育的问题，也就是强调人的现代化的重要性。严复指出，西方国家富国强国的制度，移到中国则往往“淮橘为枳”，难以实效，故“今日要政”还在鼓民力、开民智、新民德。② 他力倡教育救国论，主张中西相辅之教育观，认为教育是改革中国社会的枢纽，教育制度之弊在八股取士，以致“紧锢智慧”、“坏心术”、“滋游手”。事实上严复等变法维新学者积极参与推动的教育体制和学术制度改革，它们所经历的深刻制度变迁正反映了中国在剧烈变幻的政治风云中缓慢走向现代化的实际过程。

---

① 李培林：《社会学与中国社会巨变》，社会科学文献出版社，2020 年，第 72 页。

② 《严复集》第一册，第 27 页。

（二）严复科学思想

1. 西学东渐背景下形成的科学思想。在近代中国社会重大变革时代，西学东渐成为势不可挡的历史潮流。这种变革方向一开始是单纯学习西方的坚船利炮、先进的军事技术，而后是学习自然科学技术，还较少触动传统封建文化与伦理纲常。甲午战争的失败与洋务运动的破产，促使中国人认识到，不仅要学习西方的自然科学，最根本的还要学习西方的社会科学。严复突破前人狭隘科学观，强调把科学作为社会生活的指导原则，把科学看作由自然科学、社会科学、思维科学组成的庞大知识体系。

2. 以进化论为其科学思想的哲理根基。（1）进化论的自然法则适用于人类社会发展。严复认为"物竞天择、适者生存"不仅是自然界所遵循的客观规律，也是人类社会历史发展所遵循的普遍法则。（2）人能发挥主观能动性，可以"与天争胜"与"自强保种"。严复反对庸俗的社会达尔文主义得出的消极宿命论，认为人有主观能动性，可以"自强保种"，不会像其他生物那样盲目地接受规律的主宰而消极地听天由命。（3）进化论动摇了传统"天不变、道亦不变"的思想与历史循环论世界观。严复把进化论等近代西方先进科学成果引申、升华为一种普遍的世界观，推崇科学和理性，实质是一项以西学阐释来改造国人传统观念的思想变革工程，有助于推动中国近代启蒙思想的传播。

3. 以逻辑实证为其科学思想的方法论内核。严复认识到科学的兴旺发达是西方诸国船坚炮利、国力富强的根源，"是故以科学为艺，则西艺实西政之本"①。（1）强调经验主义方法论。严复批判了中国旧学重玄思、轻经验的倾向，强调"实测"原则，主张通过观察实验，获得对客观事物的科学认知。（2）强调归纳逻辑方法。经验观察获取的事实材料，只是关于事物的粗浅性认识，需要运用逻辑方法，将经验的事实上升为科学结论。严复认为归纳法是科学研究中主导性方法，明确提出"外籀术重矣，而内籀术乃更重"。他强调用归纳逻辑来克服国人整体思

① 《严复集》第三册，第559页。

维方式偏于直觉性的缺陷，进而强化国人科学理性意识。

二、严复思想在中华民族伟大复兴进程中具有重要现实意义

严复在清末民初从传统向现代的转型变迁时期起到广泛而深刻的思想启蒙作用。他的影响不是一时的，而是长久的，不是局限于政治层面的，而是深入文化心理内核的。1997 年习近平同志在福建工作期间为“严复与中国近代化学术研讨会”题词“严谨治学、首倡变革、追求真理、爱国兴邦”，对严复一生给予高度评价。严复首倡变革的精神及其科学思想，在中华民族伟大复兴进程中具有重要的时代价值和现实意义，值得深入研究和认真借鉴。

（一）弘扬严复首倡变革精神，坚定不移地推进全面深化改革

现代化是复杂的社会转型。历史上，西方国家借助其先行构建的资本主义现代化体系垄断了现代化的定义、解释权。后发国家在其现代化之初，除了学习、模仿当时已有的西方现代化模式外别无选择。严复早期以救亡、富强为关注焦点，他的西方视角以及对中国传统文化批评，就处于“东方从属于西方”、“历史向世界历史转变”的客观背景之下。严复首倡变革精神，突出体现在他坚持以输入新思想、新观念和新方法为职志，比如，上文所说引进西方的自由平等观念、法治精神、经济学说、进化论、逻辑学等。在清末民初现代化问题虽然被通俗化为富强问题，但严复并不仅就物质层面看待富强问题，而是从历史观、方法论高度去探究西方富强之道。严复认为西方国家物质优越的原因不仅在于其科技、经济水平高，更重要的是其充满活力的思想和原则。他积极向西方探求科学与民主的真理，触及了中国早期现代化的根本所在。他倡导变革的价值指向并不是按照传统的思维定式去唤醒祖先的幽魂、神往三代的“善治”和企盼圣君的威权，而是着眼于整个社会结构和文化结构的重建。在《法意》的一段案语中表述得清楚，他说：“夫一国之制，其公且善，不可以为一人之功，故其恶且虐也，亦不可以为一人之罪。

虽有桀纣，彼亦承其制之末流，以行其暴。顾与其国上下，同游天演之中，所不克以自拔者，则一而已矣。贤者睹其危亡思有以变之，则彼为上者之难，与在下者之难，又不能以寸也，必有至圣之德，辅之以高世之才，因缘际会，幸乃有成。……呜呼！法固不可以不变，而变法岂易言哉！”① 也就是说，变革缺乏一种健全的社会机制和文化心理机制，单凭几个人的拼死努力，是难以扭转局势的。

当前，我们应大力弘扬严复首倡变革精神，学习他穷根溯源、格物穷理的治学方法，经世致用的知识分子情怀，坚定不移地推进全面深化改革。中国式现代化形成了自身鲜明的特色，探索出基于自己国情的发展经验。党的二十大报告明确概括了中国式现代化 5 个方面的中国特色，部署了全面建成社会主义现代化强国的总体战略安排。改革只有进行时，新征程上应进一步深化各领域各方面体制机制改革，奋力推进中国式现代化。

（二）严复思想具有重要时代价值，为现代科学主义思潮兴起奠定基础

严复把国人对科学的认识提高到一个新境界，有力地推动了近代中国的科学启蒙。(1) 培养国民的科学精神和科学态度，有效推进科学本土化实践进程。严复认为，“不了科学，其观物必肤”②，科学知识可以描绘反映世界的真实图景，还可以培养人的“尚实”心习，而其核心就是崇尚真理的精神，中国缺乏的正是西方“黜伪以崇真”的学术精神。他系统地宣传近代科学方法，从“重实证、求实用”以及“遵循逻辑”两个基本点出发，奠定了国人把现代科学作为一种价值体系接受的基础。(2) 开启了近代中国“科学救国论”的先声，促进现代科学主义思潮的形成。科学不仅是自强之本，更是反封建、反愚昧的武器。严复通过申明科学的物质价值，指出救亡图存离不开科学事业的发展。比如，他认为科学能够转化为巨大的现实力量从而有益于事功，“富强之基，

---

① 《严复集》第四册，第 943 页。

② 《严复集》第三册，第 564 页。

本诸格致”①。严复注重在世界观与方法论的层面上引进西方科学，是中国近代科学“由器（洋务）进道（五四）”历程的中介，为五四运动以后现代科学主义思潮兴起奠定思想基础。

(三) 严复思想立足于“会通中西”，坚持把“国性民质”作为社会变革的落脚点

严复思想是中西文化对话的产物，“会通中西”是其重要特征，融合了中学与西学、传统与现代等文化因子。陈宝琛在评价严复时说，“君于学无所不窥，举中外治术学理，靡不究极原委，抉其失得，证明而会通之”②。严复作为第一批“放眼看世界”的中国人，率先超越清末民初的中国学术形态，对中西文化进行了现代意义上的会通，强调“以西学批判中学”、“以中学融涵西学”。他没有单一地遵循西方的学术话语，也没有全盘否定中国传统文化，既充分挖掘中国传统文化中具有普遍性的因素，③ 同时也超越西学的特殊性方面，在共通的一般性层面上寻求中学西学的融合。比如，他注重西方思想的本土化翻译，将西方价值观念融入中国的文化传统与话语体系。在译介《天演论》时，他将中国传统的理气思想融汇其中，认为“天演”是一个自然变迁的过程，“一气之转，物自为变。此近世学者所谓天演也”④。他还借用《荀子》“群”的观念，指出“天演之事，将使能群者存，不群者灭；善群者存，不善群者灭”⑤。

严复坚持把中国的“国性民质”作为变革的落脚点。严复不是国粹主义者，也反对全盘否定中国传统文化，他“损”中国传统文化是为了“益”它，强调“要必以国性民质为先”⑥。严复对中国的“国性民质”

---

① 《严复集》第一册，第 43 页。

② 《严复集》第五册，第 1542 页。

③ 比如，他在《群学肄言》中把《大学》、《中庸》等中国儒家典籍的核心思想与斯宾塞的社会学思想进行比较，找出它们之间共同点。

④ 《严复集》第四册，第 1106 页。

⑤ 《严复集》第五册，第 1347 页。

⑥ 《严复集》第二册，第 324 页。

充满信心，认为它是受数千年先圣先王的陶熔慢慢形成的。尤其中华优秀传统文化是中华民族借以凝结为“国性”的基础，在一个民族林立的国际竞争时代，“国性”又是这个民族向心力的基础。严复对中国传统文化的反省、批判无疑是尖锐的，同时又注重挖掘中华文明的固有智慧，以激活中国传统文化的生命力。他强调“体用并学、结合国情、择其善者”的变革路径，有利于推动传统文化向现代的创造性转化，对于新时代全面建设社会主义现代化国家仍具有重要的参考价值。当前，中国式现代化深深植根于中华优秀传统文化，体现科学社会主义的先进本质，展现了不同于西方现代化模式的新图景。我们应注重从自身的国情和实际出发，坚持独立自主推进中国式现代化，同时也应正确处理中华文明与其他文明之间的关系，注意吸收和借鉴一切人类优秀文明成果和国外先进经验。独立自主并不是对其他文明道路的否定，而是在学习和交流中与其他文明相互促进、共同发展。

（四）严复思想注重人的现代化，强调社会变革的治本与渐进性

注重人的现代化、强调变革的治本是严复思想的显著特征。严复强调的变法方案与康有为不同，着眼点不是“立宪法、改官制、定权限”，而是“鼓民力、开民智、新民德”。[①] 严复把“三民”主张作为国家富强的治本之举。他认为，政治和经济改革的具体措施只是争取国家富强的治标之举，而提高国民素质则是治本之举，两者需要兼顾，但应以治本为重。他在《拟上皇帝书》指出：“古今谋国救时之道，其所轻重缓急者，综而论之，不外标、本两言而已。标者，在夫理财、经武、择交、善邻之间；本者，存夫立政、养才、风俗、人心之际。势亟，则不能不先事其标；势缓，则可以深维其本。……是故标、本为治，不可偏废，非至明达于二者之间，权衡至审而节次图之，固不可耳。”[②] 严复强调实现传统社会向现代社会转型最根本是通过对人的改造，形成了较

① 李双璧：《康有为严复变革思想比较》，《历史研究》1990 年第 3 期。

② 《严复集》第一册，第 65 页。

完整的人的现代化理论体系，包括：赋予并保障人的自由、平等、发展的权利，提高国民的身体素质、文化素质、道德素质与现代化建设相适应等。他认为如果不从根本上痛下功夫，变革难以成功。因此，“及今而图自强，非标本并治焉，固不可也。不为其标，则无以救目前之溃败；不为其本，则虽治其标，而不久亦将自废。……果使民智日开，民力日奋，民德日和，则上虽不治其标，而标将自立。何则？争自存而欲遗种者，固民所受于天，不教而同愿之者也”①。

严复主张的渐进改良思想，强调社会整体，遵循社会进化，是以社会内源性质素生长、发育、成熟的渐进性为基础的。比如，他反对“中体西用”说，主张“体用一致”论，强调社会改造坚持“中学有中学之体用、西学有西学之体用”原则，反对简单移植西方社会模式。严复认为不存在脱离历史背景的最佳制度，“制无美恶，期于适时”，评价制度的标准是“合宜性”。实践证明，一个民族的现代化转型取决于其所处的具体社会条件和历史环境，现代化任务的普遍性只有通过每一民族在其社会历史发展中的具体性才可能得以实现。严复基于社会有机体论提出系统的社会转型观，强调社会各领域的协同进化，不能执着于其一，忽视其他领域的变革转型。任何“治制之立……其法度隆污不同，要皆如桥石然，相倚相生，更其一则全局皆变”②。这里指的就是社会各领域之间的有机整合关系。他指出：“是故富强者，不外利民之政也，而必自民之能自利始；能自利自能自由始；能自由自能自治始，能自治者，必其能恕、能用絜矩之道者也。”③ 这就是说，国家发展不仅是物质生产能力是否发达的问题，还是经济制度、政治结构、国民文化心理素质是否同步进入有序运行、相互协调的问题。他反对高估人类理性的建构能力，强调社会生长、演化的重要性。在《与熊纯如书》中，他说：“宗法之入军国社会，当循途渐进，任天演之自然，不宜以人力强为迁变。”④ 他认为，国家的富强也不过是社会演化过程（特别是经济

---

① 《严复集》第一册，第 14 页。

② 《严复集》第四册，第 958 页。

③ 《严复集》第一册，第 14 页。

④ 《严复集》第三册，第 615 页。

现代化）的副产品，他说："夫如是十年以往，而国不富者，治吾妄言之罪可耳。"①

当然，在半殖民地半封建社会的旧中国，争取民族独立、人民解放是实现现代化的基本条件。中国共产党就是在中华民族面临生死存亡的关键时刻，在早期现代化进程遭遇重大挫折的时候走上历史舞台的。历史事实证明，中国共产党成立以来，团结带领人民追求民族复兴的历史，也是一部不断探索现代化道路的历史。2023 年 2 月，习近平总书记在学习贯彻党的二十大精神研讨班开班式上的重要讲话中指出："中国式现代化，是我们为如何唤醒'雄狮'、实现民族复兴这个重大历史课题所给出的答案。"中华人民共和国的成立和社会主义制度的建立，为实现现代化创造了根本社会条件，奠定了根本政治前提和制度基础。严复反对以革命方式改变当时中国社会状况，他的渐进改良方案是不可能实现的，但他在中国早期现代化的思想启蒙作用值得每个中国人记住。

① 《严复集》第二册，第 320 页。

自由与秩序

——严复的现代国民国家建构思想对中国式现代化的启示

杨济亮[①]

区别于孙中山、章太炎等人强调民族主义的意识形态和民族国家政治形态，严复将中国现代国家的建设着点力放在“国民”与“国家”的关系之上。概而言之，其整体构想是以道德性的自由为规范价值，以富强的现代国民国家为建设目标，以科学进步和爱国公心为认同基础，以开明自营、自利两利为经济导向，以新式教育培育现代国民，逐步实现现代国民——国家的互动生成。严复思想具有强烈的双面性，既存续于传统，又反叛于传统，既效习于西方，又抗拮于西方。[②]

一、自由主义引入近代中国的历史时空和舆论背景

严复认识到晚清中国不再处于“一统无外”的时代，而是进入了“分民分土、地丑德齐”的时代。[③] 三千年未有之巨变是包括中国圣人在内也无法为力、无法自外的“运会”。在救亡图存的时代背景下，严复打通中外思想资源区隔的藩篱，翻译《天演论》，引入了西方自由主义思想。他认为自由是天演的过程，顺应这个过程，“变”就能顺势而昌。认真观察严复思想中诸如“群己”、“公私”、“义利”甚至国与国的

---

① 杨济亮，福州市社会科学院历史文化所所长、助理研究员。

② 赵旭：《严复的中国现代国家建设思想：从民族国家和国民国家两种面向说起》，《哈尔滨工业大学学报（社会科学版）》2022 年第 1 期。

③ 严复：《拟上皇帝书》，王拭主编：《严复集》第 1 册，中华书局，1986 年，第 65 页。

关系、国民与国家的关系等若干关系问题，都是可以归结到“自由与约束”或“竞争与秩序”这一最本质的关系内核上。至于“中西”（华夷）、古今旧新（野蛮落后、文明进步）、名实、本末、主辅则是不同时期思想对话主体关于中西文化优劣的选择、认同和程度判定的对分概念。

二、严复现代国民国家建构思想之自由约束关系内涵

现代国民国家是现代国民的联合体。国民的自由是现代国家建设的基础。在现代民主国家，自由是一种自我建构同时也是一种权利。严复明确指出“夫自由一言，真中国历古圣贤之所深畏，而从未尝立以为教者也”①，中国传统教化中没有自由思想。

(一) 国群自由以小己自由为界

严复对西方自由主义的理解体现在他有关国群自由与个人自由关系的论述中，涉及国家管束治理权力来源正当性问题。一方面，严复极力高扬西方的个人自由旗帜，强调民权自由对现代国民国家建设中的重要意义。他介绍西方国家“政教之施，以平等自由为宗旨”②，“唯天生民，各具赋畀，得自由者乃为全受，故人各得自由”③，“侵人自由者，斯为逆天理，贼人道。……故侵人自由，虽国君不能。而其刑禁章条，要皆为此设耳”④。他强调“吾未见其民之不自由者，其国可以自由也；其民之无权者，其国之可以有权也”⑤，“身贵自由，国贵自主”⑥。不过，他又说“自由平等者，法律之所据以为施，而非云民质之本如

① 严复：《论世变之亟》，《严复集》第1册，第2—3页。
② 严复：《原强》，《严复集》第1册，第24页。
③ 严复：《论世变之函》，《严复集》第1册，第3页。
④ 严复：《论世变之亟》，《严复集》第1册，第3页。
⑤ 《原富》案语，《严复集》第4册，第917页。
⑥ 严复：《原强修订稿》，《严复集》第1册，第17页。

是”[①]，否定了卢梭的民约基于权利而不基于强力（也就是说公意是自愿的不是被迫接受的）之观点，后来受到了章士钊的挑战。[②] 严复又认为“凡可以听民自为自由者，应一切听其自为自由，而后国民得各尽天职，各自奋于义务，而民生始有进化期”[③]，“凡是民生幸福，无非自由”[④]，“所谓富强，质而言之，不外利民云尔”[⑤]。由此可见，与个人自由相比，他更看重国群的秩序和富强。严复还提出了责任政府的概念，他说自由应包括“以政府之对国民有责任者为自由”[⑥]。

另一方面，有点悖论的是，严复实证主义的认知观一定程度上消解了其所传播的自由主义的革新性。穆勒所说的 Liberty 的原意在于确立个体（己）免受强制的自律性和自主性，而严复更强调要约束个人自由的边界，即所谓“小己”自由不应有损“国群”自由。在严复看来，国家与社会没有严格的区分，确立治权的社会即为国家（军国社会）。国家是个体组成的有机体，仍是天演之物。“群己并重，则舍己为群”，“两害相权，己轻群重”，严复明显突出群体优先的原则，他认为种族生存，“善群者存”，并希望“管理者，个人必屈其所欲为，以为社会之公益，所谓舍己为群”[⑦]。孟德斯鸠主张，民主政治需要人们持续不断地将公共利益置于个人利益之上。严复的“己轻群重”就是建立在对此的理解之上。严复认为个人自由最高贵的价值就在于服务国家的富强目标，个人自由的多少应根据国家利益需要来确定，而自由过多或过少都有碍于国家富强目标的实现。

后来，严复思想受到英国政论家西莱的影响。西莱重视集体利益和个人价值的平衡，不认为自由是无条件的普遍价值。严复在 1906 年出

---

① 严复:《〈民约〉平议》,《严复集》第 2 册，第 337 页。

② 章士钊指出严复的逻辑错误，强调法律只不过是对人民权利的确认，法律不能创设人权，只能确认人权。

③ 《〈庄子〉评语》,《严复集》第 4 册，第 1118 页。

④ 严复:《政治讲义》,《严复集》第 5 册，第 1280 页。

⑤ 严复:《原强修订稿》,《严复集》第 1 册，第 27 页。

⑥ 严复:《政治讲义》,《严复集》第 5 册，第 1289 页。

⑦ 严复:《政治讲义》,《严复集》第 5 册，第 1279 页。

版的《政治讲义》中提到，如果不根据治理程度而一任自由不加限制，则只会乱而不会有真正的自由。不得不说，他的这种认知是有一定道理的，这也是他政治上力主君主立宪的认知基础。严复担忧由于自由思想的引入及国民对自由的曲解，可能造成社会各顾其私、群雄势力各立山头，陷入国无政府的分裂无序状态，不仅不能保障国民的基本生存自由，而且也无法保种自强。严复认为“是故人生无完全十足之自由，假使有之，是无政府，即无国家”[①]，所以他也说：“政界之境诣，至于自治而极。”[②] 又说：“自由达于极点，是无政府。夫无政府而治，虽有此理想，然其实境，不知何时可至……人类美大事业，皆有道政府所建成者，是政府不可无也。”[③] “凡是国家，必有治权，而治权以政府为之器，故天下无无政府之国。”[④] 严复反复强调自由的极致是无政府，但政府又是不可无的。严复似乎无意间混淆了“权利自由”理念与“无政府主义”的界限。[⑤] 近代自由理念是在强调个人权利优先性的同时，认为国家的存在不仅是合理的，而且是必要的。然而，严复未能准确传播西方现代民主国家形成历史语境中的“权利自由”理念，而是从自己对“意志自由”的理解出发，指出：“纯乎治理而无自由，其社会无从发达；即纯自由而无治理，其社会且不得安居。”[⑥]

严复主张“民权自治”，但反对无政府主义，意在政府管束和个人自由两者之间寻求平衡，即所谓“自由与治理要并施”。他认为政府的管理职能即治权越大，干涉越多，民众自由越少；反之，则自由越多。所以，国民限制政府权力边界也就具有了现实依据。严复还指出检验一个国家是否自由，不能仅看政府之权限大小，还要看民众实享之自由。应该说这是符合其中庸务实的政界自由判定标准的。严复还指出政界自

---

① 严复：《政治讲义》，《严复集》第 5 册，第 1287 页。

② 严复：《政治讲义》，《严复集》第 5 册，第 1300 页。

③ 严复：《政治讲义》，《严复集》第 5 册，第 1290 页。

④ 严复：《政治讲义》，《严复集》第 5 册，第 1247 页。

⑤ 参见孙晓春、郭御龙：《从崇尚自由到回归传统：晚年严复的思想转向及其原因》，《南开学报（哲学社会科学版）》2021 年第 4 期。

⑥ 严复：《政治讲义》，《严复集》第 5 册，第 1279 页。

由与政府的仁暴没有必然联系，与法令良莠不齐、国家政制好坏没有必然关系。他批判了古代的“牧民思想”，说：“以贵治贱，故仁可以为民父母，而暴亦可为豺狼。”[①] 他还举了历史上的一些例子指出权力粗暴可能治理简单少干预，而有些貌似仁慈的统治反而可能对老百姓限制更多。[②]

不过，应当指出现代民主国家是由国民根据各自安全和利益需要才由散而聚，以契约形式让渡权力给统治者，并由后者保障其安全而形成的共同体。诚如章士钊所说的“约以意而不以力”。为了化解国民个人自由与政府约束之间的矛盾，人们可以为了共同利益自发制定和服务法律，而不觉得受到管束。个人自由和政府约束之间的重要关系不仅仅是如严复所言“政令简省”、约束松紧的问题，更是政府管束权力和治理正当性来源问题。政府的管束治理正当性是由国家权力来源的主体即国民来定位的。人人都要受法律管束，不做法律禁止的事情，而法律也是在宪法母法之下的具体实践，法律对国民自由的约束力根源于国民制定的国家宪法，舍此，即为恶法。这就是国民对政府治权进行限制的“政界自由”，政府管束应有其边界。[③] 其实，严复自己也讲，“政府之存在是由民众自立之需要，政府权力之大小由民众之赋予”，“顾今使为之法，而此一切所以治吾身心者，即出自吾之所自立，抑其为此之权力，必由吾予之而后有”。[④] “国家的自由”（政府权力的自由）不是人民所应争取的目标，也不是严复要运用“小己自由”为手段去追求的目的。相反，他是极力主张为争人民“小己自由”而反抗专制统治。在实际的政治实践中，可能共同利益没有得到维护，反而是“公意”被一小撮人披上各种冠冕堂皇的外衣来实施专制，压制个人自由、攫取私人利益。严复曾强调：“故为政有大法，凡遇公益问题，必不宜毁小己个人之产

---

① 《法意》案语，《严复集》第 4 册，第 969 页。

② 严复：《政治讲义》，《严复集》第 5 册，第 1283 页。

③ 参见张春林：《在自由与管束之间：严复“政界自由”思想之辨析》，《河北师范大学学报（哲学社会科学版）》2018 年第 4 期。

④ 严复：《政治大义》，引自卢云昆编选：《社会剧变与规范重建：严复文选》，上海远东出版社，1996 年，第 427 页。

业，以为一群之利益。”[①] 在《主客平议》中，严复说：“自由者，各尽其天赋之能事，而自承之功过者也。……故言自由，则不可以不明平等，平等而后有自主之权；合自主之权，于以治一群之能事者，谓之民主。”[②]

在自由民权的政治实践选择上，严复主张采取英国式的君主立宪制，认为君主立宪不会产生君王专制下的“驱迫束缚其臣民、愚弄人民的状况”。强调宪法根本性的特征是“吾侪小人所一日可据以与君上为争之法典耳。其无此者，皆无所谓立宪，君上仁暴，非所关于毫末也”[③]。这样，“君不甚尊、民不甚贱，而联若一体”[④]。严复认为实现民权的重要性在于“权在我者也”，而可使统治者“欲为不仁而不得也”，“在我者，自由之民也；在彼者，所胜之民也。必在我，无在彼，此之谓民权”，[⑤] “民有权而自为君”[⑥]。这里讲的都是国家权力问题而不是国民权利问题。

立宪要制定的法律是限制政府权力或者说就是约束君主的权力，保障国民的自由和权利。立宪政体是将革命制度化的政治体制，严复认为政府“放任多者谓之自由”，“以限制政府之治权为自由”。[⑦] 他主张“设议院于京师，而令天下郡县各公举其守宰”[⑧]，认为议会是宣达测验的扶治机关，“既能扶之，斯能倾之，亦能造之。是故扶持政府之权力，即建造政府之权力，亦即破坏政府之权力也”[⑨]，颇有古代“水能载舟亦能覆舟”之意。通过设立议院机关和实施代议制，使众治为扶治，乃实现君民共治。严复主张地方先行自治（分权），容许人民选举地方官

---

① 《法意》，《严复集》第4册，第1022页。

② 严复：《主客平议》，王栻《严复集》第1册，北京：中华书局，1986年，第118页。

③ 严复：《政治讲义》，《严复集》第5册，第1284页。

④ 严复：《原强》，《严复集》第1册，第11页。

⑤ 《法意》案语，《严复集》第4册，第972页。

⑥ 《法意》案语，《严复集》第4册，第950页。

⑦ 严复：《政治讲义》，《严复集》第5册，第1289页。

⑧ 严复：《原强修订稿》，《严复集》第1册，第31—32页。

⑨ 严复：《政治讲义》，《严复集》第5册，第1315页。

吏，使国民破除奴性，培养对国家的归属感。通过地方自治，公民有序参与政治，自下而上，最终实现民权（自治自主权）和保种强国的目标。他还指出："政党者，民人自为无期限之会合，而于国家一切之问题，有主张之宗旨与求达之目的者也。"①

严复不反对中国变法革新的必要性，但又不希望看到激进革命带来的社会动荡，因此对变法革新持谨慎稳重的态度。他十分重视改革的时机与选择问题，认为："制无美恶，期于适时，变无迟速，要在当可。"② 还说："改革之倾，破坏非难也，号召新力亦非难也，难在乎平亭古法旧治，知何者当革，不革则进步难图；又知何者之当因，不因则由变得乱。"③ 严复应当见过义和团的暴力，特别提及法国大革命带来的不良结果"法国反政之后，三为民主，而官吏之威权益横"，继而引述英国学者斯宾塞的名言说："民之可化，至于无穷，惟不可期之以骤。"④ 他反对"放恣"，指出若民智不开即骤行共和之制，则可能存在"一众之专横"，即"多数人的暴政"。这些观点都与他"不应滥用自由"思想相通。当时，革命党人鼓吹排满，严复担心以排满为口号的共和革命一旦成功，有可能无法融合非汉族的藏、蒙、疆等少数民族，导致国家分裂⑤。所以他不主张排满，认为假如以"民族主义"立国，显然是"以利国不足，而为梗有余"⑥。他甚至还向清廷发出了专制会导致革命的警告，并在南北议和之际跑到武汉面见黎元洪，陈述君主立宪制的好处。当时，康有为采用"文化民族"观，主张满汉融合，而章太炎坚持"历史民族"观，强调满汉在历史中的差异性。建立民国后，孙中山吸收了严复、康有为等思想，主张五族共和。

---

① 严复：《说党》，《严复集》第2册，第300页。

② 严复：《宪法大义》，《严复集》第2册，第240页。

③ 严复：《宪法大义》，《严复集》第2册，第246页。

④ 严复：《辟韩》，《严复集》第1册，第25页。

⑤ 严复：《与莫理循书》，孙应祥、皮后锋编：《〈严复集〉补编》，福建人民出版社，2004年，第304页。

⑥ 严复：《读新译甄克思〈社会通诠〉》，《严复集》第1册，第148页。

(二)民族独立、国家富强和个人自由是相辅相成的关系

学者孙晓春认为，由于群体本位的价值取向，中国近代思想家在个人自由之外又臆造出了一个整体自由。这种整体自由，在不同的思想家那里又被表述为“国家自主”、“团体自由”、“国家自由权”，这里主要指评的是严复。然而，严复所谓的“国群自由”是指“以国之独立自主不受强大者牵挚干涉为自由”①。在外敌入侵、中国即将亡国灭种的历史背景下，严复认为所急者乃国群自由，目的也是自存，为了每一个国人不受外敌欺压的个人自由。他说：“夫自人道之多缺，而民德之难纯也，而国家主权，设为无限不净若此，此不得言其无弊也，然以立国争自存，则又有无穷之大利。”② 严复所追求的“小己自由”并非单指某一个人，而是“每个人”的自由，亦即所有公民和自然人，“积其民小己之自由以为其国全体（人民——引者）之自由。此其国权之尊，所以无上也”③。国权无上实质上是它所承载的人民自由至上。

历史研究者也许不能苛责“严复并没有把自由理解为最高的价值”④，自始至终，严复都是肯定个体自由是国家富强的先决条件，并没有将个人自由视为实现富强的手段。他的“国群自由”的主张并未掩盖个人自由的重要性。他也认识到专制独裁尽管在特殊情况下有“庇民之实”，“有救亡之用”，但“终常为殃民之资”⑤。所以，严复在《政治讲义》中指出，政治自由只有国民与政府对待的意涵，不包括国家与国家之间的对抗关系，因此，不包含国家独立自由的意涵，“抗暴君污吏，谓之保护自由可也，御外国敌人，非保民之自由，乃争国之独立”⑥。诚然，主权独立是发展经济、促进民生的重要保障，但中国近现代历史

① 严复：《政治讲义》，《严复集》第5册，第1289页。

② 甄克思著，严复译：《社会通诠》，商务印书馆，1931年，第171页。

③ 穆勒著，严复译：《群己权界论》，商务印书馆，1930年，第134页。

④ 孙晓春、郭御龙：《从崇尚自由到回归传统：晚年严复思想的转向及其原因》，《南开学报（哲学社会科学版）》2021年第4期。

⑤ 严复：《政治讲义》，《严复集》第5册，第1311页。

⑥ 严复：《政治讲义》，《严复集》第5册，第1281页。

证明经济发展并不必然伴随政治文明的同步发展，国家主权独立并不必然使得个人自由取得相应的改善。盲目相信为了国家富强可以牺牲个人自由最终很可能是一场噩梦。正如孙晓春评价的，团体自由不是个人自由的逻辑归宿，相反，团体自由需要个人自由来说明。人们通常所说的国家主权，是指一个国家独立处理内外事务的权力，但是，一个国家是否拥有主权，并不能用来说明这个国家国民自由实现的程度。社会自由是无法用国家主权来说明的。①

其实，在现代国家，国民自由本身是国家建设和发展的目的，不是国家富强的手段，国家即使富强若不能保障国民人权自由，与专制何异？严复在 1895 年 3 月就曾引用西方学者言论，称颂民主制的国家，强调："国者，斯民之公产也，王侯将相者，通国之公仆隶也。"② 他曾感叹甲午前后国人不知有国，各私其私的现象，甚至为求自身富贵，卖国求荣，"宁坐视其国之危亡，不以易其身一朝之富贵"③。究其原因，是在皇权专制国家"君有权而民无权"，而国民是不自由的被奴役状态，"以隶相尊，徒强颜耳"④。国家是君王的私产，"中国自秦以来，无所谓天下也，无所谓国也，皆家而已"⑤。当时清末现实状况是"我中国之民，其卑且贱，皆奴产子也"⑥，国民又如何去爱君王？恨都来不及。严复在《论世变之亟》一文指出："一统者，平争之大局也。"⑦ 统一性压制了普通百姓对公平正义的诉求与自由能动，封建专制磨灭了人们的爱国心，而且使其丧失独立人格，只会盲从，"夫上既以奴虏待民，则民亦以奴虏自待"⑧。因此，在士大夫眼里的"亡国灭种"，在觉醒的底层百姓看来不过是换了个统治者罢了，人民不会在乎谁是下一任天子。

---

① 孙晓春、郭御龙：《从崇尚自由到回归传统：晚年严复思想的转向及其原因》，《南开学报（哲学社会科学版）》2021 年第 4 期。

② 严复：《辟韩》，《严复集》第 1 册，第 36 页。

③ 严复：《拟上皇帝书》，《严复集》第 1 册，第 76 页。

④ 《法意》案语，《严复集》第 4 册，第 952 页。

⑤ 《法意》案语，《严复集》第 4 册，第 948 页。

⑥ 严复：《辟韩》，《严复集》第 1 册，第 36 页。

⑦ 严复：《论世变之亟》，《严复集》第 1 册，第 1 页。

⑧ 严复：《原强修订稿》，《严复集》第 1 册，第 31 页。

民权不彰、民心涣散，哪里还有民力去保家卫国呢？在《法意》案语中，严复强调只有给人民以可恃之权利，才能要求人民去尽义务，义务与权利是对等的。如果仅责令无权之民尽义务无异待民如奴隶。

（三）在“国国自由”关系上超越自由竞争、止于人道至善

1900年义和团运动发生后，严复逐渐形成了以“教育救国”为核心的爱国救国理论。严复的观点十分清晰，救国之出路不能依靠思想上“排外”达成，而是仍要以“文明”作为目标。他说：“期于文明，则不排外而自排；期于排外，将外不可排，而反塞文明之路。”“与其言排外，诚莫若相勖于文明。果文明乎，虽不言排外，必有以自全于物竞之际；而意主排外……将排外不能，而终为文明之大梗。”① 思想上的排外并不能促进本民族百姓从专制束缚中解放出来，获取自由民权，相反，却会导致更加封闭落后。

严复在对待西哲的“自由”概念时是将中国的国群自由和国国之自由一体观察的，严复在《论世变之亟》提到，“故人人各得自由，国国各得自由，第务令毋相侵损而已”②。然而，近代西方在自由基础上的争霸在他看来并不文明，相反是野蛮无耻的。他说：“不佞垂老，亲见脂那七年之民国与欧罗巴四年亘古未有之血战，觉彼族三百年之进化，只做到‘利己杀人，寡廉鲜耻’八个字。”③《天演论》强调的优胜劣汰暗含对强权的承认，晚年严复实际上也在纠偏，以人道入天理，以人文公义补自由竞争之残酷。严复曾在报纸揭露德国强占胶州湾违反国际公法的帝国行径，同时，批评英媒的护短舆论。他鼓励弱者当自强。同时，他也反对以强凌弱，并不认为天演之弱肉强食是完全合乎人道的。他说：“西方一德，东方一倭，皆犹吾古秦，知有权力，而不信礼义公理也……故使果有真宰上帝，则如是国种，必所不福。”④ 他用人性公理准确地预言了法西斯的结局。

---

① 严复：《与〈外交报〉主人论教育书》，《严复集》第3册，第561、558页。

② 严复：《论世变之亟》，《严复集》第1册，第3页。

③ 严复：《致熊纯如书》，《严复集》第3册，第692页。

④ 严复：《致熊纯如书》，《严复集》第3册，第622页。

严复审慎地将凭强力奋争保种的举措置于“人道”的规范上。“人道”就是“保群自存之道”，就是自己得到“自由”发展而不损害他人自由发展的正道。“成己之美也要成人之美”（其后费孝通的“美美与共”亦同此意）。他认为西方“惟器之精，不独利为善者也，而为恶者尤利用之”①。他在一定程度上意识到西方文化价值的有限性，认为西方的毛病是不善用科学知识造福人类，而是用来杀人争胜。于是他“回观孔孟之道，真量同天地，泽被寰区。此不独吾言为然，即泰西有思想人亦渐觉其为如此矣”②。他回到传统儒家文化寻求思想资源，看到了先秦儒家“非战”、“仁爱”思想的人道价值以及德育风教上的优越性，所以，才会有他早年批判康有为孔学会而晚年却倡读孔子经义的反差举动。

富强必须谋之有道，严复超越功利主义的富强，转向国族发展道路的德性价值，崇尚和平主义，这体现了他对父母之邦的忠诚热爱，对人类终极命运的深切关怀。

三、结语

救亡图存，重构中国价值体系，探索中国现代化的模式并积极推进实践是严复一生一以贯之的事业。严复说：“一若民既自由，则国无不强，民无不富，而公道大申也者。”③ 严复的“公道”已经是糅合西方自由、平等、民主思想和中国传统儒家和平、崇公等符合人性大同的天下之公理。严复所追求的“治道”目标制约和规范着其“救亡图存”和“富国强兵”的目标。

严复国民国家建构思想具有完美主义和实证主义倾向，他不相信非理性的革命激情，无法认识到革命“不破不立”的客观意义。诚然，个人自由的实现需要秩序、需要民众的自治能力、觉醒与克制、理性与妥协、互信。但严复只看到秩序对“国家自主”的救急意义，却没有回答

① 严复：《论教育与国家之关系》，《严复集》第1册，第167页。

② 严复：《致熊纯如书》，《严复集》第3册，第692页。

③ 严复：《政治讲义》，《严复集》第5册，第1288页。

如何防范“先急国群自由”而依赖强人威权并减损小己自由的负面后果，未能充分估量国家统治者特殊利益异化、公权扩张对个人权利的威胁等可能危害。严复也未能准确理解西方“免于强制和干涉”消极自由的价值。他看似中庸的调和己群关系，却没能严格区分国家治理机关与由复数“自由个人”组成的社会之间的关系。其道德选择与文化启蒙带有精英主义色彩，未能直接发动群众。立宪代议不应只是精英主导的，一开始就是各阶层包括弱势民众共同参与的政治实践。然而，中国近代史上的权要对权力的执着使得权利需求停留在精英层面，普通民众难以亲近，更无法沉醉。

最后，严复对社会改革采取调适性、重视实际效果的保守主义的文化态度和改革策略。他的“惟适则安”，并不是强调特例性，而是要会通古今中外，执两用中，萃取要略，适时而动。这对于中国式现代化建设具有重要启示意义。

留学运动与西方文明

——以严复、胡适的反思为中心

郭美琪[①]

近代中国最早的留学运动起于1847年由香港赴美留学的容闳三人。当时的留学运动大多与传教士有关，且是个人行为。两次鸦片战争失败后，随着民族危机的加深，清政府意识到向西方文明学习的必要性和紧迫性，开始派遣留学生留学西方。在政府的支持下留学运动逐渐发展，甲午战争后留学运动成为潮流。留学运动在培育现代新型人才上起到了功不可没的作用，是中国近代史上不可忽视的力量，留学生也成为中国救亡图存、从旧文明走向新文明的中坚力量。但与此同时，清末民初的留学运动在特殊的时代背景下，也存在很大的不足，由此影响留学运动效果。严复和胡适作为中国近现代史上的重要人物，在受益于清末民初留学运动的同时，也对当时留学运动的不足之处进行反思与批判。学界有关留学运动与西方文明的研究成果丰富，其中有关严复的研究大多夹杂在严复东学观、严复与留学生归国考试以及严复教育思想等研究中，单独论述严复留学思想的文章较少。而关于胡适的，有单独以《非留学篇》为文本研究的，也有对胡适整个留学教育思想进行研究的。本文将以两位留学精英对留学运动的现身说法和反思批判为材料，讨论近代留学运动与引进西方文明之间的复杂历史关系。

---

① 郭美琪，福建师范大学社会历史学院中国史研究生。

一、清末民初留学运动的不足

（一）留学生留学目的功利化，留学运动收效甚微

清末民初的留学运动从一开始就是民族危机不断加深的产物，背负着救亡图存的使命。但留学在19世纪40年代不仅不为人所知，而且视作凶险之途，[①] 留学人数极少。舒新城也说："中国自明以来即以科举取士，科名之虚荣心深入人心，人民之受教育均以获得科名为目的，游学去国万里，较之国内求学更为艰难，无特殊奖励，自难鼓舞。"[②] 中国自古以来深受科举制度影响，士人将科举考试看作唯一正途，即使是崇尚西学的严复，在科举考试已经废除之后仍将没有科举身份视作缺憾。

在缺乏激励措施的情况下，出洋留学难以扩大影响力，于是清政府将功名利禄的授予作为鼓励留学运动的重要手段。尤其是在甲午战争失败后，清政府颁布了一系列旨在鼓励留学的政策，如《广派游学谕》、《鼓励游学毕业生章程》等，将留学生的毕业证书与出身、官职绑定。后自光绪三十一年（1905年）起，学务处（学部）举办的留学毕业生考试，也授予考试合格者以翰林、进士、举人等出身，考试合格者通过廷试也可授予官职。在科举制度废除后，出洋留学成为士人获取官职的重要途径。民国成立后，南京政府和北京政府也将出洋留学作为录用职员的一大条件，留学生在政府职员中占有相当高的比例。

在此等社会背景下，留学教育逐渐成为士人追逐功名利禄的手段。严复在《原贫》中说道："问前者何事而应举纳赀，曰：以做官故；问后者何事而入学校、谋出洋，曰：以做官故。"[③] 谋取官职成了士人出洋留学的主要目的，严复也多次在与友人的书信中批判此种留学现象。

---

① 刘晓琴：《晚清民初留学生社会形象及其演变》，《史学月刊》2019年第4期。

② 舒新城：《近代中国留学史》，上海书店出版社，2011年，第116页。

③ 《严复全集》卷七，福建教育出版社，2014年，第414页。

如1899年4月给张元济的信中称："目下学习洋文人几于车载斗量，然其发愿皆以便于谋生起见，其为考察学问政治，而后肆力于此者，殆不经见。"① 虽然社会上学习西学者逐渐增多，但大多数人是为了谋生或谋取官职。在给熊季廉的信中也说："至一切新学，则不求诸西而求于东。东人之子来者如鲫，而大抵皆滥竽高门，志在求食者也。"② 求学东洋者大多滥竽充数，根本目的是谋得生存的饭碗罢了。

留学生留学目的功利化也使得留学教育收效甚微。1907年严复应邀在南京主持出洋考试中所作的《代提学使陈拟出洋考试布告》中对留学生的国文水平有严格的规定："其未习国文或程度太低者，虽西学及格，例不由官资遣。"③ 对留学生中文水平严格要求一方面是因为国文水平的高低直接影响了留学生学成归国后的知识成果转化，其次也是对之前留学生留学效果的反思。在给张元济的信中严复曾说："在英中国学生数十有余，（有南洋人在内）其中甚有佳者，恨中文则大抵不通耳。"④ "此行差强人意者，见英法两国留学各数十人，此真吾国进步。但恨来者根柢皆极浅薄，不徒洋文，即汉文通者已为至少，年齿或至三四十，真不知当途何取乎尔也。"⑤ 当时虽然留学英法的中国学生数量很多，但不通汉文且自身知识基础薄弱者也很多，质量参差不齐，这也在一定程度上影响了留学教育的效果。

当时的留学生不仅国文水平差，归国后对洋文以及所留学国家的文化知识也存在着一定的欠缺。"总之，前数项固属专家之学，然译手非于西国普通诸学经历一番，往往不知书中语为何，已先昏昏，安能使人昭昭？"⑥ 在留学年限和过于功利化的留学目的影响下，留学生往往在西方学习几年后仍然不知西方书籍中的含义。

---

① 《严复全集》卷八，第132页。
② 《严复全集》卷八，第166页。
③ 《严复全集》卷七，第296页。
④ 《严复全集》卷八，第153页。
⑤ 《严复全集》卷八，第156页。
⑥ 《严复全集》卷八，第132页。

（二）留学日本者日渐增多，东学兴盛

1894年甲午战争战败后，取法日本、留学日本者日渐增多，留日成为潮流。张之洞编写《劝学篇》极力主张清政府向日本派遣留学生，他认为“至游学之国，西洋不如东洋”。1902年梁启超也认为日本留学生是拯救危亡中国的唯一希望。他说：“中国他日之存亡绝续，皆将惟日本留学生是赖。多得一人，即多收一人之益。中国今日大事，未有过于是者。”①

二、严复对留学运动的反思

严复是西方文明的推崇者，自1877年留学英国时就开始关注西方文明中的精神层面，对西方文明有着超越时人的了解。随着中国留学运动的发展，尤其是在甲午战争失败，中华民族危机加深后，严复对留学运动进行了一定的反思。

（一）强调西文对学习西学的重要性

严复认为学习西学须求其本源，在《英文汉诂·卮言》中曾言：“使西学而不可不治，西史而不可不读，则术之最简而径者，固莫若先通其语言文学，而为之始基。假道于迻译，借助于东文，其为辛苦难至正同，而所得乃至不足道。”② 学习西方学说和了解西方历史都要在掌握西方语言文字的基础上进行，借助日文学习西学不仅事倍功半还有可能会走入歧途。日本通过明治维新以求得跻身列强，但其成功路径具有国家特色，想要吸取西学的精髓必须用西方文字从根源处开始寻找。虽然时人认为日文与中文相似，通过日译书籍学习西学可以事半功倍，但严复认为，正如西方人不能通过翻译获得中国儒家经典、诗词歌赋的意

---

① 《国闻短评：行人失辞》，《新民丛报》第5号，光绪二十八年三月一日（1902年4月8日）。

② 《严复全集》卷六，第86页。

义一样，中国人也无法单单依靠翻译而真正理解西学。[①] 想要准确了解西学含义，必须借助西方本土语言，因此严复十分支持《英华大词典》的编撰，认为《英华大辞典》的出现迎合了学者对西学日渐增加的需求。

（二）对日本留学生的不认可

严复对留学日本持批判态度，他对清末民初留学运动的反思主要集中在留日运动上。严复在《与曹典球书》中说“夫以华人而从东文求西学，谓之慰情胜无，犹有说也；至谓胜其原本之睹，此何异睹西子于图画，而以为美于真形者乎？”[②] 将留学日本以求西学比作在图画上看西子，隔着纸张并不能看到西子的真实美貌。

作为一个主张直接取法西方的留英学生，严复认为选择留学日本而放弃留学欧美本身就是一种投机取巧的行为。其在与张元济的书信中有说：“近来英法所最可喜者，东来学子日多，拔十得五，不乏有志之士，游欧所以胜于游日也。学子皆知学问无穷，尚肯沈潜致力，无东洋留学生叫嚣躁进之风耳。”[③] 他认为日本留学生在学习上有叫嚣躁进之风，做不到潜下心来做学问。在为萨镇冰作的贺寿文中写道：“今夫吾国自更新来号尚武矣。年少锋起，解辫易服，鱼集邻岛，学武备速成之科。期年持学凭归，相愕诧。逢人论国事，必痛哭流涕，指海誓河，言必牺牲身家，务排外以尊主权，雪国耻；一旦夤缘间隙，混迹行伍，徐观所为，不离名实。有时己得秋毫，国失泰山，且相与忍之，私喜计得。”[④] 从中可以看出有些日本留学生激进、爱做表面功夫和虚伪爱钻营的品行。

同时甲午战争的惨败也掀起了国内的革命浪潮。1905 年中国历史上第一个全国性的资产阶级革命政党同盟会在日本东京成立，留日学生受同盟会等革命团体的影响，革命思想逐渐萌发。然而严复对同盟会领导人孙文的评价却是“轻躁多欲，不足任重”，他认为留日学生救国之

① 何思源：《严复的东学观与清末统一译名活动》，《北京社会科学》2015 年第 8 期。

② 《严复全集》卷八，第 192 页。

③ 《严复全集》卷八，第 154 页。

④ 孙应祥：《严复年谱》，福建人民出版社，2003 年，第 318 页。

心过于激进。严复倾向于渐变的改革道路，且承认自始至终对共和制度并未抱有太大期望，他认为“此如汽箱，外无汽表，早晚炸耳。炸者何？乱也。炸者何？革命也”①。

（三）反思日本变法，批判东学肯定西学

日本经过三十余年全面学习西方的明治维新运动，成功跻身资本主义强国队列，引得中国政府和民众争相效仿，企图通过留学日本达到同样的救亡图存效果。但严复认为仅仅三十年的时间，日本并不能将西方两三千年的文明完全翻译学习，日本变法不足为训。

首先日本效法西方的方法就存在一定错误。“虽然，倭之谋则大矣，而其术乃大谬。夫一国一洲之兴，其所以然之故，至繁赜矣。譬诸树木，其合抱参天，阴横数亩，足以战风雨而傲岁寒者，夫岂一曙之事！倭变法以来，凡几捻矣。吾不谓其中无豪杰能者，主权势而运国机，然彼不务和其民，培其本，以待其长成而自至，乃欲用强暴，力征经营以劫夺天下。”② 日本学习西方的手段过于武断直接，只知搬运知识而不知培育国本，导致变法只知皮毛、本末倒置。严复多次在译著中号召直接取法西学，《社会通诠》案语有说：“泰东诸国，议贵之法，固亦有之，然所施至狭，不若欧西大陆之为制也。”③ 严复对日本的负面评价到后来也形成了负面的东学观，认为经由日本翻译的西方学说已经改变了其真正的涵义。另外，严复在给伍光建的书信中称：“方今欧说东渐，上自政法，下逮虫鱼，言教育者皆以必用国文为不刊之宗旨。而用国文矣，则统一名词最亟，此必然之数也。”在西方学说逐渐东传时，如何翻译西方学说中的重要名词是急需解决的事情。作为一个翻译家，严复对日译名词持批判态度，如“宪即是法，二字联用，于辞为赘。今日新名词，由日本稗贩而来者，每多此病”④。由日本翻译而来的西方书籍在名词翻译上常有累赘的毛病，其中还包括一些极其重要的名词，此后

① 《严复全集》卷六，第 74 页。

② 《严复全集》卷七，第 42 页。

③ 《严复全集》卷三，第 480 页。

④ 《严复全集》卷七，第 281 页.

严复开始了统一译名的活动，以方便更好地学习西学。

三、胡适《非留学篇》中的反思

1914年，正在美国留学的胡适在其任主编的《留美学生年报》中发表了颇具影响力的《非留学篇》①。在文章中胡适反思了当时中国留美学界现状的不足，同时也为中国未来的留学教育构建了其理想中的留学政策。

（一）留学的目的在于创造新文明

胡适在文章开头即以“留学者，吾国之大耻也；留学者，过渡之舟楫而非敲门之砖也；留学者，废时伤财事倍而功半者也；留学者，救急之计而非久远之图也”来对留学这一行为进行价值判定。总的来说，胡适认为留学只是一时的行为，是应现实需要而产生的救国举措。当时中国处于新旧文明的过渡时期，要想改变现状就必须向西方学习，此时的留学生担负着成为新旧文明的桥梁，实现中西文化取长补短的使命。但胡适也指出，留学教育只是权宜之策，“不能因为开通了留学教育的通道便自然地认为是一国的文化、教育得到发展的表征。这种把留学教育看作一国文化教育发展的外化行为的观念，恰恰忘记了留学教育中所蕴含的教育与文化发展的使命”②。国家不能将出洋留学作为教育的最终目的，只知学习、搬运他国先进文明而不知与本国文化融合发展是不行的。

胡适认为留学运动的根本目的在于造就新文明，使得后来学子可以不必留学。但“派遣留学至数十年之久，而不能达此目的之万一者，是为留学政策之失败”。当时国内留学风气浓重，国家新式教育依赖于出洋留学，缺乏属于自己的教育体系。胡适主张在中国增设大学以发展国内的高等教育，国内高等教育与留学教育的结合，不仅使留学生回国后

---

① 胡适：《非留学篇》，《欧美学生年报》1914年第3期。

② 舒志定：《略论胡适的留学教育观》，《韶关学院学报（社会科学版）》2001年第10期。

有传播西方学说的地方，也使得国人不用通过留学就可学习掌握西方学说，并形成自己的新文明。

（二）对留学运动现状的不满

胡适认为当时的留学运动是失败的，其反思留学运动的失败“一误于政府教育方针之舛误，再误于留学生志趣之卑下”。晚清民国时期的政府腐败严重，留学教育已如“旧日之红顶花翎，今日之嘉禾文虎，可以做人情赠品相授受也”。可见当时的留学教育已经名不副实，成为政治交易的工具。同时政府在留学教育的政策制定上受现实需要影响，急于为挽救民族危亡造就人才，将留学教育变成速成教育。

政府错误的留学教育政策直接影响留学生的留学行为，当时的留学生“志不在为祖国造新文明，而在一己之利禄衣食；志不在久远，而在于速成”。于是留学出现了三大缺点：一是留学生苟且速成；二是留学生学习科目重实业而轻文科；三是留学生不知祖国文字学术，数典忘祖。

政府在制定留学政策时“崇实业工科，而贱文哲政法之学”，“不立留学年限，许其毕业即归，不令久留为高深之学”，迫于形势只求速成，且有“中央政府赏功留学之举”，于是留学生为了实现留学利益最大化，在选择学校、科目和老师时，往往“入最易之校，择最宽之教师，读最易之课”。留学生学成归国后仍然“未窥堂奥”，只求用留学文凭换取高官厚禄。政府崇尚实业工科的政策取向也使得留学生重实业而轻文科，“学文科仅及百人，而习工程者倍之”。但中国的落后在于教育不兴、民智不开、民德低下，重实业学工科、发展物质文明只能使中国在物质上迈进现代化，精神文明依旧落后。对此胡适也提出解决办法，要求政府严格规定留学年限、学习科目以及学习的时间，避免留学生对西学浅尝辄止。此外胡适认为“今留学界之大病，在于数典忘祖”，许多留学生不仅英文水平低下，国文也不甚擅长，甚至以习国文讲国语为耻。这使得不少留学生丧失自尊心，不知祖国历史文化，深陷西方国家的物质文明不能自拔，从而诋毁祖国，难以承担起为祖国输入新文明的使命。此外国文是留学生学成归国后向祖国传播西方学说的工具，留学生不通国文则无法用国文著书立说，传播西学。因此胡适强调政府须对出国留学者进行严格的资格考核，对其国学、史学、文学以及外语等科目进行考核，考核通过者才可获得选送留学资格。

（三）胡适的理想留学政策：留学教育与国内高等教育结合

胡适是一个教育救国论者，在胡适眼中，“一个国家有没有合格的大学、大学教育的成败利钝与这个国家的盛衰休戚关系直接，大学通过它对精神文明、物质文明设计、建造的独特功用担负着振兴国家义不容辞的巨大责任”①。由此可见其对大学教育的重视程度。胡适在对留学运动进行反思后认为留学的目的是为中国造新文明，但造就新文明不能只依赖于留学教育，振兴自身的高等教育，形成独立的学术体系才是重中之重。

胡适主张建立的大学教育体系是从增设国立、省立、私立、专科高校以及建立类似如今研究生学院的毕业院等几个方面着手的。发展完善国内高等教育体系不仅可以摆脱亦步亦趋跟在西方后面的留学现状，同时也能使留学教育更好发挥其引进新文明的功效。国内高等教育给留学归来的留学生提供了继续深造的地方，同时也给留学生向国人传授西方学说提供了场所。此外胡适还对高等教育的本地化十分重视，“大学中无论何科，宜以国语国文教授讲演，而以西文辅之”，强调用国文教授学习，这在一定程度上也可以促进独立学术体系的形成。

四、严复与胡适对留学运动反思的比较分析

（一）严复与胡适反思的不同角度

严复和胡适作为中国近代史上极具代表性的出洋留学生，不约而同地在著作中发表有关留学运动反思的言论，虽然两者看法有其相同点，但反思的侧重点不尽相同。首先两者都对留学生留学目的进行批判，批评其急于求成、功利性较强。其次两人都认为当时的留学教育不甚成

---

① 胡明：《胡适关于大学教育设计达略：从〈非留学篇〉到〈争取学术独立的十年计划〉》，《江淮论坛》1993 年第 3 期。

功。虽然严复和胡适都是西学的推崇者，但并不主张完全舍弃中学，在其非留学思想中都批判了留学生对国文的忽视以及对中国传统文化的过度抛弃，两者都强调在选拔公费出洋留学生时要格外注重对国学及国文水平的考察。

严复与胡适两人对留学运动的反思也存在着明显的不同之处，严复在对留学运动现状进行反思后，其批判主要侧重于留学国家。严复作为留英学生，在直接接受西方文明的熏陶后，对甲午战争后国人留学日本的潮流持否定态度。他认为日本并没有得到西学的精髓和真谛，效法日本只会事倍而功半，因此他对留学教育的批判主要是针对留日教育而言，但依旧鼓励学生留学西方，学习真正的西方学说。胡适《非留学篇》则主要对留学运动的目的进行反思，且大量着墨于日后的留学政策建设，从留学教育与国内教育、文化建设相结合的角度批判留学。他指出留学要以造就新文明为目的，使后来学子可以不必留学他国，留学教育只是新旧文明交替时期的过渡行为，不能将其作为国家发展教育的最终目的。同时他认为政府不能只注重发展留学教育，同时也要发展属于自己的高等教育，这样才能真正自立自强。

（二）反思中体现出来的对引进西方文明的态度

在近代中华民族危机日渐严峻的时刻，许多人抱着教育救国的思想来实现中华民族的救亡图存，留学作为重要的教育途径自然也受到国人重视。严复和胡适两人对留学运动的不同反思体现了二者对中国走向西方文明途径的不同选择。

严复批判甲午后国内兴盛的留日之风，他反对假手日本，主张国人应该直接学习西文取法西洋，鼓励留学西洋。其消极的东学观不仅仅因为东学篡改西学之精髓，同时也因为他眼中的东学还“指向一种方式激烈、浮躁冒进的风气或说心理状态”①。严复在寻找救国之道时一直反对日本那种把强兵作为强国取向的思路，强调变革应该是渐进的而不是

① 郭道平：《“群学”与“道统”：严复和张之洞的思想交锋——从两种〈劝学篇〉说起》，《华南师范大学学报（社会科学版）》2015 年第 6 期。

激烈迅速的，取法西洋的正途在于对民质的培育。因此严复一直主张渐进改革、反对暴力革命，这与当时的时代潮流相左。同时严复在留学思想中对语言文字的重视，也正与其本人一直从事的翻译工作相呼应，这反映了他对留学运动的文化传播功能的重视。

胡适认为留学运动的根本目的是为本国创造新文明。他重视留学教育与国内教育的结合，在留学时期就一边积极学习西学、一边对中国教育进行思考，积极探索融合中西教育的途径，想要依靠留学教育带动国内高等教育的发展，再通过教育的发展完成救亡图存的使命。胡适主张救亡的根本出路在于再造文明，充分学习西方的科学、民主，改造本国的封建国民意识，实现社会的现代化。

（三）对留学运动进行反思的原因

严复和胡适同是留学教育的受益者，不约而同地发表了反思留学、质疑留学的观点，这不禁让人思考其背后的原因。

胡适走向“非留学”其中的一个重要原因是“自负不轻，而对侪辈又不甚看得起”①。胡适身为庚款留学生，早年民族主义情绪颇盛，初到美国就与中国学生一起成立“薪胆会”，足见他当时对帝国主义侵略的愤怒以及对民族复兴的期望。但当时的留美学生很多出身于教会学校，不仅不重视中文和中国书籍，有的甚至完全不懂中文。且许多留学生对祖国现状毫不知情，在国外肆意诋毁祖国，一些官费留学生也毫无刻苦学习之习惯。留美学生的种种恶习让胡适看不到留学振兴祖国的希望，对留美学界的不满导致他走上了批判留学的道路。严复反思留学运动的原因与胡适在某些方面是相似的，都由于留学现状与自己的抱负不相匹配而开始质疑留学效果，但严复同时也因为道路选择的不同而对东洋怀有不满，以此质疑留学东洋的效果。

严复和胡适虽然发表了质疑留学的观点，但这只是对当时的留学现状的不满，两人都没有因此否定留学运动对传播西方文明的意义。

---

① 罗志田：《昨天的与世界的：从文化到人物》，北京大学出版社，2007 年，第 300 页。

论严复对王韬思想的继承与发展

林　怡①

王韬（1828—1897），是最早“应时而动”，自觉留心中西文化交流与传播，为国人介绍世界大势，启蒙国人，主张维新变法的第一代布衣士人。他作为早严复一辈的近代有影响力的士人，对严复影响广泛且深刻。严复对王韬的思想有继承，有发展，试述如下。

一、王韬对丁日昌在闽施政的影响

丁日昌曾任江苏布政使、江苏巡抚等职。1875 年，在沈葆桢的推荐下，清廷任命丁日昌接替沈葆桢，出任福州船政大臣，后又补授丁日昌福建巡抚。

王韬得知丁日昌赴闽任职后，致信丁日昌，为他董理船政出谋划策：“他告诉丁日昌，西方科学技术的发展‘日新月异而岁有不同’，要时时讲求新法，才能真正办好洋务。目前应该办两件事：设肄习舟师馆和翻译西书馆。……设舟师馆就是为了培养中国的轮船驾驶员，而翻译外国书则为的是学习外国的新技术和方法。在理解王韬的观点的基础上，丁日昌向朝廷上奏说：‘中国学习西法，有始境而无止境’……丁日昌在福州船政局任职五六个月的时间，他按照王韬提出的两件事做了努力。一八七六年二月，他派熟悉洋务的唐廷枢、黄达权赴香港招选英国学堂的优良学生四十名，入闽厂学堂学习，培养驾驶人才。这些学生

①　林怡，中共福建省委党校、福建行政学院教授。

从小学习外国语言文字，比内地学生有较快接受西方科技知识的条件，可以快出人才解燃眉之急。与此同时，丁日昌招募了许多懂外国语言文字的知识分子，广译各国史事百家，笔记丛谈，还选购越南、缅甸、泰国、印度等国有关山川地势、风土物产等图书，加以翻译。其中有一部在当时极有现实意义的书《法人游探记》……丁日昌获得这部书之后，让船政学堂学生游学诗、罗丰禄等翻译……呈交总理衙门。"①

1876年11月，丁日昌抵台巡驻。在此之前，王韬致信丁日昌，建议他"到台办好二件事：'……辟地、开矿两大端，尤关至要，一以西法行之，定可事半而功倍。'这些见解基本上与丁日昌的意见相同，因此丁日昌也就如此去做了"②。

早在1874年底，丁日昌已经向清廷上奏著名的《海防条议》，他通过分析王韬向他提供的国际形势，向清廷提出了海防八项新主张。巡驻台湾期间，"丁日昌实践了《海防条议》中阐述的经济政策，主持架设了中国第一条电报线；督办了中国第一个用西洋机器开采煤矿的矿井；倡议筹划了中国自建的第一条铁路。由于经费困难和顽固派的阻碍，这三项建设都只有一个开头就夭折了，还谈不上有什么海防和经济效益，但是，这三项建设事业的创立与首倡，对发展台湾经济，加强台湾海防都影响深远，为中国进一步引进西方先进生产力起了开风气之先的作用"③。

1879年，王韬赴日本游历百余日后回国，拜访丁日昌，受到丁日昌的隆重礼遇，邀请他在自己的藏书楼絜园留住多日。王韬为此留信给丁日昌道：

> 日昨幸得见天下伟人，虽黄河泰岱犹未足方喻生平之愿，于兹大慰。絜园花木，时时入于梦寐，今留宿其中者六七日，邺架所储，得窥底蕴，奇编秘籍，海内所罕。天下谈藏书者，精华所萃，

---

① 邓亦兵：《丁日昌评传》，广东人民出版社，1988年，第92—93页。

② 邓亦兵：《丁日昌评传》，第103页。

③ 邓亦兵：《丁日昌评传》，第107页。

> 悉在于斯。……连日下榻园中者凡三八座，可称一时盛事，而韬以一山人厕其间，每食必居首位，爱才下士，往古所无。临行赐以异书，馈以兼金，厚惠隆恩，虽糜身百体，未足云酬。……阁下不以韬为不才，以其略明洋务，或可收一得之效，既函呈总理衙门，而又贻书沈、何两制军。说士若甘，求贤如渴，古大臣风度，不意于身亲见之，感激涕零，无可言说。……天下无远近之人，无不想望丰采，群冀公之一出，奋谟画、布经猷，以一振中原积弱之势。故为朝廷计、苍生计，则公断不可不出；若为公一身计，则似可不出也。何则？韬在絜园中，日侍左右，亲见凌晨而兴，深夜不睡，书牍往来，宾客谒见，无有暇晷。每食不过一盂，每遇事故，则裂眦扼腕，叹息累日。公之办事，雷霆无此精锐；公之虑事，毫发无此精详。殚心瘁力，罔自爱惜。每遇一事，不独以精神注之，直欲以性命赴之，此古今所未有也。……伏祈为国为身万万自爱。①

这通《上丁大中丞》函，可以看出王韬对丁日昌的敬重和惺惺相惜。邓亦兵对王韬与丁日昌之间的关系有极为中肯的评价，指出："丁日昌赞赏王韬的才能，认为他是'当今通达时务，熟稔外情'不可多得的人才。王韬则感激丁日昌对他的赏识，说丁日昌是他'生平第一知己'。王韬一生多次上书当道，巡抚以上的官僚就有五人，诸人中给丁日昌的书信最多，这是有原因的。"②

丁日昌主持福州船政和巡抚闽台期间，王韬两次上书建言，丁日昌都加以分析消化后，成为施政的具体实践，王韬通过上书，与丁日昌从间接交往到直接交往，前后长达近二十年。王韬在上书中为丁日昌出谋划策，两人英雄所见略同，惺惺相惜，互通资讯，互相信任，共促改革维新，在心智、精神、情感、道义上相互支持，共同为中国的现代化进程贡献了他们的心力。

---

① 王韬著，陈玉兰辑校：《弢园尺牍新编》（上），上海古籍出版社，2020年，第241—243页。

② 邓亦兵：《丁日昌评传》，第115页。

王韬对闽政闽人的影响是通过丁日昌在闽台施政来实现的。其中最重要的影响是，王韬建议丁日昌尽快从福州船政学堂毕业的优秀学生中选派人员到欧洲学习驾驶和造船技术，以使船政的“核心技艺”能够由中国人自己掌控。在沈葆桢等人的全力支持下，1877 年，福州船政学堂组织派遣了首届赴欧留学生，这也是清廷官方首批派往欧洲的留学生。这些留学生如陈季同、严复、罗丰禄、刘步蟾、邓世昌、林泰曾、林日章、魏瀚、萨镇冰等归国后，都成为国家各领域杰出的人才。

二、“融会贯通而使之同”：王韬的中西文化趋同论与文化自信

如何能让中西之学、中西之教、中西之道“融会贯通而使之同”呢？在王韬看来，必须中西双方双向互学，在彼此相互学习其长的基础上，达成相互理解，相互成全。为此，他身体力行，先是在英伦讲学，鼓吹其中西之道可相互融通的理念。从英国回到香港后，他又办报办学，上书洋务派要员们，致力于西学东渐的普及宣传推广的工作。

1868 年，王韬在苏格兰协助理雅各译书，并被邀至牛津大学用中文演讲，论中西“道”之异同，这是他一生中最为自豪的一件事。张海林指出：王韬在中国近代第一波“中学西被”中立下了汗马功劳。他赴英伦协助理雅各译书，“此功与他后来在西学东渐过程中的伟大贡献交相辉映，奠定了王韬在近代中国历史上的不朽地位”①。

王韬对自己西传中学非常自信，根本原因在于他有良好的中学根基，并对西学有包容的胸襟。他坚信中国的孔孟之道是与人类共存亡的永恒“人道”。他在牛津演讲说：“孔子之道，人道也。有人斯有道。人类一日不灭，则其道一日不变。”他认为东西方圣人“心同”、“理同”，随着“今日”向“他日”的流逝演变，孔孟“尽乎人事”的“人道”和英国“溯原于天”的“无私”、“天道”，必将趋于交融，异中有同，同中有异，“终归乎一”。他说：中西之“道”，“由今日而观其分，则同而

① 张海林：《王韬评传》，南京大学出版社，1993 年，第 105 页。

异；由他日而观其合，则异而同。前圣不云乎：东方有圣人焉，此心同，此理同也；西方有圣人焉，此心同，此理同也。请一言以决之曰：其道大同。”①

王韬认识到，全球交通的发达和商贸资本的全球化，已经将东西方紧密地联系在一起，中英两国之间人员可以便捷交往，是“两国相和”的结果，所以，他祝愿两国“嗣后益敦辑睦，共乐邕熙”。王韬乐观地相信世界交通商贸开放往来的结果是“六合将混为一”，说：“今者中外和好，几若合为一家。凡有所为，必准万国公法，似乎可以长治久安，同享太平之庆矣。……盖天下之不能不分者，地限之也。而天下之不能不合者，势为之也。”②

上述王韬的理念已经指向对人类有共同文化价值取向的肯定，也指向对中西文化多元并存的乐观期待，更指向对中西和平发展趋于“大同”世界的期盼。他敏锐地感悟到，中西双方都无法自外于对方而存在，正在走来的“他日”一定会将中西交融在一起。

王韬的文化自信还源于他重视对西人的演讲技巧，关注异国听众对他演讲的反应。他专门指出自己对爱丁堡听众吟诵白居易的《琵琶行》和李华的《吊古战场文》，“音调抑扬宛转，高亢激昂，听者无不击节叹赏”；他绘声绘色地描写了牛津听众对他演讲的反应：“一堂听者，无不鼓掌蹈足，同声称赞，墙壁为震”，“诸问者俱为首肯”。这些句子堪称王韬叙述爱丁堡演讲和牛津演讲的画龙点睛之笔，不如此，不足以表现他对自己西传孔子之道的自信和自豪。一如他记下牛津“诸问者俱为首肯”那样，王韬强调自己在爱丁堡的演讲令当地“士女无不知孔孟之道”，他特别引用去国之前友人黄雰亭题赠给他的四个字“吾道其西”，作为爱丁堡演讲的总结。他说黄氏对自己的题赠成了事实，“虽不敢当，抑庶几焉”，这八个字流露出王韬对“吾道其西”的洋洋自得。王韬对自己的演讲或许有溢美之词，但这足以表明他对讲好中国故事、西传中

① 王韬：《漫游随录》，社会科学文献出版社 2007 年，第 78—79 页。

② 王韬：《六合将混为一》，李天纲编校：《弢园文新编》，中西书局，2012 年，第 79—80 页。

学的高度自觉与自信。

王韬不仅西传中学，从英国归来后，更花大力气办报办学，促进西学东渐。他力促国人“明洋务”以“自强”。他在《变法自强》一文中指出：有人认为“西法不足效”，那是因为这些人不得“西法”之要领，“西法”必不为此代为受过。他认为“洋务”不应该仅仅局限于学习“西技”，如“舟坚炮利，器巧算精”之类，还应该“师其上下一心、严尚简便之处”。[①] 王韬对英国民风之淳朴深表钦羡，他赞美英国的“清教醇风”，说，

> 尤可羡者，人知逊让，心多悫诚。国中士庶往来，常少斗争欺侮之事。异域客民旅居其地者，从无受欺被诈，恒见亲爱，绝少猜嫌。无论中土，外邦之风俗，尚有如此者，吾见亦罕矣。[②]

因此，王韬认为，学习西法的根本依然在于正人心，这与孔孟之道的要求是一致的。他说：“本根所系，则在乎孝弟忠信、礼义廉耻，必先以士先。”“风俗厚，人心正”，则“西法自无不为我用矣。此由本以治末，洋务之纲领也，欲明洋务，必自此始”。[③]

王韬身处鸦片战争和太平天国时的中国，他没有看到第一次世界大战，他所看的西方世界蒸蒸日上，中国却内忧外患、千疮百孔、风雨飘摇。然而，他依然发自内心对中西之“道”走向“大同”充满自信，并以此自信呼吁、引领中国社会顺应世界潮流，变法自强。他自信地预言道：在世界交通贸易呈全球化的趋势下，“全地球可合为一家，中国一变之道，盖有不得不然者焉。不信吾言，请验诸百年之后”[④]。

王韬的上述认识，深刻影响了他的晚辈如严复等人，他们像王韬一样，通过外交、演讲、译著、办学、办报等，全力推动中西文化的进一步深入交融，助推中国现代化的进程。

---

① 王韬：《变法自强》，《弢园文新编》，第36页。
② 王韬：《漫游随录》，第90—91页。
③ 王韬《洋务》，《弢园文新编》，第30页。
④ 王韬：《变法自强》，《弢园文新编》，第36页。

三、“统新旧”而“苞中外”：严复的文化自信及对王韬的继承与超越

王韬的思想对严复的影响是全方位的，广泛且深刻。甲午战败后，严复连续发表疾呼全面变法维新的系列政论文，如《论世变之亟》、《原强》、《辟韩》、《原强续编》、《救亡决论》以及《拟上皇帝书》等，倡导废科举、全方位学习西方先进的科学技术、从速发展海防和重视华侨的作用、主动依照章法融入世界贸易等。严复的这些认识，在王韬《原道》、《原学》、《原人》、《原才》、《原士》、《变法》、《洋务》、《变法自强》、《重民》以及给李鸿章、丁日昌、盛宣怀、唐廷枢等清廷要员的上书中都能看到端倪。

严复对王韬的超越，主要体现在他突破了王韬、张之洞等洋务派主张“中学为体，西学为用”、“政本艺末”的藩篱，认为体用不能分离，中国变革的方向应该是“自由为体，民主为用”的现代政治文明，为此，中国应该通过教育，养成国民的科学精神和逻辑思维的能力。这些思考是王韬等上一代洋务维新者所没有达到的。严复指出：

> 体用者，即一物而言之也。有牛之体，则有负重之用；有马之体，则有致远之用。未闻以牛为体，以马为用者也。中西学之为异也，如其种人之面目然，不可强谓似也。故中学有中学之体用，西学有西学之体用，分之则并立，合之则两亡。……其曰政本而艺末也，愈所谓颠倒错乱者也。[①]

严复认为，相较于西方，中国对何谓“科学”认识不清，认识不足，这是中国科举教育无法适应时代的变化所造成的。他说：“不了科

① 严复：《与外交报主人书》，王栻主编：《严复集》第三册，中华书局，1986年，第558—559页。

学，其观物必肤。”[①] 教育能否现代化，直接关系着国民和社会的科学素养，而科学素养又决定着社会的政治文明和物质文明等方方面面。他认为中国对西方“科学术艺”的进步所知甚少，这是翻译介绍太少的缘故。

严复认为，中国人因为缺乏科学素养，所以学习西方一套的政论说辞就极易流于表面。他说，就算学习西方的政治说辞看起来较为容易，但要学习西方的科学则很难。他指出：

> 今世学者，为西人之政论易，为西人之科学难。政论有骄嚣之风，（如自由、平等、民权、压力、革命皆是。）科学多朴茂之意，且其人既不通科学，则其政论必多不根，而于天演消息之微，不能喻也。此未必不为吾国前途之害。故中国此后教育，在在宜着意科学，使学者之心虑沈潜，浸渍于因果实证之间，庶他日学成，有疗病起弱之实力，能破旧学之拘挛，而其于图新也审，则真中国之幸福矣。[②]

严复的深刻在于：他预见到了中国人因为不重视逻辑实证，所以学习西方的科学也罢，政教也罢，往往都流于肤浅，甚至走向误解和歪曲。为了提升中国人的认知，甲午海战失败后，严复痛定思痛，投身系统翻译西方现代经典，寄望以此打开中国人的视野和格局。

通过翻译、办报、办学等宣扬西学，严复成为誉重近现代的中国最重要的启蒙思想家，深刻影响了他的下一辈如梁启超、鲁迅、胡适、毛泽东等。

严复非常重视西方法律习俗对社会发展的影响作用，他一方面主张中国学习西法，以变法图强，另一方面，他又非常重视地方性、民族性的各国独具特色的“礼俗宗教”，认为各族群的特定“礼俗”可维系社

① 严复：《与外交报主人书》，《严复集》第三册，第 564 页。
② 严复：《与外交报主人书》，《严复集》第三册，第 564—565 页。

会的稳定。严复主张，维新变法应“斟酌新旧间”①，指出：

> 改革之顷，破坏非难也，号召新力亦非难也。难在乎平亭古法旧俗，知何者之当革，不革则进步难图；又知何者之当因，不因则由变得乱。②

他希望实事求是地融通古今中外，但他深知这是改革者最难平衡的，他主张教育应做到“必将阔视远想，统新故而视其通，苞中外而计其全，而后得之”，并指出“其为事之难如此”。③

和王韬一样，严复认为：晚近三百多年来，世界已经进入“舟车日通”、彼此开放交往的时代，各国“礼俗宗教”应该顺应“天下公理”，顺应“人性所大同”，否则，“皆岌岌乎有不终日之势矣”。他说：

> 至于近世三百余年，舟车日通，且通之弥宏，其民弥富；通之弥早，其国弥强。非彼之能为通也，实彼之不能为不通也。通则向者之礼俗宗教，凡起于一方，而非天下之公理，非人性所大同者，皆岌岌乎有不终日之势矣。当此之时，使其种有圣人起，席可为之势，先其期而迎之，则国蒙其福。不幸无此？其为上者，怙犹盛之权，后其时而距之，则民被其灾。灾福不同，而非天下之公理，非人性所大同，其终去而不留者，则一而已矣。④

可见，在严复看来，三百多年来，中西互通，这个世界虽然族群不一，社会民风不一，但还是存在着“天下公理”与“人性大同”，凡与此背道而驰的国家，一定是“民被其灾”。

上述严复对中西文化和政教的思考，显然比他的前辈、主张洋务维

---

① 严复：《郑太夷时文》，《严复集》第二册，第368页，北京：中华书局1986年。

② 严复：《宪法大义》，《严复集》第二册，第246页。

③ 严复：《与外交报主人书》，《严复集》第三册，第560页。

④ 《法意》案语，《严复集》第四册，第989—990页。

新的王韬等人深入了许多。

无论对中学，还是西学，严复的态度都是实事求是的。他虽然激烈批判以程朱理学为教条的科举制度，但他对朱熹的道德、文章、事功及其“格致”论是推崇的；他虽然对王阳明“心外无物”的理念予以批评，但对其“悲天悯人”、济世救民的勇毅和担当同样由衷地赞誉和肯定。在他看来，无论朱熹还是王阳明，其精神操守都堪称“士人”的永恒典范，因为他们两人都是精神自由的中国学人之典型。

严复毕生用“自由”理念启蒙国人，这是他卓然超越于王韬等洋务维新前辈之处。他尤其提倡中国社会应该有言论自由，他说：

> 夫自由一言，真中国历古圣贤之所深畏，而从未尝立以为教者。……自由既异，于是群异丛然以生。……其于为学也，中国夸多识，而西人尊新知。①
>
> （西人）其为事也，又一一皆本之学术；其为学术也，又一一求之实事实理，层累阶级，以造于至大至精之域……推求其故，盖彼以自由为体，民主为用。②
>
> 必为我自由，而后有以厚生进化；必兼爱克己，而后有所和群利安，此自有生物生人来不变者也。此所以为不变之道也。③

1903年，严复在《群己权界论·译凡例》中指出：

> 须知言论自繇，只是平实地说实话求真理，一不为古人所欺，二不为权势所屈而已。使理真事实，虽出之仇敌，不可废也；使理谬事诬，虽以君父，不可从也，此之谓自繇。……使中国民智民德而有进今之一时，则必自宝爱真理始。仁勇智术，忠孝节廉，亦皆根此而生，然后为有物也。

---

① 严复：《论世变之亟》，《严复集》第一册，第2—3页。

② 严复：《原强》，《严复集》第一册，第11页。

③ 严复：《救亡决论》，《严复集》第一册，第51页。

在严复看来，如果没有“自由”这一理念作为社会的基础，那么，“仁勇智术，忠孝节廉”等儒家倡导的美好理念，都将成为无根之木，一定开不出好花，结不出好果。正是在对“自由”的提倡和持守上，在对“格物致知”、“纲常伦纪”和“知行合一”的倡导与实践上，严复会通了中学和西学，对中国传统文化的创造性发展和创新性转化做出了独特的非凡贡献。

严复晚年自撰联道：“有王者兴必来取法，虽圣人起不易吾言。”“旧学商量加邃密，新知涵养转深沉。”这些联语都道出了他对中西学兼容并包、择善而从的科学理性的态度。王国维在《国学丛刊序》中指出：“今之言学者，有新旧之争，有中西之争，有有用之学与无用之学之争。余正告天下曰：学无新旧也，无中西也，无有用无用也。凡立此名者，均不学之徒。即学焉，而未尝知学者也。”“余谓中、西二学，盛则俱盛，衰则俱衰。风气既开，互相推助。且居今日之世，讲今日之学，未有西学不兴，而中学能兴者；亦未有中学不兴，而西学能兴者。”

无论王韬还是严复甚至王国维，他们对中西学的态度是一致的，即实事求是，追求真理，自由包容，兼收并蓄。这是他们共同的治学气度和胸襟，在这一点上，他们与朱熹和王阳明是一脉相承的。理解了这一点，中国学术文化的创造性转化和创新性发展才能葆有鲜活的根基。这就是我们今天依然必须重视由王韬等洋务派开启的、经严复甚至王国维等人发扬光大的精神财富的原因。

严复文化主体性逻辑及对中国文化现代化的启示

张赛玉　陈希媛①

一、引言

严复是中国近代史上极具影响力的启蒙思想家，作为近代醒世先驱的重要人物，其重要性不仅仅在于他以深厚学养和敏锐洞察力向世人所传递的丰富文明内蕴，更在于其身处不同历史时期，在多重矛盾与冲突撕扯下，促进中西文化交融互释和推动中国文化转型上体现出的思想张力与文化主体性逻辑。

何为文化主体性？费孝通侧重从本土文化对现代化主动适应的维度界定文化主体性概念，并立足于全球化背景下辩证把握传统与现代、本土与外来之间的关系，以及强调一定文化的文化主体在处理二者关系时所流露的自主性、选择性和创造性。关于严复文化观，学界出现众多相异的诠释，有认为严复初年为激进的西化论者，辛亥革命后则走上了顽固保守的道路；有认为严复晚年侧重关注富强而非自由，“中国传统”与“近代西方”是相互交融的状态而非西式向复古的机械式转向；有认为严复一生既从未激进与全盘西化，又始终贯穿着“保群保种”关怀；亦有认为严复始终以交融互释的现实行动表明自己在“西学”与“中学”上的立场，并在晚年以更成熟的姿态、立足于更高维度上审视中西

① 张赛玉，闽江学院马克思主义学院副教授；陈希媛，莆田学院基础教育学院本科生。

文化。

笔者赞同最后一种观点。从辩证唯物主义和历史唯物主义出发重新梳理严复文化观演进逻辑，严复以既“扬”又“弃”的文化态度以及现实行动坚守爱国救国的初心，在对待西方文化上“迎”中有“拒”，在对待中国传统文化上“弃”中有“守”。由于受到时代变革和自身思想等多重影响，在严复一生的不同时期，呈现出对中西文化的取舍内容与承守背弃程度的差异性。这种文化观差异递变背后的精神信念映射着深层意义，充分体现了严复对19世纪末20世纪初中国历史处境和中华传统文化的强烈自觉、深刻反省与使命担当，所谓“自昔大师巨子，其关系于民族盛衰学术兴废者，不仅在能承续先哲将坠之业，为其托命之人，而尤在能开拓学术之区宇，补前修所未逮”①，同时更彰显严复文化观发展上一以贯之、特征鲜明的文化主体性逻辑。回望严复文化观，体悟严复在中国文化由传统迈向现代的进程中所作的努力，深入挖掘严复文化主体性发展脉络的合理性和深刻性，对于新时代增强中华文化自信、推动中国文化现代化具有重要的理论价值与现实意义。

二、严复文化主体性逻辑起点：客观定位中西文化，保持文化自主性

坚持自省、自主和自觉是文化主体（人）保持文化自主性的根本。在三千年未有之大变局与中华民族生死存亡的危急时刻，严复从文化的“中西古今”、“传统现代”的对垒冲突与转型中思考如何保持文化主体性以及中国文化前途命运的问题。19世纪末，甲午战争惨败，中国签订了继《南京条约》后的最严重的不平等条约——《马关条约》，中国社会半殖民地化程度加剧，经济、外交、军事、政治面临严峻挑战，民族危机空前严重。国人再一次被推入仓皇忧患与苦难屈辱境地的同时，也在反思泱泱大国为何会被弹丸小国要求割地赔款，西方国家强大的原

① 陈寅恪：《〈王静安先生遗书〉序》，刘桂生、张步洲编：《陈寅恪学术文化随笔》，中国青年出版社，1996年，第6页。

因何在。目睹这样的时局，严复发自肺腑之慨叹："呜呼，观今日之世变，盖自秦以来未有若斯之亟也。"[①] 为了敲醒日趋僵滞的国人思想，唤醒民族危机意识，1895 年 2 月至 5 月，严复在天津《直报》上接连发表《论世变之亟》、《原强》、《辟韩》、《救亡决论》等重要文章。严复清醒地认识到，传统文化、政治存在的双重危机是近代中国遭遇大变局的重要因素。因此，必须立足国家条件不足、危机四伏的残酷现实，改变封闭守旧的心态，重塑文化结构，致力于扭转近代中国积弱难治的局面。

在近代救世安邦、保群强国的危机感、紧迫感以及使命感的强力驱策下，严复基于深刻的自省自悟之前提，开启文化主体性思考，深入体察与融贯古今中西文化，探索一条文化再造之路。严复青年时期就开始对中西文化进行考察与比较，认为"中之人好古而忽今，西之人力今而胜古，中之人以一治一乱、一盛一衰为天行人事之自然，西之人以日进无疆，既盛不可复衰，既治不可复乱，为学术政化之极则"[②]，发现了中西方文化发展的诸多系统性相异之处。

一方面，严复深入反思中国传统文化结构，对传统文化理性定位，去芜存菁。严复强调要持客观礼敬的态度重新认识中国文化，既要看到其精华部分在促进社会发展中的积极作用，也要明辨其中的糟粕成分，因此他首先观点鲜明地反对陈独秀等人的批儒反孔言论。严复发现"中国旧学，德育为多，故其书为德育所必用"[③]，充分肯定中国传统文化的道德价值。严复还明确指出："治制虽变，纲纪则同，今之中国，已成所谓共和，然而隆古教化，所谓君仁臣忠，父慈子孝，兄友弟敬，夫义妇贞，国人以信诸成训，岂遂可以违反，而有他道之从？……是故今日之事，自我观之，所谓人伦，固无所异，必言其异，不过所谓君者，以抽象之全国易具体之一家。"[④] 在严复看来，随着时空变幻，一个国家的政治制度发生变化是一种正常现象，但君臣、父子、兄弟和夫妇之

① 《严复集》第一册，中华书局，1986 年，第 1 页。
② 《严复集》第一册，第 1 页。
③ 《严复集》第二册，第 284 页。
④ 《严复集》第二册，第 332 页。

间应当恪守的人伦纲常具有恒常性，拥有这样的优秀道德，“即使时运危险，风雨飘摇，亦将自拔于艰难困苦之中，蔚为强国”①。严复阐明：“公等以为吾国处今，以建立民彝为最亟，诚宜视忠孝节义四者为中华民族之特性。而即以此为立国之精神，导扬渐渍，务使深入人心，常成习惯。”② 严复从国民性层面给予孔子与经典以高度评价，认为弘扬忠孝节义等传统文化中蕴含的深邃的德性之教有助于规范社会秩序、促进家庭孝亲和睦、塑造国民人格、发扬国民精神、强化民族认同感，尤其在晚年，严复力主尊孔读经，充分肯定优秀传统文化的积极作用。

在严复的文化观中渗透着丰富的传统成分，既有对传统文化一如既往的肯定，也有摈弃任何偏见的尖锐批判。其一，严复认为传统的教化学术、六经五子是致使近代中国陷入积贫积弱境地的重要推手。严复指出：“四千年文物，九万里中原，所以至于斯极者，其教化学术非也。不徒嬴政、李斯千秋祸首，若充类至义言之，则六经五子亦皆责有难辞。嬴、李以小人而陵轹苍生，六经五子以君子而束缚天下，后世其用意虽有公私之分，而崇尚我法，劫持天下，使天下必从己而无或敢为异同者则均也。因其劫持，遂生作伪；以其作伪，而是非淆、廉耻丧，天下之敝乃至不可复振也。”③ 其二，直指陆王心学严重脱离客观实际之谬误。严复诘质：“夫陆王之学，质而言之，则直师心自用而已。自以为不出户可以知天下，而天下事与其所谓知者，果相合否？不径庭否？不复问也。自以为闭门造车，出而合辙，而门外之辙与其所造之车，果相合否？不龃龉否？又不察也。……其为祸也，始于学术，终于国家。……率天下而祸实学者，岂非王氏之言欤？”④ 严复批判陆王心学重臆造、师心自用、闭门造车的主观唯心色彩与明显错误。其三，严复认为汉学为无用之学，宋学为无实之学，对于富民强兵富国没有现实意义。其四，严复严厉批判八股取士带来“民智因之以日窳，民力因之以

① 《严复集》第二册，第 342 页。
② 《严复集》第二册，第 344 页。
③ 《严复集》第一册，第 53—54 页。
④ 《严复集》第一册，第 44—46 页。

日衰”① 之恶果。严复对中国传统文化的系统化批判，助推国人的文化自省与近代文化变革。

另一方面，严复要求必须改变将西方文化视为“奇技淫巧”的自大顽固式认知，客观审视西方文化。面对国家告急之势，众多仁人志士奔走救国而维新。严复认为西方繁荣富强的重要因素不是器物与制度，而是西方文化思想之优长，西方文化的文明程度大幅高于中国传统文化。如其所言：“欧洲学术之盛，远迈古初。其所得以为名理公例者，在在见极，不可复摇。顾吾古人之所得，往往先之。”② 因此，中国要图强求富，别无它路，“欲通知外国事，自不容不以西学为要图。此理不明，丧心而已。救亡之道在此，自强之谋亦在此。早一日变计，早一日转机”③。严复强调学习西方文化的急迫性，必须“究其理极”，吸收近代西方文化精华，拓展学习西学的空间。西方文化是一个大系统，严复认为不宜将其中的某一内容从西方文化结构中抽离出来，而应该从整体论出发进行系统化考察，这为国人学习西学提供了方法论指引。为了博采西方文化之精华，严复系统介绍西方哲学、自然科学、政治经济学等，从译时间持续近 40 年，翻译了诸多西学著作，其中《天演论》、《原富》、《群学肄言》、《群己权界论》、《社会通诠》、《法意》、《名学》、《名学浅说》被称为严译八大名著。他借用生物进化论的“物竞天择”、“优胜劣败”之理，介绍“与天争胜”、“后胜于今”的天演哲学，警示世人必须摆脱“天不变，道亦不变”的传统不变论，再也不能妄自尊大，而要激起世人“自强保种”。自由在个体与群体间的分寸是非常精微的，严复在《群己权界论》中将穆勒对个人尊严与自由的看法引介至中国，让近代中国对西方自由思想有了开创性的认识。

同时，严复也关注到西方文化的不足之处。受第一次世界大战的冲击，严复开始深入反思近代西方文化，他说：“今所云西人之学说，其广者，曰平等，曰自由；其狭者，曰权利，曰爱国。之四者，岂必无幸

① 《严复集》第一册，第 2 页。

② 《严复集》第五册，第 1320 页。

③ 《严复集》第一册，第 50 页。

福之可言？顾使由之趋于极端，其祸过于为我兼爱与一切古所辟者，殆可决也。欧逻巴之战，仅三年矣，种民肝脑涂地、身葬海鱼以亿兆计，而犹未已。横暴残酷，于古无闻。”① 他认为西方文化中倡导的平等、自由以及爱国等理念固然有其合理性，但若走向极端，将致可怕的灾难。针对西方科学，严复肯定其在改善生活等方面存在的积极意义，但在欧战的刺激下，严复对科学的认识有所转向，对胡适、陈独秀等所推崇的科学救国持保留意见。他认为科学有其限制性，不该堕入“最下乘法”。1918 年严复为何遂《赴欧观战纪念册》题诗时，深感科学发展异化，制造出各种大规模杀人利器而导致的毁灭性战争，正应了孟子所说的“率鸟兽以食人”，由此激起严复对中华传统文化的回望与信心。

严复在对待中西文化上始终坚守自身的文化立场与判断，体现了鲜明的文化自主性。对于中国传统文化在批判中有承守，承守的是中学中的“有用”部分，摒弃的是诸如使民愚钝、使体孱弱、使民无政治力、使民族无活力的封建专制，又如脑力耗费在无用无实无益之处的汉学宋学及词章小道等。对于西方文化在引介时有取舍，坚持以新为进，以旧为守，且守且进，避免出现“新者未得，旧者已亡，伥伥无归，或以灭绝”② 的情况。根据北京大学档案，1902 年严复当时曾向教育部提出《文科大学改良办法说帖》，主张“兼收并蓄，广纳众流，以成其大”，在文化态度上不问新或旧、中或西，唯以是否有疗贫治弱、是否利于民族生存发展为要，坚持“弃”中“迎”西又“守”中有“拒”，其背后既有着对深层社会与文化背景的深度自省，更彰显他在文化观上所坚持的对中国“有用”为标准的考量。

三、严复文化主体性逻辑核心：贯通中西文化，推动文化创造性转化

坚持创造性是增强文化主体性的核心与灵魂，严复指出中国文化发

---

① 《严复集》第二册，第 350—351 页。

② 《严复集》第五册，第 1242 页。

展应恪守“统新故而视其通，苞中外而计其全”① 的原则，在会通古今融通中外的前提下，强化文化独特性，推动文化的创造性转化。在严复看来，要实现传统文化再造，就必须深刻理解西学，而学好外国语是掌握西方文化的重要工具。他说：“欲通知外国事，则舍西学洋文不可，舍格致亦不可。盖非西学洋文，无以为耳目，而舍格致之事，将仅得其皮毛，眢井瞽人，其无救于亡也审矣。”② 严复严厉批判了当时保守派的学外语就是不爱国的荒谬看法，驳斥那些以尊国语为说辞而排斥西学的狂妄自大之人，因为“国之所患，在于无学，而不患国语之不尊。使其无学而愚，因愚而得贫弱，虽甚尊其国语，其虚憍耳，又何补乎”③？严复还提出学习外语的四要因，并且率先垂范，也教导学生“在家延师先治中学，至十四五而后，放手专治西文，一切新学皆用西书，不假译本，而后相时度力，送其出洋，大抵八年而后卒业”④。

学好西文是为了更好地把握西方文化的精神实质。严复以见微知著、识见不凡的敏锐眼光捕捉到中西方文化差异的本质所在。严复指出，西方资本主义国家强盛的关键在于“于学术则黜伪而崇真，于刑政则屈私以为公而已”⑤，亦即颇受维新派关注的科学和民主，而这两者皆从自由中催生出来。西方国家胜我，“苟求其故，则彼以自由为体，以民主为用”⑥，其在以自由为基础建构一套民主政治制度，从而产生“皆若有深私至爱于其国与主”⑦ 的爱国情怀。严复认为中国思想中与西方自由观念最接近的是讲究待人及物的“恕”与“絜矩”之道，“然谓之相似则可，谓之真同则大不可也”⑧。因此，是否自由是中西的本质差异之处，使得中西双方在思想与行为上表现出不同的面貌。

---

① 《严复集》第三册，第 560 页。
② 《严复集》第一册，第 46 页。
③ 《严复集》第三册，第 562 页。
④ 《严复集》第三册，第 626 页。
⑤ 《严复集》第一册，第 2 页。
⑥ 《严复集》第一册，第 23 页。
⑦ 《严复集》第一册，第 31 页。
⑧ 《严复集》第一册，第 3 页。

严复认为中西文化具有相通性，因此他秉持和合性原则，关注中西学理的共通性，创造性地建构一套会通各家、适合中国国情的思想文化体系。对于“恕”与“絜矩”之道的看法，严复强调其与西方自由之差异，但也表明它们间的会通性。实际上，严复从儒家的“己所不欲，勿施于人”、“己欲立而立人”的道德理想出发，寻找“恕”与“絜矩”之道和西方自由观念的相似性，在严复看来，西方自由观念不在于道德义务而是体现为无外来约束下的个体选择。由于中国话语体系中缺少与“个体”、“个性”相对等的词语，为了增进国人对西方文化的理解，严复凭借中学之深厚功底创造性地运用“特操”以替换“个性”，并以国人比较能接受又能宣扬儒家道德之教的“特操异撰者”、“豪杰非常之人”取代“个体”。严复认为从西方自由观念层面看，个体有无“特操”很重要，他强调“特操之民，社会所待以进化，然国必自繇而后民有特操”，“民少特操，其国必衰”。[①] 严复通过继承儒学中的自由人格理念赋予自由观念以更高的价值目标，强调若无“特操”有“小己”，那么就不能体现真正意义上的自由。严复当年用文言语句翻译密尔的《论自由》时，发现该书所述的自由是个体层面的，而无体现“国家”或“群体”层面的自由。严复心系国家与民族，并立足中国国情，将传统文化精粹与西方文化相结合，置国家自由于重要地位，将密尔的《论自由》书名译作《群己权界论》，意在重视群与己之间的互动与平衡。严复强调必须辨析分明自由的内涵、个体与群体、公域与私域间的权界，不论一人一己之“自由”，抑或一会一党之群体，皆须厘清群己权限之分界，使不偏于国群而压制小己，亦不袒护小己而致国群受损。本书是自由理论体系的集大成之作，严复在该译著中，极富创新性地创造了“小己”与“国群”之对照，首次界定密尔所未涉及“国群自由”概念。

在译述《天演论》时，严复联系中国的实际，也基于国人理解力与接受力的考虑，将中国文化的“经学”根本和西方文化的普遍公理相融通，探索“理极”、“贯天地人之理”，建构一套贯通宇宙人生诸领域的天演体系。严复译介的《天演论》，不是生搬硬套的纯粹的机械式直译，

① 严复译：《群己权界论》，商务印书馆，1981年，第70、68页。

而是有自己独特的思考评论与创造性的发挥，对西方思想有取舍有创新。严复将该译著分设导论18篇、正文17篇，且分别冠以篇名，并对其中28篇加了针对性按语。严复坚持选择性吸收西方文化，博采天演学大家达尔文、斯宾塞、赫胥黎的合理主张，宣传达尔文的生物进化论，强调斯宾塞"物竞天择，适者生存"的社会达尔文主义是人类社会的基本法则与科学真理。他从天人关系的维度翻译赫胥黎的自然原则与伦理原则观点，指出："今者欲治道之有功，非与天争胜焉，固不可也。法天行者非也，而避天行者亦非。夫曰与天争胜云者，非谓逆天拂性，而为不祥不顺者也。道在尽物之性，而知所以转害而为功。"① 严复虽然发现赫胥黎的人道与人治和儒家的仁义伦理相契合，因而基本采纳了赫胥黎的主张，但他的译述与赫胥黎原文强调的侧重点有所不同。严复融合传统文化的天行理念与西方人治观点，从天道与人道维度出发，提出不"法天"不"避天"，而是顺应天的法则，"恃人力"，"与天争胜"，唤醒世人要通过努力，振作自强改变弱民弱国的境地。严复认为，要救亡图强，不仅要治标，更要从身体、智慧和道德角度治本，他开创性地提出鼓民力、开民智、新民德的"三强为本"思想。严复这一思想的提出，使国人看到国民性改造对社会转型的巨大意义，标志着中国群体批判意识的觉醒，也标志着中国主体文化即人的近代化的正式开始。这是严复的巨大历史功绩之一。

四、结语：对新时代推动中国文化现代化的思考

在中国近代思想文化史，尤其是启蒙思想史上，严复之所以成为具有特殊地位的大师级人物，不仅是因为他系统地将西方的社会学、政治经济学、哲学和自然科学译介到中国，提出唤醒国民性改造意识的现代性方案，促成中国从传统到现代的转型，而且在立足于中国文化传统的前提下，进行了中国文化的适应性调试与创造性转化，充分体现其文化主体性逻辑的自主性、创新性与连续性，有助于新时代坚实文化基础，

① 《严复集》第一册，第1396页。

坚定文化自信，推动中国式文化现代化。

第一，在文化发展立场上必须以文化自觉意识坚守中华文化主体性。文化自觉，“主要指一个民族、一个政党在文化上的觉悟和觉醒，包括对文化在历史进步中地位作用的深刻认识，对文化发展规律的正确把握，对发展文化历史责任的主动担当”①。严复一生以强烈的文化自省自主自觉，坚守中华文化主体性，推动中国文化发展。我们要在文化上继续觉悟觉醒，增强文化自觉意识，对文化发展的道路与前景保有持续理性的认知和坚定的信心。近现代以来，中西方文化之间的碰撞前所未有，世界意识形态纷争错综复杂，我们要对文化虚无主义、文化保守主义、“新自由主义”、“普世价值”等意识形态保持高度的警惕，规避“全盘西化”、“盲目排外”等若干错误的文化立场，增强坚守中华文化主体性的重要性与紧迫性。

第二，在文化发展路径上必须以海纳百川理念强化中华文化创新性。严复以敏锐的洞察力、自身独特的思考创造了一系列创新性的文化成果，开创性地促成中国文化的现代化转化，为中国文化发展做出了关键性贡献。身处多元文化迅速交融的浪潮中，我们只有不断创新思维，全面深入了解中华文明的历史，才能更有效地推动中华优秀传统文化创造性转化、创新性发展，建设中华民族现代文明，更有力地推进中国特色社会主义文化建设。

① 云杉：《文化自觉 文化自信 文化自：对繁荣发展中国特色社会主义文化的思考（上）》，《红旗文稿》2010年第15期。

严复的“体合”思想与走自己的路

林友华①

自从严复译著《天演论》问世以来，“物竞天择，适者生存”之言广为人知，实有振聋发聩之效应。然而，严复在《天演论》中强调的是：“然于物竞天择二义之外，最重体合……所谓物竞、天择、体合三者，其在群亦与在生无以异。故曰任天演自然，则郅治自至也。”② 检索有关研究严复的论著，难以查到专论严复“最重体合”思想的文章。故有必要对“体合”论进行探讨，以增强我们的文化自信、道路自信。

一、严复的“体合”论

细读严译《天演论》，未见“适者生存”之语。严复介绍达尔文的《物种探原》有两篇尤为著名，“其一篇曰物竞，又其一曰天择。物竞者，物争自存也；天择者，存其宜种也……民民物物，各争有以自存。其始也，种与种争，群与群争，弱者常为强肉，愚者常为智役。及其有以自存而遗种也，则必强忍魁桀，趫捷巧慧，而与其一时之天时地利人事最其相宜者也”③。严复还指出：“斯宾塞氏方运至深之思，著为《会通哲学》，言一切自然之变，名天演学，见达氏之说，翕然欢迎，而以最适者存，诠达氏‘天择’之义。”④ 随着《天演论》在中国的发行，其

① 林友华，闽江学院教授。

② 《严复集》第五册，中华书局，1986 年，第 1393 页。

③ 《严复集》第一册，第 16 页。

④ 《严复集》第二册，第 309 页。

中“物争自存”、“存其宜种”、“最适者存”等要义被演绎为“适者生存”，列于“物竞天择”之后，成为言简意赅、耳熟能详的名言警句。

显然，严复笔下的“体合”与“适者”之词虽然都蕴含“合宜”、“适宜”之义，但“体合”与“适者”的内涵则有较大的不同。

严复的原意很明确，“以最适者存”，来诠释达尔文的“天择”之义。言下之意，“最适者存”是“天择”的结果；“天”是主宰者，“适者”显然是被动者。严复认为：“体合者，物自致于宜也。”① 显然“体合者”乃是掌握自己命运的主动者。

关于“体合”的内涵，严复曾有深刻地阐释：“（物自变其形能，以合所遇之境，天演家谓之体合。）体合者，进化之秘机也。”② 面对变化多端的社会，面临物竞天择的环境，我们必须相应地改变自己，完善自我，主动适应社会发展、环境变化的需要，才能在竞争中立于不败之地。“商战烈，则子钱薄，故用机必最省费者，造舟必最合法者，御舟必最巧习者，而后倍称之息收焉。诸如此论，苟求其原，皆一群过庶之压力致之耳。盖恶劳好逸，民之所同。使非争存，则耳目心思之力皆不用。不用则体合无由，而人之能事不进。是故天演之秘，可一言而尽也”③。企业家总想用最少的本钱造出最佳质量的产品而获得最大的利润，实际上这是由于竞争压力过大而产生的理想化苛求。但在商场上，如果没有竞争压力，人的惰性就会滋长，就不思进取，就不能适应竞争的需要，就不能发展。还要注意“天演之所以陶钧民生，与民生之自为体合”④。切合民生的需要，才能得人心，顺民意，利发展。

严复的“体合”论不仅有适者生存之义，而且有强调主动选择之意。“彼天行之所存，固现有之最宜者。然此之最宜，自人观之，不必其至美而适用也。是故人治之兴，常兴于人之有所择”⑤。在严复看来“体合”并不苛求最美最大，而是要选择最宜者而行之，最适者用之。

---

① 《严复集》第五册，第 1393 页．
② 《严复集》第五册，第 1350 页。
③ 《严复集》第五册，第 1351 页。
④ 《严复集》第五册，第 1350 页。
⑤ 《严复集》第五册，第 1335 页。

“与之一成之砖，坚而廉，平而正，火候得而大小若一，则无待泥水灰粘之用，不旋踵而数仞之墙成矣。由是以捍风雨，卫室家，虽资之数百年可也。使其为砖也，嵚崎𪊲缺，小大不均，则虽遇至巧之工，亦仅能版以筑之，成一粪土之墙而已矣”①。因此，作为被选择者，都要明白“大材大用，小材小用”的道理，要主动使自己成为被优先选用的大材。

严复的“体合”论还蕴含注重各得其所的管理理念。“英谚有之曰，粪在田则为肥，在衣则为不洁。然则不洁者，乃肥而失其所者也”②。“一群之众，其战胜自存，而为斯群之大分者，固不必其最宜，将皆各有所宜，以自与其群相结”③。因此，“凡人力之所能保而存者，将皆为致所宜，而使之各存焉……使之相养相生，而不被天行之虐矣”④。

严复认为“体合”就是要根据国情实际来治国理政。如同种植一样，必须切合于当地的土壤、气候、环境。“盖泰西言治之家，皆谓善治如草木，而民智如土田。民智既开，则下令如流水之源，善政不期举而自举，且一举而莫能废。不然，则虽有善政，迁地弗良。淮橘成枳”⑤。如果脱离国情，不顾人文地理环境，再美好的愿望也不能实现。这好比“园夫之治园也，有二事焉：一曰设其宜境，以遂群生；二曰芸其恶种，使善者传”。“然情随事迁，浸假而今之所善，又未必他日之所宜也”。⑥ 所以要与时俱进，不断革新，才能适应时代社会发展的变化。

二、严复引进西学时“最重体合”

严复翻译《天演论》等西学论著，就选择“其灼然不诬者，以质天下”⑦，充分体现他的“体合”思想。

---

① 《严复集》第一册，第 18 页。
② 《严复集》第五册，第 1354 页。
③ 《严复集》第五册，第 1436 页。
④ 《严复集》第五册，第 1395 页。
⑤ 《严复集》第五册，第 1340 页。
⑥ 《严复集》第五册，第 1357、1394 页。
⑦ 《严复集》第五册，第 1320 页。

严复向国人介绍进化论，既没有选择达尔文的《物种起源》，也没有选择斯宾塞的《会通哲学》，而选译了赫胥黎的《进化论与伦理学》。达尔文的《物种起源》是科学意义上的进化论论著，比较深奥，在当时面临亡国灭种危机的中国不会引起较大反响，不可能成为严复关注的重点。斯宾塞《综合哲学提纲》具有强烈的"弱肉强食"的社会达尔文主义倾向，强调"物竞天择"的残酷性，忽视了人类"体合"的能动性。严复认为斯宾塞的这种学说很难被当时中国社会所接受，只能择其善者而介绍之。而赫胥黎的《进化论与伦理学》可谓达尔文进化论的一种普及版，通俗易懂，易为人知，并有浓厚的道德理想主义的色彩，与中国古代的道德理想主义有共通之处，容易被中国人所接受。另一方面又承认物竞天择的残酷性，可唤起当时中国民众亡国亡种的危机感，更体合当时中国的需要："赫胥黎氏此书之旨，本以救斯宾塞任天为治之末流，其中所论，与吾古人有甚合者。且于自强保种之事，反复三致意焉。"①他有意将赫胥黎反对社会达尔文主义的著作《进化论与伦理学》译为《天演论》，鼓吹"物各竞存，最宜者立，动植如是，政教亦如是也"②。于是社会达尔文主义的弱肉强食的观点，在中国却演绎成奋发图强、社会进步的主张。这正是严复在引进西学时"最重体合"的结果。

耐人寻味的是，严复提出了"信、达、雅"三标准，一百多年来成为翻译界的圭臬。但严复自己翻译《天演论》时却没有践行"信、达"这两个标准。

严复翻译的《天演论》是赫胥黎1894年版《进化论与伦理学及其他论文》第一、二部分，仅取原作五分之二部分。每节分译文和案语两部分。案语部分皆为严复自己新加的文字。译文的内容与原作也不尽相同，严复增加了一些表达自己思想的文字，还添加不少中国先哲与典故以"体合"中国读者的口味。严复对赫胥黎原著中一些不宜在中国宣传的观点也进行了改译。比如赫胥黎原著中有一段带有种族主义倾向的文字："生存斗争使那些比较不能使自己适应于他们生存环境的人趋于灭

---

① 《严复集》第五册，第1321页。

② 《严复集》第一册，第26—27页。

亡。最强者和自我求生力最强者趋于蹂躏弱者……这个过程的结局，并不是那些碰巧最适应于已有的全部环境的人得以生存，而是那些伦理上最优秀的人得以继续生存。”严复就把这段话改译为：“当是之时，凡脆弱而不善变者，不能自致于最宜，而日为天演所耘，以日少日减。故善保群者常利于存；不善自营者常邻于灭，此真无可如何之势也。”[①] 从而把原著中“弱肉强食”的观点改为“变法图存”的思想，以唤醒国人奋起救亡，发愤图强的信心。

有鉴于此，严复有过解释：“译文取明深义，故词句之间，时有所颠倒附益，不斤斤于字比句次，而意义则不倍本文。题曰达旨，不云笔译，取便发挥，实非正法。”[②] 为何他明知“实非正法”还故意为之？实为“取明深义”，“最重体合”而已。

三、从历史经验教训看“体合”论的现代价值

严复还分析了历史的经验教训，指出变法革新注重“体合”的必要性。严复看到我国经过洋务运动，引进许多西方新事物后依然“犹是病夫”的现状，尖锐指出：“西洋以富以强之基，而自吾人行之，则淮橘为枳，若存若亡，不能实收其效者，则又何也？……是故苟民力已茶，民智已卑，民德已薄，虽有富强之政，莫之能行。盖政如草木焉，置之其地而发生滋大者，必其地之肥硗燥湿寒暑与其种性最宜者而后可。否则，萎矬而已，再甚则僵槁而已。往者，王介甫之变法也，法非不良，意非不美也，而其效浸淫至于亡宋，此其故可深长思也。管、商变法而行，介甫变法而敝，在其时之风俗人心与其法之宜不宜而已矣。”[③] 再好的树种若移植到板结的土壤上也会枯萎，再美的变法措施如果缺乏相应的社会条件也必受挫折。王安石变法的失败，管仲、商鞅变法的成功都说明了“体合”的必要性。

---

① 《严复集》第五册，第1470—1471页。

② 《严复集》第五册，第1321页。

③ 《严复集》第一册，第26页。

马克思主义之所以能够在中国迅速传播，绝不仅仅是“十月革命一声炮响”的结果，也是社会主义思潮在中国具有深厚的文化土壤之故。中国两千多年前《礼记·礼运》中描绘的“大道之行也，天下为公”的大同社会理想鼓舞一代又一代志士仁人为之而奋斗。尤其是近代以来，洪秀全、康有为都曾大力宣传大同思想。孙中山更是极力倡导民众共同奋斗来实现“天下为公”的大同理想。在新文化运动中，特别是在俄国十月革命胜利的影响下，中国先进分子积极寻找救国救民真理，社会主义思潮在中国大地汹涌澎湃，他们自然地把传统的“大同”思想与近代的社会主义联通在一起。李大钊就用“大同”这一中国人耳熟能详的语言来认识与表述共产主义：“现在世界进化的轨道，都是沿着一条线走，这条线就是达到世界大同的通衢，就是人类共同精神连贯的脉络。”① 大同团结则是共产主义者的社会理想，“在此一大横的联合中，各个性都得自由，都是平等，都相爱助，就是大同的景运”②。“合全世界人类组织一个人类的联合，把种界国界完全打破。这就是我们人类全体所馨香祷祝的世界大同!”③ 由于《共产党宣言》、《资本论》等马克思主义经典非常深奥难懂，许多中国共产主义者就用大家所熟悉的“大同”概念阐释宣传社会主义、共产主义，体合中国人的心理，获得极大成功。马克思主义中国化的毛泽东思想之所以能够指引中国革命取得胜利，也正是毛泽东同志坚持把马克思主义基本原理与中国实际相结合，坚持走适合中国国情的革命道路。无论是干革命还是搞建设都要量体裁衣，不要削足适履，力求体合，才能顺利发展。现在，我们正建设中国特色社会主义，就是要根据中国国情，探索最体合当代中国的发展途径，才能实现以中国式现代化全面推进中华民族伟大复兴。

---

① 《李大钊文集》下册，人民出版社，1984 年，第 597 页。

② 《李大钊文集》下册，第 203 页。

③ 《李大钊文集》上册，第 626 页。

严复的近代法制观与时代价值

——以《法意》为中心

黄丽云[①]

《法意》是严复八大译著之一。严复译《法意》，跟其他译作一样，也是经过他“字字由戥子称出”，“一名之立，旬月踟蹰”，反复推敲而成的。本文以《法意》为中心，结合严复对《原富》、《社会通诠》等西方名著的评述、案语，以及他的《政治讲义》、《论世变之亟》、《原强》、《辟韩》、《宪法大义》等相关论述，从中发掘严复对近代西方法理的理解、选择性认同及对当代中国法治建设的重要价值。

一、严复与《法意》

严复以传神之笔将“论法的精神”翻译为“法意”，意即探寻立法者之意图，为清末方兴未艾的议宪潮流提供法学理论。《法意》所加案语是严复所有译著中最多的，达330多条。通过案语，严复论证了变革传统法律对于国家富强、人民安宁的必要性和迫切性，并以炽热的爱国情怀构建了一幅近代法制的蓝图，极力推动清末法制由传统向近代转型。

（一）对政体观的理解和回应

孟德斯鸠把政体分为共和、君主和专制三种。对于孟德斯鸠的政体三分法，严复没有做出明确的选择，而是认为三者“亦有其蔽焉者”，

① 黄丽云，法学博士、理论经济学博士后。

指出各自的利与弊。严复不同意孟德斯鸠有关中国专制制度的描述。他认为：中国秦二世既用了宰相又推崇法家，中国秦朝也有“法”，但也是专制之治。按照孟德斯鸠的说法，君主制是有法之君主，专制制是无法之君主。这样的话，孟德斯鸠的说法应有“漏义”，不可“视为定论”。①

严复反对君主之法，而主张立宪之法。他说：“君主之法，所以常不及于立宪。立宪之国，最重造律之权，有所变更创垂，必经数十百人之详议。议定而后呈之国主，而准驳之。此其法之所以无苟且，而下令常如流水之原也。”② 在袁世凯复辟帝制时，严复曾被挂名于筹安会名单中，遭到许多批评和非议。严复为此花了许多精力进行辩解和说明。从中我们看到，严复实际上就是受害者，且列名而已。作为一个启蒙思想家，严复揭露君主专制的弊端，提倡英国式民主的政治、法律。

（二）对自由观的理解和回应

严复的自由观可从他对穆勒“论自由”翻译为“群己权界论”看出。即“自由”必须置于“群”与“己”的“权界”之中，必须在“群”与“己”的合理界限与关系之中寻求个人自由空间的可能，以及社会自由或者公共性空间的可能。

严复比较了中西方之间的自由概念，认为中国传统文化中“恕”和“絜矩”是与西方的自由概念最相似的，但究其实质，二者有很大的不同。③ 原因在于：“中国恕与絜矩，专以待人及物而言。而西人自由，则于及物之中，而实寓所以存我者也。”④ 按照严复的观点，中国人并不是不讲自由，中国人讲自由，讲“恕”和“絜矩”，主要是针对他人而言的，是以限制自己自由的方式来给予他人自由。所谓克己待人、克己待物都属于这类情形，结果是每一个人的克己待人、克己待物造成了

① 《严复集》第四册，中华书局，1986年，第939页。

② 《严复集》第四册，第995页。

③ 参见颜德如：《严复与西方近代思想：关于孟德斯鸠与〈法意〉的研究》，吉林大学出版社，2005年。

④ 《严复集》第一册，第3页。

每一个人的不自由。

严复在西方民主、自由、平等理念的影响下，根据“物竞天择，适者生存”的进化理论，认为中国要想在世界竞争中由弱变强，自主自立，就要发扬自由精神，争取自由权利。他认为：“知吾身之所生，则知群之所以立矣；知寿命之所以弥永，则知国脉之所以灵长矣，一身之内，形神相资；一群之中，力德相备。身贵自由，国贵自主。”① 严复强调在经济活动中要给民以自由，只有如此国民才能生产出更多的财富，国家才能强大。公民个人自由与国家独立富强要形成一条“争取个人自由—国家独立富强—保障个人自由”首尾相接的环形链，“盖财者民力之所出。欲其力所出之至多，必使廓然自由，悉绝束缚拘滞而后可”②。

（三）对中国观的理解和回应

孟德斯鸠把清代中国视为专制政体的典型，作为共和、君主政体的参照物而加以讨论，并成为他批判法国现实政治的“武器”。孟德斯鸠的中国观，集中在《法意》第 19 卷。严复在此有案语提示：“此卷论中国政俗教化独多。而其言往往中吾要害。见吾国所以不振之由。学者不可不留意也。”③

1. 中国礼法合一之特质。孟德斯鸠认为，法的精神存在于法律和各种事物所可能有的种种关系之中，除了影响最大的政制之外，还有宗教伦理、风俗习惯、人民生活方式等。中国法的精神就蕴含在政制和礼教之中，他论证了中国礼教的某些特质，并对此做了详细的分析，成为该论题最经典的理论之一，对中西方思想界影响深远。严复表示，中国人对孟氏最感兴趣即在此章：“此节所论，最为吾党所欲闻者。”严复对孟氏的这些观点更是由衷赞叹：“吾译此章，不觉低首下心，而服孟德斯鸠之伟识也。”④

① 《严复集》第一册，第 17 页。

② 《严复集》第四册，第 888 页。

③ 《严复全集》卷四，福建教育出版社，2014 年，第 319 页。

④ 《严复集》第四册，第 993、991 页。

2. 中国礼教之优点与弊端。孟德斯鸠认为，中国统治者就是因为遵守礼教而获得了成功。在古代中国，伦理道德不但是制订法律的依据，而且与法律具有同等甚至更广泛的效力。法禁于已然之后，德施于未然之前，前者治标，后者治本。上自皇帝，下至小民，无人可以违背以儒家的仁和孝为本的伦理道德准则，否则就会受到舆论的谴责，乃至刑律的惩处。百姓以德齐家，家庭因而和睦相处；君主以德理政，国家因而长治久安。孟德斯鸠指出，一个公民，因为丧失了道德的修养，以致违犯法律，刑罚可以把他从社会里清除出去，但是，如果所有的人都丧失了道德观念的话，刑罚能把道德重新树立起来吗？刑罚可以防止一般邪恶的许多后果，但是刑罚不能铲除邪恶本身。严复对此持相反的态度，他在案语中写道："然则中国政家。不独于礼法二者不知辨也。且举宗教学术而混之矣。吾闻凡物之天演深者。其分殊繁。则别异晰。而浅者反是。"① 严复认为中国的礼教混同法律虽然有防患于未然的作用，但这不是中国的优长，而是中国的短处。这种清醒的立场值得借鉴。

二、严复视野中的近代法理

严复推崇孟德斯鸠关于制定法的起源的思想，认为制定法产生于人类社会的战争状态，法律出现的使命是解决社会矛盾纠纷，维持社会秩序，亦即社会和平安定的局面。严复强调法律的权威，认为关键在于法律必须为上下所共守。强调只有给人民以可恃之权利，才能要求人民去尽义务。义务与权利是相对应的。

（一）要立善国利民之法

严复虽然极力赞美西方法制，但他反对简单套用西方模式，以免"淮橘北枳"，于国无补。主张要"立善国利民之法"，其指导思想是"国家立一律令，必裁衡至当，义精仁熟"，有"道国兴民之效"，否则

① 《严复集》第四册，第992页。

只能成为“苟且之政”。[1] 严复把法比喻为人们使用的器物、行走的道路，而且要不断使其完善，与时俱进。他说：“法犹器也，犹道涂也。经时久而无修治精进之功，则格扞芜梗者势也……此天演家言所谓物竞天择之道固如是也。”[2] 严复认为，国家颁布的任何一项法律法令都要与民力、民智、民德相适应，适之则法行，违之则法废。他说：“国之贫富强弱治乱者，其民力、民智、民德三者之征验也。必三者既立而后其政法从之。于是一政之举，一令之施，合于其智、德、力者存，违于其智、德、力者废。”他还以英国、瑞典、法国、美国为例，说明不适合民之习俗的法，不注意民之道德教化的法，“不足与为治也”。[3]

（二）用人要得当，执法人员要公正，要依法办事

严复认识到要使法律确保国民的自由，除了建立一套诉讼制度外，还需要有一批公正、严格依法办事的法官。他说：“国法之所加，必在其人所实行者。此法家至精扼要之言也。”[4] 一个法官还需要精通业务，能明察秋毫、洞悉案件底里，否则所谓国民的自由、平等皆会成为一句空话，因此作为执法者应当是“察察为明者，人匿不告，而我欲知之也”[5]。国家只有任用公正廉洁、精于法制的人去执法，才能保证法律制度的顺利执行。用人得当才能真正以法治国，这是实行法制的关键。

（三）教育建设、法制建设与经济建设是中国变法、实现富强的根本之举

严复认为，救国的根本办法就是“一曰鼓民力，二曰开民智，三曰新民德”[6]。宣传民主、提倡爱国、反对奴性、反对封建、反对列强侵

① 《严复全集》卷四，第 361 页。
② 《严复集》第一册，第 23 页。
③ 《严复集》第一册，第 25 页。
④ 《严复集》第四册，第 972—973 页。
⑤ 《严复集》第四册，第 973 页。
⑥ 《严复集》第一册，第 27 页。

略，把提高整个国民素质与国家、民族的命运结合起来。同时实行经济自由、经济民主，在经济领域中应给市场主体更多的自由空间。严复以英国为例，认为英国之所以成为欧洲工商之巨擘，其商品几被五洲，在群雄竞进之中能岿然自存，重要原因就是英“政令宽大”，“守自由商政之效”，“听民自由，无为沮梗者”，“明自由平通之义”。① 他主张用法律来保障民间或民族资本主义的发展，认为这是不可抗拒的规律。严复指出：“生财之术多门，而民富必基于政美。使刑罚不中，法令冒黩，则仓庚筐筴中物，禀禀乎且不可恃，况乎所仰望而未收者耶！”② 在商事领域，严复也反对立法对民众进行“曲防”，他说：“昔政府尝鳃鳃然虑其民之不节致嗟，为之颁立法令曲防事制，非徒无益，颠倒甚矣。”③ 政府如果一门心思防着百姓，所颁行的“法令”也都是为了制止百姓“不节”，那么政府的行为不仅无益，还是一种颠倒行政的行为，是完全错误的。他还引用史迁、申、老之言来对政府的好坏进行评判，即“善者因之，其次利导之，其次教诲之，其次整齐之，最下与之争”④。

三、严复视野中近代法理的时代价值

严复作为我国近代史上的思想家，其思想与同时代的英国法学家戴雪的现代法治理念有相通之处，对于当今我国法治建设有重要的启示和借鉴价值。

第一，推进良法制定与实施。严复认为，任何法律都不可能是完美无缺的，法律不完美则需要不断地在“知时审势”的基础上进行变法。改革开放以来，我国立法取得了令人瞩目的成就，但出现了过度立法与立法匮乏并存的困境：一方面法律法规爆棚式增长，另一方面许多社会关系的调整还存在法律缺位的情形。同时还存在严复认为治理国家的最大问题“法之难行”：社会成员对法的了解、理解、认知有限，消化能

① 《严复集》第四册，第 864、897 页。

② 《严复集》第四册，第 874—875 页。

③ 《严复集》第四册，第 879 页。

④ 《严复集》第四册，第 879 页。

力、运用能力有限。法律是治国之重器，良法是善治之前提。实现“良法善治”，要使立法保持一定的开放性，根据国情、社情与民情的发展变化坚持立改废释并举，通过立法规定程序、制定规则、划定行为边界，达到合理配置社会资源、分配权利义务等目的，形成完备的法律规范体系、高效的法治实施体系、严密的法治监督体系和有力的法治保障体系。另外，要着力构建为公民所认同、具有内在权威的司法体系，要提高包括法官、检察官和律师在内的队伍素质，以良好的法律实施效果维护法律权威，推动全民守法。

第二，规范权力行使。严复反对专制。他说：“秦固有法，而自今观之，若为专制之尤者。”① 他针对引用孟子的论述说，虽然孟子的法制观念中并没有“民权”内容，但孟子之法是有约制的，不仅对下层百姓，对上层官府乃至于皇帝都有约束。在当今社会，虽然历经法治的长足发展，但公权力滥用的情形依然存在。因此，要以“把权力关进制度的笼子”为基本指向，实现权力行使的规范化与法治化。

第三，厉行法治。法治是一项治理技术。在严复眼中是强国富民的策略，是建立现代制度文明的途径。当前在我国全面深化改革进程中，不完善的法治环境已成经济改革的瓶颈。进一步而言，提高生产与资源利用效率、鼓励能源节约与环境保护、规范政府行为与政府职能转变、强化司法公正与严格执法等深化我国经济体制改革的关键问题的解决，归根结底在于要厉行法治。

第四，推进法治文化建设。严复关注“法的精神”，体察我们置身其间的国家和民族特质并反思其缺陷，希望走出一条适合中华民族的独特的政制、法律之路。这对于我们反思中国法律文化传统具有重要的启迪和借鉴意义。我国古代主张民唯邦本、政得其民，礼法合治、德主刑辅，为政之要莫先于得人、治国先治吏等，这些在中国古代政治传统中所生长的智慧之花，提供了千百年来维系社会运转的“公器”和“准绳”。要加强对这些法制精神的创造性转化和创新性发展，在扬弃传统法制观的基础上，稳步推进法治文化建设：一方面强调在法治轨道上推

① 《严复集》第四册，第938页。

进国家治理体系和治理能力现代化；另一方面强调要坚持依法治国和以德治国相结合，实现法治和德治相辅相成、相得益彰。道德是法律的精神基础，法律需要道德的精神滋养，只有两者协同共治才能发挥治理的最大效能。进而在波澜壮阔的中国式法治现代化实践中提炼出绚丽的时代精神之花——中国特色社会主义法治体系。

民族复兴视角下严复竞争思想的历史考察与当代价值

陈宇海[1]

竞争是随着人类社会私有制的产生而出现的。私有产权的出现诱发了人类对资源和财产的争夺，这种为各自的利益而进行的争夺或较量，就产生了竞争关系，进而出现竞争思想。[2] 近代以前，中国社会延续了几千年的封建君主专制制度，受文化传统、经济生产方式和封建专制集权统治需要的影响，主流社会倡导不争，忽视竞争思想，这是近代中国社会发展活力缺乏、变革缓慢以及国弱民穷的一个重要因素。直至近代，严复对中国传统社会治理中提倡不争与忽视竞争思想进行反思，通过译述《天演论》等西方思想著作，重新提出和强调竞争思想，唤起国人对竞争的重视，为中华民族求富图强注入生机和活力。时至今日，在中华民族伟大复兴进程中，认真总结和思考严复的竞争思想仍然具有十分重要的现实意义。

一、严复竞争思想是对中国传统社会治理中提倡不争与忽视竞争思想的反思

中华民族是一个注重以和为贵，讲仁爱、尚和合、求大同的民族。千百年来，中华传统文化提倡不争，排斥和忽视竞争思想一以贯之，沉

---

① 陈宇海，福建社会科学院社会学研究所助理研究员。

② 黄茂兴、叶琪：《中西方竞争思想：历史流变、差异比较与当代影响》，《马克思主义研究》2017年第2期。

淀在中国人的精神世界中。在中国古代社会，竞争通常也称为“竞”、“争”、“逐”，“竞”与“争”实际上同义。先哲们很早就认识到“争”是一种普遍的社会现象，《左传·昭公十年》就有“凡有血气，皆有争心”的说法。但先哲们总结历史和现实的经验教训，普遍认为“争”必然带来不良的后果。《荀子·富国》说：“离居不相待则穷，群而无分则争。穷者患也，争者祸也。……争则乱，乱则穷矣。”《韩非子·六反》也指出：“有争则乱。”

在漫长的中华文明演进中，封建专制制度对中国传统社会治理和文化传承发展起着主要影响。儒家和道家思想是封建社会的思想基础和文化主流。儒家和道家思想都主张“不争”。子曰：“君子矜而不争，群而不党。”即君子要庄重而不与人争长论短，比起争名夺利，更应注重提高自己的修养，以崇尚道德为做人的根本。道家倡导“天之道不争而善胜”，“夫唯不争，故无忧”。天道和自然的法则是不去争斗的人反而更容易取得胜利。只有不争，才无需担忧因争而引发的乱。

与封建社会主流治理思想提倡的不争相呼应，长期处于封建统治状态的中国，自给自足的农耕经济是基础，社会结构简单，广大农民从事着周而复始的简单再生产，老百姓面对的不是人与人之间的竞争，更多的是与天争，与社会争。作为个体的人，与天争，与社会争，毫无胜算可言，日久天长，便形成了乐天安命、好常恶变的生活情趣，没有竞争之心，不争成为生活的常态。不仅如此，由于处于封建统治之下，统治者要求的是森严的等级制度和高度的中央集权，往往限制竞争，或者将竞争看作是达成集权目的的一种手段，让民众将人生来而具有的社会地位解释为自然现象，进而接受现有的经济社会制度安排。这导致中国民众缺乏竞争心理，社会也缺乏竞争机制，竞争思想长期以来难以成为社会主流，更谈不上取得较大的进步、创新和突破。

但是，随着近代以来西方列强对中国的侵略不断升级，中华民族面临着灭种亡国的风险，中国人民必须改革发展，变法维新，重视竞争，积极斗争，才能在世界舞台保有一席之地。鸦片战争以后，中国思想界开始发生变化。为了解救民族的危亡，林则徐、魏源等人开始睁眼看世界，为富国强兵，主张了解外国，“师夷之长技以制夷”。郑观应、马建忠等人大力提倡学习西方的船坚炮利、汽机轮兵，张之洞之“中学为体，西学为用”是当时面对西方的基本看法。其后，迫于现实的需要，康有为、梁启超、谭嗣同等提出以资产阶级哲学作为变法维新的理论基础。[①] 作为最早睁眼看世界的先驱之一，严复敏锐地感受到为当时中国注入思想新流的重要性，对中国传统制度和治理思想进行了反思，通过译述《天演论》等多部著作，把西方的社会学、政治学、政治经济学、哲学和自然科学知识系统地介绍到中国来，让“物竞天择，适者生存”的进步观点响彻中国社会，也在全社会倡导重视竞争思想和初步构建起竞争思想的理论体系。

二、严复竞争思想的内容概述

(一) 从民族国家发展的视角强调了竞争的普遍性和合理性

严复的竞争思想蕴含于其独具特色的进化思想中。他把英国著名生物学家赫胥黎《天演论》翻译介绍到中国。该书的基本观点：生物是进化的，不是自古不变的，其原因就是“物竞”与“天择”。所谓“物竞”就是生物生存竞争，所谓“天择”就是自然选择。生存竞争这个本来用于生物界的自然现象概念，一时竟被当作是包括人类在内的宇宙进化的普遍规律，用来解释一切的自然现象和社会现象。严复传播进化论的重要目的，就是借进化规律推导竞争，以阐明竞争的普遍性和合理性。他强调进化在一切领域是普遍存在的，“是故天演之事，不独见于动植二品中也，实则一切民物之事”[②]。既然进化是普遍的，那么，由进化而生的竞争自然也是普遍的。他还从体用关系的角度论证了竞争的必然性、合理性。竞争与进化的关系是“天演为体，而其用有二：曰物竞，曰天择”[③]。“物竞”是由“天演”决定的，是“天道”、“天理”的呈

① 陈绍燕：《中国竞争思想的演变及其当代思考》，《文史哲》2002年第3期。

② 《严复集》第五册，中华书局，1986年，第1326页。

③ 《严复集》第五册，第1324页。

现，是进化规律运作的必然结果，其存在是必然的，也是合理的。“以一物以与物物争，或存或亡，而其效则归于天择”①。由此，严复认为没有什么神秘的力量支配着世界，人所以成为“万物之灵”，并不是上帝的赐予，完全是自己奋斗的结果。“是故天演之秘，可一言而尽也。天惟赋物以孳乳而贪生，则其种自以日上。万物莫不如是，人其一耳。进者存而传焉，不进者病而亡焉”②。严复认为，无处不在的竞争遵循着“优胜劣败之公例”而行进，人自己努力奋斗，不断进化，就能生存和发展，否则就要被淘汰而归于灭亡，万物、人类如此，国家、民族也是如此。国家与国家、种族与种族之间，存在着激烈竞争，谁强有力，谁就是优胜者，谁就能生存，否则也会被淘汰。

（二）从树立民族国家发展信心出发揭示了竞争的公平性与公正性

在中国传统社会中，人们的社会生活是严格按照纲常伦理的秩序进行的，一切言行都必须遵循“礼”的规定。这就使尊卑和长幼之间有了一道不可逾越的鸿沟，造成了社会上的人不问能力强弱，都只能按官级、长幼排队，普通大众面对强权和特权，很容易产生自卑，缺乏进取心，不敢竞争。为了使国人树立起信心，强化他们参与竞争的决心，严复揭示了竞争的公平性与公正性。在严复看来，竞争的基本准则有两个：其一，竞争必须是以正途进行实力、智力和能力的角逐。胜者，必须是优者，即“自致一己之能”，适应周遭环境者。其二，竞争只肯定最大的且最有效的付出。只要比对手付出更多的努力，又使自己的劳动“与其所遭值之时与地，及凡周身以外之物力，有其相谋相济者焉”，就能在竞争中获胜。③ 严复对竞争的公平性与公正性的揭示，一方面否定了强权、特权存在的合理性，指明了这种保护特权阶层的伦理道德，并非天经地义的，而是违反竞争的基本原则，启发了人们的竞争意识，为

---

① 《严复集》第五册，第1324页。

② 《严复集》第五册，第1351页。

③ 孙守敏：《论严复的竞争观及其启蒙意义》，《上海交通大学学报（哲学社会科学版）》2002年第1期。

中国人冲破封建的纲常伦理和等级制度束缚奠定了一定的思想基础；另一方面，对公平竞争这种新观念的引入，即使不能在深受封建枷锁束缚的中国人心中引起巨大反响，至少会引起他们对传统伦理道德的重新审视，这就为竞争观念深入人心打开了缺口。此外，公平公正的竞争观还警醒国人，弱者面对竞争不是无能为力的，只要通过自身的奋争，增强实力，就有取胜的可能。这便给了当时的中国人以希望：中西差距是在既往的竞争中，中国人没有付出有效的劳动，甚至没有参与竞争造成的，因此，今后只要努力奋斗，有效参与竞争，就能寻到富强的出路。

（三）从提升国民素质的视角出发思考国家赢得竞争的重要条件

在严复看来，人是治国之本，国家之间的竞争，实质上是人才的竞争。“中国之弱，其原因不止一端，而坐国人之暗，人才之乏为最重”①，因为一切都是人创造的，一个社会的每一项进步都无一例外地依赖于高素质的人，“无人才则所谓标、本之治皆不行”②。那么，具有竞争能力的国民素质应具备哪些条件呢？严复指出：“盖生民之大要三，而强弱存亡莫不视此：一曰血气体力之强，二曰聪明智虑之强，三曰德行仁义之强。”③ 这是近代中国社会对人的要求，但当时的中国“民智既不足以与之，而民力民德又弗足以举其事”④，故“虽有富国之政，莫之能行”⑤。为此严复大声疾呼：“是以今日要政，统于三端：一曰鼓民力，二曰开民智，三曰新民德。”⑥

鼓民力，即采取有效措施，增强人民的体质，如铲除吸食鸦片、缠足等有害健康的陋习。严复认为，良好的体质是提高民智民德的基础，因为智力与体能是紧密联系的，具备强健的筋骨，才有精力去学习知

① 《严复集》第三册，第623—624页。

② 《严复集》第一册，第68页。

③ 《严复集》第一册，第18页。

④ 《严复集》第一册，第15页。

⑤ 《严复集》第一册，第26页。

⑥ 《严复集》第一册，第27页。

识、陶冶情操。“今者论一国之富强之效，而以其民之手足体力为之基”[①]。国民的身体素质是个人健康生活的保障，也是国家富强的基本条件。除了让国民加强锻炼和注重饮食之外，还要通过教育普及卫生知识，提高国民整体的身体素质和健康意识。开民智，即提高民族文化素质，开启民众新知。中国传统的教育理念是“重德轻艺”，民智的培育受到挤压。严复强调，教育乃强国根本，民智是国家“富强之原”。严复把智育的目标确定为传授知识和培养智力，并且认为后者更为重要，授之以渔总是更好的。严复指出，欲开民智，必须提倡新式教育，打破禁锢人民智慧的封建育人选人用人制度枷锁，接纳西方文化，以西方的科学知识和科学方法，培养具有各种专门知识和实际运用能力及科研能力的各方面人才，以满足社会近代化的需要。“是故欲开民智，非讲西学不可；欲讲实学，非另立选举之法，别开用人之涂，而废八股、试贴、策论诸制科不可”[②]。新民德，即建立现代公民道德，摒弃封建的纲常礼教，向人民灌输西方资产阶级的道德观念，用民主、自由、平等思想来教育民众，使“民知自重而有所劝于为善”[③]，形成新的世界观、人生观和价值观。“新民德之事，尤为三者之最难”[④]。严复认为中国国民缺失民主自由，长期以来受到封建统治阶层的压制，国人的血液里带着一种“奴性”，缺乏主人翁意识，公民道德观念淡薄。他主张要借鉴西方教育体系中的德育，立基于宪政社会的现代公民道德，培养受教育者不受拘牵的自由人格、平等意识、合群保种的集体观念，成为拥有一定自由与权利意识的现代公民。

（四）提出“开明自营”思想，对竞争的动力机制进行探讨

利益是驱动竞争的重要动力。严复从人的本性出发，肯定追求个人正当利益的合理性。他传承了亚当·斯密的思想，反对纯粹的利己主

---

① 《严复集》第一册，第27页。
② 《严复集》第一册，第30页。
③ 《严复集》第一册，第30页。
④ 《严复集》第一册，第30页。

义。他认为："大利所存，必其两益。损人利己非也，损己利人亦非；损下益上非也，损上益下亦非。"① 因此，严复提出"开明自营"的思想。"自营"就是谋求个人利益，实质即"私"。他主张，应该提倡"开明自营"的合理利己主义，即承认合法所得，鼓励正途取利。他写道："今人则谓生学之理，舍自营无以为存。但民智既开之后，则知非明道则无以计功，非正谊则无以谋利，功利何足病，问所以致之道何如耳，故西人谓此为开明自营。开明自营，于道义必不背也。"② 严复提倡的"开明自营"指的是一种不与道义相违背的利己行为，他认为，正义谋利是合乎人道和天经地义的，是应该得到肯定和赞赏的。个人自发地追求合理个人利益的行为，不仅仅个人得益，无数个人奋进的同时，也汇成了一股民族的力量，能够推进社会历史进步，带来国家繁荣富强。他认为，中国传统思想中，那种把"利"与"义"对立起来，重义轻利，固守"正其谊不谋其利，明其道不计其功"的儒家信条价值取向，扼杀了人的功利趋向，不利于社会竞争，反而成了个人求索的障碍和民族强盛的阻力，是必须摒弃的。严复也指出，人们为生存所迫，或为利益所诱，很可能不择手段地参与竞争，势必造成社会秩序的混乱，社会风气的败坏，最终影响国力的增强，因此，个人在追求自己利益的时候，要以正确的手段方法去求得，即要使自己逐利的行为符合以公平、正义为基础的秩序和规则，不能侵犯他人的利益，要达到利己与利他之间的平衡。所以，必须明确竞争应遵循的基本原则，使国民"知非明道则无以计功，非正谊无以谋利"，尤其应深知公与私"两利为利，独利必不利"的道理。③"开明自营"的合理利己主义不仅是竞争的动力，而且是规范竞争行为的基本原则，是个人与社会健康发展的前提。

（五）从"群学"的角度提出强化民族竞争力的关键是"能群善群"

群学作为合群、能群、善群、乐群之学，包含着中国社会学的基

---

① 《严复集》第五册，第 1349 页。
② 《严复集》第五册，第 1395 页。
③ 《严复集》第五册，第 1395 页。

因，深藏着解释中华民族之所以长盛不衰的密码。群学概念体系和命题体系的内在逻辑表明，合群、能群、善群、乐群就是中华民族生生不息、繁茂盛大的基因。[①] 严复试图以“群学”劝导人们能群、善群。他认为：“既以群为安利，则天演之事，将使能群者存，不群者灭；善群者存，不善群者灭。”[②]“能群”即容纳他人、善待他人，不要因为竞争而与人为敌。他强调能群才能存己，因为一个人的生存是与他人有着必然联系的，“凡民之相生相养，易事通功，推以至于兵刑礼乐之事，皆自能群之性以生”[③]。“善群”是对能群的发展和升华，它要求的不仅仅是包容他人，而且意味着在把自己融于群体的同时，善于发现别人的长处，对照出自己的短处，取长补短，从而在短时间内迅速提高、壮大自己，这是弱者增强竞争力的最佳途径。就国家来讲，善群则包含着对外开放、学习西方的深刻逻辑：“可知外物之来，深闭固拒，必非良法，要当强立不反，出与力争，庶几磨厉玉成，有以自立，至于自立，则彼之来皆为吾利，吾何畏哉。”[④] 能群善群可以使弱者以合力争胜。在严复所处的时代，中国正面临着灭国亡种的危机，作为一个贫弱的国家，如何与西方国家相处，有尊严地立于世界民族之林，是一个十分严峻的问题。西方国家依靠“群”而富强，“泰西各国所以富且强者，岂其君若臣一二人之才之力有以致此哉？亦其群之各自为谋也”[⑤]。所以，严复提出的良策是“合亿兆之民以为之也”[⑥]，即“积人而成群，合群而成国，国之兴也，必其一群之人，上自君相，下至齐民，人人皆求所以强，而不自甘于弱；人人皆求所以智，而不自安于愚”[⑦]。因此，中国人民唯有互助协作，兼顾群己，才能有效地增强国家的凝聚力，从而克服一盘散沙似的缺陷，最终走向国家富强。

---

① 景天魁：《论群学复兴：从严复“心结”说起》，《社会学研究》2018 年第 5 期。
② 《严复集》第五册，第 1347 页。
③ 《严复集》第一册，第 6 页。
④ 《严复集》第一册，第 82 页。
⑤ 《严复集》第二册，第 454 页。
⑥ 《严复集》第四册，第 917 页。
⑦ 《严复集》第二册，第 454 页。

三、严复竞争思想在新时代中华民族伟大复兴进程中的现实意义

在中华民族进入了社会主义新时代之时，严复竞争思想所蕴含的合理思考依然具有很强的现实意义。

第一，在民族复兴的进程中时刻保持竞争意识，发挥竞争在民族国家发展中的动力作用。

竞争是民族国家发展的普遍现象和必然现象，是和进化（进步）相伴随的，是推动社会发展的根本动力。严复在与梁启超论述《天演论》的信里说："万物存身于自然之中，优则胜，弱则败，此自然之理也。然其要在于竞之一字，竞者所以力图奋发自强也。万物以人为主，苟能奋发以图强，则必能屹然立于天地之间，而无所畏惧也。此论施之个人，则可成大事立大功；施之于国家，则可独立富强而不见欺于人也。故竞之一字，实存亡盛衰之所系，不可一日或忘之也。试观今日世界中所谓强国者，无一而非从竞字得来，德日英法美其尤著者也。其弱而下者，无不于竞字上未下功夫，以至一败而不可收拾也。我中国其非为此耶？故今后欲求强国之道，舍竞字而莫得，舍奋发图强外别无妙策。"①西方发达国家的发展就是在竞争的推动下，科技不断发展，资本规模迅速扩张，形成国内统一的大市场，国家民族的竞争力进一步得到提升。当前，世界正经历百年未有之大变局，世界之变、时代之变、历史之变正以前所未有的方式展开。我国的经济社会发展也到了一个新的阶段，进一步发展面临许多新问题新挑战。要解决发展过程中出现的一系列新的矛盾，我们必须重视竞争这个生产力要素。在国内竞争方面，在完善发展市场经济体制下，通过建立高效公平的竞争机制，调动人民群众的积极性，破除垄断限制，营造公平、开放、透明的市场环境；强化竞争政策和产业政策对创新的引导，促进优胜劣汰，让真正优秀的市场主体

① 《严复未刊信稿》，转引自蔡少卿：《民族奋发图强的警钟：读严复的译述〈天演论〉》，《南京大学学报（哲学·人文科学·社会科学版）》1975 年第 4 期。

能够脱颖而出；不断地推动科技创新，优化和升级产业结构，增强国家竞争力，带动国民经济又好又快发展。在国际竞争方面，充分认识到国际竞争的客观性、必然性、长期性甚至是激烈性，对普遍存在的国际竞争、国家间竞争可能带来的战略风险保持高度警惕；要坚定捍卫自身主权、安全和发展利益，在重大问题上坚持原则、坚守底线、敢于斗争；同时，要积极参与经济全球化，推动高水平对外开放，推动建立公平开放的国际竞争秩序，维护国际市场公平竞争，提升我国在全球产业链供应链创新链中的竞争力。

第二，“鼓民力，开民智，新民德”思想依然值得借鉴。

严复提出的“鼓民力”、“开民智”、“新民德”三大国民教育的主要途径和内容，对应着体育、智育和德育组成的三育。德智体三育不可偏废，寄托了严复提高中国人素质的希望，也是他教育改革所期望达到的目标，虽然在当时并没有获得成功，但是对新时代我国推进中华民族伟大复兴仍然有重要的借鉴作用。党的二十大报告强调，“教育是国之大计、党之大计”，“培养德智体美劳全面发展的社会主义建设者和接班人”，“培养造就大批德才兼备的高素质人才，是国家民族长远发展大计”。德、智、体全面发展是我国当今教育发展的主题。强健的体魄是国家兴旺的基础，我国要加大力度推进体育教育事业；教育是人类发展的基石，我国要促进教育事业的发展，加大资金投入，统筹城乡教育发展，促进教育公平；社会道德承载着一切，要建立适合社会主义的新道德，弘扬和践行社会主义核心价值观，全面提高公民道德素质。

第三，加强“能群善群”能力建设，进一步铸牢中华民族的共同体意识和推动构建人类命运共同体。

严复认为，群学之所以谓之“群”，乃是与进化论相辅相成，在这个弱肉强食为公理的世界上，个体的消灭在所难免，但是作为群的种族或国家却可以在竞争中得以长存。人类社会结成群体的目的就是为了在无法避免的弱肉强食中竞争求存。“故善保群者常利于存；不善自营者常邻于灭，此真无可如何之势也”。严复所身处的时代正是中华民族危急存亡之秋。在与西方列强的历次战争中，列强入侵中国所用兵力并不多，第一次鸦片战争英国军队约 1.5 万人，第二次鸦片战争英法联军约

2.5 万人，八国联军也只有不到 2 万人，而清政府就是打不过人家，盖因“四万万中国人，一盘散沙而已”。这导致在世界竞争之中，中国面临亡国灭种的危险。在新时代新征程上，要克服世界新格局变化和百年大变局的不利影响，要求我们加强“能群善群”能力建设，增强中华儿女凝聚力，充分利用和壮大社会主义大群体的力量，铸牢中华民族共同体意识，团结一切可以团结的力量，形成海内外全体中华儿女心往一处想、劲往一处使的生动局面，就一定能够汇聚起实现中华民族伟大复兴、国家富强的强大竞争力。

“能群善群”还要求我们在强调竞争重要性的同时，也不能忽视合作，要坚持推动构建人类命运共同体理念，以互利共赢为导向，深化国家、地区间双边、多边合作，在合作中展现竞争新优势。竞争的最终目的是为全世界合作共赢发展提供坚实的基础。因为，在低度复杂性和低度不确定性条件下，社会能够包容和承受普遍化的竞争及其消极后果，而且，竞争也发挥了促进生产力水平提升和社会进步等诸多积极作用。然而，当人类进入了高度复杂性和高度不确定性的社会中，竞争对于社会以及人的生存的一切积极作用都将消失，而其消极后果则是人类无法承受的。鉴于此，合作取代竞争就是我们唯一的选择。[①]“能群善群”指向的合作文化反映了人的共生共在的要求，也是导向构建人类命运共同体的要求，更是中华民族面对百年大变局不断演化带来的高度复杂性和高度不确定性社会情境，赢得竞争主动性的要求。

---

① 张康之：《论竞争、竞争文化及其社会后果》，《学术研究》2019 年第 2 期。

广义的侯官新学之精神内涵与特质初探

邱维平①

近些年来，福建学者汪征鲁提出了“侯官新学”这一概念并反复加以阐述。在《“侯官新学”访谈录》、《闽文化新论》等文章和专著中，他认为“侯官新学”有狭义和广义之分：前者特指严复的新学思想，后者指的是“在福建历史地理和区域文化的大背景下，在宋明以来闽学的浸润与观照下，以及清朝末季这一地区中西文化之激荡交流中，形成的一个文化学派，其中包括林则徐、沈葆桢、严复、林纾等”②。不过，略显遗憾的是，迄今为止，他在各种场合中展开详细论述的都是狭义的侯官新学，广义的侯官新学极少涉及。个中缘由不得而知，笔者推测，广义的侯官新学从19世纪前期到20世纪初期的时间跨度与通常人们认为的新学形成于19世纪末至20世纪初的看法有出入，这或许是阻碍汪先生从广义的角度阐述侯官新学的其中一个原因。

“侯官新学”的确首先指的是晚清新学在侯官这一特定地域中的具体形态。但即使从这个层面上看，广义的侯官新学在时间上也不存在学理上的障难。因为虽然“新学”一词迟至19世纪末才开始通行，但不

① 作者单位：福建江夏学院设计与创意学院。

② 汪征鲁、陈功：《“侯官新学”访谈录》，《闽都文化》2016年第6期。另参汪征鲁：《闽文化新论》，中国社会科学出版社出版，2011年，第652页。

少学者指出，在19世纪前期新学就已经开始出现。[①] 也就是说，近代“新学”并非仅指“新学”一词盛行后出现的维新派等思想，而是自19世纪前期开始出现到20世纪初走向成熟的融会中西的新学说。因此，将侯官新学的时间范围界定为自林则徐到船政学堂再到严复的过程是合理和恰切的。

更重要的是，“侯官新学”不仅是指新学中的侯官之学，亦指侯官文化在自身发展的历史过程中，于19世纪前期开始兴起的以林则徐、船政学堂和严复等为代表的新学，是侯官文化继两宋时代以陈襄、周希孟等为代表的理学文化后的又一座高峰。其与传统以理学为代表的侯官文化具有一定承继性，但也显示出诸多的不同，呈现出鲜明的“新”特色，可谓是“侯官文化的新学阶段”。

综上可知，广义的“侯官新学”实际上包含“新学之侯官形态”与“侯官之新学阶段”这两方面的内涵。借助这双重视角，本文尝试揭示广义侯官新学所具有的丰富的思想内涵和其调适、稳健的中和特质，这些思想和特质对当下仍在进行的中国现代化建设仍具有宝贵的启示意义。

一、爱国、兴邦的担当精神

儒家精神以“修齐治平”为要义，其精英阶层大多以天下为己任，具有强烈的责任和担当意识。深受儒家思想影响与熏陶的侯官文化，在

① 程潮不赞同将“新学”只视为19世纪末期维新派思想的观点，他认为洋务派思想和维新派思想构成了新学的前后两种不同形态：“我们不能笼统地将洋务派思想称为‘旧学’而将维新派思想称为‘新学’，而应该将它们视为‘新学’的两种不同形态。从洋务派新学向维新派新学的转变体现了‘近代新学’发展的新飞跃。”（见程潮：《试析“新学”的近代意蕴》，《广州大学学报》2006年第6期）王先明也把新学形成的历史轨迹描述为“鸦片战争→洋务运动→戊戌时期→清末学制改革”的过程（见王先明：《近代“新学”形成的历史轨迹与时代特征》，《天津社会科学》2002年第1期）。近代著名学者王国维的“道咸新学”说更具有说服力。他认为有清一代，我国学术文化有三变：清初一变而为大，乾嘉一变而为精，道咸又一变而为新（见《观堂集林：外二种》，河北教育出版社，2001年，第720页），意即新旧之学的转变是在道咸年间发生的。

其漫长的发展过程中，亦一直贯穿着爱国兴邦、济世利民的精神。近代，这种深厚而悠久的爱国传统得到了进一步的承继与发扬，成为侯官新学的重要组成部分。

（一）忧国救世的爱国情怀

侯官新学形成的过程亦是中华民族危机不断加深的过程。两次鸦片战争、马江海战、甲午战争等战事的失利，接踵而至的一系列不平等条约，在侯官读书人的心中留下了难以抚平的伤痛，同时也激发起他们强烈的忧国意识和振兴民族的坚强决心，“但身为国民，无论在朝在野，生此世运转变之时，必宜人人思所以救此社会，使进于明盛，而无陷于阽危，则真今世之中国人，所人人共负之责任，而不可一息自宽者也”①。

面对鸦片于本民族经济和社会造成的巨大危害，林则徐坚决与部分官僚和英美商贩作斗争，“若鸦片一日未绝，本大臣一日不回，誓与此事相始终，断无中止之理”②。正是这种坚定的禁烟决心，使他最终完成了虎门销烟的历史壮举，不仅维护了中华民族的尊严和利益，也唤醒了国人的爱国意识。侯官新学的集大成者严复则因深受中日甲午海战失败的刺激，“惧炎黄数千年之种族，将遂无以自存”③，故发愤译述以警世，通过撰写《论世变之亟》和《原强》等重要政论和翻译《天演论》等众多西方名著，表明了变革自强的重要性和迫切性，宣扬了科学与民主等的价值。此外，林纾虽不谙外文，却为了警醒民众和拯救陷于深渊中的国家而努力地做一只“叫旦之鸡”，“多译有益之书，以代弹词，为劝喻之助”④。

（二）舍小我而成就大我的牺牲精神

就儒家思想来说，个体与群体虽然是相辅相成的关系，但二者若发

① 《严复集》第一册，中华书局，1986年，第166页。

② 杨国桢：《林则徐传》，人民出版社，1981年，第150页。

③ 孙应祥：《严复年谱》，福建人民出版社，2003年，第87页。

④ 沛那著，林纾、李世中译：《爱国二童子传・达旨》，商务印书馆，1914年，第5页。

生冲突时，儒家大体持己轻群重的观点。侯官新学士人面对己“身”与“家国天下”的两难选择时，亦常能舍弃前者而成全后者。1842 年 7 月初，林则徐在西安谪赴伊犁告别家人时，写下了“苟利国家生死以，岂因祸福避趋之”的千古名句，表达了将个人的生死与祸福置之度外的崇高精神。被称为“中国自由主义之父”的严复虽然重视个体自由的作用，但又认为在弱肉强食的世界局势下，国群之自由更为重要。在去世前留下的遗嘱中，他写道：“事遇群己对待之时，须念己轻群重，更切毋造孽”①，表明他始终是将国家等群体自由置于优先地位。除了林则徐和严复外，特别值得一提的还有晚清那些参加革命运动的侯官志士。为了推翻清政府，林觉民中断了在日本的留学生活，回到国内参加黄花岗起义。在被捕就义前，他写下了著名的《与妻书》，表达了“以天下人为念，当亦乐牺牲吾身与汝身之福利，为天下人谋永福也”的舍身为国之精神；在黄花岗起义中牺牲的方声洞于起义前一天写信给父亲道：“夫男儿在世，不能建功立业以强祖国，使同胞享幸福；奋斗而死，亦大乐也。且为祖国而死，亦义所应尔也。”体现了他为同胞的幸福和国家的强盛而宁愿牺牲生命的爱国豪情。

（三）善于吸收异域文化、力倡自我革新的自强精神

近代以降，我们直面的对手是已经完成了启蒙运动和近代科技革命的西方列强，无论是在器物层面还是在思想、制度等领域，他们都已经远远走在了我们前面。位于东南沿海、得风气之先的侯官士子们在坚决抵抗列强入侵的同时，亦能摆脱天朝大国的虚骄心态，认真了解和吸收西方的先进文明，力主自身的改革和进步，以此来推动国家的转型和实现民族的富强。

在广州禁烟期间，林则徐认真收集外文报刊、书籍进行翻译，以期获得有价值的情报，加深朝廷、国人对“西洋”的了解；他的女婿沈葆桢承继他的优秀品格，在主办福建船政期间，吸收英法等国的教育模式和船舶制造技术，培养了大批优秀的海军人才，创造了中国舰船史上的

① 孙应祥：《严复年谱》，第 547 页。

多项“第一”，为海防事业奉献了自己的全部智慧和力量。到了19世纪后期，严复通过译述宣扬“自由为体、民主为用”的观念，号召人们在守护本民族精神的基础上，学习西方的科学精神与自由、民主制度，以此实现国家的更新和富强。值得强调的是，严复爱国思想的要义是以否定传统的专制政体来建立自由、民主的制度，也就是说，他的“兴”国是通过“新”国来实现的，这也正是他的爱国思想之现代意义所在。

二、经世、科学的实用精神

“经世”即“经世致用”或“经邦济世”的简称，其作为一个完整的概念是由黄宗羲和顾炎武等明末清初的学者提出的，针对的是明代儒学末流空谈心性、脱离实际的弊病。他们主张真正的学问必须和治事、救世相结合，讲求务实和求实的学风。无论是在心学盛行的明代，还是在训诂、考据之学大兴的清代中后期，侯官学子皆坚守闽学集大成者朱子推崇的“居敬穷理、明体达用”之实用精神，最终在清末西学东渐的过程中，引领“经世”和“维新”等时代思潮。

（一）鳌峰书院与经世致用思想的崛起

清初，随着朱子学再度受到尊崇，侯官理学也逐渐走向复兴，其标志便是鳌峰书院等众多书院相继出现。许多闽地大儒都先后到鳌峰书院讲学，力倡经世之学：名儒李光地曾在回闽南省亲途中于此作《鳌峰讲义》，其“身体力行、见诸行事”的为学原则对书院的办学理念产生了深远影响；另一位儒学大家孟超然亦曾莅临主讲，面对其时正盛行的考据之风，他号召学子坚定地走经世之路，避免坠入碎屑的考据泥潭。鳌峰书院自创设到嘉庆年间，“宏器识、端品行、务笃实、尚力行、广博采、求实用的学术传统一直没有改变”①。近代侯官涌现出诸多重实干、较开明的学子，应该说与这种学术传统是分不开的。

① 许维勤：《鳌峰书院的学术传统及其对林则徐的滋养》，《清史研究》2007年第3期。

（二）林则徐与经世思想的实践

在鳌峰书院七年（1798—1804）的求学经历使林则徐深受经世致用精神的影响，也为他一生的为官行事奠定了坚实的基础。1811年入翰林院后，在同僚们或沉溺于训诂考据之学，或忙于应酬交游之际，他则“益究心经世学，虽居清秘，于六曹事例因革、用人行政得失，综核无遗”①，这种对实学的关注和研究为他日后在地方的成功治理奠定了良好的基础。自1820年离开翰林院直至去世，林则徐始终在地方任职。在这30年时光里，他历官14省，办理过民政、漕运和禁烟等政务，其中成绩最为显著的便是治水，黄河、长江和伊犁河等流域，都留下了他治水的足迹，他也因此贤名满天下。纵观林则徐的一生，其功业显然不在立言，而在立德、立功，因为他崇尚学以致用的精神而非空言心性，重视学与行结合的“力行”作风而非无根之游谈。可以说，林则徐和当时的龚自珍、魏源等代表了清末经世思潮的最高水准。

（三）严复等人与近代以科学为基础的实用思想之形成

林则徐、魏源等倡导的“师夷长技以制夷”等理念在19世纪中后期催生出了洋务派，他们提出“中学为体、西学为用”的口号，试图在维护纲常名教完整性的前提下学习西方技术。但甲午海战的结果说明仅仅学习西方的技术是无法实现富强的。对此思考最深刻的莫过于“学贯中西、才兼文理”的严复。他承继侯官之学经世致用的精神，认为“求才为学二者，皆必以有用为宗”②。然而他失望地发现，汉学琐碎繁杂，宋学空疏高蹈，二者“均之无救危亡而已矣”③。与此形成鲜明对比的是，西方的格致之学即科学可谓“实”、“用”兼备：“一理之明，一法之立，必验之物物事事而皆然，而后定之为不易。其所验也贵多，故博大；其收效也必恒，故悠久；其究极也，必道通为一，左右逢源，故高

---

① 李元度：《国朝先正事略》卷二五，岳麓书社，2008年，第794页。

② 《严复集》第一册，第43页。

③ 《严复集》第一册，第44页。

明。"[①] 严复由此否定了以"无实"、"无用"之中学为"体"便可达到强盛的可能性，认为"富强之基，本诸格致"[②]，学术只有建基于实验而非臆测、归纳而非演绎为主的科学理念上方能开出西方技术之"用"，方能实现国家富强。于是他勤勉撰文和译述，宣扬以天演为要义的科学世界观、以求真务实为内涵的科学精神和以逻辑学为核心的科学方法等，"意欲本之格致新理，溯源竟委，发明富强之事，造端于民"[③]，不仅极大促进了科学思想在中国近代的传播，而且亦使肇始于鸦片战争前后的经世思潮融摄了西方实证主义和经验论等内涵，具有了鲜明的现代品格。

值得注意的是，晚清以来，侯官一直是个盛产科学人才的地方：一百多年来，这里涌现了侯德榜、陈岱孙和陈景润等大量科学大家；今天，其现有的院士数量也是位居全国省会城市中的前列。应该说，这种现象是与侯官新学重经世、崇科学的实用精神密不可分的。

三、开放、创新的开拓精神

侯官三面环山一面临海，这样的地理条件导致其与内地的交通极为不便，海路由此成为侯官自古以来对外交流的主要通道。频繁的对外交往塑造了该地区鲜明的海洋文化特质，这里的人们普遍思想较为开放、活跃且富有创新精神。清末以降，侯官更是得风气之先：第一次鸦片战争后它成为五口通商口岸之一，各国领事馆的纷纷成立和教士的大量涌入带来了先进的西方文明，各种新式学校和出版物相继出现，产生了一批介绍西学的译著或著作；洋务运动时期，它又创设了福建船政，在工业制造和高等教育等方面引领当时的风向；维新运动前后，这里涌现了一大批积极学习西方现代科学与文化精华的巨擘如严复、林纾等人，他们大量译介西学、融会出新，为中国社会的现代转型做出了杰出的

① 《严复集》第一册，第 45 页。
② 《严复集》第一册，第 43 页。
③ 《严复集》第三册，第 514 页。

贡献。

（一）林则徐译著与侯官新学的开放与创新精神

19世纪前期，在中西文化开始激烈碰撞的第一次鸦片战争前后，在大部分国人仍然对西方懵懂无知的背景下，侯官站在了学习和传播西方文化的最前沿。如被称为“近代睁眼看世界第一人”的林则徐就认为应汲取西洋的长处，改革自身弊病，同时他也鼓励商人出洋经商。为了了解对手，1839年禁烟期间，五十几岁的他开始学习英文，并且组织翻译了《四洲志》等西方著作和刊物。

（二）船政学堂与侯官新学的开放与创新精神

洋务运动时期，整个国家仍然处于极度保守和闭塞的氛围里，教育还是以传统私塾和书院教育为主。而沈葆桢主持的船政学堂却敢为天下先，大量借鉴当时先进的教育模式，展现了与众不同的开放性和创造性，在师资建设和人才培养方面，进行了全方位的创制。

一是学堂制定了富有竞争力的激励机制。学堂每三个月考试一次，“自开艺局之日起，每三个月考试一次，由教习洋员分别等第”①，不合格的予以剔退。据统计，前学堂共招收学生105名，但是到1874年，却仅剩39名，其他学生由于各种原因没有完成学业。这种宽进严出、奖罚分明的人才培养机制促进了学生的学习积极性，保证了学堂的教育质量。

二是学堂开设了全新的现代课程。与当时大部分学校以四书五经等为教学内容不同，学堂开设了大量的西学课程：前学堂开设法语、微积分、蒸汽机制造等课程；后学堂学习英文、平面三角和制图等理论和技术。

三是学堂采取工学结合的教学模式。学堂作为中国近代第一所职业技术学校和第一所海军学校，非常重视学生的实践能力。“出自学堂者，则未敢信其能否成材，必亲试之风涛，乃足以觇其胆智，否即实心讲

① 《洋务运动丛刊》第5册，上海人民出版社，1961年，第199页。

究，譬之谈兵纸上，临阵不免张皇”①。前学堂的学生采取半日读书、半日赴厂实习的方式，后学堂也是在课后须到船上练习驾驶。

（三）严复译述与侯官新学的开放与创新精神

甲午战败后，有识之士纷纷向西方寻求民族的出路，西学逐渐大兴，出现了“家家言时务，人人谈西学”的现象。在引介和传播西学方面，严复无疑是贡献最大、声望最高的人。在深重的民族危机中，他发表了《论世变之亟》等名作，翻译了《天演论》等八部西方名著，对西学展开探本溯源的工作，成为“介绍近世思想的第一人”（胡适）。在那个“三千年未有之变局”的时代里，他倡导的“物竞天择、适者生存”、“黜伪而崇真”和“屈私以为公”等思想犹如一记记惊雷，给予国人前所未有的观念和思想之冲击，成为维新变法乃至五四新文化运动的思想基石。

（四）其他侯官翻译群体士人与侯官新学的开放与创新精神

除了严复外，清末民初时期，侯官还出现了诸如林纾、陈季同等众多译界人才。1904 年闽学会在日本成立，致力于《闽学会丛书》的翻译出版，其中翻译《西力东侵史》的林长民和《泰西格言集》的高梦旦皆属侯官士人。在翻译领域，林纾是与严复齐名的“译界之王”，他一生出版了《巴黎茶花女遗事》、《黑奴吁天录》、《块肉余生述》、《撒克逊劫后英雄略》和《迦茵小传》等 163 种译作，不仅有力地推动了中国传统小说的变革和现代文学的形成，而且在观念与道德等层面都给国人带来了较大的影响。陈季同则是译介法国文学的重要先驱和研究法国文学的第一人。他不仅翻译了《拿破仑法典》和雨果、左拉等人作品，还将《聊斋志异》译成法文介绍给西方读者，而且他还用英文和法文出版了大量关于中国主题的著作如《中国人自画像》和《中国人的快乐》等，成为中西文化交流的使者。此外，著名诗人陈衍也曾致力于研究和传播

---

① 高时良编：《中国近代教育史资料汇编·洋务运动时期教育》，上海教育出版社，1992 年，第 627 页。

西方商业经济学理论，与人合译了《货币制度论》和《商业经济学》等著作，为中国现代经济学做出了一定的贡献；船政学子陈寿彭则翻译出版了《格致正轨》和《八十日环游记》，罗丰禄翻译了《海外名贤事略》，等等。近代侯官士子大规模地从事译介事业，成为现代文明的“盗火者”，进一步彰显了侯官新学开放和创新的开拓精神。

四、调适、稳健的中和特质

清末，随着西方列强的入侵，“中西古今”问题成为国人争论的焦点。守旧派固守“夷夏之防”而拒绝西方文明，激进派则主张尽废旧学而全面西化。与这两派不同的是，以严复等为代表的侯官新学士人在中与西、古与今、革命与改良、个体与群体、科学与宗教等等之间，选择了一条融会二者的道路。

在新学诞生的初期，在国门紧闭和国人抱残守缺的情况下，林则徐就以“海纳百川、有容乃大”的精神积极地借鉴“西夷”之技为我所用，体现了对中西文化的全新理解；主持福建船政的沈葆桢要求学生除了学习西方科学和技术之外，还要阅读《圣谕光训》、《孝经》等和学习策论等，希望能够培育中西兼备的人才；林纾译书无数，却和严复一样始终坚持用桐城派古文义法翻译西方作品，深信古文“将来必为世宝贵”、“古文万无灭亡之理”①；近代“同光体”诗派的代表人物陈衍一方面提倡新学，另一方面又忧虑一国若“悉丧其所固有，国不既亡矣乎？宁待种类澌灭而后为亡哉？”② 因此竭力维护传统文化的地位。

侯官新学的中和特质在严复身上体现得最为典型和全面。幼年随本地名儒黄宗彝父子读经和归国后为准备科考而大量阅读中国传统经典的经历，让他洞察了本国文化的精髓；留学英伦的经历和对英国近代保守主义思想的青睐又使他不仅能够深入西方文明之堂奥，而且认同那种渐

① 张旭、车树昇：《林纾年谱长编（1852—1924）》，福建教育出版社，2014年，第431页。

② 陈衍：《陈石遗集》，福建人民出版社，2001年，第2193页。

进式的文化革新之路。博采中西的教育背景，促使他竭力融会中学与西学，探寻一条亦中亦西的调适之路。

(一)“中西古今”之间的调适抉择

在对待“中西古今”这个重大议题上，严复既反对那种认为西方现代文明源自中国传统的“西学中源”说，亦批判张之洞等的“中体西用”说。他认为必须大力引进西学来完成传统学术的革故鼎新，但同时他也反对那种完全抛弃传统的全盘西化做法。在他看来，中国古代尤其是先秦时代存在诸多和西方现代类似的思想，如《易经》中的“运会”说即近似于赫胥黎的演化观，《大学》中提及的“絜矩”之道、杨朱的“为我”论和庄子的“在宥”观等则近似于西方的自由主义理念。这样，引进西学的根本目的不是彻底否弃传统，而是以它者的思想激活或重释本国文化中的精髓，由此而抟出的新思想方是契合国性的。因此他主张以“统新故、苞中外”[①] 的原则“熔中西为一治”，从而实现传统文化的更新与转换。

(二)“革命”与“守旧”之间的调适之路

严复赞同英国思想家甄克思关于人类社会历史进程须经“图腾社会”、“宗法社会”、“军国社会”三阶段的说法，认为中国仍处于第二阶段，而西方列强已经跨入了第三阶段，故不能再固守祖制而需进行积极的革新，为此他提出了“自由为体、民主为用”的思想。不过，他同时也拒绝激进的暴力革命方案。受斯宾塞的社会学思想影响，他认为国家的发展取决于个体在德、智、力等方面的提高和健全，是一个有序进行的过程，“民之可化，至于无穷，惟不可期之以骤”，因此那种暴风骤雨式的革命并不可取，“其时未至，其俗未成，其民不足以自治也……民之弗能自治者，才未逮，力未长，德未和也”[②]。正是这种渐进式的发展论，使他倾向于君主立宪政体而非共和制，在“革命”与“守旧”之

---

① 《严复集》第三册，第560页。

② 《严复集》第一册，第34—35页。

间选择了一条改良之路。

(三)“科学”与“宗教”之间的调适观念

严复将“科学”视为富强之基，因此始终大力推崇科学的价值，但他并没有将科学与宗教对立起来。他曾公开在《灵学丛志》上发文支持灵学研究，晚年在家乡则修建尚书祖庙，并于此上香、求药等。严复受休谟式的“事实”与“价值”二分法影响，认为科学的对立面是迷信而非宗教，科学日昌带来的结果是迷信的消弭和宗教的兴盛，“由是而知必科学日明，而后宗教日精，宗教日精由迷信之日寡也，宗教、迷信二者之不可混如此也”①。也就是说，他相信在科学的时代里，宗教仍有它独特而永恒的价值。

严复的挚友陈宝琛在为他撰写的墓志铭中说道：“君于学无所不窥，举中外治术学理，靡不究极原委，抉其失得，证明而会通之。”② 严复一生于“旧法”和“新知”间上下求索，努力为本民族开辟一条中和而稳健的调适大道，他的探索在今天仍具有深刻的启示意义。

① 《严复集》第二册，第318页

② 孙应祥：《严复年谱》，第549页。

严复与近代中国海军建设

林齐模①

严复（1854—1921 年），初名宗光，字又陵；入仕后改名复，字幾道。福建侯官人。谈起严复，世人首先想到的就是著名翻译家、启蒙思想家，却忽略了海军是严复的本职和专业。他一生效力于海军，仅在天津北洋水师学堂就持续工作了 20 年，在清末至民国初年中国恢复重建海军的过程中，严复曾任清朝筹办海军事务处顾问官、海军一等参谋官，获授海军协都统衔。1914 年，任民国海军编史处总纂。1916 年，改任海军部顾问。

近年来，随着严复研究的深入拓展，有不少学者开始关注严复与中国近代海军、海防建设的关系。2004 年至 2009 年，围绕严复在北洋水师学堂任职的情况，马自毅、史春林、黄克武、姜鸣、皮后锋等学者各抒己见，互相商榷，还出现过一次讨论的小热潮。② 关于严复对中国近代海军、海防建设的贡献，近十年内也有学者开始关注到，如叶芳骐《试论严复的海权思想》③，王宪明、耿春亮《严复的海军强国梦及其当

---

① 林齐模，北京大学校史馆副研究员。

② 马自毅：《“总教习”还是“洋文正教习”：严复任职北洋水师学堂期间若干史实考证》，《历史研究》2004 年第 2 期；史春林：《严复任职北洋水师学堂期间若干史实再考证：兼与马自毅先生商榷》，《福建论坛》2005 年第 3 期；马自毅：《历史研究以“史料”还是以“常理”为据：与史春林先生商榷》，《福建论坛》2006 年第 1 期；黄克武：《走向翻译之路：北洋水师学堂时期的严复》，《“中研院”近代史研究所集刊》2005 年第 49 期；姜鸣：《严复任职天津水师学堂史实再证》，《历史研究》2008 年第 3 期；皮后锋：《严复与天津水师学堂》，《福建论坛（人文社会科学版）》2009 年第 1 期。

③ 《中国近代启蒙思想家：严复诞辰 150 周年纪念论文集》，方志出版社，2003 年。

代意义》①，林怡《严复在中国海军史上的地位及其海防理念》②，郑剑顺《严复的海权观及海军建设思考》③，方堃《严复：基于近代新文化的海权与海军思想》④。另外，一些涉及近代海军、海防的专著也对严复的海权思想及其对近代海军建设的贡献有所论述。如姜鸣《龙旗飘扬的舰队：中国近代海军兴衰史》⑤、王家俭《李鸿章与北洋舰队：近代中国创建海军的失败与教训》⑥、何新华《晚清海防与海权思想论略》⑦。

这些已有的研究对严复在北洋水师学堂任职情况、严复的海权思想进行比较充分的考订和分析，或指出严复是“少有的几个曾经对海军建设进行过整体规划的人之一”，或认为“严复既是中国现代海军的第一批从军者，又是中国现代海军建设的‘教父’，其海防理念依然足以启迪今人”。也有研究者指出严复“从未真正进入中国海军的权力决策中心，也没有加入作战部队经历实战”，不过“他以敏锐的思想和深刻的理解力，成为近代中国最早真正领悟海权和制海权理论真谛的先行者”。这些研究为深入研究严复与中国近代海军建设提供了一个较好的基础。但是关于严复对近代中国海军建设具体有何贡献，似乎还是语焉不详。本文拟在前人研究基础上，梳理严复一生与海军建设相关工作，考察其贡献及地位。

一、在海军仕途不顺

1913 年 11 月，在严复辞去北京大学校长职务一年后，时任海军部总长兼南洋巡阅使刘冠雄呈文大总统袁世凯，力荐严复当海军总长，自请改任次长。

---

① 《河北学刊》2013 年第 6 期。
② 《中共福建省委党校学报》2015 年第 2 期
③ 《福建史志》2016 年第 4 期
④ 《福州大学学报（哲学社会科学版）》2021 年第 5 期。
⑤ 生活·读书·新知三联书店，2002 年。
⑥ 生活·读书·新知三联书店，2008 年。
⑦ 中国社会科学出版社，2018 年。

刘冠雄呈文写道："窃以海军正在萌芽，凡百建设，非有博通中西之学识，规划猝难完备。我国固有通材之彦，而求其海军专门兼为政治专家者，惟严复为最。查严复系福建船政开幕首班学生，登舰练习出洋肄业，每考为各学员冠；周历各国，一切法典科学，独造其微；回华后，历充总教习、校长，富有著述，沾溉后进，名声赫然。人第知其文学渊博，无书不窥，而不知其富于政治思想，洞悉全球之趋势，而应付靡穷也。大总统负全国完全责任，我国有此完全人才，正可备旁求之选。现严复精神尚健，不于此时使尽出生平所学，以表见于世，人材可惜，负此明时。冠雄于海军一方面略有研究，而国务员尤关系于政治，一知半解，恐于大局无所补益。伏愿以海军总长之职，使严复负其责任，海军建设必能原原本本得有美满之效果，会议国务尤能通晓国家之大计，克举厥职。将冠雄改为次长，相助为理，或可稍补万一。……冠雄出复门下，能知其深，为国求贤，为海军求才，为大局求公益，不敢自秘，谨以上陈。"①

刘冠雄为严复学生，他非常了解严复，认为严复既出身海军科班，通晓海军业务，又学贯中西，富于政治思想，洞悉全球形势，实在是海军总长最合适的人选。他认为自己只擅长于海军事务，缺乏政治智慧，所以自请改任海军次长，真心实意地在业务上做严复的辅佐。但袁世凯没有接受刘冠雄的让贤与举荐。

其实，严复之不被重用从李鸿章时期就开始了。

1879 年 7 月，严复完成在格林尼治海军学院的学业，英方原定再安排他上军舰实习一年，但因此时国内急需教习人才，严复奉召回国，取消了上舰实习计划。

回国不久，严复就被李鸿章调往天津，任洋文正教习，参与筹办天津水师学堂事务。1880 年 8 月 27 日，严复报到后，李鸿章致信主持筹办工作的北洋水师学堂总办吴赞诚，安排严复协助吴的工作，建议"见在学堂甫经动工，应否留局暂住，讨论一切"②。可见，在办理天津水

① 《海军部长兼南洋巡阅使刘冠雄呈大总统》，《政府公报》第 551 号。

② 戴健：《从新发现的史料看李鸿章与严复》，《历史档案》1988 年第 2 期。

师学堂一事上，李鸿章还是很倚重严复的专业才能的。

严复时年32岁，年富力强，一腔热情地希望以自己的才学报国，得到重用。只是当时洋务运动虽然已开展数年，但中国整体政治生态、社会环境依然暮气沉沉，因循守旧。以严复的忘年交郭嵩焘为例，郭进士出身，又辅佐曾国藩平定太平天国农民起义，立有军功，为朝廷重臣。但只因出使英国后，实事求是地谈了一些对西方的看法，依照国际惯例与西人交往，竟然被国人视为汉奸，遭到攻击。虽然有湘系集团势力依仗，但面对汹汹舆论，郭嵩焘1879年辞职回国后，即称病不出，终老湖南乡下。初入天津官场的严复，所见皆是颟顸无能、投机钻营之辈。以李鸿章为首的洋务派正在办理的洋务事业，在严复眼里也是有诸多不足。于是他常常直言不讳，尤其喜欢公开指陈当政者种种不足，“仆当少年，极喜议论时事，酒酣耳热，一座尽倾，快意当前，不能自制，尤好讥评当路有气力人，以标风概。闻者吐舌，名亦随之”①。严复的敢言为他赢得了名气，但是也导致上司李鸿章对他敬而远之，“文忠亦患其激烈，不之近也”②。结果就是与严复同期留学归来的人相继受到提拔重用，严复这位优等生却在北洋水师学堂洋文正教习岗位上一做就是9年，直到1889年才被提拔为会办，1890年再升总办。而之所以被提拔，还是在他听取了堂弟严观澜建议，主动接近李鸿章之后。“用吾弟之言，多见此老果然即有好处，大奇大奇。”“兄吃烟事，中堂亦知之，云：‘汝如此人才，吃烟岂不可惜！此后当仰体吾意，想出法子革去。’中堂真可感也！”③ 不过，即使做了水师学堂总办，严复依然是“不预机要，奉职而已”。

虽然严复始终没能直接参与北洋海军的“机要”，但是他一直主导北洋海军士官的培养。自1880年创办至1900年学堂毁于八国联军战火，北洋水师学堂存在了20年，严复与之相伴始终。举凡水师学堂章程的制定、学生的招考、培养、考核等，无一不与严复相关。

---

① 《严复集》第三册，中华书局，1986年，第719页。

② 陈宝琛：《清故资政大夫海军协统严君墓志铭》，《严复集》第五册，第1541页。

③ 《严复集》第三册，第730页。

北洋水师学堂共培养了六届毕业生，其中驾驶专业毕业生 120 人，管轮专业毕业生 85 人，共计 205 人。[①] 在严复的教育下，这些毕业生在水师学堂不仅学到近代西方军事科技，而且受到西方先进思想启蒙，很多毕业生成为清朝乃至后来民国海军的骨干，如沈寿堃、谢宝璋、郑汝成等；还有些毕业生如黎元洪、张伯苓、伍光建等，更成为民国政界、教育界的著名人物。这足以说明以启蒙思想家留名青史的严复还是中国海军教育近代化的奠基性人物。

二、甲午战后为海军决策咨询

甲午中日一战，北洋海军全军覆灭，清廷一怒之下，将北洋海军武职实缺自提督、总兵至千总、把总、外委，总计 315 名员额全部裁撤。北洋海军整建制撤销了。海军衙门也被裁撤。战败的耻辱令举国震惊，时代思潮开始急剧转变。

严复痛心疾首，在天津《直报》相继发表《论世变之亟》、《原强》、《辟韩》、《救亡决论》等文章，提出“今日之世变，盖自秦以来未有若斯之亟也”，指出今日的西方文明不再是中国传统观念的“夷狄”，而是更先进的文明。他开始大力阐发自由、平等、物竞天择等观念，鼓吹变法维新。1897 年，严复与夏曾佑等创办《国闻报》，评点时事，大力鼓吹变法维新。严复最著名的译著《天演论》也于 1895 年完成了初稿。此书还未出版即开始在友人中间传抄，梁启超即于此期间读过《天演论》原稿，大为叹服，遂未待其出版，便对该书加以宣传。自 1898 年 4 月《天演论》正式出版后，在短短的十多年中，该书出过三十多种不同的版本，产生巨大的社会反响。于是，在甲午之后的短短几年内，严复声名鹊起，其影响不再仅限于天津水师学堂，成为学界和思想界的引领者。

1898 年 9 月 14 日，光绪皇帝召见严复，详细询问“办理海军并开

① 李斌：《北洋水师学堂简论》，《黔东南民族师范高等专科学校学报》2004 年第 5 期。

办学堂事”[①]。这应该是严复第一次有机会直接向最高当局阐明其关于中国近代海军建设的想法。在觐见光绪皇帝前，严复刚刚于8月被直隶总督兼北洋大臣荣禄委任为北洋水师营务处会办[②]，并“再三嘱饬秉公剔弊”[③]。北洋水师营务处设在天津，直辖于北洋大臣，负责协调北洋大臣与海军提督、各局坞负责人关系，商榷操防事宜，稽核功过，监视操练，会同各局所筹商储备各事，布置各项任务。营务处会办相当于总办的副手。

同年10月27日，严复随新任直隶总督兼北洋大臣裕禄到大沽口检阅清政府新购自德国的3艘巡洋舰“海容”、“海筹”、“海琛”。这是甲午战败后，清廷重新购置的第一批海军主力军舰。1899年夏，购自英国的2艘巡洋舰“海天”、“海圻”也到达大沽，同期到达的还有购自德国的“海龙”、“海青”、“海华”、“海犀”等4艘鱼雷艇。此5艘巡洋舰、4艘鱼雷艇总吨位达18000余吨。北洋海军开始重建，曾经因甲午战败被罢斥的严复留英同学叶祖珪、萨镇冰被开复革职处分，分别赏加提督衔、总兵衔，统领新组建的舰队；严复学生刘冠雄被任命为主力舰“海天”舰管带。

这一时期，严复的本职工作还是任天津北洋水师学堂总办，因其资历和名望，先后受到荣禄、裕禄这两任直隶总督兼北洋大臣的重视。在清廷恢复北洋海军过程中，严复一度得以参与一些规划、建议工作，并被委任为营务处会办。但是作为曾经参与过戊戌维新变法的“新党”，严复不可能受到重用，他还是属于兼差和咨询性质。

此时的严复把精力主要放在译书事务上，认为“译书为当今第一急务”，欲以此开启民智。他在致张元济信里说：“复自客秋以来，仰观天时，俯察人事，但觉一无可为。然终谓民智不开，则守旧维新两无一可。即使朝廷今日不行一事，抑所为皆非，但令在野之人与夫后生英俊洞识中西实情者日多一日，则炎黄种类未必遂至沦胥；即不幸暂被羁

① 孙应祥：《严复年谱》，第126页。

② 《国闻报》1898年8月10日，第3版。

③ 《严复集》第3册，第733页。

縻，亦将有复苏之一日也。所以屏弃万缘，惟以译书自课。”①

1900年6月，八国联军入侵中国，6月16日，八国联军舰队开始进攻大沽口的清朝守军，大沽口战役爆发。在这场中外战争中，北洋海军为保存实力，主力舰艇避战南下，参加了“东南互保”。但是八国侵略军却毫不手软，不仅将北洋海军逃往山东的4艘鱼雷艇俘获，还炮轰天津机器局和北洋水师学堂。水师学堂“学生星散”，严复也仓皇由天津躲往上海。此后数年，严复脱离了北洋海军系统，先后做过开平矿务局华部总办（1901年5月）、京师大学堂译书局总办（1902年3月）、安徽高等学堂监督（1906年4月）、复旦公学监督（1906年12月）。

三、清末至民国初年参与海军建设规划

1905年9月，清政府下令废除科举，推广新式学堂教育。曾经让严复4次折戟的科举成为历史，西学从此成为显学。清政府规定每年农历八月举行面向归国留学毕业生的考试，“考列最优等者，给与进士出身，考列优等及中等者，给与举人出身”②。严复被任命为主持考试的同考官，实际操办了1906年10月在北京举行的第一次留学毕业生考试。此后几届留学毕业生考试，严复都以同考官身份参与主持。1910年1月清廷下旨，赏给严复、詹天佑、辜鸿铭等19人文科进士。

在清朝最后几年尊崇西学的背景下，严复地位日隆。1908年8月，直隶总督兼北洋大臣杨士骧聘严复为新政顾问官，并委托严复代其草拟“筹办海军奏稿”。③

这篇奏稿是严复在吸收马汉《海权论》相关思想基础上，结合当时清朝面临的内外形势，提出“在今日有必不可缓者六，有虽知其难而不可不勉为其难者四”，充分反映了严复近代海防、海军建设的思想。

奏稿全文6600字左右，首先指出世界各国因具体地理形势不同，

① 《严复集》第3册，第525页。
② 《光绪朝东华录》，总第5573页。
③ 奏稿内容见《严复集》第2册，第256—265页。

可分为海国、陆国、海陆并控之国三类。海国如英吉利，陆国如俄罗斯，海陆并控如德、法、美利坚。中国属于海陆兼控之国，但过去长期重视陆地，不关注海洋，“自弃大利，民智亦因以自封，遂致积重以成百年来之世面”。故建议中国应高瞻远瞩，建立海权，以收其利。海权的基础是拥有一支强大的海军力量。严复又以日俄战争为例，指出日本战胜俄国的前提是海战获胜，然后陆军收功。现在日本又在添造一万九千吨以上巨舰，继续加强海军。欧美列强也都在锐意进取，加强海军。中国海岸线一万二千余里，“而今所有者不过四五艘之快舰；至于运练各船，总计亦不过十余艘，尚皆旧式。此以平时巡缉尚且不敷，矧在战时，实同无具”。中国在列强环伺下，“如无螯之巨蟹，渔人钓者，谁不得取而食之”？严峻的安全形势迫切要求中国恢复海军，确立海权。

随后，奏稿展开论述“必有海权，乃安国势”、“将修内政，先固外封”、“欲求公道，必建强权”、“消内患者，即所以弭外忧”、“嘉谋及远，翕附侨黎”、“先振声威，乃资联合”六方面刻不容缓需要着手之事，论证规复海军的紧迫性和必要性。

最后，分析海军建设可能面临的四个困难，并给出解决方法。其一，人才之难；其二，军港根据地之难；其三，规划经办之难；最后，也是最难的，筹款之难。

严复代拟的这篇“筹办海军奏稿”眼光远大、思谋周详、文采斐然，立即受到同僚们交口称赞。据吴闿生所撰《杨士骧行状》说：“奏入未几，则有筹办海军之诏。”[①] 这篇奏稿对清廷规划重建海军应该说起了很大推动作用。

1909 年 7 月 15 日，清廷任命郡王衔贝勒载洵、提督萨镇冰为筹办海军大臣。[②] 设立筹办海军事务处。载洵时年 24 岁，完全是一纨绔子弟，只因其为摄政王载沣之六弟，遂得以荣膺这一要职。但他对海军一无所知，具体筹划事宜就只能依赖萨镇冰了。萨镇冰与严复同乡，又是留英同学，两人在海军多年共事，只不过萨镇冰一直统兵，严复则一直

① 闵尔昌编《碑传集补》卷十五。

② 《清实录》宣统元年己酉五月。

在北洋水师学堂为海军培养军官。

1910年2月19日，清廷任命严复、伍光建、魏翰、郑清濂担任筹办海军事务处顾问官。① 应当说，萨镇冰对严复关于海军、海防建设的思想和主张是熟悉的，严复出任筹办海军事务处顾问官更说明其关于海军、海防建设的思想得到朝廷重视。

1910年12月，筹办海军事务处改为海军部。1911年3月开始，清廷给海军军官授衔，此时严复职务为一等参谋官，军衔为协都统（相当于少将），仅次于几位正、副都统。这是他在海军中的最高职级，一直兼任到民国初年。

1912年2月，清廷退位，袁世凯出任中华民国临时大总统。严复与袁世凯也算是北洋系老熟人，很早就有交往。不过或许严复对袁世凯人品有看法，一直对袁世凯保持一定的距离。由于严复的名气很大，袁世凯一直希望严复能为己所用。特别是1909年，袁世凯被清朝执政王载沣解职还乡，在当时许多人对仕途受挫的袁世凯避之唯恐不及的情况下，严复却对袁世凯大加称许，称袁世凯是"国之栋梁"。② 袁世凯对此想必是非常感激，所以在他1912年2月被南京临时参议院选举为中华民国临时大总统后，发布的第一项重要任命就是任命严复为京师大学堂总监督。

3月30日，袁世凯任命刘冠雄为海军部总长。刘冠雄在袁世凯任职北洋时期即深得其信任。1904年4月，刘冠雄任管带的清朝最大主力舰"海天"舰因触礁沉没，按律当斩。时任直隶总督、北洋大臣的袁世凯力保其免于一死，仅受到革职的处分。此后，刘冠雄投靠在袁世凯手下工作，深受袁世凯信任。

刘冠雄出任海军总长后，着手整顿部务，建章立制，集权于中央，使海军建设统一、有序，并收到了一些成效。

1913年3月，刘冠雄主持的海军部制定第一次制舰计划。细读该计划，其对中国海防形势判断及建立海权的思想很多与前面严复代杨士

① 《清实录》宣统二年正月上。

② 陶菊隐：《筹安会"六君子"传》，中华书局，1981年，第115页。

骧拟的“筹办海军奏稿”表述类似。例如该计划开篇写道：“窃维世界万国形势互殊，有陆国，有海国，有陆海交错之国。……我国国于大陆，而东、南、北三面滨海，海线之长绵亘数千里，盖正陆海交错之国。使独注重陆军，而于海军忽焉不备，备焉又力不厚，势将无以自存，更无论称雄于今世。此亦国中言军事者之所同知也。”① 随后，该计划重点谈海军人才培养、计划经费的落实，计划十年逐步完成，这样所需经费可以分年筹拨，不至于造成财政太大的压力。计划根据中国海岸线绵长、港湾众多的特点，主张海军建设最好攻守兼营，但考虑到现实的财政困难，暂时先“专主守势”。该计划分作两期筹办：第一期先行守防计划，第二期续行巡防计划，各以五年为期，统计十年。守防计划详列需要首先设防的沿海、沿江 19 处重要港湾，列明各港口需要配备建设的各种舰艇及营、库、厂、坞数目。并列明人员及经费预算。第二期的巡防计划计划设立三支巡防舰队。也拟出各舰队应该购置的舰船数及相关人员、经费预算。总体来看，海军部第一次制舰计划的思路大体与“筹办海军奏稿”类似，只是更加具体、详细。

在大总统袁世凯支持下，海军部的第一次制舰计划很快被国务会议通过，同意“即照原拟计划办理”。

四、结语

严复出身武职，后捐纳改为文职。其一生主要从事教育事业，前半生在北洋水师学堂任职 20 年；1900 年后，又相继在京师大学堂译书局、安徽高等学堂、复旦公学、学部名词馆任职；民国初期，出任京师大学堂最后一任总监督、北京大学首任校长。他在甲午中日战后开始从事翻译工作，严译八大译著集中发表于甲午战后的十多年时间，这奠定其作为近代著名翻译家、启蒙思想家的地位。正是由于严复在教育和启蒙思想史上的显著成绩，人们忽略了他对于近代海军建设发挥过的重要

① 《海军部呈第一次置舰计划》，杨志本主编：《中华民国海军史料》，海洋出版社，1987 年，第 151 页。

作用，这情形在好友陈宝琛为严复所写的墓志铭中就提道："君于学无所不窥，举中外治术学理，靡不究极原委，抉其失得，证明而会通之。六十年来治西学者，无其比也。所译《天演论》、《原富》、《群学肄言》、《穆勒名学》、《法意》、《群己权界论》、《社会通诠》，皆行于世。杂文散见，不自留副，仅存诗三百余首。其为学，一主于诚，事无大小无所苟。虽小诗短札，皆精美，为世宝贵。而其战术、炮台、建筑诸学，则反为文学掩矣。"① 不过，严复一生固然与海军关系紧密，但限于其在海军中始终没有担任实权职务，其影响也不能被过分拔高。严复对于中国近代海军建设所起作用是间接的，主要还是体现在对近代海军建设理论和海防思想贡献上。

① 陈宝琛：《清故资政大夫海军协统严君墓志铭》，《严复集》第五册，第1542页。

守正与现代性的求索

——严复书学实践的传统基源及其价值给予

许刘涵①

严复是近现代极具影响力的启蒙思想家、著名的翻译家、教育家，是中国近代史上最早深入系统介绍西方资产阶级政治学说和思想文化制度的学者。其于西方学术的译介以及对思想文化的研究，广泛地熏陶着当时的文士阶层，对他们思考方式和文化视野产生深远影响。五四时期活跃于中国思想界的趋新人物，如蔡元培、梁启超、鲁迅、胡适等人都曾受其影响。梁启超说："严氏于西学中学皆为我国第一流人物。"②

然而，尽管严复于近代以来引领一时风气之先，但在彼时书学生态环境中，却依然固守着中国文人对传统帖派书风的承继。事实上，严复所恪守的帖学立场，是在书学传统崩溃的历史背景下做出的历史回应；他的书学实践，亦是他思想立场的延伸，是他基于当时特定文化语境与时代共识做出的自我审美选择，与他的思想观念中的传统基因一脉相承，其看似守成而背后却是一种现代性意义上的反思与超越。

一、书学思想的传统基源

作为近现代文人学者，严复书法之精湛，实则与其学术成就相得益彰，然而却往往为其文名所遮。相较于近代以来的诸多大家，严复书法不仅毫不逊色，反倒更具备众多专业书家少有的风神气质——笔致秀逸

---

① 许刘涵，福建教育学院讲师。

② 孙应祥：《严复年谱》，福建人民出版社，2014年，第151页。

洒落，笔墨峻健跌宕而不乏含蓄，遒劲浑厚而不失精微，深得魏晋唐宋精雅蕴藉真谛。不过，熟悉书法史的人或许会发现，如此一位近代思想的前驱、西学的开山人物，却在书学实践中展现出与时代书风相悖的审美选择——在碑学大行其道的浪潮中，他固守着书法旧学传统，并矢志不渝地致力于帖派经典的日日临习，这种对传统书法的执着和坚守，或许让人感到不解。事实上，根植于晚清侯官多彩而厚重的文化土壤，严复既以“西学第一”称著于世，又于中国传统“理道”多所持守。严复在“新知”与“旧学”之间的矛盾与平衡，“思想”与“书风”之间的关联与延续，不仅揭示了清末民初的时代语境，而且与严复个人的文化特质和审美倾向有着深刻的关捩。

（一）时代语境与历史选择

自西学东渐以来，中国知识分子最为困惑，且亟待解决的中心问题是古今中西学问的异同及其互相关系。严复毕生努力的目标就是为此问题探求方案。他一生秉持的理念是“中国必不灭，旧法可损益，而必不可叛”①。他认为中学由盛转衰，是由于“古人发其端，而后人莫能竟其绪；古人拟其大，而后人未能议其精”②。对此，严复一语道破彼时学人在治学方面存在的问题：“二千年来，士徇利禄，守阙残，无独辟之虑。”③ 传统学术中的微言大义因后人的抱残守缺而逐渐湮灭不传。基于此，严复做出了“统新故而视其通，苞中外而计其全”④ 的文化主张，希冀以中华民族传统主流文化与意识形态为载体，积极地从中挖掘、光大中国的“国性”，并以此作为民族自强自立的根基，从而接引西学，助推社会发展。这种主张超越了非中即西、抑古尊今的狭隘见解，而呈现出多元、有机且兼容并包的生命样态。

值得一提的是，严复在当时倡议西学，被目为新派人物，事实上，严复之力倡西学，归根结底也在致力于发扬光大传统文化之“道”。他

① 《严复集》第五册，中华书局，1986 年，第 1320 页。
② 《严复集》第五册，第 1320 页。
③ 《严复集》第五册，第 1320 页。
④ 《严复集》第三册，第 560 页。

在《天演论》自序中写道："考道之士，以其所得于彼者，反以证诸吾古人之所传，乃澄湛精莹，如寐初觉，其亲切有味，较之觇毕为学者，万万有加焉。此真治异国语言文字者之至乐也。"① 此言即若以西学思想来辅佐反证古人所传之义理，往往能够达成更深层次的共识，如此一来，"治异国语言文字者"则可豁然开朗、"如寐初觉"。于此不难看出，严复的"反证"，即以西学为视角来归求反观中学本位之义理，而这种古今中西之会通，其最终目的在于阐扬中学之精神，建构中国文化的新范式。换言之，在严复看来，西学并非目的，而是光大传统的手段。他在致熊纯如函说："耐久无弊，尚是孔子之书。四子五经，固是最富矿藏，惟须改用新式机器发掘淘炼而已。"② 严复坚信"新学愈进则旧学愈益昌明。盖他山之石可以攻玉也"③。就此，他自学术史视角为中西会通赋予了传统文化现代转换的历史责任。严复对于传统"理道"表现出有别于同时期文士的敬重，推而广之，他对书道正统的持守，也有类似取向。

（二）文化立场与审美取向

严复在翻译西学时，选择采用桐城派古文而非白话文作为媒介，这无疑彰显他在中西文化上所秉持的持守态度。桐城派作为彼时社会典型的传统文化学术流派，有着自觉且清晰的学术体统。郭绍虞曾言："清代文论以古文家为中心，而古文家之文论又以桐城派为中坚。"④ 由此即可看出其在清代传统文论中的正统地位。新文化运动时期，白话与古文形成两相对峙的局面，在这一文化立场上，严复与同为乡里的林纾观点接近，他们认为桐城派倡导的"与晚周诸子相上下"的文辞才应作为中国文化的基础。但他并未批驳白话文，他批驳的不过是"尽废古文"，反对的是所谓的"全盘性反传统"、"排他性白话文运动"；他希望留存古典文脉，以此来维系传统文化之生命。这既表明在社会失范的历史时

① 《严复集》第五册，第 1319 页。

② 《严复集》第三册，第 668 页。

③ 《严复集》第五册，第 1549 页。

④ 杨怀志：《桐城文派概论》，安徽美术出版社，2011 年，第 2 页。

期，严复坚守并传承正统的信念之根深蒂固；同时也说明，他希望通过坚守和传承正统，保留本土思想资源，进而与西方学术进行对话，实现本土化的探索，而非使西方学术成为完全异己的外来者。需要指出的是，此处所提及的坚守与传承正统，并非简单的固陈守旧，而是在广泛包容、交融多元的基础上，对古典精神内核的再度反思、再度认同和再度阐释。严复的这一观点，超越了非中即西、尊今抑古的二元对立价值论断，在当时的激进思想中注入了更多对传统的肯定。

此外，严复择取桐城派古文作为为文载体的另一关键因素，在于桐城派的理念与其崇古、尚雅、法统为价值导向的审美旨趣和诉求相契合。桐城派主张作文时注重“义理”、“文法”和“辞章”，即内容上多以儒家思想为导向，形式上需遵循法度而反对俚俗，用词要严谨简洁，文采上力求清真雅正。而严复把“信达雅”厘定为翻译辞章的三大标准：“译事三难：信、达、雅。求其信已大难矣，顾信矣不达，虽译犹不译也，则达尚焉。……《易》曰，‘修辞立诚。’子曰：‘辞达而已。’又曰：‘言之无文，行之不远。’三曰乃文章正轨，亦即为译事楷模。顾信达而外，求其尔雅。”① 这正是与桐城派的“义理”、“文法”和“辞章”的文风标准相呼应；尤其是在对“雅”的追求上——严复主张在达义的基础上讲究文辞的渊雅，这显然是承袭了桐城古文的遗韵。因此，读严复所译西文，言而有物，行文有序，风格古雅，颇具先秦子书的风味，深得桐城文法和义理的精髓。他依循桐城文论和文风，将翻译提升到自我创作的美学层面，使译文不仅能有效传递信息，还能带来丰富的审美体验。

由以上分析可知，清末民初特定的社会氛围与时代环境对严复的学术观念和书法取向产生了重要影响，然其主动的文化选择与审美取向同样是很重要的一个方面。处于近代新学兴起、古典经史传统逐渐瓦解的历史背景下，传统书学不可避免地遭受了来自新兴书写体系的冲击。这导致在书法领域中，传统经学所强调的修身养性及教化功用逐渐被理性所消融，书法创作由注重笔墨意趣转变为追求效率与实用性。相较于这

① 《严复集》第五册，第1321—1322页。

一趋势，严复的书学实践显得愈发与众不同。他在书学实践上坚持以帖学为基，并亲身践行帖派经典的临古日课，这皆体现了他对国学正统的持守。在这种情形中，若以严复的文化旨趣加以印证，则会发现，他立足于中学古典传统的本位立场，引介西学，尊重本国文化传统，并在新旧之间寻求平衡、苦心弥缝。事实上，他比当时公认的保守派更具真切性，同时又较激进派更具包容性，更贴近中国历史的实然状况。他在守正与现代性之间进行求索，努力激活传统，从中转化出独特的宝贵思想资源，这反映了其独有的人文涵养和精神底蕴，以及一种整体性的文化关怀。顺着这条脉络，我们可理解严复书学实践的传统基源——历史选择的现代性指向与民族主义的深切情感，甚至亦包括他对传统文化审美的个人情愫。

二、书学理念与笔墨实践

与中西文化立场做出的选择相一致，在书学上，面对帖学和碑学，严复亦是既执守古典帖学文化的神髓，同时又对碑学表现出一定的开放胸襟。严复之所以坚守帖学，不仅是因为他深知帖学对于传统书学的价值，更是出于对促进传统发展的考量。

在严复的学术生涯中，书法仅作为其暇时醉心之事，因此他就书学理念展开的相关论述并不多。然而，通过推求他的言行和书作，我们仍可以洞悉其书学观念。综合而言，严复的书学观主要体现在对古雅之美的追求、严守法度的坚持以及传承正统的承续这三个方面。

（一）追求古雅

古雅，即对书卷气的追求。书法作为自觉意义上的文人艺术，不仅仅是单纯的笔墨技巧，而是最大限度地体现着中国传统人文和文化内涵，所谓“文以载道”者是也。这样，它就自觉地与宫院抄书手、民间工匠拉开了距离。因此，文人书家将学识修养作为治书的基础前提，并将之看成文人治书的一个基本品评要求。这体现在审美上，便是极力追求古雅之韵，作书偏重于静、逸一路，追寻书卷气。黄庭坚评苏轼文章时曾言："学问文章之气，郁郁芊芊，发乎笔墨之间"，"非胸中有万卷书，笔下无一点尘俗气"，正是此意。

严复博研古代文化传统，广泛涉猎精神与审美方面的学问，其学养与修为在从事文化实践的过程中，自然地纳入他的书法学习。严复的书风既具备风格化、专业化的高度，同时也富含相应的文化内涵，展现出文人独特的古雅意趣。综观严复书法，恂恂儒雅有书卷气，而又颇具理性色彩。其以二王和唐人为宗，取颜真卿的浑厚纵逸以充筋骨，与二王的儒雅秀逸相结合，笔致含蓄，风骨清朗，虽细比毫发，亦无孱弱之相，灵活秀润，风流蕴藉。整体观之，有如一谦谦君子，严谨雄健之余又见温雅，气宇轩昂而文质彬彬，实为帖学正统影响下极具个人性情的学人书风。

严复曾在《麓山寺碑》题跋中提道："书法七分功夫在用笔，及纸时，毫必平铺，锋必藏画。……解此而后言点画、言使转、言增损，言赏会。至于造极，其功夫却在书外矣。"① 严复曾得友人书屏，赞之曰："笔意宁静淡泊。""宁静淡泊"一词很好地诠释了严复对于书法审美的本质认识，"功夫却在书外"，则道出了严复对于"学问发于楮墨，是其文心诗情与胸中丘壑使然，进而溢之为书，自然是静穆古逸，典雅玄澹，如其人，如其学"的学书体悟。严复的学术根柢对其书学审美取向产生了关键性的影响。古代文学是他治学至深的领域，而文学与艺术的通会让他的书法格调在学养的深度里得到了彰显，他于学养、意境、气韵等方面的审美标准融入了书法传统艺术的实践，因此，在他的艺术范式里，是一种古意淳雅且清朗的格调。对严复来说，书法是其个人精神气质的自然流露，学识修养亦是他笔墨生命力的重要来源。

（二）坚守法度

严复受桐城派古文重义理、文法、考据与西学重逻辑的影响，行文运思较为端谨，治学研究也多讲求务实精微，这些对法度、对理性的追

① 郑志宇：《籀古译新：严复的书法世界·译新卷》，北京联合出版公司，2022年，第581页。

求，表现在他书法艺术领域，便是对笔法之“法”的建立与完备。严复不止一次强调“书法七分功夫存于用笔”。他系统地临摹历代法帖，甚至“临《兰亭》至五百本，写《千字》至八百本”[①]。他以晋唐为宗，对笔墨的承继与求索沦肌浃髓，用功甚勤，其中王羲之《十七帖》、《兰亭序》，智永《草书千字文》，孙过庭《书谱》，颜真卿《争座位帖》在其临古墨迹中所见尤多，可见其对法帖笔墨的修炼是不遗余力的。

在笔墨取法上，晋唐法度中的两个特征在严复典型的行草书中得到鲜明体现，一是用笔的精微严谨——无论藏锋、露锋、中锋、侧锋，笔势往来间流转自如，斩截果断，牵丝矫净细腻，于精微中见“筋骨”；二是结构与节奏的匀静有致——字里行间流露出的疏朗清健的韵致，自然挥洒、流畅婉转中极尽变化之能事。

《书谱》是唐代书家孙过庭传世最重要的墨迹作品，其笔法妙到精美，韵致温润古健，是学书者求索二王笔法的关键门径。宋代米芾《海岳名言》评曰：“孙过庭草书《书谱》，甚有右军法，作字落脚，差近前而直，此过庭法。凡世称右军书，有此等字，皆孙笔也。凡唐草得二王法，无出其右。”[②] 严复亦认为：“王虚舟《绘事》尝谓右军以后，惟智永草书《千文》、孙过庭《书谱》足称继武。”[③] 对于严复而言，《书谱》此般清朗流利的小草乃其审美理想，亦是其探求帖学精微笔法的重要参照。就目前所见严复翰墨可知，临《书谱》是他最重要的日课之一，也是他临帖的大宗；其行草书无论大小字，用笔、意趣、气韵，大都不离《书谱》范畴。观严复翰墨馆所藏严复《书谱》临本，点画跳宕起伏，笔致变化丰富，既清盈又劲健，毕肖孙氏精神；用笔重则刚断，轻则利落，结字紧结而能伸展自如，可谓得《书谱》老健又添其飒爽。值得关注的是，在其中一临本卷首第二、三行中，严复反复临摹了七个“魏”字，前两个“魏”字书写略显迟滞犹豫，而自第三至第五字，其形态与原帖俱似，神韵十足。至最后两字，行笔愈发精熟畅达，并开始超越对

① 郑志宇：《籀古译新：严复的书法世界·译新卷》，第 581 页。

② 马宗霍：《书林藻鉴 书林记事》，文物出版社，1984 年，第 87 页。

③ 郑志宇：《籀古译新：严复的书法世界·译新卷》，第 582 页。

形似的拘泥，而展现有意识的字法变化。严复临仿《书谱》时对笔法、草法细致严谨、笔笔精研的高追求由此可见一斑。

（三）承继正统

自有唐一代确立二王书风在书法史上的正统地位以来，一千多年间，以古典静雅为审美特征的帖学书风被视为书学之典范，占据着书法发展的主流。清代以后，帖学逐渐式微，许多学书者转向金石文字，帖学的地位就此被碑学取代。严复虽然身处于碑学中兴的时代，但他承接的却是帖学的脉络。严复不事碑板金石，在笔墨表达上几乎没有受到任何的碑学影响。一是由于他帖学本位的立场，因而坚持秉承晋唐为宗的帖学书统，二则是他以为彼时碑学的笔法在书学理论上并不具备合理性——他认为当下的碑学创作，多是为了刻意追求金石奇古的意味，而故作颤抖、枯涩，乃弊病习气，非纯任自然，偏离了书法审美本质，是一种对古法的异化和俗化，故不可取。他曾说：“汉隶岁久剥蚀，故其字无后锋芒。近者杜仲微乃故用秃笔作隶，自谓得汉刻遗法，岂其然乎？”① 又说：“近复有人以下笔如虫蚀叶，为书家上乘，此亦饰智惊愚语。古人作书，只是应事，且以豪御素，即至以漆刷简，亦无此作态，取奇事耳。”② 这番论述与启功先生“透过刀锋看笔锋”的言论，以及沙孟海先生关于碑板的写手刻手的阐述似不谋而合。除此之外，严复还认为碑学帖学不应不顾书学的内在差异，而做无根的移植。尽管他未直接阐述此观点，但通过其对东西方文化采借理念的深度剖析，可窥见他的立场：“取骥之四蹄，以附牛之项领，从而责千里焉，固不可得，而田陇之功，又以废也。”③ 他认为，若学术采借不适宜，不仅无益于自身，反而可能带来负面影响。据此，我们亦可推测出他对碑帖兼容之态度。

值得注意的是，虽然严复对当世的碑学持有上述观点，但他并没有

① 郑志宇：《籀古译新：严复的书法世界·译新卷》，第582页。

② 郑志宇：《籀古译新：严复的书法世界·译新卷》，第582页。

③ 《严复集》第三册，第560页。

将之弃置不理，一味地尊帖抑碑，反而是同步兼收碑学遗法的营养，反哺自身的书学知见，这一点在他的相关文字题跋中均有记载。

严复曾购藏李邕的《麓山寺碑》拓本。《麓山寺碑》博采魏晋时期钟、王书体和北朝碑刻书法之长，笔力雄健浑厚，体势纵横奇峻。严复曾在此拓本中留下多篇题跋，并于题跋中清晰地阐明了他对碑学的相关认知："此书用笔结体虽出晋贤，然多参以北碑意境，若《郑羲》若《刁遵》，二碑法于行间字里时时遇之。"[①] 在此，严复道出了李邕《麓山寺碑》在用笔结体上取法二王诸辈，且其中可见《郑文公碑》、《刁遵墓志》的书意。由此说明，严复对于北碑的样态是了然于目且有相当的见地的；然而其后又写道："唐书之有李北海，殆犹宋人之有米南宫，皆伤侧媚劲驶，非书道之至"，"李北海书结体流曼，而用笔却极凝重，学其书者所不可不知。若以宋人笔法求之，失之远矣"，"右军书正如德骥，驰骋之气因而存之。……王虚舟《绘事》尝谓右军以后，惟智永草书《千文》、孙过庭《书谱》足称继武"。[②] 通过这三则题跋可看出，严复对李邕的笔法结体还是略有微词的，在他心目中，法书之正统、"书道之至"仅限于王羲之以及后来的智永、孙过庭，由此可见他对于帖学正统的坚守。

如上所言，严复对碑帖二学是有着理性而深入的思考的。有意识地贴近传统是他经过深思熟虑做出的主动选择。放眼严复生平交游，可见他与诸多碑学名宿皆有往来，亦有碑的相关收藏。他深知碑学在当时所处的地位，也对碑学有一定的研究，而他最终选择以帖学正统为筑基，坚守传统，恰如他在彼时举世滔滔且汹汹的社会文化浪潮中，没有随时风而动摇自己的守正理念与古典理想。

书法不是孤立的笔墨存在，严复恪守传统的态度，贯穿了他治学和对书法艺术的追求，而他于帖学守正持中的书学观，亦显示出他的思想独立和书风自觉。严复书学观是其思想文化观念的一部分，二者紧密相关，不可分割。

---

① 郑志宇：《籀古译新：严复的书法世界·译新卷》，第 581 页。

② 郑志宇：《籀古译新：严复的书法世界·译新卷》，第 581 页。

三、书学观的价值给予

严复的思想资源和书学实践，对于当代而言，有其独特的价值。

（一）传统古典精神的再承接

严复的中西学认知体系因隐藏着多重张力而显现出独特的价值，究其原因，正是根植于其内心的中国传统古典信念：他受传统影响，又批判传统追求现代，文化个性深深地留下了传统的烙印；他致力于西学，探寻中国现代化发展的出路，同时对传统文化怀有深厚的理想，坚信在传统的精粹中可以找到与西学相一致的发展路径，使得“国性”、“群经”得以寄托；他深受传统文学、史学的影响，深谙传统文化的精微，对守正持中显示出一种顺理成章的超然和自然。但这种守正与片面的守旧又是不同的，他不是纯粹的国故派，只要闭关，力倡复古。“国性”与“群经”的信仰在他心灵深处唤起的是利用国粹创造新的本土文化，同时希冀借此去探寻传统文化中所蕴含的创造潜能。因此他虽忧国忧民，但不革命；有现代意识，却不激进。这种特质使得其与当时的新文化群体拉开了距离，彰显出别样的文化内涵。

在书学实践中，传统帖学的生命力不容忽视，尤其在被碑学全面抑制的背景下，已面临断层危机。倘若非严复等书家对于帖学精益求精的再探索，没有他们负荷着弥合帖学传统断裂的历史重任进而做出努力，或许很难打破碑学一统天下的局面，让帖学在后来的时代里焕发新的生机。

（二）精神学养的再回归

严复书法为典型的文人书法，其中流露出的静逸简雅的学养气质，由此可见严复对笔墨形式的研究探索，对学养品性的深造修炼，以及对气质格调的精细雕琢。然而，这些特质正是当代书坛所匮乏的。

近几十年来，书法得到了快速的发展，各种流派和书家层出不穷，但最终真正能在书法史上留下深刻印记的书家实则寥寥无几，这背后的关键因素在于现当代书法界对书法文化内涵的轻视。过分追求表现形式新颖的书风随着时代发展，日益暴露出其笔墨质量的匮乏和精神内涵的不足，进而导致书法本质的偏离。

毋庸置疑，学书须从传统切入，以学古为基础，然而，学古也不仅是为了求得一个外在的形似，更重要的要靠个人的学养去解读、吸收、诠释古法。赵孟頫尝有言："意与古会"，学书需要"会古"，同时更需要在"会古"的基础上"会意"，故"意与古会"者，并非终日祈祈于古法，而是品其味，炼其神，通过自身的认识来感知笔墨背后的精神气息。书法的真正精神是以学养为根本，以精熟的笔墨技法为核心，因此个人的学识修养和对书法文化内涵的理解就显得尤为重要。严复的学人书风恰是强化专业的精熟度，呼唤精神学养的再回归。

四、现代语境下的传统书写

自古以来，书法史的价值评判标准无非有二：一是厚古薄今，二是推崇开宗立派、自成一家者。二者看似矛盾，但在中国古代书法的发展脉络中却是并行不悖的，亦都能得到后世的褒赞，这在相关古代书论都可得到佐证。然而伴随着西学东渐的进程，后者的价值评判标准因为有了现代性理论的支持而愈加强化，并呈现出一种绝对的排他性和至上性，认为古典、传统即是教条，将会制约艺术的发展；认为现代性是评判艺术普遍永恒的绝对标准，所有不符合现代化标准的艺术都是不美、不善、不真、没有价值的艺术；认为后现代、当代、现代书法就一定比古典、传统书法更具价值性。

从这个层面上来讲，历史上书学新概念的提出或深化，很大程度上将决定作品的价值判断，而书法的本体价值却要归于其次，新概念与本体价值间逐渐显现出一定程度的疏离、异化乃至割裂现象。这在清末民国碑学帖学时代的书家评价中显得尤其明显：诸如严复这类对帖学纯粹继承的文士书家，多数被打上"因循守旧"的名号，因而常为后世书法史所忽略，鲜有学者投注以青睐。相反，同时期碑学书家，却往往被示以时代弄潮儿的形象，头顶光环，在书史上被视为伟大的"先时人物"。

无疑，康有为、赵之谦等诸多碑学书家的作品本身具备高度价值，且顺应了当时书学观念引领的时代风气，因此得以跻身历史经典之列，彰显其独特价值。然而，对于如严复这般秉持古典正统的帖学书家而言，若仅以现代性作为唯一评判准则，显然未能全面揭示其价值：其作品无论在笔墨、格调方面均堪称尽善尽美，无疑展现了当时学人书法的卓越风貌，更何况他坚守传统的书学理念，从某种程度上讲，更可被视为在现代性背景下进行的反思与超越。如此评价显然是失之偏颇。

在书法历史进程中，现代性能够发挥推动作用，激发个体主观能动性与创新精神。然而，现代性所带来的异化现象亦可能使书法历史陷入文化困境。事实上，“现代性”这一具有价值判断意味的命名方式，容易导致人们误认为古典、传统与现代之间存在不可避免的冲突。然而，若深入探讨“古典”一词的文化内涵，其对立面应为“粗俗”，而非“新颖”。因此，艺术可以具备现代性，但现代性不应作为价值评判的唯一标准，传统价值的体现同样应予以尊重与认可。贝尔纳曾在《元逻辑》中指出：“我们比前辈看得更多更远，不是因为我们有更敏锐的视力或更高大的身材，而是因为我们被抬了起来，高踞在他们巨大的身躯之上。对时代来说，传统仍然是唯一可靠的价值来源。”[①] 基于此，我们有必要采用全新的视角来审视书家的价值评判问题，跳脱出书法二元对立的衡量标准，回归书作本体，将之置列于彼时的时代环境中，进行更为多元且宽厚的裁断。即使某些书法家未能形成全新的个人风格，但只要其源于古典，传承传统，达到相应的修养与水准，仍应在书法史上占有一席之地。

鉴于此类文化观念，对严复的书法创作及其相关学术追求进行重新审视，以完善书法价值评判标准，显得尤为重要。作为时代前沿人物，严复秉持帖学的书学观念，虽看似古典、传统，但实际上蕴含着现代性追求。他的书学观念与实践，应成为我们审思近代书法的现代性乃至观照当下书法生态的一个具有恒久价值的参照方案。

---

① 参见卡林内斯库著，顾爱彬，李瑞华译：《现代性的五副面孔：现代主义、先锋派、颓废、媚俗艺术、后现代主义》，译林出版社，2015 年，第 47 页。

严复出版活动的三个面向

陈本煌①

晚清以降，中国社会催生了出版书籍的浪潮，既为“除旧”，亦作“开新”，表征着一个知识阶层自下而上的思想革新运动。中国近代出版史的发端，大抵以严复等人翻译西学为标志，政治的变迁、经济的发展、文化的蔚兴，彼时的印刷场所挣脱时代特有的约束，沿着不复以往、超越文明的界限，成为社会大环境中各种历史力量的交汇点，昭示了社会的盛衰兴亡。“文本—出版—阅读”构筑的场域，使得意识形态、话语建构、文化实践等问题得以展开讨论，主导着启蒙思想向“普遍的公众舆论”渗透：一是主流意识形态加快对封建政治秩序的改良；二是应对“三千年未有之大变局”，意欲借由“兴学之要在译书”开民智；三是在“中西古今”的命题下解决“文明的冲突”。穿梭于时代、地域、阶层的纸张，寄托“师夷长技以制夷”的想象，打破“闭关锁国”的心态，成为“学而优则仕”的手段，出版背后承载的宏大叙事与西方理性第一次叩响了清王朝的大门，“自强第一策，当以译书为第一义矣”形塑了民族国家意识与公共文化。

一、出版意欲探知夷情，接触世界

（一）封建帝制下的出版

1902 年梁启超在《新民丛报》第十七号上发表《敬告我同业诸君》

---

① 陈本煌，闽江学院宣传部思政讲师。

一文中感叹："呜呼，国事不可闻矣！其现象之混浊，其前途之黑暗，无一事不令人心灰望绝。其放一线光明、差强人意者，惟有三事：曰学生日多，书局日多，报馆日多是也。"开译书之风气成为"中国知西政之始"，"救亡图存"成为近代历史开端的时代主题。近代中国最早的译书机构，是1839年林则徐在广州设立的译馆和1843年英国传教士麦都思在上海设立的墨海书馆。"睁眼看世界"的第一人林则徐，组织翻译《华书夷言》，"日日使人刺探西事，翻译西书，又购其新闻纸（即报纸），以了解英方情况"，作为探知"夷情动态"、接触"近代世界"的材料。同时林则徐在广州禁烟时期，遴选各类外文报刊的部分新闻与评论，整合为《澳门新闻纸》，以便及时掌握外国的军事、政治、经济信息。早期的译书活动注重翻译自然科学和应用技术，侧重于为"制造"服务，随后西学翻译出版转向人文社会科学，反映出思想的渐进，即由器物文明向制度文明演进。林则徐的译书涉及历史、地理、贸易、法律、技术等较为实际的主题，其动机主要有三个方面：第一，了解外交事务以便制定对策；第二，为反鸦片运动和打击英国入侵提供情报；第三，救亡图存。① 林则徐译书活动，虽开西学之风气，但在主流意识形态的影响和相对保守的态度下，译介更重要的是为朝廷提供决策参考服务，尚未能够以有影响力的著作点燃民众思想革命之火，从不意欲"为文学而文学，为出版而出版"，林则徐的出版仅是从政、教化的一种方式，其根本目的仍在于救亡图存的"改制"。

（二）为"救亡图存"而译书

1894年爆发中日甲午海战，中国战败的消息传来后，遍地哀鸣，"四万万人齐下泪，天涯何处是神州"。彼时在天津北洋水师学堂的后院"中夜起而大哭"的严复同样意识到传播西学的重要性，"我近来因不与外事，得有时日多看西书，觉世间惟有此种是真实事业"。严复开始了以国民为本的西学翻译，并通过报刊以评论社会新闻的形式直接参与公

① Shunyi C. "Translation and Ideology: A Study of Lin Zexu's Translation Activities", *Translators' Journal*, 2017, 62 (2).

众讨论，在《直报》上陆续发表《论世变之亟》、《原强》、《辟韩》、《原强续篇》、《救亡决论》等文章，吹响“救亡存图”的号角。“天演”、“物竞”、“淘汰”、“天择”等术语成为媒体热词，“富强”成为中国启蒙运动的主基调。严复的出版活动，主要体现为在编辑与印刷技艺中颇有建树。他在《国闻报馆章程》中写道：“本馆出版两种，日报每日印一张，计八开，用四号铅字排印，名曰《国闻报》。旬报十日印一册，约计三万言，用三号铅字排印，名曰《国闻汇编》。”同时对书籍体例格式提出具体要求：“鄙意上石时可将字格缩小，约得三分之二，而书之额脚，均使绰有余地，则尤合格好看也。”同时，他还在译著内加有序述、缘起、部篇目录、凡例、本传诸作等内容便于读者理解。《天演论》首载《国闻汇编》第二期，前有《译天演论自序》，后接载正文，曰《天演论悬疏》，署“英国赫胥黎造论，侯官严复达旨”。商务印书馆出版的《群己权界论》，在版权页上便有“严复版权之印”的贴条。“侯官严复”亦可视作名人品牌的一种标识。严复生活的时代正值鸦片战争后、中国社会发生剧烈变革的时期，这一时期，西方文化以全新的姿态涌入中国，对我国传统文化产生巨大冲击，严复的翻译作品如《天演论》、《社会通诠》等，深刻地影响了中国知识分子的思想观念。

二、出版意欲启蒙新知，陶铸国民

（一）“救亡式启蒙”的出版活动

晚清至“五四”时期，出版活动是被阻断“学而优则仕”知识分子“兼济天下”的渠道之一。知识阶层在出版场域中借由印刷在书籍、报刊描摹“现代中国的想象”，进而传播启蒙思想、塑造民族作为“想象的共同体”的国家认同。新式图书以近代印刷技术为物质手段，把近代出版奠基于新的机器生产力基础之上，将近代出版拉入了机器文明的时代。近现代中国社会的转型离不开现代出版物，随着商务印书馆、中华书局、良友出版公司等机构的建立，现代出版早已自觉介入中国现代文化建设中，与现代启蒙思想共鸣。早期语法学家陈承泽留学归国后任商务印书馆编译员及《民主报》、《甲寅》、《学艺》等杂志编辑。他在《小说月报》中《我对于创作家的希望》中表达了对于文学创作的态度："感情的锻炼修正和艺术力的涵养之外，实际社会是不能不投身考察的。文学（广义）中之文法语法方面，是不能不分心研究的。旧来之语体小说，是不能不参考的。"文学创作要投身考察实际社会，以揭示中国社会的黑暗腐败为目的。又如林抒在《黑奴吁天录》的序中言"其中累述奴惨状，非巧于叙悲，亦就其原书所著录者，触黄种之将亡，因而愈生其悲怀耳。"可瞥见知识分子"以学术为业"之外的社会关心与"穴一牖外窥"的思潮。

（二）版权意识的萌发

严复译书的核心命题，是从西方文明中寻求中国复兴的富强之道，"开民智"的启蒙意图唤起彼时麻木的中国民众之救亡图存的觉悟，当然评价这种启蒙方式更多是属于迂回的治国术，并不是"人的科学"，无法复归到自然辩证思维。张元济的理念与严复不谋而合，在其出版理念中深感"吾之意在欲取泰西种种学术，以与吾国之民质、俗尚、教宗、政体相为调剂，扫腐儒之陈说，而振新吾国民之精神"。1899 年，严复与张元济就《原富》首次提出版税问题："仆尚有鄙情奉商左右者，则以谓此稿既经公学弍千金购印，则成书后自为公学之产，销售利益应悉公学得之；但念译者颇费苦心，不知他日出售，能否于书价之中坐抽几分，以为著书者永远之利益，此于鄙人所关尚浅，而于后此译人所劝者大，亦郭隗千金市骨之意也。"严复与张元济达成协议，以两千金购下译稿，书出版后，再按两成付版税，成为最早现代意义上的版权贸易合同。严复曾一再呼吁中国文化界尊重和维护版权，主张政府实行版权制度，将版权纳入法制轨道。在与张元济的书信往来中，还多次论及著作权、知识产权的问题："如译书一事，则专为读书者设想，而不为著书者道地。然不知非于译才有所优待，则谁复为之？""译者于执笔之顷而有计利省力之情，则其书已可见矣；姑无论其不能而强为也。所以外国最恶垄断，而独于著书之版权、成器之专利，持之甚谨；非不知其私也，不如是，则无以奖劝能者，而其国之所失必滋多"。版权意识的萌生，是民族出版事业发展到一个较为完备阶段的产物，成为近代民营出版机构如雨后春笋建立的前奏。晚清以降的中国启蒙运动是西力东侵的民族危机所激发的思想变革运动，其有别于欧洲启蒙运动之最鲜明的特点，是以国家富强为目标的“救亡式启蒙”。而译书出版事业，逐渐成为近代西学东渐思想变革的信号，甚至置于“为本”的地位，有助于国人打破“闭关锁国”的固有心态，成为中国社会近代化进程中“救亡式启蒙”最有力的武器。

三、出版意欲会通中西，融合古今

（一）社会转型中的现代出版与政治变革

随着晚清封建统治瓦解，在西学东渐的国家危机和秩序危机语境中，“古今”与“中西”总是被重视和讨论，解决“文明的冲突”，亦成为晚清知识分子的关注焦点。此时的出版，更为重要的是对于社会转型与变革的意义。严复关注的是中西文化之差异，从西方文明中找到复兴的道路，他基于社会进化论提出中西融合论，即大力汲取西方现代文明，改革中华传统文化中的旧宗法传统，实现中西新旧的融合汇通，此举即是对洋务派保守“中体西用论”的超越。1902 年严复在《与〈外交报〉主人书》中提出“中西融合”的文化主张：“体用者，即一物而言之也。有牛之体，则有负重之用；有马之体，则有致远之用。未闻以牛为体，以马为用者也。”严复追求的现代中国，“必将阔视远想，统新故而视其通，苞中外而计其全，而后得之”，即得到一个中国文化与西方文明融合的世界。晚年的严复，在《思古谈》、《读经当积极提倡》等文章中阐扬“国性”为国家兴衰的关键，“我辈生为中国人民，不可荒经蔑古”，重视中国的文化认同与文化特性。

（二）中国文化与西方文明的融合

一个民族的演进史，实际上就是继承、发展、丰富和超越传统的过程，对于近代中国来说，实质上是处理中国文化与西方文化、传统文化与现代化的关系问题。从哲学上来看，文化的生成与发展不是纯粹的自然现象，而是经由人的实践改造重新提炼与升华的过程，即“人化”与“化人”的过程：一方面是对于外部世界的重塑改造，将外部世界对象化，创造出语言、文字、思想、宗教、哲学等等能指与所指的符号，赋予自然界观念上的意义；另一方面从自身出发实现文化的再提升，建立社会秩序、知识体系、价值准则等，赋予文明的品格，从而实现自身的社会化。

中国的现代化是中国历史与西方文化的融合。严复主张中西文化融合论：“晚近世言变法者，大抵不揣其本，而欲支节为之，及其无功，辄自诧怪。……然则今之教育，将尽去吾国之旧，以谋西人之新欤？曰：是又不然。……必将阔视远想，统新故而视其通，苞中外而计其全，而后得之，其为事之难如此。”严复“统新故，苞中外”的中西融合论，是他与陈独秀式激进主义者的分歧所在。陈独秀激进的反传统主义是以法兰西启蒙运动为榜样，兴起于民初的宪制危机之中，并压倒了晚清温和的苏格兰式启蒙传统。在中国启蒙运动中，“中西古今”之争不绝如缕，它蕴含着文明之普遍性与特殊性、时代性与民族性、西化与现代化等复杂的关系。正如马克思主义之所以能迅速传入中国并适应国情，其原因在于既反对全盘西化的民族文化虚无主义，又反对故步自封的文化保守主义，主张对中国古代文化遗产与西方文化的优秀成果坚持批判继承的态度，以创建符合中国国情的现代思想文化。

四、严复出版精神对构筑中华民族现代文明的启示

晚清现代化的途径之一是借由报刊、出版等媒介，产生启蒙运动的观念现代化。严复关注的是国民与社会层面的改革。在这段波谲云诡、文化激荡的时代，译书“一曰通上下之情，二曰通中外之故”，求变思潮与求变力量在报刊书籍中酝酿生成，呼唤中国的现代化和国家软实力的提升。技术的进步、全球网络的扩张，以及从印刷媒体向数字和社交媒体的“赛博空间”转变，个体形象与身份根据需要产生“异化”。每个人都转向了由图像、拟像以及类像所建构的视觉想象社区，这不仅标

志着从印刷文化向视觉文化新时代的范式转变，“无人读书”与“无书可读”、碎片化阅读致使独立思考被消解、互联网时代的媒介失范等重塑了由媒体和视觉图像主导的社会文化想象。回望严复出版活动，在执迷与顿悟、变革与认同、危机与转型之间观世界之变、察中国之情，所有出版活动都具有鲜明的中国特质与“回到中国”的语境，带着对于中国文明古今转型强烈的问题意识去寻找中国的未来进路，在百年未有之大变局的当下，其思想张力为当代振奋民族精神、维系国家认同、建设中华民族现代文明提供了重要的借鉴意义。

论严复遗嘱的核心意涵与时代价值

林文俊[①]

严复是近代中国极具影响力的思想家、翻译家和教育家，其关于思想、教育和政治的一系列主张对民智启迪、民族发展产生了深远影响。1921 年 10 月 3 日，自觉病重的严复在福州城郎官巷寓所休养，24 天之后，69 岁的严复在家中与世长辞，走完了他忧国恤民、义以为上、升腾跌宕的人生旅途。期间，他怀着复杂而沉重的心情手书了一份遗嘱，这份遗嘱核心意涵共六条，饱含了他对自身人生经历的集中反思，体现了他的国家观念、文化思想、人生态度和品格操守。

严复遗嘱的核心意涵饱含真挚情感，内蕴丰富的时代意蕴，告诫后人在修身、为人、处世、生活、求学、成事等方面应有所注意。其中，“须知中国不灭，旧法可损益，必不可叛”意在告诫、教育后人要厚植爱国情怀，坚守根脉、魂脉，坚持守正创新；“须知人要乐生，以身体健康为第一要义”意在告诫、教育后人身体是人生一切奋斗成功的本钱，保持身体健康，奋斗才可持续；“须勤于所业，知光阴时日机会之不复更来”意在告诫教育后人成事贵在勤奋，应全力以赴走在时间前面；“须勤思，而加条理”意在告诫教育后人应深刻掌握并善于运用科学思维本领，推动事业行稳致远；“须学问，增知能，知做人分量，不易圆满”意在告诫后人知足不辱，知止不殆，方可长久，应做到学无止境、行有所止；“事遇群己对待之时，须念己轻群重，更切毋造孽”意在告诫后人应为大公、守大义、求大我，方能成大器。严复遗嘱凝结其

① 林文俊，福建师范大学马克思主义学院博士研究生。

一生“严谨治学、首倡变革、追求真理、爱国兴邦”的理念追求。新时代，更应在严复遗嘱仍不过时的思想照耀下踏浪前行，不断从中汲取精神力量与实践智慧。

一、“须知中国不灭，旧法可损益，必不可叛”

“须知中国不灭，旧法可损益，必不可叛”是对“怎样对待本国前途，怎样对待本国历史，怎样对待本国传统文化”的深刻回答。救亡图存是近代中国历史发展的主旋律，在国力衰微、民族危亡、内忧外患之际，严复依然坚信国家不会灭亡。在他看来，数千年积淀的中华传统文化绝对不可背叛抛弃，中国政教仍有其是处。[①] 且“大凡一国存立，必以其国性为之基。国性国各不同，而皆成于特别之教化，往往经数千年之渐摩浸渍，而后大著。但使国性长存，则虽被他种之制服，其国尚非真亡”[②]。不同国家和民族的文明扎根于自己生存的土壤，有自身的特色、长处、优点。他认为要注意分辨、斟酌损益，巩固自身主体性，厚植爱国情怀。千百年来，爱国早已流淌在中华民族血脉之中，对每一个中国人来说，爱国是本分，更是职责，是中国人民和中华民族同心同德、自强不息的情感依归。千百年来我们能够战胜一切风险和考验，其中最重要的一点就是我们的爱国精神薪火相传，永不熄灭。

新时代，做到“可损益”、“不可叛”，不能只停留在思想认识和情怀感情中，必须将其转化为坚强的意志、现实的行动和实践，这离不开教育引导和绵绵涵育。要教育引导人民自信自立，坚持守正创新，拥抱历史、传承文化，推动中华优秀传统文化创造性转化、创新性发展。要大力弘扬爱国主义精神，开展爱国主义教育，引导人民树立和坚持正确的历史观、民族观、国家观、文化观，增强做中国人的志气、骨气和底气。要旗帜鲜明反对各种虚无主义思潮，加强思想引导和理论辨析，满怀信心地向前进。

---

① 《严复集》第一册，中华书局，1986 年，第 49 页。

② 《严复集》第二册，第 330 页。

二、"须知人要乐生，以身体健康为第一要义"

严复一生为心肺疾病所累，深知身体健康的重要性和必要性。他在给学生的信中痛苦地写道："以年老之人，鸦片不复吸食，筋肉酸楚，殆不可任，夜间非服药尚不能睡。嗟夫！可谓苦已！"① 他告诫子女："只要身体强健，其余皆可置为徐图，儿须深察。"② 他告诫晚辈，不可嗜爽好之食，不可从目前之欲，应该要靠医药治疗，更重要的是养成良好的饮食习惯，节制欲望，起居有常，慢慢求得身体健康的恢复。重视身体健康，讲究饮食卫生，相信医疗科学，是严复超越时人的切身体会和重要见识。

一人之健康是立身之本，人民之健康是立国之基。强健的体魄不仅是一个人蓬勃生命力的直接展现，也是一个国家现代化程度的深刻体现。身体好了，才能为今后的学习工作打好基础，才能更好地追求、创造、享受美好生活。身体健康不仅是一种生活状态，也是一种能力本领。美好生活的标尺没有具体的"度量衡"，但身体健康的"度量衡"却很精准翔实。确保身体长久稳定的健康状态，既需要外在的保障，更需要个人追求身体健康的主观能动。时时刻刻追求健康，才能真正拥有健康，美好生活才有不竭源泉和根本保证。

"须知人要乐生，以身体健康为第一要义"要求我们坚持健康第一的教育理念，培养、德、智、体、美、劳全面发展的社会主义建设者和接班人。全国第八次学生体质与健康调研结果显示，尽管体质健康达标优良率逐渐上升，但存在着近视率偏高、超重肥胖率上升、身体素质下滑等问题。教育承载着国家强盛、民族振兴的梦想。作为学校教育工作中的重要一环，体育具有养德、益智、勤劳、尚美的育人作用，是完成立德树人根本任务、提升综合素质的基础性工程。从这个意义上讲，必须坚持以体树德、以体增智、以体育美、以体促劳，全面提高健康教育知识知晓率与健康技能水平，促进人的全面发展。

---

① 《严复集》第三册，第704页。

② 孙应祥：《严复年谱》，福建人民出版社，2003年，第257页。

三、“须勤于所业，知光阴时日机会之不复更来”

严复时常嘱咐家人须勤业勤学，老老实实做好分内之事，珍惜时间，把握机遇。他在给晚辈的书信中写道：“虽千辛万苦，总须于社会着实有益，可与后来人取法。”① “日日行，不怕千万里，得见有恒，则七级浮屠，终有合尖之日。”② 从中，既可以体会到他勤勉上进于建功立业的紧迫感、使命感，也可感受到他只争朝夕、不负年华的人生态度。

志士惜年，贤人惜日，圣人惜时，勤勉是赓续千年的中华美德。“悬梁刺股”、“闻鸡起舞”等积极追求在千百年来为人们所推崇。能否具有正确的“时间观”，反映出一个人的眼光、气度和格局。行百里者半九十，关键在于我们能否在对待时间上保持积极的态度，能否在利用时间上拥有合理的规划。回顾历史，中华民族用百余年的时间实现了民族独立和人民解放，用七十余年的时间迎来了从站起来、富起来到强起来的伟大飞跃，用四十余年的时间实现了综合国力水平、人民生活质量和国际影响力的大幅跃升。中华民族的伟大成就昭示了在历史长河中掌握时间，把握历史主动的重要意义。

“须勤于所业，知光阴时日机会之不复更来。”惜时如金，勤勉如牛的人生必然有所收获。现代社会，知识、技能迭代更新的周期不断缩短，无数复杂变化孕育在时间的“胚胎”中。现实生活中肯勤奋的人很多，但真正会勤奋的人却很少。必须坚决克服行动迟缓、扭曲时间、虚度生命的不良倾向。学会控制惰性、合理规划、科学安排；根据事物的轻重缓急进行归类排序，更为科学地管理时间，从而做到会勤奋、善勤奋、真勤奋。质言之，唯有勤奋向上、珍惜时光，才能真正成为时间的主人，在人生道路上不断赢得主动、赢得优势。

---

① 《严复集》第三册，第 833 页。

② 《严复集》第三册，第 800 页。

四、“须勤思，而加条理”

严复嘱咐后人要经常开动脑筋，分析思考，客观认识问题、科学分析问题、全面判断问题，从而充分解决问题。作为旧学邃密、会通中西的大学者，严复尤为重视学习先进思想观念与科学思维方法，锤炼思维能力。他大量翻译西方著名的社会科学学术著作，为反思中国的处境带来新的声音与思路，为当时的中国引介了新的世界观和方法论。

“须勤思，而加条理”要求我们不断追问、勤思善悟，做到“不畏浮云遮望眼”，“风物长宜放眼量”，以整体的视野对事物加以认识与把握。既要从横向出发，着力认识内在要素之间的相互联系、相互作用，将零散的、碎片的认识上升为系统的、全面的理解，也要从纵向出发，着力明晰其基本脉络、演进历程、定位方位、动态发展、发展逻辑和长期影响，把握其变化发展的总体趋势和根本方向。反之，若追问得不够深入、思考得不够彻底、领悟得不够到位，所有关于“为什么”的问题都将以“不知道”告终，认识依旧停留在原点、脚步依旧停留在原地，无法将事物放在更大范围、更高层次上找座次、定坐标，无法把握事物的主要矛盾和矛盾的主要方面。

“须勤思，而加条理”要求我们勤于思考，在继承的基础上不断超越，勇于站在时代前沿去远眺、去思索；要求我们抓住事物本质、把握发展规律、搭建逻辑框架、形成科学思维；要求我们不断加强思维锻炼，增强科学思维能力，用整体意识和大局观念迎接各种问题与挑战。在知识爆炸、竞争日趋激烈的时代背景下，掌握科学思维方法尤为重要，既有助于真实全面地认识事物的内在本质和客观规律，也有助于指导实践行动，增强实践的科学性、系统性、预见性、创造性，以此达到预期效果、实现预期成果。在新时代，我们应自觉用先进思想理论武装头脑、指导实践，坚持学习和运用唯物辩证法，反对形而上学的思想方法，使自己的思维方式和精神世界更好地适应发展需要，使得学习、工作、生活始终朝着正确方向前进。

五、“须学问，增知能，知做人分量，不易圆满”

严复嘱咐后人要不断学习、增进知识，为自己加油“充电”，使见识和能力走上新的台阶。与此同时，他着重强调要有自知之明，做人做事做学问都不宜十分圆满，应当要知足知止、适可而止。需秉持终身学习的人生信条，以有涯的生命时间汲取无涯的新知识、新理念。这蕴含着他善待人生、理智前行的积极态度。同时，立身处世应当有度、应当知足。既须清楚知道自己的水平，也须坦然接受自己的缺点、短板，更紧要的是守住内心，谨防“贪欲”之害。

“须学问，增知能，知做人分量，不易圆满”内蕴着中华民族千百年来积淀生成的处世智慧，既要知足又要知不足，在此基础上，有所为有所不为。古之先贤志士对做人做事要“知足常足”的告诫十分丰富，《老子》中说：“天下有道，却走马以粪；天下无道，戎马生于郊。祸莫大于不知足，咎莫大于欲得。故知足之足，常足矣。”儒家经典《大学》开篇中讲到，“知止而后有定”。司马迁在《史记》中从反面加以强调：“欲而不知止，失其所以欲；有而不知足，失其所以有。”“人之心术，多欲则险，寡欲则平”，如果心为行役、人为物累，必然会掉进欲望的陷阱不能自拔。古往今来，凡是成就大业的人，都是能够管住自己的人。

“须学问，增知能，知做人分量，不易圆满”要求我们做人要知足，做事要知不足，做学问要不知足。对此，一方面，需增强辨别是非对错的能力。大是大非，一般人心里是清楚的。但是，当“对错是非”掺杂了复杂情感、物质物欲之后，再做出判断和抉择之时就容易出错，做出一些“失足”的事情。另一方面，需增强自控欲望冲动的能力。经济繁荣发展，生活条件更优越，各方面诱惑随之愈发增多。做到一时一地的自控或许轻松容易，但是做到一生一世的自控就很难。唯有从内心深处涵养一方净土，锻造强大的定力、耐力、韧力，力戒浮躁、力克物欲，正确对待“功名利禄”，理性看待“进退流转”，才能抵得了、抗得住，永葆本色，创造美好生活。

六、“事遇群己对待之时，须念己轻群重，更切毋造孽”

严复用其一生的经验嘱咐后人要辩证看待个体和群体之间的关系，处理群己关系之时，应当以“群”为重，再后“己”，不可颠倒。在严复的译著中，他将“individual”译为“小己”，将“sovereignty”译为“国群”。依据当时的时代环境与国情实际，他认为“小己自由，非今日之所急，而以合力图强，杜远敌之觊觎侵暴，为自存之至计也”①。当务之急应当是加快实现“国群自由”。因为有“大家”才有“小家”，有国家才有自身的独立性与自主性，才能经由“国群自由”逐步实现“小己自由”。

“己轻群重”蕴含着深刻的人本主义思想。重民本是中华文化的独特精神标识，“民为贵，社稷次之，君为轻”，“水则载舟，水则覆舟”，“为国者，以民为基”，“治国有常，利民为本”，等等，都体现出深刻的民本理念。历史和实践雄辩地证明了，一个国家的强盛，不仅仅体现在其国土面积的广阔、军事实力的强大，更关键的是群众的利益得到充分保障。只有当人民群众的利益得到真正重视和保护，才能更好地团结一切可以团结的力量、调动一切可以调动的积极因素，最大限度把集体的积极性、主动性和智慧力量发挥出来，由此国家的强盛才能更具价值，更加长久、更可持续。

“事遇群己对待之时，须念己轻群重，更切毋造孽”要求我们调整个人与他人、集体与国家的关系，正确处理某些利益矛盾，将个人理想追求融入党和国家事业发展之中，将个人价值的实现融入社会责任中去。从庄子“天下莫大于秋毫之末，而太山为小”，到范仲淹“先天下之忧而忧，后天下之乐而乐”，先贤志士用切身实践证明了，唯有从“小我”中跳出，摆脱“小我”的局限，才能真正拥有“大我”胸怀，升华“大我”境界，实现人生价值。这意味着，必须搞清楚、弄明白人“如何活着才是最高尚、最有意义的人生”这一根本问题，主动识大体、顾大局，将吃苦在前、多做奉献的积极要求内化为价值追求和行为自觉，让人生在奉献大我中持续焕发出绚丽光彩。

① 《严复集》第四册，第 985 页。

严复担任北京大学校校长的157天

严孝潜　严　虹[①]

1912年5月1日（三月十五日），教育部下发命令：京师大学堂改称北京大学校，大学堂总监督称校长，大学校长由教育部于分科学长中举荐一人任命之。

教育总长蔡元培给袁世凯正式呈文称：

> 为荐任大学校校长事：北京大学堂前奉大总统令，京师大学堂监督事务由严复暂行管理等因，业经该监督申报接任在案，窃维部务甫经接收，大学法令尚未订定颁布，北京大学既经开办，不得不筹商目前之改革，定为暂行办法。查从前北京大学职员，有总监督、分科监督、教务提调各种名目，名称似欠适当，事权亦觉纷歧。北京大学堂今拟改为北京大学校，大学堂总监督改称为大学校校长，总理校务。分科大学监督改称为分科大学学长，分掌教务；分科大学教务提调即行裁撤；大学校校长须由教育部于分科大学学长中荐一人任之，庶几名实相符，事权划一，学校经费亦得藉以撙节，现已由本部照会该总监督任文科大学学长，应请大总统任命该学长署理北京大学校校长，其余学科除经科并入文科外，暂仍其旧。俟大学法令颁布后，再令全国大学一体遵照办理，以求完善而归统一。

---

① 严孝潜，第八届、第九届全国政协委员；严虹，德国希诺国际首席执行官。

5月3日（三月十七日），袁世凯批准京师大学堂更名为北京大学校，总监督改称校长。同时发布由大总统盖印，内阁总理唐绍仪和教育总长蔡元培署名的命令："任命严复署理北京大学校校长，此令。"

当时，在中华民国（北京）临时政府内部，鉴于大总统袁世凯的专权独断，同时也出于对袁世凯的不信任等原因，蔡元培等几位来自革命阵营的总长同袁世凯展开了斗争，京师大学堂总监督一职客观上成为这场权力斗争中的一个焦点。所以就在严复积极筹备开学的时候，连他自己都不曾认识到，他客观上已被卷入民国初年的这一场政治矛盾和官场倾轧之中。

严复首先遇到的问题是，他被任命为京师大学堂总监督是否合法，也就是在大总统与国务院总长权限争执中，新任教育总长是否承认大总统所任命的京师大学堂总监督有效的问题。袁世凯当初任命严复为京师大学堂总监督，无论是从法律上考量，还是从管理京师大学堂的具体需要出发，都是合情合理的，而此时似乎成了问题。辛亥革命前，严复曾是革命党人重点攻击的对象，辛亥革命爆发后，他又被袁世凯选为谈判代表之一。在革命派看来，严复绝不是自己的同路人。

时任教育总长的蔡元培，从个人角度来讲，虽然比较敬重严复的道德文章，但为了同袁世凯斗争，他所主持的教育部在5月1日下发上述命令。这一命令委婉地表明，教育部不承认袁世凯对严复的直接任命。蔡元培另外专门"为荐任大学校校长事"给袁世凯呈文称"北京大学堂前奉大总统令，京师大学堂监督事务由严复暂行管理……现已由本部照会该总监督任文科大学学长，应请大总统任命该学长署理北京大学校长"。这就更明确提出，袁世凯以前对严复的直接任命只能算为"暂时"的，北京大学校长必须由教育部推荐提出后，总统才能再任命。

5月3日袁世凯批准将京师大学堂改名为北京大学校，总监督改名为校长，并根据蔡元培的呈文，正式任命严复署理北京大学校校长，在由内阁总理唐绍仪和教育总长署名的"任命严复署理北京大学校校长，此令"。命令上盖了印。

5月4日（三月十八日），严复正式就任北京大学校校长职。

5月5日（三月十九日），教育部特准北京大学暂设文科教务长一员。

由于经文二科合并为文科，严复现在身兼校长和文科学长两职，难以兼顾，故此教育部特准北京大学暂设文科教务长一员。严复聘请了原安徽高等学堂的同事姚永概出任此职。在这段时间中，严复还拟聘请熊纯如在分科斋务供职，并去信叫他在开学之前来京，“愈早愈好”。但最后熊纯如并没有到京任职，只有一直和严复共事的周良熙被聘掌管学校财务。

5 月 15 日（三月二十九日），北京大学校举行隆重的开学典礼。

北京大学校开学，一时为国内外瞩目。除全校学生 818 人外，各界来宾、外国公使、税务司及东西博士、学问专家等都来观礼。校长严复强调北京大学校“学校规则，宜趋谨严”。教育总长蔡元培出席了开学典礼并发表演说，勉励北大师生要“研究高深学问”。

当时北京大学设有文、法、商、农、工等科，除严复兼任文科学长外，张祥龄为法科学长，吴乃琛为商科学长，叶可梁为农科学长，胡仁源为工科学长。

关于农科，严复在 4 月 16 日写信给熊纯如时曾提及“农科新校已将次收工，在城外望海楼试验场，计地千余亩”。鉴于这个情况，严复欲重组加强农科建设，拟招生 200 名，招聘教员 12 名，并主张以英语传授新农学。那么由谁来担任农科学长呢？严复在 4 月 19 日写给熊纯如的信中，除请熊纯如转致陈三立，请他担任文科监督外，还提到“本校余科监督、提调，必用出洋毕业优等生，即管理员亦求由学校出身有经验者，无他，切戒滥竽而已”。

5 月 16 日（三月三十日），严复写信给朱明丽夫人。

严复在信中讲：“大学堂已于昨日开学，事甚麻烦，我不愿干，大约做完这半学期，再行扎实辞职。”

5 月 28 日（四月十二日），严复又写信给朱明丽夫人。

严复在信中讲：“昨去一缄，想必收到。家眷原要早移到京，惟大局不定，时刻令人担险。唐少川有不干消息，借款闻昨又决裂，即使借得款，到后来解散军队，亦是绝大问题，不解散又必不了。大学堂现是借款办理，仅仅可以支持到暑假，若过此无款接续，亦须胡乱停办，且多一债务葛藤也。”

6月2日（四月十七），财政部以库款支绌，通令京内外各衙门，凡薪水在60元以下者，照旧支给，其在60元以上者，一律暂支60元。

这条行政命令立即在北京大学校教职员工中引起混乱，不少人请假离开学校。

严复作为校长，对此十分忧虑，他认为“学校性质与官署迥殊，强令从同，立形窒碍”。于是，他撰写了一份《上大总统和教育部书》的说帖，上呈袁世凯和教育部。

严复在说帖中，条陈了三条反对理由：

> 部司寮寀名隶官规，俸给既优，位置已固，迩日虽簿尽义务，将来之权良多。学校任务则有似雇佣，既无考绩之可言，又乏酬庸之希望。此碍难曲遵者一。
>
> 内外官俸视爵秩高下而分等差，学校月薪则以事务繁减而判丰啬。如平均给予，事减者固安，素常任重者必怀觖望，倘各恪日力，放弃职任，表面之经费虽省，无形之贻误实多。此碍难曲遵者二。
>
> 教员薪水本以钟点为衡。授课者多，每星期二十或十六七点钟，一旦减薪，非抱璞长辞，即随意旷课，欲加之罪，则无可置词；欲改聘师资，则高材莫致。自前令颁布之后，教员中告假而去者，已不乏人。若有稍予通融，便与停办无异。此碍难曲遵者三。

为了使北京大学不致半途而废，同时也照顾到财政部的面子，以维系政令统一，严复决定在此关键时刻牺牲自己的利益，提出一种变通方法：除校长一人每月支60元以示服从命令外，其余教职员工应准额全支。并表示仍将节约经费。严复在说帖中写道：“为今之计，除校长一人准月支六十元，以示服从命令外，其余职教各员，在事一日，应准额全支，以示体恤，而昭公允。总之，本校长深悉时局艰难，决不肯丝毫浮费。即如开办之初，归并科目，裁撤教务各提调、庶务帮提调、帮支应、监学、检察暨司事书记，共二十余名，所省已属不夕。此后如有涉于靡费者，尚当为求撙节，以期涓滴皆归实济。”后来，严复的建议最终被采纳，北京大学教职员工的薪水仍然全额发放，克服了财政部减薪通令在教员中引起的混乱。

6月9日（四月二十四日），严复写信给朱明丽夫人。

严复在信中讲：“我近日来心烦意恶，不知如何是了。政府库空如洗，昨借得数千万，只勾开发兵饷，行政无钱。前数日来一公事，言所有大家薪水，通照六十元开发，亦未言何时作止……大学堂下半年政府能否开办，我们尚在那里与否，皆不可知。”

6月底，教育部内部出现了以北京大学办学经费困难、程度不高、管理不善为由，拟解散北京大学的传言。

7月1日（五月十九日），教育部出面澄清所谓解散北京大学校的谣言，说：“并无是说，并饬力加整顿，以期进步。”

7月3日（五月十九日），《民立报》报道了7月1日教育部所作的上述辟谣。但教育部在同一天，下达了关于北京大学职员不得在校外兼职的命令。

7月7日（五月二十三日），教育部突然下达了结束北京大学校的命令，并将“结束北京大学校办法”通知给学校。

教育部以经费困难为借口，同时认为原京师大学堂自开办至清末十余年，学生班次虽有增加，但毫无成绩可言；国体变更后，社会各界对该校均表示不满，遂决定停办北京大学，并提出了解散北京大学的具体办法：各分科大学学生一律提前于1912年年底毕业，给予选科文凭，概不授予学位；本年下学期各分科大学一律不招新生；文科及预科教务长均应裁撤；除文科学长外，各分科学长应兼教员。

教育部的命令，将使严复的努力付诸东流，而且马上裁撤文科教务长，文科的一切教务工作，将全部由文科学长的严复直接负责，而严复还要作为校长，负责全校的重大事务，这无疑直接加重了严复的工作负担。严复认为北京大学不可以停办，对教育部的决策，十分气愤。

于是，严复又向教育部撰写提交了一份《论北京大学校不可停办说帖》，陈述不可停办北京大学校的理由。

严复首先回顾了接办该校的大概情形：

北京大学创建十有余年，为全国最高教育机关，未尝一月停辍。去年武汉事起，学生相率散归。代谢之后，国用愈绌，几至不名一钱。此校仅图看守，亦且费无从出，前总监督劳乃宣谢病而去，本校长受任于危难之际，承袁大总统谆切相托，义难固辞，勉强接事。时与学部度支两首领再四磋磨，商请用款，迄无以应，不得已乃陈明总统，由华俄银行暂借银数万两，榰柱目前重行开学。此本校长接办以来之大概情形也。

接着，严复陈述了北京大学不可停办的理由：

查北京大学，考其程度、教法，欲与欧美各国大学相提并论，固不可同年而语。然在其建置之初，固亦极当时之人材物力，竭蹶经营，以勉企其所蕲向之鹄的，又积十余年之因仍迁嬗，糜财耗时，而后有今日之地位，为全国中比较差高之学校。今若将其尽废弃，是举十余年来国家全力所惨淡经营，一旦轻心掉之，前此所糜百十万帑金，悉同虚掷，且北京为革命后地方完全未经破坏之区，前日大学形式仍然存在，学生在校肄习历有岁年，纵不能更照旧章予以出身奖励，将持何理由而一切摧残遣散之乎？此则停办大学之未可，一也。

夫各国之有大学，亦无法定其程度。取甲国之大学与乙国之大学相比观之，不能一致也；取某国内甲地之大学与乙地之大学相比观之，亦不能一致也。此固有种种之原因、种种之历史，从未有一预定之程度，必至是而独得为大学，不至是遂不得为大学者也。且程度亦何常之有？吾欲高之，终有自高之一日；若放任而不为之所，则永无能高之时。此则停办之说之未可，二也。

且吾国今日应有学否乎？往者初立大学之时，言教育者即多訾议，以为我国教育方针必从普及入手，今中小学未备而先立大学，无基为墉，鲜不覆溃，则不知高等大学与普通教育双方并进，本不相妨。普通教育所以养公民之常识，高等大学所以养专门之人才。无公民则宪法难以推行，无专门则庶功无由克举。今世界文明诸国，著名大学多者数十，少者十数。吾国乃并一已成立之大学，尚且不克保存，岂不稍过；且北京者，民国之首都也。天津西沽大学又有历年，其学科阶级，夙在高等学堂之上；江浙各省及湖北武昌，亦方议建立大学。北京既称国都，反出行省之下，本末倒置，贻诮外人。此则停办大学之未可，三也。

且国家建立大学，在宗旨与中小高等各学校不同。中小高等，皆造就学生之地；大学固以造就专门矣，而宗旨兼保存一切高尚之学术，以崇国家之文化。各国大学如希腊、拉丁、印度之文学、哲学。此外尚有多科，皆以为文明国家所不可少之学，设立学官、立之讲座、给予优薪，以待有志者，来学者得其师资，即使无人，而各科自为研究，探赜索隐，教思无穷，凡所以自重其国教化之价值也。（日本有森泰来者，为全国中能诗之第一手，而其大学即延之以为诗学讲师。夫日本之于汉文，早已视同刍狗，于诗学乎何有？此其专为目前效用计哉，亦所以各具备大学之科目，而自隆其国家之身价也。其余如吾国小学、经学及阳明心学、佛教、梵文等，无不加以特别之研究。彼国醉心欧化，而且保全中国旧学若此！）今日革新方亟，旧学既处于劣败之地，势难取途人而加以强聒，顾于首都大学，似不妨略备各重要专科，以示保存之意。全国之大，必有好古敏求之士，从而为之者；即使向往无人，亦宜留此一线不绝之传，以符各国大学设科之意。至于科目，亦宜详加甄采，以备仿循，不独为造就目前学生计也，如此，则学生之人数多寡有无，皆不足以沮进行之计划。况既为全国比较差高之学校，当亦有此较相当之学生，既有造就之盛心，必不患无学者。此次开学，蒙总长莅校，有设立研究会之政见，但若依前说办理，则功效当复相同。是则为吾国保存新旧诸学起见，停办之议之未可，四也。

至于经费问题，严复认为这对国家不过九牛一毛，更不能以此作为解散北京大学的理由：

至于养校之经费，则窃以谓今之大学固当问其存宜与否？存矣，则当问其进行之计划为如何，不得以筹费之难易为解决也。……国家肇建万端，所需经费何限！区区一校所恃以存立者，奚翅九牛一毛。其所以保持者甚大，所规划者至远如此，夫何惜一年二十余万金之资，而必云停废乎？此则不佞所大惑不解者也。

严复也承认该校以前办理不善，但可改良，而目前急应解决的是存废问题，“大部如以鄙见为不然，则方来之事，请待高贤；若以为犹有可从，则改革之谋，请继今以进谨议”。

当时的北京大学校确实也存在很多问题，有的学生虽然回校报到，但一直不上课，在校外闲荡，吃喝嫖赌、吸鸦片、带小妾，社会影响很坏。严复对这些学生没有好感，同时也认识到北京大学校在课程、师资等方面有很多需要改进之处。为此，严复又给教育部上呈了一份数千言的《分科大学改良办法说帖》。

该说帖主要有两方面内容：

第一，结束以前的办法：（1）对旧有学生。拟缩短原定学期，至迟一年内一律提前毕业，作为大学选科毕业生，予以选科毕业文凭，以免新旧参差，教法不能一致。（2）处置已聘教习。所聘外国教习按合同处理，中国教职员工本无合同约束，应通过考核斟酌去留。

第二，今后改良办法：（1）今后招生以考试为准，不重以前的文凭；学生在校期间收取食宿费；毕业时由学校发给文凭、学位。（2）除非万不得已，今后招聘教员以本国人才为主。（3）文、法、理工、农、商诸科具体改良办法。文科：本着兼收并蓄、广纳众流的原则，应涵盖东西方哲学、中外历史、舆地、文学等内容，招收中西学均有根底的学生，聘请宿学名家任教。法科：招收具有普通法学知识、精于中文、兼通英文或德文的学生。以本国法律为主课，用国文教授。以外国法律比较为辅助课，用英文及德文教授。理工科：拟在地质、化学、工木、矿冶四门中各选拔两三名学生，由校出资派往德美两国插班进修。农科：年终大考选拔十余名学生，派送到日本游学。以望海楼学舍计算，另行招考学生 200 人左右，农林各两班，用英文教授，聘用教员约 12 名。商科：学制由三年改为四年，前两年学公共课程；后两年内，学生在经济学、财政学、商学、交通学四大专业中择一深造，每个专业各十余门课。

与此同时，北京大学校的学生也群情激昂，纷纷联名提出许多抗议性说帖或请愿书，如《论文科大学不应缩短毕业期限说帖》、《反对改办选科说帖》、《维持工科办法说帖》、《陈请妥筹维持本科办法说帖》等。

7月10日（五月二十六日），由蔡元培主持的全国临时教育会开幕。会议历时近一个月，至8月8日闭幕。在这次会议上，教育部打消了停办北京大学校的动议。

7月14日（六月初一日），蔡元培因不满袁世凯大权独揽而辞职。

同日，严复回信给熊纯如。

严复在回信中讲："本校预科是否招生，半月内乃有定夺。此时外间失学子第甚多，一定招生插班，颇有拥挤之患，奈何奈何！"

7月16日（六月初三日），严复给鸿翁写信。

严复在信中说："姚（永概）教务长文科改良办法并吴教务长代拟说帖稿，请交大家评阅。再，他科改良办法及庶斋务两处说帖，亦应请早日交齐，以便商榷。为恳。"

北京大学校自5月开学以后，在严复的领导下，逐渐走上正轨，显露生机。7月29日，英国教育会议宣布承认北京大学校及其附设的译学馆均为大学校，伦敦大学也宣布承认北京大学校，间接地肯定了严复几个月来的工作成绩。

8月上半月，由于在春季向华俄道胜银行所借为期半年的七万两借款即将到期，而国库空虚学款仍无着落，严复遂分别向英国汇丰、法国汇理、华俄道胜等银行商借学款，但均遭拒绝。其理由是，它们都已参加六国银行团，在民国大宗借款未还以前，不能自由出贷小额款项。

在这段时间中，教育部提出将北京财政学校高等班并入北京大学校，严复以北大自身经费困难为由婉拒。

8月15日（七月初三日），严复写信给外甥女何纫兰。严复在信中讲："日来急欲到津，一视吾儿开刮后体中何苦，不幸因校中借款未定，不能成行。明日英公使约午餐晤谈，成否在此一举。若仍不成，则止能咨呈政府，请其另筹矣。"

8 月 26 日（七月十四日），为了尽快筹措办学经费，以备秋季开学之需，严复又向比利时在华开设的华比银行商借 20 万两贷款，除偿还道胜银行即将到期的七万两借款外，其余的留作秋季开学经费。

9 月中旬，严复被袁世凯聘为总统府顾问官。

9 月 24 日（八月十四日），严复收到何纫兰的快信，即予以回信。

严复在信中讲："大学校事虽麻烦，然舅近者日必到校，实是渐已就绪，可望实力进行。不幸教育部多东学党人，与我本相反对；部薪折半，而大学堂全支，已是气愤不过。近又见舅得总统府之顾问官，以为月入必丰，于是更加娼嫉，百般设法动摇，欲令部中将大学校长更易。其所以未即实行发表者，为故有二：一是恐中枢不表同情，一是畏校中人员学生群起反对，于是思量无法，先向诸不要脸、无价值之报纸，实地造谣，煽惑人心，以为发难张本。惟是所造谣言太无事实，如云舅业已被押被罚等语。不知京城虽大，校长虽微，若使果有此事，岂不哗然？何尚寂寂如是！则略有知识之人必然一笑，知其中有不逞志妒忌之人与我为难，所言谁复信之？吾亦只合置之不理而已。"

9 月 25 日（八月十五日），严复继昨天又回一信给何纫兰。

严复在信中讲："欲赴津视吾儿，而校事待理，兼部中有取易校长之说。华比借款，号中人仿照清华学校前案办理，须将校产保险，始立合同。为此，又须延阁。保险者系天津良济，须明日始有回信也。此事一星期内不知能了结否，真是令人不耐也。"

当天的《北京新报》刊登了杨曼青的《论严复》一文，对严复进行人身攻击，并再次造谣惑众，说：严复乘火车由津来京带有禁物，已被"提署讯办……严复休矣"！

10 月 7 日（八月二十七日），严复辞北京大学校校长职。

当得知严复辞去北京大学校校长职务后，大部分北大学生欲加挽留，但教育部不容所请。校内学生形成对立的两派，气氛异常紧张，几至用武。

当日教育部为此发了一个训令：

查该大学校为全国最高教育机关，大学学生一举一动俱当循守礼法，示以楷模。此次改任校长，本因严校长新授总统府顾问之职，责任繁重，若再以校事相属，恐有顾彼失此之虞。本部对于该校维持整顿具有苦衷，凡我诸生，当能共谅。严校长学问资望，世所钦佩，诸生亲炙已久，依恋之切，自属恒情。惟闻有聚众纷争，几至用武情事，同学之间颇伤感情。在反对者虽亦持之有故，而言词不无过激。两派行为均属非是。自经此次训诫之后，务各恪守校规，致力学业，更宜互释前嫌，相为亲爱，毋贻局外讥评之口实，养成校中高尚之学风。本部自后望焉。

教育部在训令中，将更易校长的原因表面上归为“严校长新授总统府顾问之职，责任繁重，若再以校事相属，恐有顾彼失此之虞”，而且还称赞严复“学问资望，世所钦佩”，但实质上是以新任教育总长范源濂为代表的留日派对严复的排挤。在训令中，还貌似公正地对两派学生各打五十大板。

严复在5月3日被正式任命为北京大学校校长，10月7日辞去北京大学校校长职，前后不到半年，仅157天时间。

论严复与吕碧城的思想交往

杨汶晗[①]

严复（1854—1921），福建侯官（今福州）人，是中国近代著名的翻译家、思想家和教育家，他在清末民初时期引领的西学风潮影响了近代以来启蒙知识分子的基本理念。吕碧城（1883—1943）是严复的好友兼学生，1906年在英敛之的介绍下与严复相识。在交往过程中，吕碧城给严复的思想注入了新活力，而严复也一定程度上改变了吕碧城的西学认知。鉴于此，本文拟尝试以严复与吕碧城在思想层面的交流为基点，以期对严复与吕碧城的思想内涵有更全面的认识。

严复与吕碧城的交往受到诸多学者的关注，但主要集中于谈论二人思想上相互影响的层面。早在21世纪初，黄克武就在文章《严复的异性情缘与思想境界》[②] 中详细谈到严复与吕碧城之间的交往细节。文章运用翔实的史料对二人的忘年之交进行解析，指出严复受到吕碧城女权思想的影响，对下一代“新女性”有着不同于传统思想的期许；而吕碧城也受到严复宣扬的西学观念的启发。近年来，学者多将二人的交往融入他们的人生经历中，多强调二人在女学教育与探讨西学知识方面的交流。例如，《南社女词人吕碧城与近代名流的交往》[③]、《严复与吕碧城

---

① 杨汶晗，福建师范大学社会历史学院研究生。

② 黄克武：《严复的异性情缘与思想境界》，《福建论坛（人文社会科学版）》，2001年第1期。

③ 王慧敏：《南社女词人吕碧城与近代名流的交往》，《南京理工大学学报（社会科学版）》2012年第3期。

交往考析》①、《但赏美文，何必穿凿：严复、吕碧城师生情》② 等。研究者不仅论述了两人的交往在思想层面上的共振，而且将其放置于他们的人生经历之中，更加全面生动地展现了较为完整的人物思想，有益于我们了解中国近代化转型时期新女性的思想，也有助于我们进一步深化对严复思想的认识。

然而，在严复与吕碧城共同加入总统府为袁世凯工作之后，他们之间的往来却没有史料记载，目前学界对两人渐行渐远的原因还没能充分论述。笔者在对史料进行细致分析的基础上，认为其关系的转变可能是由于两人在政治观念上存在矛盾。因此，本文拟从论述严复与吕碧城思想交往上的契合之处与二人关系的疏离两个层面试图更加全面地展示两人的交往过程，为学界研究严复与吕碧城的思想交往提供一种可能。

一、婚恋观：守旧与迎新的碰撞

严复与吕碧城相识于 1906 年，当时严复已经到了知天命的年纪，29 岁的年龄差使得二人的交往不仅是师生之谊可以概括，在涉及生活琐事时用父女之情来比喻或许更为恰当。

严复在与妻子朱明丽和外甥女何纫兰的信中都曾多次提及吕碧城，称赞“此女实在是高雅率真，明达可爱”③，对其爱护与欣赏之情溢于言表。因而，或是出于对吕碧城年幼丧父的怜爱，或是由于严复内心中潜在的传统的观念使然，严复曾多次催促吕碧城早日觅得良婿。1909 年，严复在日记中记载道：“吕碧城来视，谈极久。此儿不嫁，恐不寿也。”④

风姿绰约的吕碧城流连于名利场中，深陷舆论旋涡，而严复却毫不

---

① 徐新韵：《严复与吕碧城交往考析》，《福建师范大学学报（哲社版）》2010 年第 1 期。

② 秦燕春：《但赏美文，何必穿凿：严复、吕碧城师生情》，《书屋》2012 年第 12 期。

③ 《严复集》第三册，中华书局，1986 年，第 839 页。

④ 《严复集》第五册，第 1493 页。

掩饰地支持他的这位学生，欣赏其敢于打破封建社会对女性束缚的态度。他在与外甥女何纫兰的书信中曾这样写道："碧城心高意傲，举所见男女，无一当其意者。极喜学问，尤爱笔墨，若以现时所就而论，自是难得。"①

严复想极力促成吕碧城的婚事但又未有传统观念中女子必须嫁入深宅的执念，体现了严复的婚姻观念中既保守又进步的矛盾面。吕碧城亦然，她虽然在面对自身的婚恋问题时保持着洒脱的态度，但她也认可"今日此种社会，尚是由父母主婚为佳……"② 可见，严吕师生二人的婚姻观中既有封建传统的一面，又有迎合社会发展进步的一面，而他们的思想也一定程度上折射出当时大多数知识分子在激烈转型的社会变革中矛盾的观念。

二、女学观：引发共鸣的教育先声

20世纪初，受西学东渐的影响，中国传统社会思想开始向近代化思想转型嬗变，中国女权意识也渐有兴起之势。吕碧城作为当时女性解放运动的先行者，以《大公报》为阵地，发出深闺愿做新民的铿锵之音。又以近代中国第一位女校长的身份参与北洋女子公学的建设，她在当时就敏锐地意识到："女学之兴，有协力合群之效，有强国强种之益，有助于国家，无损于男子。"③

1904年至1908年，吕碧城供职于《大公报》，成为《大公报》的第一位女编辑。在此期间，吕碧城发表了诸多文章表明自己对于"兴女权"的态度和看法，例如：《兴女学议》、《提倡女学之宗旨》、《敬告中国女同胞》等。"一时，中外名流投诗辞、鸣钦佩者，纷纷不绝。"④ 或许就是吕碧城字字珠玑的文章引起了严复的共鸣，志同道合的两人相遇后如逢知音，共同发出建设近代中国女学教育的先声。

---

① 《严复集》第三册，第840页。

② 《严复集》第三册，第839页。

③ 李保民：《吕碧城诗文笺注》，古籍出版社，2007年，第127页。

④ 李保民：《吕碧城诗文笺注》，第524页。

1904 年，吕碧城在天津女学事务总理傅增湘的引荐下结识了时任直隶总督的袁世凯。当时，北洋集团筹办新式女子学堂，作为清末新政语境中袁世凯及其军政利益集团刷新政治形象的重要举措。① 因此，袁世凯很需要像吕碧城这样愿意为女学事业奋斗的新女性为其出力。1904 年 11 月 7 日，北洋女子公学在天津成立，21 岁的吕碧城成为总教习。1906 年增设师范科，更名为北洋女子师范学堂，吕碧城也成为近代中国第一位女校长。在一次次机遇中，吕碧城在北洋女学届大展拳脚，施展自己在“兴女学”方面的抱负。

严复一直以来都很重视教育对于改造社会的重要性，他于 1895 年在《原强》中提出“鼓民力，开民智，兴民德”的教育救国思想。此时严复所聚焦的重点仍是在实业教育和大众化教育，对于女学教育的发展并不持乐观态度。但自 1906 年与吕碧城相识以来，或是受到其女权思想的启发，或是吕碧城的主动邀约，严复开始积极提倡女权并付诸大量的实践。

1906 年，严复为吕碧城《创办女子教育会章程》作序时肯定了其创办女学的理念。次年，严复想效仿北洋女子师范学堂于京师创办女学堂，多次同吕碧城探讨办学经验，并于 4 月 7 日，同善耆、端方、严修等人联名发表《内外城女学传习所募捐启》，以实际行动表明自己支持女学的积极态度。

值得一提的是，严吕两人不仅先后致力于女权事业，而且两人的办学理念也出奇地相同。吕碧城认为，在发展女子教育时需注重德、智、体三方面的发展，其中她称德育为“学界中可进不可退之要点”②。同时她还强调女学实践中“必授以实业，使得自养”③。这些观点都与严复的教育治学观不谋而合。1908 年前后，正是严复和吕碧城共同致力于女学事业时期，或是因为他们对待女学的态度、理念相同，这段时期也是两人交往的高峰期。

---

① 王天根：《清末新政官绅纷争与北洋女子公学兴衰》，《史学月刊》2008 年第 7 期。

② 李保民：《吕碧城诗文笺注》，第 151 页。

③ 李保民：《吕碧城诗文笺注》，第 153 页。

三、科学观：理性思想的启蒙

吕碧城作为民国时期女界先导自然有其过人之处。她年少时的经历为她崇尚理性与逻辑思维埋下一颗种子。她五岁能诗，七岁能画，颖悟绝伦。十三岁那年，吕父溘逝，家中突遭变故。吕碧城与其姐四处告援，才能救母亲与姊妹于水火之中，而后又独自一人前往天津闯荡，体现了她过人的智慧与理智。

成年后的吕碧城并不故步自封，乐于学习新思想丰富自己的眼界，在与严复结识之前就十分认同严复的观点。1898 年严复翻译的《天演论》正式出版，在知识分子阶层广泛传阅，产生了巨大的社会反响。吕碧城也不例外，这从她发表的《教育为立国之本》一文就可看出。她在开篇就点明："今日之世界，竞争之世界也。物相竞争，优胜劣败，固天演之公例。"① 句中蕴含的正是严复所宣传的"物竞天择，适者生存"的观点。

吕碧城十分崇拜严复，在师从严复后，吕碧城自然要向其讨教关于西学的奥妙。由于严复此前翻译的《穆勒名学》较为晦涩，而英国逻辑学家耶芳斯撰述的《名学浅说》更通俗地概括了逻辑学的基本问题，因此严复两个月译出《名学浅说》以方便吕碧城理解，吕碧城也从书中提取"明因"二字成为自己的小字。在严复的谆谆教导下，吕碧城更加系统地了解到西方的逻辑思维，也激发了吕碧城对西学的兴趣，对其塑造理性的科学观有着深远的影响。

吕碧城的文章表达也不乏科学的理性思考。她强调"惟一者言也，言必根于义理，义理正，社会取而循之，而群治赖以进化"②。认为文章要在义理表达的基础之上写作。她也曾在《书怀》一诗中融入"平权"、"独立"等词，其中"谁起民权倡独立，普天尺蠖待同伸"③，巧

① 吕碧城：《教育为立国之本》，《大公报》1904 年 6 月 18 日。

② 李保民：《吕碧城诗文笺注》，第 655 页。

③ 吕碧城：《书怀》，《大陆（上海 1902）》1905 年第三卷第 14 期。

妙地将自己的科学观融入旧体裁中，宣扬自己的女权思想。

吕碧城晚年几经沉浮最终选择遁入佛门，实则与她的科学观有着密切的联系。“证明佛学独为世界放一新光，附有二十五帧精密之图表，解说各种自然现象之性质，及心理之复杂变化。学者如致力禅定，则见效尤巨，为科学家辟一新蹊径”①。吕碧城指出佛教中严密的辩证思维以及深刻的逻辑性与近代的科学逻辑具有相同的内核，佛家中传达的理念不仅可以解释科学现象还可以为科学研究提供新思路。

严复一生致力于翻译西方著作，宣扬西方先进思想；而吕碧城的诗词文字中有诸多理性的表达，皈依佛门后也尝试用科学的角度来解释佛家思想，吕碧城这种严密的科学思维，无疑是与严复交往过程的沉淀。严吕师生二人以不同的形式传播启蒙思想以达到在混沌的社会环境中进行思想启蒙的目的。

四、文化观：不可磨灭的儒学基因

谈及中国知识分子的文化观，不可避免地要提及儒家思想。自汉武帝将儒家思想确定为统治思想以来，儒家思想不仅影响到统治者的治国方略，而且在千百年来潜移默化地影响到每一位中国人的文化观念中。严复和吕碧城也不例外。

严复的父亲严振先是当时福州有名的中医，他十分重视对严复国学的培养。严复七岁时就被父亲送至私塾读书；九岁就开始学习《大学》、《中庸》等儒家经典；十一岁时，严振先聘请名儒黄宗彝到家中教严复读书。因此，严复从小就在儒学的滋养下成长，即使曾出洋学习西方思想文化，都很难磨灭他基因里的儒学烙印。

1867 年，严复进入福州船政学堂学习，开始了他学习西方自然科学的道路。1877 年至 1879 年，严复又前往英国皇家海军学院进修留学。在这期间严复大量研读亚当·斯密、卢梭等近代西方启蒙思想家的著作，对西方的思想文化产生了浓厚的兴趣，也奠定了他的资产阶级民

① 李保民：《吕碧城诗文笺注》，第 256 页。

主思想。

严复留学归来后，极力推崇西方思想，翻译了《天演论》等传世巨作，但他却是用桐城派古文的方式进行释译。同时，他极力提倡文言文而反对白话文。这都表明了严复骨子里的儒学思想。

20 世纪初期，晚年的严复看到了西方文明的失落，也意识到当时社会传统价值体系的崩塌。这一时期，严复一改早年力主西化的态度，选择回归到中国传统儒学中找寻中国的精神支柱。

而吕碧城也是如此。吕碧城出生于官宦之家，其父母长期接受传统儒家思想教育。吕碧城的母亲严士瑜是才女沈湘佩的外孙女，严士瑜继其母才学，善作诗歌。吕碧城的父亲吕凤岐是光绪丁丑年（1877 年）的进士，其“素讲程朱之学，不语怪异”①，这样的家庭环境对塑造吕碧城的儒学观有很大的影响。

吕碧城心中“先天下之忧而忧，后天下之乐而乐”的儒家忧患意识，鞭策着她成为中国第一位女编辑和女校长。即使是在她游学欧洲时期，她也曾感叹：“迨世变愈剧，乃慨然叹欧美功利主义锐进至极，受大创挫时方返而旁求救济之道，孔教佛教均有弥漫全世界之时。”② 她认为儒学思想才是可以拯救当时中西方混乱世界的本源。

但从她早年的经历来看，吕碧城在接受儒学思想影响的同时也在背叛它。严复曾评价吕碧城“渠看书甚多，然极不佩服孔子”③。她勇闯天津，不服于封建礼教对女性的束缚，在当时声名显赫。因此，纵观严复与吕碧城的一生，我们必须承认他们作为较早接触西方思想的先进知识分子思想西化的一部分，但也不能忽视他们二人思想中不可磨灭的儒学基因。

五、政治观：政治旋涡中的挣扎

身处乱世，思想超前的严复和吕碧城时刻关注着国家的命运，他们

① 吕美荪：《葂丽园随笔》，华昌大出版社，1941 年，第 84 页。

② 吕碧城：《吕碧城集》第 5 卷，中华书局，1929 年，第 58 页。

③ 《严复集》第三册，第 839 页。

认为只有改良才是最适合当时社会环境的道路，只有改良才能使当时落后的社会面貌焕发新生。

严复早年赴英国留学，见识到英国君主立宪制度较封建制度的优越后，成为一名坚定的改良派。严复认为："非新无以为进，非旧无以为守；且守且进，此其国之所以骏发而又治安也。"①

1894年甲午海战的失败、洋务运动的破产让严复认识到要从西方思想文化的底层逻辑掌握西方思想，才能获得西方文化精髓，从此严复开始走上了翻译西书的道路。1895年严复在发表《原强》一文，系统地介绍了西方达尔文进化论的思想和斯宾塞的社会学，同时也较为全面地阐述了自己的维新思想，提出"自由为体，民主为用"的主张。1898年出版《天演论》宣传"物竞天择，适者生存"的进化论思想，发出响彻海内外、振聋发聩的声音。

吕碧城作为严复的挚友和学生，深受其西学思想的影响，同样也是主张通过改良去改变当时社会落后的状况。她认为："择其善者而从之，不善则改之耳。如此然后可言进化，可言变通，可言改革。"② 吕碧城主张的"群治"、"公理"等思想与严复的观点多有契合之处，严吕师生二人也常常分享各自的观点，成为支持改良道路上的同盟。

1912年9月中旬，严复被袁世凯任命为总统府顾问官。吕碧城也在女子公学停办后受袁世凯邀约成为总统府秘书。但在北洋政府工作期间，严吕二人似乎在政治观上产生冲突，交往也不似从前频繁。

对于严复而言，他一直有自己的政治追求。严复早在供职于总统府之前就与袁世凯多有来往，还被袁世凯任命为北方代表团的代表参加南北议和。严复对袁世凯寄予极大的希望，即使是在袁世凯复辟帝制后也仍然主张不要罢免他，希望他能实现自己君主立宪的政治理想。

而对于吕碧城而言，在总统府工作时的所见所感反而成为她未来远离政治的导火索。吕碧城虽有强烈的爱国之情，也常在政治上提出自己的见解，但她加入总统府是由于她和袁世凯的私交，本质上并无太大的

---

① 《严复全集》卷七，福建教育出版社，2014年，第112页。

② 李保民：《吕碧城诗文笺注》，第474页。

政治追求。因此，吕碧城在目睹袁世凯签订《二十一条》卖国条约后写就《出居庸关登万里长城》[①] 这首诗，其中“得失全凭筹措间，有关不守嗟何益”更是表达了其对当权者卖国求荣的愤恨之情。吕碧城不仅对袁世凯的政治作为心灰意冷，总统府内的尔虞我诈和钩心斗角也为她所不齿。于是在这些情感因素的叠加下，吕碧城在 1916 年辞去总统府秘书的工作，远离政治旋涡。

而笔者认为，吕碧城辞去总统府秘书的职务可能还有一个重要的原因就是她的老师严复成了袁世凯的拥护者。严复于 1914 至 1915 年先后做过“约法会议”议员、参政院参政员、《中华民国宪法》起草委员及筹安会发起人。严复的这些政治活动多是为了帮助袁世凯称帝正名，这与吕碧城的政治思想产生了较大分歧。或许从二人加入总统府的那一刻起，严吕师生二人注定要走向不同的分岔路。

综上，从严复与吕碧城的交往可见，在那个动荡变革的年代，不同思想的碰撞迸发出耀眼的火花。严复和吕碧城婚恋态度中保守的一面，体现了他们是反对激烈变革的改良派。在交往过程中，严复的西学思想给了吕碧城新的启迪，而吕碧城在女学界振臂一呼也使严复重新补充自己的教育观，成为她的同盟。严复和吕碧城同样有儒家思想中强烈的家国情怀和广博的天下胸襟，既有文人独立自主的风骨志气，又有思想家海纳百川的从容气度。虽然严复和吕碧城在政治上的选择有所不同，导致二人选择了不同的人生道路，但对于严复来说，吕碧城始终是他欣赏的女学生；而对于吕碧城而言，严复也是其一直尊敬的老师。

---

① 李保民：《吕碧城诗文笺注》，第 62 页。

严复在津故居考述

曲振明[①]

严复自1880年至1900年，在天津居住二十年，如其诗中所言“鼹饮津沽水，燕居二十春”。这二十年间的住处，一直是大家关注的话题。此前，一些专家认为他是住在天津宫北大狮子胡同。近些年，随着文献的不断公布，严复故居有了新的发现，下面根据文献具体考述：

一、大狮子胡同严公馆并非故居

严复住在天津宫北大狮子胡同之说，源于光绪二十年（1894）九月，严复致陈宝琛的信，落款“径寄津水师学堂或津卫大狮胡同大珄字号后严公馆，当不失也”[②]。天津文史耆宿林开明先生认为，“这是迄今见到严复在天津最早的住址”[③]。天津历史上的大狮子胡同，除宫北外，河北区粮店街另有一处。为何确认为宫北呢？林先生举出两例，一是津卫是指卫城所在地的南岸；二是根据《张公（锦文）襄理军务纪略》记载，三岔河口一带有“大生客寓”的记载。这是一条孤证，从未有其他资料佐证。当时已有学者提出疑问，现根据文献论证如下：

首先，严复不可能住在宫北。宫北是指天后宫的宫北大街，这里是繁华商业区，老天津都知道，农历腊月宫北的年货市场，拥挤并喧哗，

① 曲振明，天津口述史研究会理事。

② 《严复集》第三册，中华书局，1986年，第501页。

③ 林开明：《严复居津寓所寻踪》，贾长华主编：《严复与天津》，百花文艺出版社，2008年，第181页。

而大狮子胡同更是商贾云集。1902年12月11日《大公报》有一则《大火详记》消息，称："宫北大狮子胡同内文宝斋钟表铺于十一日夜一点钟时，不戒于火，适值狂风怒吼，烈焰飞腾……延烧邻铺十余家并宫北各铺。"一场大火就延烧相邻十余家铺子，估计胡同内店铺有几十家，而且大狮子胡同火灾频见于报端。

按照清朝的制度，"官员由中央选举任用，由政府支付俸禄，实行任期制和退休制。官员在任职期间，由政府提供官宅。官员不任职就不能居住官宅"。还规定"凡有司官吏，不得于现任处所置买田宅，违者笞五十，解任，田宅入官"。① 清朝的地方长官实行回避制，异地为官。外省在津的官员一般都住在公所。如直隶总督李鸿章、王文韶住海防公所，范肯堂、吴彦复等住吴楚公所，像严复这样的四品也不应例外。抛去这些，严复住在一个商铺云集、频发火灾的地方，既不安全，也不符合他读书、写作、好静的生活习惯。

其次，严公馆是代收人的地址。《严复集》收录给陈宝琛的5封信，第2封有"径寄津水师学堂或津卫大狮胡同大珄字号后严公馆，当不失也"的文字。正常通讯地址都写在信封上，为何写在信中呢？从"当不失也"四字，可以想象此前曾有丢信的情况，所以才在信中注明了新的收信地址。严复有请亲友代收信件的先例，而这次保险起见，特标明了两处地址。水师学堂是严复奉职的地方，严公馆应为朋友的住址（严复一般书信都称严寓，未见有公馆自称）。仔细品读"大狮胡同大甡字号后严公馆"，严公馆在字号后，显然是前店后宅的商人之家。

那么严公馆主人又是谁呢？笔者判断是浙江定海人严蕉铭，其初任上海英商旗昌洋行"福和"轮买办，1882年来到天津，历任顺全隆、禅臣、立兴洋行买办。作为浙江宁波帮商人的严蕉铭在天津颇具声望。严蕉铭与同为浙江人的王修植、夏曾佑十分熟悉。而王、夏两人是严复的挚友。

严蕉铭服务的洋行和住宅皆在宫北。1903年，严蕉铭辞去天津顺全隆洋行的工作。同年6月7日《大公报》刊登有严蕉铭《急救喉症》

① 张念瑜：《中国古代官员住宅制度问题》，博客中国，2019年8月1日。

的广告，称二十年前在“福和”轮任买办，得乘客给的治疗七十二种喉症的药方，“如患此症者祈至禅臣洋行或宫北福神街严寓，分送并开列药方”①。严蕉铭在宫北是赫赫有名的商人，他的住宅自然有公馆之称。而且福神街与大狮子胡同相邻，笔者判断大珄字号后严公馆，即指严蕉明的住宅。

严蕉明与严复联系密切。在现存的严复信件中，有写给“孝明”的两封信，其中一封称“孝明老棣”。后世研究者始终不知其为何人。笔者判断是严蕉铭。从《夏曾佑日记》的记载看，“蕉铭”是严蕉铭的字（名尚不知晓），古人有对字用别字称呼的习惯，蕉铭、孝明是近音，老棣（弟）又显同姓同族的亲近。在1900年信中，严复谈了庚子事变时，天津旧居被洋兵掠夺的情况，还托孝明“特以番（外洋）换银，谓辇毂之用”②，即烦他帮助换钱，用于覲京活动费用。这很符合一位买办的身份。在1901年2月信中严复托孝明将“木器大小乙百三十二件”③，由津沪航线的招商局“新丰”轮托运至上海，说明严蕉铭经营货物运输。据天津邮局前辈记忆，早年宫北有代寄邮件业务的商号。天津与上海有定期客货轮船，曾为轮船买办的严蕉铭在承揽货物同时，也代寄信件。严复把信件交给他，又是熟人，再自然不过了。

二、严修住在紫竹林租界

严复初来天津筹建学堂，未携家眷，住在天津机器局内。位于紫竹林租界的北洋水师营务处（又名水师公所）于1883年建成后，严复将母亲、王夫人和严璩接到北洋水师营务处居住。

北洋水师营务处位于法租界。1885年，郑孝胥在北洋随办洋务，最初住在这里，与严复为邻居。《郑孝胥日记》1885年6月22日：“午后，去紫竹林五里停轮……至水师营务处见吕秋樵、罗稷臣。稷臣邀余

① 《急救喉症》，《大公报》1903年6月7日。

② 缪志明：《关于〈严复遗札〉》，《严复与天津》，第167页。

③ 孙应祥、皮后锋编：《〈严复集〉补编》，福建人民出版社，2004年，第225页。

移行李来，从之。稷臣意甚殷，所居洋楼临大河，极轩豁，设榻焉。”吕秋樵即吕增祥，严复的亲家，时任水师营务处会办。罗稷臣即罗丰禄，福建同乡，时任水师营务处总办。从日记上看，郑孝胥到津住在水师营务处的罗丰禄家。郑孝胥住北洋水师营务处后，23 日“于秋樵室晤范亦鹤”，“楼上晤杨颂岩（谢冰心的外叔祖父）”，24 日“晤严幼陵”。[①] 由《郑孝胥日记》可见严复住在水师营务处，并与吕增祥、罗丰禄、杨颂岩为邻居。郑孝胥在此，还担任严璩的家庭教师。期间，严复在水师营务处搬过一次家，郑孝胥与杨颂岩“至幼陵新宅小坐”。[②]

光绪十五年（1889 年），严母陈氏去世，严复遂带王夫人和长子严璩归乡奔丧。这一年，严复升迁天津水师学堂会办，回津时搬入新居。

严复在给四弟严观澜的信中言：光绪十六年（1890 年）春天，途经上海，乘“海晏”轮回津。“坐马车到紫竹林，暂顿吕亲家处。至十六日始移入新居，在法界德威尼寓旁胡同第一家，弟到津过访，无难问也”[③]。信中说明，严复回津在亲家吕增祥处住了四天，然后搬入新居德威尼寓旁胡同。

据光绪十四年（1888 年）绘制的《天津城至紫竹林图》，德威尼洋楼位于法租界大法国路（今解放北路）与葛公使路（今滨江道）拐角处，即今天津金融博物馆（原天津青年宫）所在地。德威尼寓约毁于1900 年庚子事变，后建法国俱乐部（后为天津青年宫）。德威尼是法国新盛洋行的老板，曾承担修建北洋水师的旅顺炮台等大工程。这座楼毗邻水师营务处，在法租界很有名，故“无难问也”。但是严复刚搬新居，收信很困难，故给四弟信中讲，来信写“烦海军公所会办吕秋樵大老爷转交”。吕增祥也住在这条胡同，后来其二女吕静宜嫁给严复长子严璩，其子吕彦直娶严复二女严璆为妻，严吕两家结为亲家。

严复与王修植为邻居。光绪二十二年（1896 年），夏曾佑到天津任育才馆教习，十二月十五日到紫竹林，住在北洋大学堂总办王修植家。

---

① 《郑孝胥日记》第一册，中华书局，1993 年，第 59 页。

② 《郑孝胥日记》第一册，第 79 页。

③ 严孝潜：《新发现严复一封信》，《严复与天津》，第 164 页。

王修植字菀生，其家位置据夏曾佑致汪康年信中言："近已将报馆之席辞去，移居王菀生家，惠书寄红楼后可也。"① 红楼后位于法租界紫竹林，从当时地图上看，正是德威尼胡同所在区域。夏在给汪康年的信中又言"到津之后，幸遇又陵，衡宇相接，夜辄过谈，谈辄竟夜，微言妙旨，往往而遇"②。从"衡宇相接"，可见严复与王修植是邻居。王修植到津后，先任北洋水师学堂会办，可见住在这条胡同的基本是北洋水师的高级官员。

1920年，严复为杭辛斋作《〈学易笔谈〉二集序》，说"在光绪丙申、丁酉间，创《国闻报》于天津，实为华人独立新闻事业之初祖。余与夏穗卿主旬刊，而王菀生太史与君任日报。顾余足迹未履馆门，相晤恒于菀生之寓庐。时袁项城甫练兵于小站，值来复之先一日必至津，至必诣菀生为长夜谈。斗室纵横，放言狂论，靡所羁约"③。由上可见，王修植家还是维新派人物聚集的场所，严复与杭辛斋、袁世凯等人经常在他家相晤"放言狂论"。

三、德源里为暂时居住

光绪二十五年（1899年）二月十五日夜，严复邻居失火殃及自家。严复在给张元济的信中谈道："月之望夜，东邻不戒于火，弟适在局，举家雌弱，几被六丁取去；幸亲友扑救者多，昨于乱书检出，差喜瓦全。不然，数载苦心，一炬尽矣！居室半毁，不堪更住，刻已移住海大道德源里新居。"④ 可见这天严复不在家住，好在亲友都住在附近帮助灭火。夏曾佑在同一天日记中也有记载："夜，邻家火发，为之抢攘者半夜。"⑤ 这条记载与严复的信件相吻合，说明严家失火是在红楼后，而且夏曾佑参加了灭火。由于严家书籍等物品较多，"为之抢攘者半夜"。

① 上海图书馆编：《汪康年师友书札》，上海古籍出版社，1986年，第1336页。
② 上海图书馆编：《汪康年师友书札》，第324页。
③ 《严复集》第二册，第356页。
④ 《严复集》第三册，第525页。
⑤ 《夏曾佑集》，上海古籍出版社，2011年，第717页。

由于“居室半毁”，严复搬到海大道德源里。《天津市和平区地名录》历史地名中有三个德源里，其中东起建设路，西为实口，长50米，现名建设路茂源里的德源里（唐山道至保定道之间），旧属英租界。建设路旧称达文波路，19世纪尚未开发，属于海大道西侧。许多学者认为这是闽学会所在地，根据是《严复日记》光绪三十四年（1908年）九月十七日记，“到闽学会。该会在德源里”①。但当时是否为闽学会的会址，还值得商榷。

《夏曾佑日记》未对严复搬到德源里有所记述。不过看出，夏曾佑在王家，很少见严复了。每次都是单独拜访，说明不在红楼后住了。光绪二十五年（1899年），夏曾佑选授安徽祁门县令。临行前一天七月初七晚，“至王宅（王修植）即归。晚与魏若、又陵至第一楼夜饭，又同至又公处长谈”②。从夏曾佑的记载可见，自二月十五日严家火灾，到七月初七与之告别，严复都住在德源里。

还有一条需要求证。1900年庚子事变严复离津后，居所被掠夺。此年严复在给孝明老棣的信中谈到，自己曾回到天津，看到被掠夺的家，十分感慨，“以前者六月间，仓猝出津，衣裳书籍，至一切生事所需，不过十一挟者，濒行，法领事许为保护加封。今乃复过旧居，始知早已为奸民囮诱洋兵，一哄散去，虽领事至无如何也。生平颇有述作、稿本不知何所。心力所存，尤足痛惜！即至衣皿群碎，亦皆廿年积累，今乃一无所有”③。德源里在英租界，为何信中有“法领事许为保护加封”之说，发现此信的缪志明先生提出疑问。笔者推测德源里是严复临时暂居的地方，待居室修复后，又搬回了法租界红楼后。

严复故居是了解其在津生活的重要部分，正确判定其故居，对研究严复生平事迹有一定的帮助。可以肯定，严复自1880年至1900年期间，大部分时间居住在紫竹林。在紫竹林完成翻译《天演论》，投身戊戌变法，创办《国闻报》，可以说，紫竹林是严复继天津水师学堂外的一处重要居住地点和活动场所。

---

① 《严复集》第五册，第1483页。

② 《夏曾佑集》，第722页。

③ 缪志明：《关于〈严复遗札〉》，《严复与天津》，第167页。

船政首批留学英国皇家海军学院学生的姻娅合作关系

萨本敦　沈　蕾　李　纾[①]

叶可樑（1879—1972 年），字肖鹤，福建省闽侯县人。生于 1879 年，卒于 1972 年，享年 93 岁。外交家。

叶可樑早年先后毕业于福建省福州英华书院、上海圣约翰大学。1905 年赴美国留学，先入康奈尔大学农科学习，1908 年获学士学位，后就读于密西根矿业学校，获得硕士学位。1910 年被聘为《北京日报》主笔。1912 年 2 月至 5 月、1912 年 5 月至 1913 年 1 月，他先后担任京师大学堂农科大学监督和北京大学校农科大学学长。1912 年 7 月至 8 月，他以北京大学校农科大学学长身份参加了全国临时教育会议。1914 年任外交部佥事。1915 年出任驻美国二等书记官。1919 年 1 月出任驻加拿大温哥华领事。1921 年 2 月被派任驻美国旧金山总领事。1922 年 12 月再次出任驻美国旧金山总领事，1926 年回国。1927 年出任国民政府外交部编纂处编纂。1927 年 11 月被派任驻爪哇总领事，未到任。1927 年 12 月被派任驻菲律宾总领事，1928 年 10 月回国。1932 年 11 月被派任驻美国纽约总领事。1934 年 6 月再次出任驻美国纽约总领事，1935 年 2 月回国。此后情况不详。

---

① 萨本敦，自由撰稿人；沈蕾，自由撰稿人；李纾，中国科学院心理研究所二级研究员。感谢福州马尾区政协李祖强主任的命题和构思指导，感谢为完成此文而接受我们反复咨询和叨扰的船政后裔严以振、萨支山、黄汉锵、沈师桦、陈寄凡、沈祖刚、沈小菡、沈应先、沈静先、沈玮、林坚、沈梁、沈旭东、林磊、沈婧菀，感谢福建涵泳文化方麒提供《俭德堂叶氏族谱（简编）》部分内容及图片资料，感谢厦门大学王霏教授、福州大学林圣淇同学查找数字资料及勘误。

叶可樑是时任京师大学堂总监督（后改为北京大学校校长）严复的外甥女婿，因而严复对叶可樑关怀备至。当得知叶可樑学成回国时，严复即函告外甥女“甥婿学成归里，年少，前程令人健羡”。后叶可樑又应清政府学部考试，列一等第四名，被授予“进士”。严复闻讯即修函道贺。当时，严复拟加强农科建设，要在郊区拓宽农事试验场千亩，招聘教员20名，并要求用英语传授新农学。严复首先想到的就是学有专长、年轻有为的叶可樑，聘请他担任京师大学堂农科大学监督（后改为北京大学校农科大学学长）。①

时隔多年，叶可樑被人重新关注，抑或是因为1912年京师大学堂改名北京大学校时，设有文、法、商、农、工五科，五科学长，福州人就占了两位：校长严复兼任文科学长，叶可樑为农科学长。

因为沈家后人熟知福州塔巷叶家“可”字辈的缘故，被询问的沈家后人不由想起终身居住在宫巷11号的、人称十九婆婆的叶可芳（1906—1982年）。

几经与宫巷沈家其他后人查询、确认，特别是与叶可芳和沈觐权（1898—1968年）的四女沈师桦反复确认，我们逐渐厘清严复、方伯谦、何心川、林永升、叶祖珪、萨镇冰这6位留学英国皇家海军学院的首批船政学生之间的姻娅关系。

欲了解叶可樑的成家立业史，须从严复说起。

一、严复与何心川最先拓展出船政姻娅关系

1877年春，六名福建船政学堂学生成为英国格林威治皇家海军学院的第一批外国留学生，他们是：

严复（1854—1921年），原名宗光，字又陵，后改名复，字幾道，注册皇家海军学院的英文名Yen Tsung Kwang。福建船政学堂后学堂（驾驶专业）第一届毕业生。

方伯谦（1854—1894年），字益堂，注册皇家海军学院的英文名

---

① http://archives.cau.edu.cn/art/2022/4/25/art_45687_855896.html。

Fang Peh Kien。福建船政学堂后学堂（驾驶专业）第一届毕业生。

何心川（1853—1926 年），字镜秋，注册皇家海军学院的英文名 Ho Sin Chuan。福建船政学堂后学堂（驾驶专业）第一届毕业生。

林永升（1853—1894 年），字钟卿，注册皇家海军学院的英文名 Lin Yung Sing。福建船政学堂后学堂（驾驶专业）第一届毕业生。

叶祖珪（1852—1905 年），字桐侯，注册皇家海军学院的英文名 Yih Choo Kwee。福建船政学堂后学堂（驾驶专业）第一届毕业生。

萨镇冰（1859—1952 年），字鼎铭，注册皇家海军学院的英文名 Soh Ching Ping。出生于福州的色目人。福建船政学堂后学堂（驾驶专业）第二届毕业生。

这六位船政学生都是福建侯官人，不仅在皇家海军学院结下了持久的同窗情谊，而且逐渐发展出了更利于合作的姻娅关系。

何心川从英国格林威治皇家海军学院毕业后，被派英国海军舰队见习。1879 年 5 月，何心川因病提前回国，奉派南洋水师服务，任南洋水师“振远”舰四品管带。

在何心川回国的当年，严复承担了长兄如父之责，做主将自己的大妹（？—1881 年）嫁给了何心川做新妇。

何心川回国后的来年（约 1880 年），女儿何纫兰出生。

严复的大妹生育女儿何纫兰之后，于 1881 年在上海因小产过世，当时何纫兰才一岁多，只能由外婆来照料她。1883 年，何纫兰随同外婆来到天津，与严复的妻儿家人生活在一起，在舅舅家长大。在何纫兰母亲过世的 1881 年，严复曾回福州为天津水师学堂招生。此次招生，“招到”了严复日后的小妹夫陈弗藩（管轮班管轮学堂第二届毕业生）以及大妹夫何心川的冯姓表弟（天津水师学堂驾驶班第二届有冯琦、冯家泳两位冯姓学生）。

严复曾告诉外甥女何纫兰：“吾年日老，姊妹所出只汝一人，故于汝身更加怜爱，较之子女有过无逊。”①

当严复得知外甥女用钢笔练习书法，认为这是一种懒惰的表现，对

① 《严复集》第三册，中华书局，1986 年，第 840 页。

其批评道："汝作字好用钢笔，懒而，此习宜改。"[①] 随后，严复教导外甥女在练字时需要根据不同的字体选用不同材质的毛笔：小楷用紫毫，或用狼毫水笔亦可，墨最好用新磨者，大字则必用羊毫，开透用之。

妹妹与妹夫早逝，严复早已将外甥女当作自己的亲生女儿。他在外甥女身上的用心比起亲生子女有过之而无不及。

二、叶祖珪加入姻娅关系网

叶祖珪以"才具优异"被选派到英国格林威治皇家海军学院深造。在英期间，他抱着"穷求洋人秘奥"，报效祖国的决心，刻苦攻读，终以优异成绩顺利毕业，并先后上"孛来克珀林"和"芬昔孛耳"号兵船实习，巡航于地中海、大西洋、太平洋，熟谙海上攻防之术，甚得监督赞赏，称其"勤敏颖悟，历练甚精"，堪"胜管驾官之任"。

1905年，叶祖珪与严复在上海重聚。时叶祖珪总理南北洋海军事务，严复着手筹办复旦公学。两人联手撮合严复外甥女何纫兰与叶祖珪侄儿叶可樑的婚事。

严复肯将其最疼爱的外甥女嫁给叶祖珪堂侄，想必二人在格林威治皇家海军学院的交情不浅。

这一年，26岁的叶可樑还忙于赴美国康奈尔大学农科学习。

经查，叶可樑姓名的英文拼法为：Yih，Koliang；他在康奈尔大学1909年的学位论文为：Yih，K.（1909）. *Tobacco Production of the United States*（Doctoral dissertation）. Cornell University，New York.

据沈师桦口述：我一生没见过大舅叶可樑，但我与大舅母何纫兰却非常熟悉。由于大舅后来一直从事外交工作，其妻缠足无法陪伴接待外宾，因此只能单独留在上海。1979年左右，她年满一百岁，正好我出差也在上海，我们表兄妹十几人一同为她庆贺一百岁生日大寿！

叶可樑和何纫兰这种青年婚后即聚少离多的婚姻生活，也正是严复与原配王夫人的真实写照：严复于1866年春天娶同邑布衣王道亮的次

① 《严复集》第三册，第830页。

女王氏，1867 年即赴马尾的船政学堂读书，1877 年赴英国皇家海军学院留学，这期间奉母、教子、经理生计的担子，都由王夫人来承担。

三、叶祖珪拖萨镇冰入“网”

叶祖珪与萨镇冰私交甚笃，二人不但是同窗好友，而且同在军中效力。据说，1899 年为了挽救危局，慈禧特召见叶祖珪与萨镇冰，分别赏加提督、总兵衔，叶祖珪力荐萨镇冰为主，而萨镇冰则坚推叶祖珪为帅。他俩谦让之事，一时传为佳话。

大约在 1917 年，叶祖珪将最小的三女儿叶朗辉（1897—1977 年）嫁与萨镇冰的族侄萨君豫（1889—1975 年）。

在这之前，叶祖珪将大女儿叶贞辉嫁与自己船政学堂同学、甲午海战中以身殉职的刘步蟾的儿子刘镇藩。

萨君豫，保定陆军学校毕业，曾邀请萨镇冰参与福建事变。抗战胜利后，被授予陆军少将。娶王氏，继叶朗辉。

据萨君豫五子萨本辉（1934 年—　）介绍，随母亲陪嫁转送萨家的，有光绪皇帝赏赐的官窑浴缸，还有翁同龢书赠的一副洒金对联：“雅歌投壶，提戈奋骊”。

1948 年，严复的侄孙严步随（1912—1969 年）娶了萨君豫的兄长萨君谦之女萨孟瑛（本瑛，1915—2008 年）。当时婚宴设在佛跳墙的发源地、福州聚春园酒家。人称萨菩萨的耄耋老人萨镇冰出席了婚宴，亲自为自己 33 岁的族孙女萨孟瑛主婚。

四、这批留学生与“校长”沈葆桢家的姻娅相结

1922 年，萨镇冰 17 岁的族妹萨嘉璵（1904—1986 年），嫁给沈葆桢曾孙沈觐笏（1900—1927 年）。

沈觐笏，字竹勿，系 1921 年毕业的船政后学堂第十三届学生，历任各舰轮机副、海军大电台军官、航空署技士、海军总司令部公署候补员等职。与萨家联姻后，新妇萨嘉璵随夫沈觐笏赴京工作，居住在北京

一个叫“苦井巷”的地方。

1932年，叶祖珪26岁的堂侄女、叶可樑的堂妹叶可芳嫁给沈葆桢曾孙沈觐权。

五、沈师桦是姻娅关系网的重要节点

十九婆婆叶可芳的四女沈师桦是目前沈家辈分最高且还能记事的老人，为防止记忆出错，她还特嘱其外甥去地藏寺抄录她父母双亲的生卒年月。

她唤叶可樑为“大舅”，打通了沈家与叶祖珪家的关系。

她唤何纫兰为“大舅妈”，打通了沈家与何心川家的关系、亦打通了沈家与严复家的关系。

她唤萨嘉璵为“二十四婶”，打通了沈家与萨镇冰家的关系。

沈师桦说：塔巷叶家还有一位与她大舅叶可樑很相似的人物——与她母亲同父异母的二舅叶可璋。与叶可樑一样，叶可璋也是一位外交家，也曾任过报刊主笔。叶可璋在20世纪20年代曾署理驻横滨总领事馆主事，还担任过菲律宾《商报》记者、加拿大《洪钟时报》主笔。

沈师桦又说：塔巷叶家也有一位与她大舅母何纫兰一样很“文学”的人物——她母亲的堂姐、五姨叶可羲。叶可羲（1902—1985年），字超农，福州同光闽派琴家、诗人、画家，居塔巷竹韵轩。叶家姐妹多闻人，兼擅才艺，可风长刺绣，可芳乐公益，可羲则以书法名。

年轻时的叶可芳曾供职于福建省政府，她热衷儿童社会福利事业，担任过多年福州孤儿所所长。

乐于助人的叶可芳还曾成功促成了塔巷叶家与宫巷沈家的一桩“隐形”联姻。沈师桦回忆说：记得有一年春节，塔巷叶家的亲眷来宫巷拜年。在三落、与她家对门而居的沈祖彝（1911—1991年）从拜年的众少爷小姐中，一眼相中了其中一位声音甜美、长相清纯的小姐。这位小姐的婶婶（嗣母）是塔巷叶家女，与叶可芳是堂姐妹，嫁到了黄巷的何家。于是乎，沈祖彝就向叶可芳央求帮忙介绍。经叶可芳牵红线，这位塔巷叶家的外甥女何家瑛（1924—1985年）后来便成了沈果先、达先、应先、静先的妈。于是乎，沈果先兄妹既可以称沈师桦为姑，也可以称她为姨。

因何家瑛生前少议娘家事，沈应先、沈静先姐妹查族谱方确认：毕业于船政学堂第四届驾驶班、毕业后入北洋水师、1889 年以五品军功拔补把总、充任左翼中营都司“镇远”舰帮带大副的何品璋（原名尔立，字质玉）就是她们母亲何家瑛的祖父。

何品璋与姻亲沈家两代人有共事与合作的经历。

一是在 1906 年，清廷下令由萨镇冰参照赴英国留学之例，在南北洋海军学堂中选派海军学生 40 名赴日本留学。这些学生从烟台乘“海筹”（管带何品璋）往天津，改乘火车赴北京东城铁狮子胡同练兵处报到候考。练兵处派潭学衡、刘冠雄、沈瑜庆（沈葆桢第四子，官至贵州巡抚）及数名翰林监考。

二是在 1912 年，福建船政归福建都督节制，改称“福州船政局”。取消船政大臣，改称正、副局长。海军当局委任林颖启为福州船政局局长，沈希南（即沈颋清，沈葆桢长子沈玮庆的第五子）为副局长（摄局务），何品璋为船政局参事长。

沈祖彝与何家瑛一辈子恩爱。他们的婚姻少了媒妁之言、少了父母之命，但为沈家后辈实现婚姻自由树立了“长房”应有的榜样。

如此，沈师桦可唤何家瑛一声“表姐”或“五嫂”（沈祖彝在“祖”字辈排行第五），这也打通了宫巷沈家与黄巷海军何品璋家的关系。

六、结语

荀子认为，人之所以异于禽兽，以其能群也。其实，合作行为普遍存在于动物界和人类社会。然而，在激烈的生存斗争中，合作行为的成因是难以被理解的一个谜题。*Science* 在 2005 年把“合作行为是如何进化的”这一问题列为 125 个科学前沿问题之一。①

① 王赟等：《世纪科学之问“合作+行为是如何进化的”——中国学者的回应》，《科学通报》2016 年第 1 期。

严复在译述的《天演论》中，也强调提出合群保种的“能群”理论。他指出：“天演之事，将使能群者存，不群者灭；善群者存，不善群者灭。”①

合群即有合作之意。本文从家族联姻的角度出发，梳理了船政学堂首批留学英国皇家海军学院学生之间的姻娅关系。我们从受严复校长推荐任北京大学农科学长的叶可樑婚姻开始，抽丝剥茧，遂发现一线姻缘联严、何、叶、萨、沈五府，将船政沈公与船政英才严、何、叶、萨紧密联系在一起。其姻娅关系如下表所示：

<table>
<tr><th>严　复</th><th>何心川</th><th>叶祖珪</th><th>萨镇冰</th><th>沈葆桢</th></tr>
<tr><td colspan="2">严复大妹1879年适何心川</td><td></td><td></td><td></td></tr>
<tr><td colspan="3">何纫兰（何心川女）1905年适叶可樑（叶祖珪侄儿）</td><td></td><td></td></tr>
<tr><td></td><td></td><td colspan="2">叶朗辉（叶祖珪三女）1917年适萨君豫（萨镇冰族侄）</td><td></td></tr>
<tr><td></td><td></td><td></td><td colspan="2">萨嘉璵（萨镇冰族妹）1922年适沈觐笏（沈葆桢曾孙）</td></tr>
<tr><td></td><td></td><td colspan="3">叶可芳（叶祖珪堂侄女）1932年适沈觐权（沈葆桢曾孙）</td></tr>
<tr><td colspan="4">严步随（严复侄孙）1948年配萨孟瑛（萨镇冰族孙女）</td><td></td></tr>
</table>

从同学之谊进化到姻娅之情，这种特殊的合作行为抑或会被贴上“任人唯亲、官官相护”的标签。但本文并不是为了对此批评加以澄清。从合作的角度看，不“相护”何以“形成一个稳固的利益群体”？有“相护”的合作与没有“相护”的合作当都符合“弱势导致合作/亲社会

① 《严复集》第五册，第1347页。

行为”的理论假设：合作的始因是弱势。[①]

我们以为，“弱势导致合作”的理论是一个“可证伪”的理论（a falsifiable theory）。接下来就看我们今后能否收集到“身处弱势的个体（如在异国他乡、举目无亲的船政留学生[②]）比身处强势的个体（如与皇家海军学院的英裔本土学生）联姻合作更多”的证据。同时，若视“患难”为“弱势”，我们抑或也能收集到“共患难，更同盟/Underdogs make an alliance”[③]的证据。

希望我们的工作能为今后用定量的方法研究分析船政学生之间的姻娅关系提供最原始的数据，待到研究手段有突破的有朝一日，终能解答“在众同窗中发展出姻娅关系”这种合作行为究竟能有什么进化上的优势。

另外，在准备本文的过程中，翻阅不少闽都世家的族谱，从中感觉到：百年以降，尽管船政世家在“西学东渐”、“妇女解放”方面走在了全国前列，但是，男尊女卑，女性不入族谱的痕迹依然很重。

印象较深的例子如“严复六代直系亲属表”，对严复两位妹妹的记录竟“惜字”到如此地步：“长妹（适何）次妹（适陈）”。当尚知情的后人去世后，家谱上含糊其词的关系即会被湮灭在历史的长河中，了无痕迹。这会给后世的历史研究增添很大的不确定性。

再如，在 1931 年版《尚干林氏族谱》和 2013 年版《林氏凤港族谱》中竟然都找不到身为国民政府主席的林森的生母及配偶的记录。为了查询女性成员的信息，亦为了查证林森是汉满通婚的结晶，所剩唯一的途径就是找到林森为嗣父道举公、生父道炳公、生母张氏恭人、原配

① 可参见《感知到劣势会表现出亲社会行为》，https：//news. sciencenet. cn/htmlpaper/200973115101890642l7. shtm；《研究发现弱势会导致亲社会行为》，https：//news. sciencenet. cn/htmlpaper/201011814931413224. shtm；饶俪琳等：《弱势和亲社会行为：汶川地震效应》，《第十三届全国心理学学术大会论文集》，2010 年。

② 英国海军部对船政留学生有着不平等的规定：不能住校区，不能和英军学员一起用餐，不能上完整的海军理论课，只能上速成课。

③ 苗晓燕等：《共患难，更同盟：共同经历相同负性情绪事件促进合作行为》，《心理学报》2021 年第 1 期。

夫人郑氏宜人建造的合葬墓碑。

有意思的是，有两部族谱兼有英文名，一部是《豫章福州罗氏族谱》(*Pedigree of "Luo" Clan of Fuzhou Yuzhang*，罗丰禄家族族谱)，一部是沈燕等人 1991 年编的《林家三姐妹的后人》（*The three Lin sisters and their descendents*，刘、沈、郑三位林则徐女婿的家族的族谱)。在这两部族谱中，对女性成员的记录（如名讳、生卒年等）要显著地详细于其他所见的各族谱。另外，对女性成员记录相对齐全，甚至还专门为女性开辟"专表"的要数船政创建人沈葆桢家族的族谱。

总之，既然要研究带有"女"字偏旁的"姻娅"合作关系，女性部分的记载就必不可缺。本研究的不足怕是先天性的，未到男女真正平等记录时，这种须处理"缺失值"（missing value）数据的研究都难以得到改进和完善。

从郎官巷溯源至阳岐

——严复纪念馆建设始末

李玉棠①

我关注严复研究这个专题，基于两个原因。第一，我的中学时代就读于上海市格致中学，除了历史教科书上有关于严复的介绍，“格物致知”四个字的校训早已深深刻在我们心里。这四个字是严复极为推崇的治学思想。第二，1999 年至 2001 年，我主持设计福州市博物馆新馆，手中有了较为丰富的资料，使我下决心进一步研究严复生平事迹，并转化为建设严复纪念馆的实际行动。

一、郎官巷——我们的寻真之旅

新世纪初，全国范围之内逐渐高涨的房地产开发同样开始席卷名城福州市，一家房地产商欲将处于福州市中心的三坊七巷推平建新楼。我们获悉这个惊人的消息时，三坊七巷部分古民居已不复存在。

在 1998 年至 2000 年之间，由于工作关系和职业习惯，笔者常常喜欢一个人背着相机在福州市区的大街小巷体验生活、社会调查，与市井居民聊聊家常。然而，我们问了许多人，竟然绝大部分都不知道严复！除了惊讶，有点悲哀，我们在思考：一边是民众对自己的历史缺乏了解，一边却是来势汹汹的地产开发，面对这种局势，作为常年从事博物馆工作的团队，我们不能袖手旁观。

依据我们对正在设计布展的福州市博物馆新馆的了解，三坊七巷是

① 李玉棠，上海大唐博物馆艺术研究所所长。

福州最具有辉煌经历和人文底蕴的瑰宝，是一座城市最为宝贵的地面保护文物，具有绝对的不可再生性。据我们当年初步了解：在三坊七巷一带生活工作过的名人，仅中国近代史上，就有林则徐、严复、冰心、沈葆桢、林觉民、林徽因、萨镇冰、郁达夫等五六十位（现在的发现估计已经达到一百多位）。这样一方风水宝地，怎么也不能在我们一代人手上毁掉！

笔者立即向福州市文物局郑重地提出了保护修复严复故居，进一步建成一个对外开放的严复纪念馆的综合方案，并主动承诺，所有资金由我们设法解决，建成后，为了确保专业指导下的正常运作，我们还可以承担三年运营管理所需要的全部费用。三年后经有关政府部门验收，将把这个项目完整捐赠给当地。几经论证，我们与福州市文物局签订了正式合约，一块石头落地。事后又知悉，那家房地产商在国家文物局等各方压力下，撤出了对三坊七巷的商业改造。我们总算松了一口气！

严复纪念馆 2001 年开工，2003 年开馆，2004 年成功举办了纪念严复诞辰 150 周年研讨会。修旧如旧的故居建筑，因地制宜的全新布展，获得了与会嘉宾的一致好评。

消息传到海峡对岸，严复长孙女、辜振甫夫人严倬云在 2004 年 2 月 8 日亲自带着一大家子人来福州看看。纪念馆在福建省与福州市相关领导的指导下，认真做好接待工作。老太太特别开心，和我们馆互赠了书籍，并留下了珍贵的签名。严倬云和家人们好奇地问我一个问题：你不是姓严，和严家非亲非故，为什么要帮我们修复先祖的故居。我回答：因为严复先生不仅属于中国，而是属于全世界。

我至今保留着严复另一位孙女、华裔著名女作家严停云给我的几封亲笔信。

简述福州郎官巷严复纪念馆建成的史实，是为了廓清有些传说或书籍的不确记载，从我们当事人角度保留真实的历史原貌。笔者保留了所有的书面文件、当时的福州相关报纸，包括在 2006 年 1 月 6 日三年管理合约期满之后，福州市文物管理局颁发给我的荣誉证书。

二、用严复的思想理念建设、管理纪念馆

建馆的同时，我们在《福州晚报》上刊登了招聘广告，直接从当地选聘人才加入纪念馆的日常管理行列。如一位江西籍的福州市作家协会会员应聘成为副馆长，另有数位年轻的讲解员和安保值班人员。人员配齐后，培训成了我们当时的首要任务。我们坚持将博物馆的办馆理念结合学习严复的相关思想，争取让所有的管理人员在最短的时间内合格上岗。略举几例：

1. 严复强调不断吸收新思想，曰：必将阔视远想，统新故而视其通，苞中外而计其全，而后得之，其为事之难如此。

开阔视野和远大理想，新旧贯通和兼收并蓄，这正是我们办好一个博物馆纪念馆的宗旨。

2. 严复重视开启民智，曰：然终谓民智不开，则守旧维新两无一可。

联合国教科文组织认为，博物馆是人类终身教育的最好课堂。而这里是重视开启民智的严复的纪念馆。

3. 严复一贯主张：学问之道，水到渠成，但不间断，时至自见。

虽然我们纪念馆工作人员文化程度不一，但一旦进入了这个文化高地，就必须努力提升自己的学养和能力，功到自然成。

4. 与时俱进，是严复教诲：文之高下存乎气，法无新旧惟其时。

一切从实际出发，是我们办好一所小型名人故居纪念馆的必由之路。舍此，没有任何捷径可走。

5. 严复最早提倡译事三难：信、达、雅。求其信，已大难矣！顾信矣，不达，虽译，犹不译也，则达尚焉。

转换成博物馆的语言，信、达、雅，就应该理解为真实性、科学性、艺术性。严复老先生对翻译的要求，同样是对博物馆展示陈列工作高屋建瓴的经典理论。

如此等等，我们尽一切可能将严复的思想理念学以致用，渗透到纪念馆具体工作中去。这样反复宣传，加深印象，无疑可以最大程度推动

严复纪念馆的建设，事半功倍。

在三年的管理期间，我们对外免费开放，免费提供讲解，还编写印制了图文并茂的小册子《严复与严复故居》以及三折简介，以满足广大市民及远道赶来福州的参观者。这样做虽然常常会使纪念馆本身的行政开支入不敷出，但我们从未后悔过，因为纪念馆从上到下每一位工作人员都坚信，宣传严复思想，就是宣传爱国主义思想，就是在以实际行动加快科学建设中国特色社会主义。

三、我们向阳岐溯源

大约在 2003 年，曾多次自筹资金对福州阳岐严氏宗祠进行大修，维护了祠堂基本功能和建筑寿命的严氏后人严孝鹏先生，在了解了郎官巷的情况之后，特地来到上海与我们商议在严复的祖居地阳岐，将研究与宣传再度推进。这与我们不谋而合。郎官巷故居在严复的一生具有不可替代的重要地位，同样，福州的阳岐有严复的祖居、严复墓等独一无二的地面保护文物，研究与保护好这些文物，是寻根溯源的一个必不可少的步骤。方向确定，行动跟上，我们随即对阳岐的各个文物点进行了全面的考察：

阳岐祖居，有少年严复的读书室；

玉屏山庄，是严复曾经的借住地及其子严琥的结婚处；

严氏宗祠，是自始祖怀英公以来的族人祭奠、议事见证处；

尚书祖庙，是严复晚年的心灵寄托；

严复墓，更是严复生前就建成的“惟适之安”圣地。

就阳岐一地所拥有的严复相关文物的数量和等级质量而言，可谓首屈一指，独领风骚。考察后，我和严孝鹏等几位严氏后裔商定，将阳岐的严复纪念馆选址在严氏宗祠内。

2006 年，在郎官巷严复纪念馆移交市文物局接管的同时，我们规划中的阳岐严复纪念馆开始修缮，并正式启动改建为展厅的布置方案。严孝鹏负责建筑项目，我们负责祠堂大厅内的内容与布展。考虑到祠堂建筑的特点，我们的重中之重是在维护好原建筑风貌的同时，将展示内容进行了新的梳理。当时，经过再三考量，我们将整个祠堂中心部分作了三大段的设计处理：原祠堂高台部分，设计为主要介绍严氏从先祖到当代的杰出人物；原祠堂的大厅部分，设计为介绍严复简要而光辉的一生，展板分别挂于两边白墙，保留中间部分的祠堂议事功能及大长桌；再往下的两侧回廊至祠堂大门内侧，设计介绍今天严氏后代中的杰出人物。

这个精心构思的设计方案从布展完成到顺利展出，历十年之久，很遗憾，最后却不料被完全不懂纪念馆规律的外行给粗暴破坏。地面用地毯覆盖，祠堂功能荡然无存，中间大厅被肢解分割……成了一个既不是展厅，又不是祠堂，也无法议事的“三不像”怪胎。这些不良的操作，竟从未与博物馆相关专家商议决策，匪夷所思。

而我们始终坚定不移地按照博物馆、纪念馆的客观规律办事。2010年，我们以“福州阳岐严复纪念馆”的名义和原始陈列的面貌参与了国际博物馆 ICOM 会议，并登上会议介绍刊物（当时福建省仅有三家被刊登）。

我们真心希望坐落于严氏宗祠的阳岐严复纪念馆能恢复其固有的祠堂特色陈列。更何况，由于严孝鹏、严震等先生的努力，该馆已经升级为省一级馆，重新设计布展的可能性与必要性已经具备。

四、阳岐——未来严复研究的一个亮点

阳岐山清水秀，人杰地灵，尤其是与严复相关的几处国家级重点文物保护单位，更增加了这个风水宝地的独特的内涵元素。阳岐，在严复的历史中无疑占有极其重要的地位，但就目前国内外的严复研究来看，并不突出。或许，这个现象仅仅说明过去，并非代表未来。

据笔者多年对阳岐的了解，提供一些未来阳岐严复文化纪念馆的可持续发展思路，供有关方面参考：

1. 建立福建省严复研究综合基地。让省内外研究严复的学术力量在阳岐本土扎根，接地气的研究或许会产生意想不到的丰硕成果。

2. 建立福建省大中小学研学基地。研究严复不平凡的一生，应当

从严复的青少年开始，这里有严复走出中国、走向世界的原生态历史教材，对青少年的培养教育具有不可替代的作用。

3. 建立全国博物馆系统社区式历史文化示范区。阳岐是一个得天独厚的样板，而且还可以建多个中小型博物馆、纪念馆，形成一个博物馆村落。

4. 建立社会主义新农村、美丽乡村建设样板村。以文化为基础，旅游作引路，繁荣历史文化名村的方方面面，带动当地的各项产业发展，同样可以为振兴乡村经济、振兴中华出力。

阳岐的未来无限光明，阳岐严复思想文化的研究大有可为。

严复思想与福州城市文化构建研究

刘宜君①

城市作为人类社会生产生活的重要空间，是社会生产力发展与人类文化发展的产物。城市的建设与发展不仅是一个物质环境的建设过程，也是一个长期的文化积淀的过程。城市在创造物质财富和精神财富的演进与更替中形成了代代相传的各种物质、非物质的文化，这些文化便是被称为城市灵魂与品格的城市文化。由于不同的城市有着不同的地域、历史、经济、习俗等，每个城市都有其独有的城市文化与城市特质，不同的城市文化与城市特质又孕育、塑造了不同的市民思想与性格，使每座城市产生了独特的魅力。

福州是一座历史悠久的东南沿海城市，具有丰富的人文资源和独特的地域特色。近代中国著名的启蒙思想家、翻译家和教育家严复就诞生于福州，严复的学习、工作、生活与福州也有着密不可分的关系，严复思想也已成为福州城市文化的重要组成部分，因此深入研究严复思想与福州市城市文化构建之间的关系，对于推动福州城市文化建设，提升福州的竞争力，建设现代化国际城市具有重要的理论和实践意义。

一、严复思想的福州城市文化特质

1854 年，严复出生于福州南台；1866 年，严复考入福州船政学堂，学习英文及近代自然科学知识；1877 年至 1879 年，严复被公派到英国

① 刘宜君，闽江学院副教授。

留学；1879 年，严复毕业回国，到船政学堂任教习，次年调任天津北洋水师学堂总教习。随后严复在天津、上海、北京等地开始了救国、强国的探索之路，1920 年底回到福州居住，1921 年病逝。纵观严复一生的轨迹，可以发现严复在福州生活、学习、工作近 25 年，福州的城市特质为严复思想的诞生奠定了环境基础。严复受过中国传统教育，又接受过西方先进的科学教育，可以说是集中西学于一身。他以救国为己任，博古通今，广泛涉猎中西文化知识的精华，通过翻译、教育、办报等途径向国内积极传播西方科学，并把达尔文进化论引入中国，从而形成了具有独特人文精神和价值观念的严复思想，成为福州文化的重要组成部分，充分彰显了福州城市文化的特质。

（一）开放：严复思想与西方文化的碰撞

福州地处东南沿海的地理位置优势使其自古以来就是重要的对外通商口岸，因此福州是中华文化与世界文化交流的重要窗口与节点之一，开放性是福州城市文化的重要特点。

闭关锁国的政策使清朝日益落后于世界。西方国家用坚船利炮轰开了中国的大门。在这危急时刻，中国一批先进的知识分子开始反思中国文化的滞后性，并逐步向西方学习。严复在留学期间不仅学习西方的科学技术，还对其议会民主、社会文化和人心风俗也进行了全方位的研习。他深深感到中西之重大差别就是西方的开放和中国的闭关守旧，认为资本主义优于封建主义，中国要想富强，只有冲破了封建文化观念的禁锢，实事求是地承认中国落后于西方，全面地学习西方，才能达到“知己知彼”、“慨进自强”的目的。因此，严复站在民族存亡的角度，通过翻译西学，向近代中国传播了大量的先进思想，极大地震动了中国思想界，开阔了人们的视野，推动了近代中华民族救亡的进程。严复也被称为中国近代“西学第一人”。由此可见，开放是严复思想的重要组成部分，与福州城市文化的开放特质是相一致的。

（二）传承：严复思想与传统文化的融合

作为中国历史文化名城，福州城市文化有着悠久的历史和丰富的文化传承。传承是福州城市文化的又一重要特质，也是福州城市文化发展的重要来源。

严复特殊的人生经历，使得他在中西方文化上有自己独特的见解。他并不顽固坚守着中国一切的传统学说，也不盲目吸收西方所有的新学，而是站在历史的高度上，从宏观的角度俯瞰着中西文化。严复在其生命历程中对中国传统文化的理解和认知也经历了一个反思和回观的过程。早期他对中国传统文化扬弃的同时也指出其中含有近代科学的萌芽形式，肯定中国传统文化在当时社会生活中的价值，积极找寻中国传统文化与西方文化的契合点。如严复在翻译《天演论》的时候，积极地做到让中国传统文化在《天演论》中传承和发挥。中期严复是在对中西文化采取调和、折中的态度中积极弘扬中国传统文化。如把穆勒的《自由论》翻译为《群己权界论》就深深体现出严复对中国传统文化的理解。严复根据儒家文化“己所不欲，勿施于人”思想，提出自由应该做到群己的平衡，认为个人在追求自由的时候是有界限的，不能损害他人的自由。后期严复则强调以传统的儒家道德观念作为修身养性之本，完全回到中国传统文化中。严复的一生都具有浓厚的中国传统文化情结，但他对中国传统文化的传承一直是本着“取其精华，去其糟粕”的态度。

（三）民本：严复思想与市民文化的交融

市民文化最能呈现一个城市的特点和风格，与城市文化的发展也是息息相关的。城市文化发展的目的是通过城市文明与和谐社会的构建，让市民文化能够升华为城市精神并能够有效地融入市民日常生活中，因此城市文化发展必须是为市民服务的，城市文化的构建离不开市民文化素质的提升以及市民的积极参与。以民为本，为市民谋福亦是福州城市文化的显著特点。

19 世纪末 20 世纪初，严复认为当时中国国民素质低下是中国贫穷落后的主要根源，于是他提出了“鼓民力、开民智、新民德”的“三民思想”，即从德、智、体三方面来促进人的全面改造与发展。“鼓民力”的主要内容是指严禁吸食鸦片，妇女停止缠足，强身健体，保护妇女权益等，是提升国民素质最为基础的部分。科举考试是禁锢人们思想的工具，不仅使国民创造力丧失，而且阻碍了社会的发展。因此，开民智必须废除八股，大力提倡西式教育，打破传统思想的束缚，培养人们勇于创新、独立思考。甲午中日战败之后，中华民族危机空前严重，在中西文化的碰撞之下，旧的道德观念还没完全瓦解，新的道德标准尚未完全建立，全中国处于道德迷茫的状态，为此，严复将西方的自由、民主、平等、博爱等理念引入道德领域之中，希望通过树立中国道德新风尚，塑造新的国民道德素质，是为“新民德”。严复的“三民思想”虽然是从救亡角度提出的解决方案，但是该主张注重从国民的德、智、体三方面着手提高国民素质，提倡每位国民都应积极参与国家政治、经济和文化的活动，也体现了为民谋福利的民本思想，从而与福州的城市文化——以民为本的特质起到了相互呼应的效果。

（四）创新：严复思想与近代科技文化的渗透

科学技术的不断发展推动生产工具的不断进步、生产对象的不断扩大，生产方式也随之不断改变，正是这种生产方式和生产观念的变化，一次又一次完善了城市物质文化生产方式、行为方式和城市精神文化的核心，进而推动着城市文化模式的更替。

作为中国最早一批公派出国留学的学生，严复第一次长时间在西方先进国度全面学习和深造西方科学知识，切身感受科技给西方国家带来的巨大变化。可以说，在中国近代史上，严复是第一个现代意义上的比较完整的科学观的建立者。他突破前人狭隘的科技观，指出理论科学和技术科学、宗教和科学的区别，把科学看作是由自然科学、社会科学、思维科学组成的庞大知识体系，强调把科学作为社会生活的指导原则，主张运用科学的思维方式认识事物，开始了由强调单纯技术性知识的科学观向强调系统理论知识的科学观、由强调具体科学知识的科学观向强调方法论的科学观的升华过程，对后人产生了重大影响。由此，严复从西方近代科学思想体系中提取现成的理论、方法，结合他自己的观点和思考，为近代中国建构了一个救亡图存、强国富民的科技思想体系。严复对于西方科技的认知和学习集中反映了严复思想对于近代科技创新巨大贡献。而近年来，福州深入实施创新驱动发展战略，一大批重大科技平台相继落地福州，不仅结出了累累科技硕果，也为可持续发展提供了强大的引擎动力。因此，创新已成为福州城市文化与严复思想融会贯通的重要契合点。

二、严复思想对福州城市文化建设的贡献

福州作为中国历史文化名城，具有丰富的人文资源和独特的地域特色。在城市竞争力的构建中，福州的城市文化拥有巨大的潜力和优势。而严复思想作为福州城市文化的重要组成部分对福州城市文化建设以及城市竞争力的提升做出了独特的贡献。

（一）严复思想是福州城市文化的新名片

严复生于福州，长于福州，为福州船政文化繁荣发展做出了巨大的贡献。严复通过翻译写作、办报纸、创办教育等方式大力宣传其救国强国的思想，在近代中国探索救国之路的历史上留下了浓重的笔墨，世人对严复的认知也愈来愈清晰。严复思想已成为福州城市文化的新名片，对于提升和推广福州城市文化发展水平及影响力起到巨大的推动作用。

（二）严复思想丰富了福州城市文化的内涵

严复作为中国近代杰出的思想家，在世变日亟、国家民族危亡时刻，对如何救亡、如何建设国家，提出了一系列重要主张，产生巨大而深远的历史影响，其中有些主张，对今天我们正在进行的中国特色社会主义建设，也有参考借鉴价值。在严复的系列著述中，分析了“标”与“本”、“学”与“政”、“中”与“西”、“群”与“己”、“公”与“私”、“秩序”与“进步”、“自由”与“约束”等近代国家社会文化建设的重大关系，充分展示了严复思想的历史意识、世界眼光、民族情怀、辩证思维等特点，为探索和解决国家社会建设中的种种重大问题提供了新的思路和借鉴。这对于福州城市文化而言进一步丰富了内涵，使福州城市文化更具有现代意义和价值。

（三）严复思想拓展了福州城市文化的表现形式

城市建筑的个性和风格，更容易表现出城市的特色，凝聚城市的历史、传统和风貌，是独特的人文环境的物化形式。目前位于福州三坊七巷的严复故居、严复翰墨馆，以及马尾船政文化园、阳岐严复纪念馆等均从物质的层面展示了严复思想，而围绕严复著述、严复生平等，福州市也开展了形式多样灵活的宣传教育，进一步丰富了市民的精神文化生活，也进一步推动了市民综合素质的提升，拓展了福州城市文化的表现形式，充分彰显了福州城市文化的地域特色与多元特点。

三、传承弘扬严复思想，构建特色福州城市文化的途径探索

福州除了拥有众多的历史文化遗迹和非物质文化遗产之外，还涌现出了一大批的历史文化名人如严复、林则徐、林觉民等，这些历史文化名人为福州的城市文化建设提供了丰富的素材和独特的优势，可以通过挖掘和传承这些文化资源，打造具有鲜明福州特色的城市文化，增强城市的吸引力和竞争力。

（一）充分整合福州城市文化现有资源，凝练福州城市文化品牌

福州城市文化建设资源丰富，目前已开展的与福州城市文化建设相关的文化品牌建设有侯官文化、船政文化、福文化等。因此，福州城市文化构建应在充分整合现有的文化品牌资源的基础上，进一步加强严复思想对福州城市文化的贡献与影响，重新梳理福州城市文化精神，厘清城市文化脉络，推动严复思想与福州城市文化的融合。与此同时，结合历史文化名人塑造城市品牌形象，以福州城市文化为媒介，传递城市的价值主张和发展理念，提高城市的知名度和美誉度，吸引人才和资源的流入，推动城市文化走出福州，走向全国，走向世界。

（二）弘扬严复“三民思想”，提升福州市民综合素质

“鼓民力、开民智、新民德”是严复从德、智、体全面发展的角度提出的教育理念，强调通过提高国民素质达到自强保种之目的。在这种认识的基础上，严复坚持教育优先，在教育研究和实践中投入了极大的精力。提高国民素质，培养现代化的公民，也是我们现阶段社会主义建设的重要任务，更是构建城市文化不可缺少的重要内容。城以人为本，人以城为家，城市文化的构建离不开市民文明素质的提升与市民积极主动的参与。为此，政府可以通过各种群众喜闻乐见的方式开展市民素质提升活动，增强市民对福州城市文化的认知与理解，使福州市民的文明素质和社会文明程度与福州城市文化实现良性循环。同时，可以积极开展各种文化活动以营造城市文化氛围，使市民情操得到陶冶，从而实现文化化人的目标，在整体上增强市民参与城市文化构建的主体意识与主动性。

（三）加大福州城市文化建设投入，增加福州城市文化的价值创造力

城市文化建设是一项社会系统工程，它涵盖了物质文化、精神文化、制度文化、人才文化等多方面内容，不仅需要多部门的协同参与，更需要有人力、物力、财力等资源投入以及科技赋能、制度保障等。因此福州城市文化的构建一方面需要不断加大人、财、物等资源投入，另一方面，还需在评估城市文化建设对城市发展效益的基础上，积极推动城市文化产业的发展，不断增强福州城市文化的价值创造能力。例如可以依托严复故居、三坊七巷等资源把福州的传统文化与现代文化融合，打造具有福州特色的文化产品和旅游线路，提高福州市的文化软实力；也可以加强对文化创意产业的扶持和引导，提供更多的政策和资金支持，培养和吸引一批具有创意和创新能力的文化企业和人才，推动文化产业的集群发展，增加文化产值和就业机会；在国际交流与合作上，福州应加强与其他国家和地区的文化交流与合作，积极参与国际文化活动和展览，提升福州的国际影响力和竞争力。

四、结语

严复思想是福州城市文化的重要构成部分，严复思想不仅具备了福州城市文化的特质，而且对福州城市文化的构建具有独特贡献。为此，构建福州城市文化应当充分弘扬严复思想精髓，结合福州现代化国际城市建设战略，通过资源整合、部门协同、科技赋能等多种途径与手段，推动福州城市文化走出福州，不断提高福州城市的软实力与竞争力。

严复思想融入“大思政课”建设的四大举措

林晓枫[①]

“大思政课”是新时代一种崭新的思政课教学形态，是落实立德树人根本任务的关键课程，承担着培养担当民族复兴大任的时代新人的重要任务。严复作为近代中国戊戌维新时期传播西学高潮中有最大贡献、最大影响的人物，形成了早期现代化思想意识。[②] 严复思想是一个层次分明、概念明晰、相互贯通的体系，包含了哲学、政治、经济、法律、教育等方面的思想。[③] 严复思想是中华民族宝贵的文化遗产，构成了“大思政课”厚重的教育资源。近年，福州八中从思政课程、课程思政、校园文化和基地建设等四方面，落实举措，将严复思想融入“大思政课”，增强了传承与弘扬严复思想的现实意义。

一、思政课程议题式教学探究思想内涵

议题式教学作为新课程标准倡导的教学方式，随着新课程改革深化在思政课教学中铺开，用于“实现思政学科知识必备化与结构化的统一、弥补基础教育中学科逻辑与实践逻辑的断层、完成思政课程显性教

---

① 林晓枫，福州第八中学党委书记，正高级教师。

② 虞和平：《严复与中国早期现代化的思想启蒙》，《福建师范大学学报（哲学社会科学版）》2004 年第 2 期。

③ 陈友良：《理性化的思考与启蒙：严复思想体系初探》，福建师范大学 2002 年硕士论文。

育与隐性教育的双重任务”[①]。可以说，议题式教学促进思政理论知识深度迁移和理解重难点的教学。教师选择主题创设结构化的议题情境，设计序列化的问题，学生在学习任务驱动中分析和解决问题，建构核心知识，发展高阶思维能力，落实核心素养目标。由此可见，问题是议题式教学的纽带，合作探究活动是教学的关键，“情境”、“话题”、“素材”、“观点”、“结论”是环环相扣的。

例如，“增强文化自信”是高中思政课程目标之一，在这一课中教师设置“严复思想的内涵是什么?”“为什么要传承与弘扬严复思想?”的总议题，实施议题式教学。

第一层次是“探究严复思想内涵”的分议题。课前布置学生小组分别学习了解王岗峰编著《严复精神》中“严复生平”、“严谨治学”、“首创变革”、“追求真理”和“治国安邦”五章内容，重在收集其译著、报刊、书信、遗嘱等相关资料。课堂上教师设置循序渐进的三个问题，组织学生探究，逐步认识严复思想的内涵。一是“为什么说严复才兼文理，学贯中西?”二是“为什么说《天演论》起到全国性思想启蒙作用?”三是“严复遗嘱‘须知中国不灭，旧法可损益，必不可叛’说明了什么?”要求学生举出资料佐证观点，鼓励学生围绕总议题交流分享分议题的认识。如列举出：严复一生都在为近代中国寻找出路，所有活动都围绕救亡图存，主张顺应规律去变革，全方位学习西方自然科学和社会科学知识，穷究西方富强之奥秘，追逐中华民族伟大复兴之梦想等。主题与问题、议题一致，形成一个结构化的议题链，引导学生在合作、探究和思辨中概括出严复思想中担当精神（社会责任感）、爱国兴邦精神、时代精神和竞争意识（与时俱进）、开放意识、探索精神（追求真理）、自强精神、创新精神等，从而认识到严复思想“爱国”、“科学”的内涵。

第二层次是“传承与弘扬严复思想的时代意义”的分议题。这个议题是本课的重点，关系到本课教学目标是否实现。教师组织学生学习毛泽东、习近平等对严复思想的高度评价，认识严复思想虽然形成于中国

① 沈雪春：《思政课议题式教学论》，陕西师范大学出版社，2023年，第101页。

近代，但在当时以至几代人中都有深远的影响。学生进一步认识学习严复思想，就要成为具有“大德、大智、大行”的“大气之人”，成为新时代需要的社会主义建设者和接班人。教师适时强调“爱国情怀”是国与家的一致性，今天爱国主义的本质就是爱国与爱党、爱人民的统一，准确把握了严复“家国情怀”的时代意义，也是“为什么要传承与弘扬严复思想”总议题的答案；学生在观点生成中产生政治认同。“增强文化自信”的育人目标在议题式教学中顺利达成，从而也证明了可以利用教材外优质资源进行课程资源转换，使之成为思政课教学的优势。

二、课程思政主题式渗透培育核心素养

课程思政指的是“将马克思主义理论贯穿教学的全过程，各类课程与思政课同向同行、协同发展”①。具体而言，各学科课程遵循培养学科核心素养的教学目标，承担立德树人根本任务，在学科课程教学中“寓德于教”，聚集育人合力。课程思政与“大思政课”中思政课程并列为“大课程”。在推进高中新课程改革和创建省级示范高中过程中，福州八中致力打造人文与社会、科技与生活、政治与法律、体育艺术与社会、中国与世界等五大学习领域的多样化、个性化、可选择的“博雅”课程体系。学校不仅重视国家课程（必修、选择性必修）规范化，同样重视国家课程校本化实施和校本课程特色化，开发出近百个校本特色课程模块。同时推行“一体三重”（讲求整体效益，重情、重导、重实践）课堂教学模式，以学生发展核心素养为目标，确立“大目标”，设立“专题课程”（大事件、大题材、大素材），融通不同学科知识与素养目标对接，探讨如何在课程思政教学中落实学生学科核心素养，增强学科课程育人功能。

例如在国家必修、选择性必修课程实施中，制定出分学段、分学科的核心素养培育目标，将严复思想渗透学科教学，重点是与学科教学中

---

① 王志国：《中学课程思政建设的现状及对策》，《现代基础教育研究》2019年第4期。

落实“科学精神”、“社会责任”、“家国情怀”等核心素养相融，实现爱国主义情感的升华。学校利用三江口校区地处有着深厚历史文化底蕴的仓山区，并与有中国近代海军摇篮之称的马尾隔江相望的地域优势，组织多学科整合开发“严复学堂”校本特色课程群，突出与主题密切相关的核心素养，落实好所融合学科的核心素养要求外，兼顾各学科间的横向联系。如《文物中的历史》模块讲授严复“严谨治学”的精神，《严复——来自福州的思想巨擘》等五个模块弘扬严复“首创变革”的精神，《真理是甜的》等四个模块学习严复“追求真理”的精神等等。“严复学堂”课程群教学围绕专题（或中心议题），通过多学科课程资源介入，有效实现跨学科融合，联系了批判质疑、勇于探究的“科学精神”和增强目标认同、文化自信的“责任担当”，感受严复思想的重要价值，主动地传承与弘扬严复思想。校本选修课程的专题式渗透，与国家必修、选择性必修课程同向同行，在问题情境创设和各主题模块课程相互融合共生过程中，培养学生关注历史、今天与未来，国家、社会与个人紧密相关的大事，成为课程思政育人的重要抓手。

学校还在思政课程和课程思政的教学中精选严复原著原文进课堂。严复一生经历了中国近代史多个关键的历史事件，是学生学习近代史宝贵的、鲜活的资料；严复古文堪比先秦诸子，可以助力学生文学水平的提高；严复翻译信达雅，是译界玉律，有利于学生加深对学习外文意义的认识，“大思政课”教学提高了政、史、文、英各科教学的育人效果。

三、校园文化立体化设计讲好历史故事

中学校园文化是“学校全体师生在长期的教育教学实践和探索过程中，共同创造和形成的精神财富、文化氛围以及承载它们的活动形式和物质形态，包括物质文化、制度文化和精神文化”[①]。校园文化成为“大思政课”建设集各方力量育人中“大主体”的重要方面。“文化育人”是《中小学德育工作指南》提出的六大育人路径之一。中学生对校

① 伍小青：《对中学校园文化建设的理性思考》，《当代教育论坛》2007 年第 4 期。

园文化有着独特的情感，通过校园文化泽润德育，可以为“大思政课”提效赋能。校园文化包括物质形态的环境文化和精神形态方面的制度文化、活动文化和课程文化等。故事是文化软实力的体现，是有鲜明的政治性和内涵思想价值引领的意识形态功能。学校校园文化建设策略是立体化（建筑、景观、活动、课程等）整体设计，统筹兼顾，特别是挖掘出历史文化（严复思想精神）中蕴含的丰富思想政治教育资源，注入新时代精神，让校园文化讲好严复故事，实现文化育人内容从具体到抽象，再从抽象到具体的飞跃，达成立德树人根本任务。

例如在三江口校区设立“严复学堂”和严复塑像，唤起师生对厚重多彩的家园文化的记忆，省文联、省民间文艺协会、《故事林》杂志社曾在此组织以弘扬严复思想为主题的活动，传承与弘扬严复思想从课堂走向新平台，融入新载体，发挥了文化活动的生动性、互动性、实践性，开拓了以文化人的新维度。设计“三江口校园建设畅想”，结合严复精神和百年校史文化传统为校园道路、广场、公共空间等命名，尤其是以严复“三育”思想命名教学楼，让学生感到严复思想就是可以触摸和感知的“家乡事”、“身边人”，具体、熟悉、沁润亲切自然。组织学生成立“求是”时政宣讲团，创新“1＋3＋5＋N”的宣讲机制，即坚持“一条主线”，把握严复精神主脉络；组织宣讲严复精神“三级宣讲团队”（教授＋教师＋学生），打造“课程宣讲＋专题研讨”模式；宣讲员的讲座导学、宣讲广学、体验深学、讨论研学、总结悟学的“五学”方式，推进“N项活动”。2023年2月，人民网以“福州八中凝心聚力打造行走的‘思政课堂’”为题报道并肯定了这项工作。同时，学校开展了要求“读一本书、懂一个人、理解一个时代”的“小论文”征集活动，还开展严复诗歌、绘画、故事、演讲、标识设计和话剧表演等校园文化活动，特别是“严复学堂”标识设计，培养了学生“社会参与”、“实践创新”的品格和能力，学生奖品、书画、便笺等都盖上“严复学堂”经典标识。在严复诞辰170周年即将到来之际，发行首份《严复学堂报》。这些活动主题突出、形式多样，参与面广、覆盖面大，凝聚校园文化蕴力。学校积极主动地在校园文化建设中融入严复思想，通过立体化设计，从各角度、各方面讲好严复故事，体现了“大思政课”中

“大过程”（全员、全面、全程）育人，提供了将学生培养成思想政治教育能动参与者的途径，突出了学生的主体作用，激发了学生的内生动力，学生体验了丰富的接地气的学校德育之源，福州历史文化得以薪火相传。

四、实践基地一体化建设活化教育资源

建立育人合力机制是“大思政课”建设中“大过程”、“全覆盖”的重要方面。实践性是思政课程的重要特征，充分利用本地资源和区域特色，有利于弥补思政课程内容针对性不足的问题。学校秉持开放互动的思路，传承与弘扬严复思想，重视整合各种教育资源，挖掘思政课教材外的实践教学元素，把思政小课堂同社会大课堂结合起来，特别是发挥爱国主义教育实践基地的教育功能，采取实践基地与“大思政课”一体化建设、“课程内容活动化”、“活动内容课程化”策略。实践证明，以学生的实践活动为载体，每次实践活动的内容和形式不同而各有特点，学生可以通过文化寻根、实践考察、现场感悟、研学实践、主题活动等，坚持学思结合、资料积累、知行统一，在亲身经历、主动实践、主动探究中内化出爱国情感，实现教育资源拓展，增强教育功能。

例如，学校2022年在阳岐严复纪念馆挂牌“福州八中严复学堂研学基地”，利用实践基地，组织学生为严复故居、严复书院设计导游词、解说词，开展“重走严复研学行健之路”活动；2023年在阳岐玉屏山庄设立“校外思政课研学基地”和“严复讲坛”；同年又在福建省海峡民间艺术馆挂牌“严复学堂”等。与严复纪念馆、福建师范大学马克思主义学院、严复故里玉屏山庄、三坊七巷严复故居、海峡民间艺术馆分馆等单位协作，参加“严复思想思政教育主题论坛”活动，开展“首届严复校园文化节”等，邀请福建师范大学教授开设严复思想专题教育和专题座谈。实践教学发挥教师的主导作用，每次活动都选取有价值、符合学生要求的任务，或者让学生亲身参与活动任务的设计，力求在育人目标同向、教育内容融合上用好实践基地的“大课堂”。开展了体验式、沉浸式实践研学活动，撰写调研报告、政治小论文，开展活动探究、议

题研讨，开拓视野，提高认识，在体验中迁移知识，在迁移与应用中形成行动自觉。通过实践基地进行一体化建设，是学校将严复思想融入“大思政课”建设的重要举措，挖掘、活化、弘扬乡土文化是为了引导学生将学习与个人、社会发展联系，明白自己所应担负的历史责任。一体化协同育人格局为德育拓宽了视野，创新了模式。

严复是中国近代文化史新纪元的开拓者，他的一生是追求中国梦的一生。传承与弘扬严复思想，是新时代的要求，是教育培养人的需要，是“大思政课”建设中立德树人的重要环节，基础教育工作者责无旁贷！

福建重点文化旅游村严复故里阳岐文化建设建策

王岗峰①

一、阳岐村文化建设成为福建重点文化旅游村的必要性与现实性

（一）阳岐村文化是“第二个结合”的宝贵资源

习近平总书记在党的二十大报告中提出：“只有把马克思主义基本原理同中国具体实际相结合、同中华优秀传统文化相结合，坚持运用辩证唯物主义和历史唯物主义，才能正确回答时代和实践提出的重大问题，才能始终保持马克思主义的蓬勃生机和旺盛活力。”习近平总书记在文化传承发展座谈会上的讲话中又指出：“‘第二个结合’是又一次的思想解放，让我们能够在更广阔的文化空间中，充分运用中华优秀传统文化的宝贵资源，探索面向未来的理论和制度创新。”

1. 严复是中华文化标志性人物之一，严复文化建设工程是功在当代、利在千秋的标志性文化工程。

毛泽东同志评价严复是中国共产党出世以前向西方寻找真理的一派人物。习近平同志在福建工作期间，也曾高度评价严复是中国近代思想文化史上里程碑式的巨人，并为严复题词“严谨治学，首倡变革，追求真理，爱国兴邦”，对严复研究事业予以大力支持。

---

① 王岗峰，福建师范大学马克思学院教授、博士生导师。

严复文化建设工程是立体的、多方位的，相对于孔子和朱子文化建设工程，无论是研究和宣传方面，还是文化遗迹的保护和利用方面，是比较落后的。有幸的是，各级领导已经意识到这一差距。特别是2014年省领导考察了阳岐村的严复文化建设情况，之后对关于阳岐村文化建设问题的文章做了批示，严复文化建设工程提上了议事日程。通过这几年努力，阳岐村文化生态有了明显改善。

2. 阳岐村具有丰富的严复文化遗迹，是中华优秀传统文化的宝贵资源。

从全国看，严复文化遗址主要集中在福州、天津和北京。而福州又是最丰富的，有严复出生地南台苍霞洲，严复最怀念的故里阳岐村，严复辉煌一生的起点福建船政，严复晚年寓所三坊七巷的郎官巷……其中，阳岐村的严复文化遗迹最为众多。

阳歧村有21处自宋代以来的文化遗迹，被列为区级以上文物保护单位有6处：2处国家级文保单位（严复祖居和严复墓），1处省级文保单位（尚书祖庙），2处市级文保单位（午桥和玉屏山庄），1处区级文保单位（严氏祠堂）。这几处文保单位都与严复文化有关。还有许多非物质文化遗产，其中陈文龙尚书祖庙的海神民间信仰以及全省庄、严两姓人员到严氏祠堂寻根问祖的民俗活动，在社会上具有广泛的影响。

（二）阳岐村优越的生态环境是建设福建重点文化旅游村的重要保证

阳岐村依山傍水，村子位于乌龙江畔，阳歧河从村中流过，高盖山的余脉阳岐山、伯仲山、鳌头山、玉屏山、李坨山等与江河相辉映，形成一幅美丽图画。阳岐与湾边相连，旧时是进出福州的重要港口。乌龙江是保护较好的大江，周边还有大片土地、水域可供未来文化建设发展之用。

（三）阳岐村建设成福建重点文化旅游村的重要意义

1. 成为闽台文化交流的重要平台。

严复三子严叔夏的后人，主要定居在台。严复孙女严倬云、严停云多次回乡拜祖、交流。严倬云的丈夫是海峡交流基金会原董事长辜振甫先生，在海峡两岸关系发展史上，他是重要的历史见证人。严复思想是海峡两岸同胞共同的精神纽带。《中共中央国务院关于支持福建探索海峡两岸融合发展新路 建设两岸融合发展示范区的意见》指出："支持台湾业者参与福建乡村旅游提质升级。"严复后裔严倬云女士、严正先生非常关心故里阳岐文化建设，愿意在精神上和经济上支持阳岐村建设福建重点文化旅游村。

2. 提升福州旅游文化品质重要环节。

福州旅游文化品牌能够进入全国先进行列的，当数三坊七巷、福州船政和严复故里阳岐。

三坊七巷文化是福州城市精神"海纳百川 有容乃大"的象征，是福州文化的蓄水池和聚宝盆。她以"全国历史文化名街"、"明清建筑博物馆"、"里坊制度的活化石"形式，展示福州千年文化发展的辉煌成就。

福州船政文化是三坊七巷文化这一"蓄水池"流出的一股最宏大的支流。从三坊七巷走出的沈葆桢、严复等人是船政文化的灵魂人物。福州船政是中国海军摇篮。

阳岐文化可展示三坊七巷文化和船政文化，也是侯官文化典型代表。

努力把阳岐打造成福州优美生态环境与严复文化相结合的旅游景区，给旅游者一个广阔观赏空间和丰富内容体验的旅游胜地，与三坊七巷、福州船政形成福州文化品牌铁三角。而且，三坊七巷和福州船政无法为广大游客提供比较集中的住宿地方，阳岐村则有足够空间，可以让游人利用晚上时间参观、游玩等。

二、阳岐村作为福建重点文化旅游村文化项目建设的规划

（一）规划的指导思想和阳岐文化分类

1. 规划的指导思想。

阳岐村不是一般的乡村，因此，弘扬严复精神和其他优秀传统文

化，凸显文化品质为第一要务，所有的休闲活动配套都要服务于此。根据福建省人民政府批准的关于阳岐村保护规划内容（榕政综〈2017〉1807号），我们主要从利用的角度，在保护好的基础上合理利用，发展文化产业。

2. 阳岐文化分类。

阳岐文化要根据不同性质和不同层次人群需求，予以分类，体现其不同的教育、休闲功能。据此，可以把阳岐文化分为严复文化核心区、民俗活动区、玉屏山庄研学区和南驿道、五通港体验区。

（二）严复文化核心区

严复文化核心区以国家级文保单位严复祖居、严复墓和阳岐河两岸风光、宋代午桥为核心带（已修复）。该区是参观阳岐最重要项目，凸显阳岐文化高端品质，是游客必走的参观线路。

1. 要设法打通三环路，连接严复墓与村中心地带可以两条通途同时建设：

（1）阳岐河已经过了三环路，从三环路东边挖一条运河到严复广场。

（2）从地下开挖，直接打通三环路，连接严复墓与村中心地带。

2. 完善严复公园，在周边建设严复纪念馆、学术研究中心（市保护规划已经提出）。

（三）民俗活动区

以上岐村严氏宗祠、尚书祖庙为核心，包括上岐村的陈氏祠堂、薛太师庙、玄帝庙和下岐村的二甲堂和状元境。严氏宗祠、尚书祖庙与严复密切相关，且超越本村村民信俗活动范围。严氏宗祠是全省区域庄、严姓氏族亲寻根问祖的朝拜地。尚书祖庙与妈祖庙具有同样功能，是水上人家和出海人员祈求保护的朝拜地。

1. 朝拜尚书祖庙是重要的民间信俗活动。

（1）美化和完善尚书祖庙周边环境，将阳岐山与十多亩的池塘连为一体，改造成美丽公园。拆除严氏宗祠通往尚书祖庙道路上靠近池塘的房子。薛太师庙后山休闲小路打通到池塘。

（2）将尚书祖庙周边工厂转型为信俗文化产业和信俗文化研究中心，重点展示陈文龙爱国主义精神，把福州其他地方甚至莆田、杭州的陈文龙文化引入阳岐。

2. 严氏宗祠逐渐恢复宗祠功能，便于庄、严姓氏族亲寻根问祖。

（四）玉屏山庄研学区

下岐村以玉屏山庄为核心，打造青少年学习中华优秀传统文化的基地。历史上玉屏山庄是福州叶氏家族后裔叶大庄所建。从叶大庄的五世祖叶观国开始，历代出现 12 位进士，“五世八翰林”，极为显赫。叶大庄官至江苏邳州知府。玉屏山庄四周是灰砖垒成的高墙，围墙内是连片构筑的高宅大院，其中有叶大庄的住宅及藏书楼，还有花圃、假山等，风景秀丽，环境清幽。叶大庄藏书多达五万卷。清末陈丙奎办玉屏精舍私塾，民国力钧创办玉屏女塾。

1. 打通原来玉屏山庄各重要古民居。

（1）李氏民居（严复长子严璩故居、三子严琥结婚新房），与玉屏山庄后花园连接。

（2）赵飞翰故居（郑氏玉屏书院），与玉屏山庄后花园连接。赵飞翰系清乡试优贡第一名，殿试一等第三名。

（3）颜子俊故居。颜子俊，同盟会会员，越南侨领，原越南中华总商会主席。1956 年当选为全国侨联副主席。

（4）下岐村 109 号古建筑，改造后可以直接从玉屏山庄后花园通往阳岐河。

（5）下岐村 81 号，玉屏山庄正门西边古建筑。

（6）下岐村 83—86 号，玉屏山庄正门东边古建筑。

以上除了可以作为文化产业建设外，还可以作为民宿。

2. 打造玉屏山庄研学基地。

（1）福州第八中学在此办严复学堂，福建师范大学马克思主义学院在此设教育实践基地。

（2）马洲河（木排江）南岸祥涛物流园，改造成青少年研学基地，集住宿、研学和娱乐为一体。

（五）南驿道、五通港体验区

阳岐自唐以来，是福州南部重要津口。阳岐河与木排江受乌龙江水调节，形成天然避风港。这里有尚书祖庙遗址和妈祖庙。宽阔的乌龙江和十里沙滩是理想的休闲观光处。

1. 建立严复塑像和严复广场。

2. 在尚书祖庙遗址上，修复尚书祖庙和妈祖庙。

3. 利用原来阳岐河与木排江汇聚形成的天然避风港，与乌龙江一起，建设渔人码头、军舰码头、日光浴场、全智能模型船赛区、游艇俱乐部、水上运动中心、滨水酒吧街等，让游人在休闲观光中了解南驿道、五通港的历史。

二、阳岐村配套工程建设规划

为了让严复文化保护传承和创新活动能够可持续发展，必须有资金保证，阳岐村要有造血功能，要在政府统一领导下，发挥村民和社会积极性，发展文化旅游业。游乐休闲服务主题是配套服务，通过旅游审美活动，放松自我，接受严复精神熏陶，潜移默化达到教育效果。

（一）实现产业转型，由工业和物流业转化为文化旅游业

阳岐的土地多用于工业和物流业，不仅收入不多，还对文化环境起了负面影响。以阳岐村属性和定位，应进行产业转型，转化为文化旅游业。同时，政府以政策和资金支持、引导产业转型。在上岐村和下岐村改造厂房，建设文化创意园、文化商品街和其他文化娱乐项目。

（二）利用阳岐优美的自然环境打造各种文化公园

1. 以阳岐山为主体，打造森林公园。

严复《怀阳岐》诗句中有：“鳌头山好浮佳气，碕角风微簇野航。水鸟飞来还径去，黄梅香远最难忘。”另一首诗中吟道：“何当伯仲山，风帆收一一。”鳌头山是阳岐村小山头，崎角山是阳岐较高的山，紧临

乌龙江。可在山上设立多个观景台，眺望阳岐全景和乌龙江。

2. 感受阳岐的浓郁乡村气息，打造耕读园，展示农耕文化。

上岐村防洪堤内有一片田园，应保留自然形成的肌理，疏通四个池塘的小渠。

3. 利用防洪堤做自行车观光跑道，夜间可以进行各种活动。

4. 利用三江（乌龙江、阳岐河、马洲河）各种景点，设立相应的观景台。

（三）住宿配套服务

1. 利用闲置的民房，进行登记、修缮，统一管理。对所有经营者进行严复文化的培训。

2. 建设具有古建筑风格的宾馆，提供能够接纳百人会议的场所。建议选在交通便利的六凤村。

（四）道路、停车场和卫生间

三环路辅路和乌龙江休闲公路给游客到阳岐村参观、休闲带来便捷，但大型客车还不能进村，没有相应的停车场，小型车的停车位严重不足。许多车只能违章停在大马路边。

1. 在三环路辅路，扩大上岐村口的停车场和卫生间，在六凤村口建大型客车停车场和卫生间。

2. 在乌龙江休闲公路旁边，建一个类似高速公路服务区的比较大气的停车场，设置较大的商品集市和卫生间。

3. 在村内部设几个集中停车点，不准乱停车，保持村道路通畅。

三、在统一规划指导下运营

（一）目前历史名村名街主要运营模式

1. 政府主导、国企运作。

政府在保护与开发中占主导地位，负责制定相关政策，成立国有企业负责日常管理、招商引资、旅游经营等。如三坊七巷历史文化街区。

2. 政府参与、社会资本合作。

一种是政府与社会资本方共同经营。由政府主导，负责项目前期征迁、修复等工作，后期引进社会资本共同经营管理，如浙江乌镇。二是社会资本方独立经营。由政府主导前期征迁修复后整体出租给社会资本运营。

3. 社会资本主要参与保护修复、运营管理。

（二）严复文化经济发展的运营方式

阳岐文化建设虽然政府已经投入大量资金，但是，阳岐村民有656户，人口2300余人，村民积极参与严复文化经济建设已是不争的事实。所以，采取乌镇模式是最佳方式，有利于阳岐开发与当地村民收益之间的双赢。政府、社会资本、村民集体三方参股组成福州市阳岐严复文化发展股份有限公司。

1999年，桐乡市政府投资1300万，组建乌镇旅游开发有限公司。后融社会资本1.7亿，开发东栅，2000年建成，3年后就收回成本。后来西栅投资更大，又大量向社会资本融资。因此，政府少量资金投入，是给社会投资者一个信心和方向。我们可以借鉴。

阳岐文化建设资金投入应分两个部分，第一部分文物保护和古民居改造资金由国家、省、市三级财政投资建设，第二部分文化产业开发的资金主要是由社会资本投资建设。

如果本规划的基本思路能够被采纳，在政府指导下，村一级可以马上筹资进行一些可行性项目。同时，请专业设计团队，对各个项目进行更加具体的设计。

结　语

从2001年开始，我每年带领社会学研究生新生，到阳岐村上中国社会学史第一课，听严复侄孙女严培庸老师讲严复，参观严复祖居，到严复墓祭奠先生。阳岐严复文化宣传和建设是部分严氏宗亲的自觉行为，力量有限。2008 年，我向福建省社科联组织的首届“推进两个先行区建设百项建言”活动，递交《严复思想价值和严复故乡文化资源规模开发利用建策》一文，获第二名。2014 年，我陪同省领导考察马尾船政遗址和阳岐村，更加坚定阳岐文化资源规模开发利用的信心。在省领导对阳岐村文化建设问题做了批示后，福州市委、市政府高度重视，市委宣传部将严复文化建设列为第一项重点项目，市领导亲临阳岐现场办公，并由福州市规划局制定阳岐村保护规划。2017 年 3 月，我们完成《福州阳岐村严复国家文化公园建设可行性报告》，提交给福州市主要领导。2018 年 12 月，省政府批准并公布福州市规划局完成的《福州市仓山区盖山镇阳岐村保护规划》。

经过几年努力，阳岐村面貌焕然一新。在保护基础上，怎样进行严复故乡文化资源规模开发利用问题凸显。阳岐村干部和群众热情高涨。上岐和下岐村支部书记多次召集大家进行阳岐文化建设讨论。有的严氏宗亲不但在北京办严复纪念馆，还多次参加故乡建设讨论会，并筹划北京丰台南中轴严复国际文化城方案。我集中群体智慧，在以往规划理念基础上，完成该建策，供领导和专家参考。

“严复思想与中国式现代化”学术研讨会综述

陈友良①

2024年是近代著名翻译家、思想家、教育家严复先生诞辰170周年，为深入学习贯彻习近平新时代中国特色社会主义思想，勇担新时代新的文化使命，全面推进中国式现代化，1月5日，由政协福建省委员会主办，北京大学、复旦大学、中国社会科学院近代史研究所联办，福建省政协办公厅、福建省政协文化文史和学习委员会、福建社会科学院、福建省社会科学界联合会、福建省严复学术研究会承办的“纪念严复诞辰170周年暨‘严复思想与中国式现代化’学术研讨会”在福州举行。论坛为期一天，分为纪念大会和学术研讨会两个环节，分别在上、下午举行。

上午，“严复诞辰170周年纪念大会”在福建会堂大礼堂隆重举行。两岸专家学者、严复亲属代表及社会各界人士100多人参加，福建省委和省政协领导、北京大学校长、复旦大学校长、专家学者分别致辞，共同缅怀严复的历史功绩，学习传承和弘扬他的科学精神和爱国思想。下午，“严复思想与中国式现代化”学术研讨会在福建会堂五楼会议室举行。来自北京大学、清华大学、中国国家博物馆、台湾“中央研究院”、南开大学、南京大学、厦门大学、华中师范大学、兰州大学、河北省社会科学院、上海外国语大学、安徽师范大学、山西农业大学、苏州科技大学、皖南医学院、福建社会科学院、福建师范大学、福州大学、华侨大学、福建农林大学、集美大学、闽江学院、福建江夏学院、福州市社

① 陈友良，福建省严复研究会副会长。

科院、福建教育学院等高校及科研机构的90余名专家学者参加了学术会议。

本次学术研讨会收到的海内外学者的论文和调研报告，依其主题，可以分列如下。

一、“中国式现代化”视域下的严复思想研究

“中国式现代化”，是中国共产党领导的、立足中国实际、具有中国特色的社会主义现代化。其概念的提出，为人文社会科学的研究提供了核心引领性的理念。严复是探索中国现代化的先驱性人物，作为本次论坛主题，多位学者聚焦严复思想与中国式现代化的联系，进行了深入的交流与讨论。

清华大学王宪明教授的论文《为建设中华民族的现代国家寻觅哲学基础——严复对康德和黑格尔哲学的阐释》，对1906年严复译介德国康德和黑格尔哲学的过程进行考察。严复最早研读并批注了康德的《纯粹理性批判》，但未成文章，形成文章并发表的是《述黑格儿惟心论》。王教授认为这是因为康德的纯粹理性极其玄奥抽象，在严复看来暂不适合译介和传播于中国青年界，改为译介黑格尔，则反映了严复在哲学层面对中华民族现代国家建设问题所做的深层次思考。

福建师范大学苏振芳教授在《严复启蒙救国思想及其对中国现代化的影响》一文中指出，严复启蒙救国思想在当时影响了整整一代知识分子的成长，直到今天仍然具有巨大的价值。其生命力在于这种思想是在社会变革中不断发展与创新。严复为东西文化交流搭起了一座便桥，而这座便桥也开辟了一条通向西方又立足于中国现实的崭新道路。

华中师范大学苏中立教授在《严复新民思想的发展及其历史地位》指出，人的现代化是何时由何人首先提倡的问题，在史学界是有分歧的。他认为中国近代新民思想的首创者是严复，而不是梁启超；论文从时限、信息、状态等方面据实予以申述。研究严复的新民思想，对于中国式现代化具有广泛而又深远的影响与借鉴意义。

福州市社科院历史文化所所长杨济亮提交的论文《自由与秩序——

严复的现代国民国家建构思想对中国式现代化的启示》，探讨严复的自由主义思想体系对于国民国家建构的关系。通过对严复不同时期的译作及案语的观察，可以看出其关于现代国民国家思想的核心主题是围绕自由与约束、竞争与秩序这一对关系展开的。

台湾“中央研究院”近代史研究所的黄克武研究员，在其论文《严复与清末民初中国士人的现代转向》中指出，从思想史层面阐释中国的现代化进程，人们需要重新检视中国传统的思想预设及其接引西方思想的过程。以严复为例，他在引介西方民主与科学的过程中，就坚持了一种与传统思维之间连续性与非连续性的原则。最后，黄克武强调，中国式现代化道路的独特性就在于保持了传统思想的连续性，理解这一历史演变的实然，有助于我们在今日自觉地建立一个具有中国特色的现代文明。

二、严复新资料、手稿的发掘与史实讨论

严复资料的整理与研究，以及史事的重建，是严复研究的基础，也是本次会议的重要议题。

江苏省社会科学院现代化研究中心皮后锋研究员提交《严译〈美术通诠〉及其英文原著》论文，为严复的翻译文献又揭示一重要发现。他指出，严译《美术通诠》的英文原著乃是倭斯弗所著的《文学批评》一书前三章。严复此译乃是基于他对美育重要地位以及中国美育缺位之严重后果的认识，从国族生存竞争的高度极力提倡美术教育。为突出“美术”教育主题，他在翻译时离开原著书名另拟书名《美术通诠》。这一特殊处理方式，导致后人未能辨识英文原著。

中国国家博物馆馆员孙碧佳的论文《中国国家博物馆藏严复〈群己权界论〉翻译手稿研究》，指出严复《群己权界论》翻译手稿不仅是严复译著《群己权界论》的初稿，还保留了大量严复的修改笔迹，手稿修改后内容与刊行本仍有多处差异，校勘价值很高。手稿为研究严复“信、达、雅”的翻译思想提供了珍贵的一手资料，具有极高的文献价值；作为严复的手书真迹，亦具有不可估量的文物价值和艺术价值。

中国国家博物馆馆员张婧乐的论文《从中国国家博物馆藏严复〈美术通诠〉手稿论严复的美术观》指出，通过严复《美术通诠》手稿与刊行文字进行对比，以及对其修改笔迹的释读，能够了解他在翻译过程中的思考决策过程。就手稿本身而言，也极具历史文献价值与艺术价值。

北京大学校史馆林齐模副研究员作大会发言，提交论文《严复与近代中国海军建设》，指出严复一生固然与海军关系紧密，但限于其在海军中始终没有担任实权职务，其影响也不能被过分拔高，其对于中国近代海军建设所起的作用是间接的，主要还是体现在对近代海军建设理论和海防思想贡献上。

原天津市河东区文史委副主任曲振明先生提交的《严复在津故居考述》，依据新资料，考订“严复住在天津宫北大狮子胡同之说”并非实际情况，严复自 1880 年至 1900 年期间，大部分时间居住在“紫竹林德威尼寓旁胡同”。他在紫竹林完成《天演论》，投身戊戌变法，创办《国闻报》等。

自由撰稿人萨本敦、沈蕾与中国科学院心理学研究所李纾研究员合作的论文《船政首批留学英国皇家海军学院学生的姻娅合作关系》，以福建船政学堂首批留学英国皇家海军学院的学生为样本，梳理了严复与其同窗何心川、叶祖珪、萨镇冰之间的姻娅合作关系。该研究成果拟用于解答“在众同窗中发展出姻娅关系”这种合作行为究竟能有什么进化上的优势。

三、严复思想专题的新发掘与新探讨

中国式现代化必须与中国的国情以及优秀传统文化相结合，已是今日学界共识。本次论坛学者提交多篇关于严复思想专题的论文，其聚焦点是严复的国情认识与传统文化观，所讨论议题包括：华侨观、“乌托邦”观、“意”观、书学观等，若干成果颇有新意。

福州大学甘满堂教授的论文《严复宗教思想中“土教观”及晚清儒教运动的认识误区》，指出严复关于民间社会传统社庙文化的“土教观”是在反对康有为孔教运动中提出的，其晚年更是倡修家乡尚书祖庙，表现了言行合一。康有为发起的孔教国教化运动，以基督教为参照系，排斥“土教”，反而不利于儒家思想传播。如何理性对待外来文化与中国传统文化问题，严复做了很好的探索，给我们很多有益的借鉴。

福建师范大学陈友良副教授提交的《严复论华侨》，通过梳理严复的译著案语、政论文、奏稿中的涉侨论述，以及考察他与归国华侨知识精英的交往和共同承担的事业，探讨严复关于华侨认知的基本命题及其内涵。论文阐明严复的“华侨”观念是随着社会经济结构的变化而逐步形成的，独具“天演”之视角，从而形成强烈的族群竞争和向海图强的意涵。

兰州大学董起帆提交的《严复对“意”的诠译》，指出“意”概念是中国哲学中非常重要的词语之一。区别于古典时代学者，严复以诠译方式对“意”概念的哲学内涵做了新阐发。严复诠译活动激活了中国传统中“意”的概念，同时为中西哲学之融通提供了新的可能。

福建教育学院许刘涵的论文《守正与现代性的求索——严复书学实践的传统基源及其价值给予》，以严复书学实践为研究对象，通过其现存的书法作品、遗迹和著述剖析严复书法的传统基源。作者认为，严复所恪守的帖学立场，正是其中西学思想的延伸，是在经史传统瓦解、书学传统崩溃的历史大背景下而自觉作出的历史回应，其看似为守成而背后却是一种现代性意义上的反思与超越。

四、严复译著与中西会通

严复在近代中西文化交流史上占有特别重要的历史地位，其“中西会通”的翻译手法和思想内涵极其丰富的译著案语独具一格。本次研讨会也收到若干篇针对严复译品进行深入研究的论文，说明此课题仍有进一步挖掘的空间。

北京大学欧阳哲生教授《严复的文明互鉴之道及其现代意义》，通过品读严复有关文明互鉴的论述，阐明其历史作用及思想启示意义。欧阳教授分析严复在语言、人才、科学等方面的论述，以及在欧战时期的文明批判论述，深刻阐明了严复对西方近代文明本质的把握和理解已是同时代人难以企及的高度。他指出，严复的文明互鉴之道是在充分估衡中西文明价值的基础上形成的，代表着中国文化从传统向现代转型的自我探寻、自我进取。

皖南医学院李东副教授提交的《中国传统翻译伦理思想——严复“译病论”》，指出严复于《天演论·译凡例》首提“学我者病”的观点，是为中国传统翻译伦理思想“译病论”的核心所在。鸠摩罗什“取我相者病”是“译病论”的思想根源。梁启超对严复“学我者病”的回应，构成“译病论”的经典诠释。“译病论”作为本土翻译伦理思想，历史脉络清晰，理论价值深广，值得学界深入探究。

安徽师范大学张德让教授提交的《严复〈法意〉会通中西的学术模式》，认为义理反证、敦崇朴学、文章正轨是严复译写西学的重要学术模式，也是回应西方讲述中国故事的有效学术武器。在译介《法意》过程中，严复义理反证的路径是取明深义、撰写案语、启蒙国人；敦崇朴学的路径重事证、理证；文章正轨的路径是义体气三合。

五、比较视野下严复思想的影响研究

要真正定位严复思想的历史价值和意义，宏观考察严复思想与中国现代化的关系问题固然值得我们的重视，而从思想比较的角度具体讨论严复与其周围的人物及后辈人物的互动或影响也值得我们研究。

厦门大学俞兆平教授题为《鲁迅“执中”之道与严复译著》的论文，探讨了严复思想与鲁迅早期思想在学理上的贯连。青年鲁迅的《科学史教篇》、《文化偏至论》等以文言文为载体的论文，明显地留下了严复译作的思维轨迹，严复译作的学理精义渗透在鲁迅论著的深层。

福建教育出版社总编辑孙汉生论文《社会学中国化的接力传承——论林耀华的〈严复研究〉》，指出严复不仅是介绍西洋社会学入中国第一人，而且是实践社会学中国化第一人。林耀华以一篇学位论文《严复研究》开启社会学中国化的研究实践，由此奠定其一生的学术道路、学术风格、学术主题的基调，他的《义序的宗族研究》、《金翼》等，在社会学中国化大道上越走越坚实。

福建师范大学研究生杨汶晗的论文《论严复与吕碧城的思想交往》，通过考究严复与吕碧城交往中的婚恋观、女学观、科学观、文化观、政治观，探讨两人思想的交流与共鸣。她发现民国以后，严、吕虽都曾服务于袁政府，却因政治观念的分歧，而不再有思想上的交集。

六、严复思想的活化利用

深入挖掘历史名人资源所蕴含的内涵和精神力量，鼓励历史名人资源活化是近年来福州市创建历史文化名城的重要举措，在省区市各级政府的高度重视下，与严复相关的纪念馆、书院、故居修缮工程等，陆续以崭新面貌和新知识载体的形式问世。此次论坛收录多篇关于严复思想活化利用的调研报告，目的是探讨推动严复思想创造性转化、创新性发展的务实措施。

闽江学院法学院刘宜君副教授的论文《严复思想与福州城市文化构建研究》，认为严复思想作为福州文化的重要组成部分，对福州市的城市文化构建具有深远影响。因此探索严复思想的城市文化特质，分析其对福州市城市文化建设贡献与作用，并提出相应发展对策和建议，以提升福州市的竞争力。

上海大唐博物馆艺术研究所李玉棠先生提交《从郎官巷溯源至阳岐——严复纪念馆建设始末》一文，以亲历者的身份，回顾参与建设福州三坊七巷严复纪念馆和阳岐严复纪念馆的经验教训，同时为正在建设中的省一级馆阳岐严复文化纪念馆提供若干可持续发展的思路。

福建师范大学王岗峰教授的《福建重点文化旅游村严复故里阳岐文化建设建策》，对于如何在保护基础上进行严复故乡文化资源规模开发利用的问题，以弘扬严复精神，凸显文化品质为第一要务，将阳岐文化分为严复文化核心区、民俗活动区、玉屏山庄研学区和南驿道、五通港体验区，做了切实可行的规划设计。

福州第八中学林晓枫书记提交《严复思想融入“大思政课”建设的四大举措》一文，指出严复思想是中华民族宝贵的文化遗产，也是“大思政课”厚重的教育资源。他介绍说，福州八中从思政课程、课程思政、校园文化和基地建设四方面落实举措，将严复思想融入“大思政课”，增强了传承与弘扬严复思想的现实意义。

总之，在严复先生诞辰170周年，在严复家乡召开了纪念大会和学术研讨会，紧扣时代主题，发掘思想深度，弘扬科学与爱国精神，意义十分重大。福建省严复研究会会长许维勤先生在会议总结中指出，中国的现代化之路是一条长期探索之路，处于这个探索起步阶段的严复思想，是富矿，是明珠。由此可见，当日海内外学者在“严复与中国式现代化”这个主题下隆重开展学术研讨会，就是要把严复思想的这颗明珠擦亮，让其中的“珠光宝气”散发出来并传承下去。

附　录

辜严倬云在纪念严复诞辰 170 周年大会暨学术研讨会上的致辞

尊敬的主办单位政协福建省委员会
联办、承办和协办的 11 个福建省、市所辖的政府与学术单位的领导和同仁
以及今天在座的各位贵宾：

大家好！你们辛苦了！

谢谢你们邀请倬云参加“纪念严复诞辰 170 周年大会暨学术研讨会”的系列活动。如此精心策划、运筹缜密、广邀硕学通儒的大型聚会，倬云身为复公嫡孙女，于理、于礼，都应该在纪念大会的开幕典礼上，亲自来到西湖宾馆福建会堂国际厅，向所有共同办理的单位和受邀与会的各方学者、专家，表达诚挚的谢意与敬意。只因倬云已逾百岁之龄，虽蒙上苍眷顾，老身尚称如常，然多年来已深居简出，遑论跨海远行，是心虽向往之，而力实不能至。心余力绌，歉无法成行，是不免遗憾！爰特敬备端函一封，虔心祝贺此项活动顺利成功，所有出席人员身体健康，并对倬云实在不克应邀前来申表最高歉意，殷盼你们接纳！

倬云出生于福州，是不折不扣的福州子弟，成长于国贫民弱、政局动荡的 1930 年代。倬云系出严家之门，虽因祖父早逝无缘得见，但幼承父亲庭训，深知祖父学贯中西、才兼文礼，常有言，即系女子，如能培养传统中国妇女美德，勤求中西知识，砥砺学能，亦可为社会国家提供不凡贡献。复知处当下之大时代，男女如有志报国，并无主从之分，如都有心关怀社会，志切济弱扶倾，对安定社会与国家发展，都可有直

接或间接挹注与发挥的空间。倬云乃于完成小、中学教育后，考进上海圣约翰大学就读，课余积极参与女学生社团活动，切磋共同关切主题。1945年，倬云随母亲和舅母前往台湾，初期在中学任教，随后加入基督教女青年会，未已又参与妇女联合会工作，为妇女提供必要协助，以适应社会及整体进步需求。祖父的开阔思想和强烈爱国、爱人的胸襟，是严氏家族代代相传的重要资产，也是倬云把妇女工作引为毕生志业的重要依恃。这项工作在如今能在世界上有一定的口碑，倬云感到十分安慰。

中国在近两三百年来科技落后于西方，必须吸收西方的科技，已是大家所公认的事实。中国帝制和锁国在被坚船利炮打破之后，西风东渐，中学与西学的体、用关系，在中国传统思想与西方观念和学说间产生碰撞，掀起思想和学术界的激烈和长期辩论。有人说，祖父是从福州走出去的中国近代史人物，也是中国近代史上向西方寻找真理的先进中国人之一，更是第一批放眼看世界的中国人。他用《天演论》为首的八部主要译作，系统性地把西方观念和学说介绍到中国，使得中西观念和学说在日后经过进一步比较、参酌、融合，并在中国不同的主题和环境中择优适用后，为日后的新中国及今天精益求精的现代化中国，提供了引领和促进的作用，殆属毫无疑义。祖父在严氏家族中的地位，如巨人般崇高和伟大。他集中国近代的启蒙思想家、翻译家和教育家等封号于一身，倬云虽无能力置喙，但相信在今天他一百七十年诞辰纪念的研讨会上，研究权威专家、学者共聚一堂，当会有更清晰的析述、讨论和综合结果。

综观祖父生平，他的一生似也一直处在中华民族危机日益深重的艰难时期。是否他所留下的许多珍贵精神财富，经过重温和学习，可以为未来提供崭新思考，倬云不才，雅愿留供方家讨论，祈有以教我。在此，谨再次预祝大会和研讨会成功！

辜严倬云　谨贺

2023年12月12日

严正致纪念严复诞辰170周年大会暨学术研讨会的贺信

尊敬的大会组委会钧鉴：

贵组会订于2024年元月五日于福州举行“纪念严复诞辰170周年大会暨学术研讨会”，纪念并缅怀严复的生平。承蒙邀请忝为老人家嫡曾孙，本应出席大会，但实以工作繁忙，两岸一水相隔却无法成行，除感十分遗憾，更深表歉意。

曾祖父爱国忧民，穷其一生心系于国家民族的前途。除致力于有系统性地译述西方思想，提醒国人救亡图存之道外，更以充满危机意识的天演法则，致力于以教育提升国力。提倡教育的目的，为鼓民力、开民智、新民德。教育内容，则以学习自然科学，保持国性，调和科技为用。教育之道，则以理性与感性兼顾，国学逻辑与科学概念并存。并提倡实业教育、国民教育普及与优生保健，在在均勠力于提出教育救国、富强救国的概念。更是中国最早论述德、智、体三育并重的教育家。

曾祖父严复更是海权理论的最早传播者，在西方人以坚船利炮打开中国封建的大门后，严复以为与列强对抗必强海军，并提倡“必有海权，乃安国势”，“将修内政，先固外封”，“欲求公道，必建强权”，“消内患、弭外忧”。中国改革开放四十余年，在此国家综合国力全面提升之时，列强的霸权主义依然以强势的军权、海权，企图再演晚清以坚船利炮欲予取予求于弱势国家。国际竞争是不以个人的意志为转移，国家安全更是任何民族国家的重中之重。严复的海权论，乃至天演论的译述，对今日中国亦有相当的启发。

诸位政界领导与学术界先进们，感谢大家致力于严复思想的研究与发扬，谨在此就教育与海权二项抛砖引玉，冀能为研讨会添砖加瓦。

谨专此致意大会各界先进与各级领导，更祝本次研讨会顺利圆满成功。

严　正

2024年1月1日

“严复思想与船政文化研究和传播”座谈会发言记录选①

严复是中国近代伟大的启蒙思想家、教育家、翻译家、爱国主义者，也是福建船政杰出人才代表。严复早年就读船政学堂，求学英伦，回国后执教船政学堂、北洋水师学堂逾二十年，为中国培养大批海军人才、社会精英。甲午海战后，他接连发表《论世变之亟》、《原强》、《救亡决论》等五篇著名的政论文，提出“三民”国策，首倡变革，实为维新之嚆矢；自始致力译述警世，翻译《天演论》、《原富》等八大名著，以笔醒山河，睁眼看世界。毛泽东主席称赞严复是中国共产党成立以前“向西方寻找真理的一派人物”，习近平总书记赞扬严复是“中国近代思想文化史上里程碑式的巨人”。

为进一步加强严复思想与船政文化的研究传播，受“纪念严复诞辰170周年大会暨学术研讨会”组委会委托，福建省政协文化文史和学习委员会、福州市马尾区政协、福建船政文化管理委员会于2024年1月6日上午，在船政衙门格致园议事厅，联合举办“严复思想与船政文化研究和传播”座谈会。福建省政协文化文史和学习委员会专职副主任江登峰，福州市马尾区政协主席伍南腾，福建船政文化管理委员会主任刘江远、副主任杨明新，以及海峡两岸严复研究专家学者和严复后裔代表等20人参加座谈。马尾船政文化研究会会长陈悦主持座谈会。现将部分参会同志发言整理如下，以期存史资政。

王宪明（清华大学马克思主义学院教授）：

很高兴受邀参加今天的座谈会。在船政衙门格致园议事厅探讨交流严复思想研究和传播的话题，很有意义！这次纪念大会，福建省里又高度重视，形成了浓厚的氛围。现在是推动严复研究发展的大好时机。二

① 录音整理：陈端坤、李祖强、陈捷。

十多年以前，我曾倡议设立严复研究中心，推进严复研究。今天，在纪念严复先生诞辰170周年之际，我继续就设立严复研究中心，提几点想法和具体建议，供大家讨论。

第一，设立严复研究中心，应该两条腿走路。第一条是依托福建船政或者其他合适的机构，建立一个严复研究中心；同时，不但要在福建、福州加强严复研究，还要联络全国甚至国际上的同行共同开展学术研究和交流。目前，福建船政有较完备的研究系统，有较强的研究力量，只要整合内部资源，很多研究工作很快就可以运作起来，这是一个短期可以做起、相对比较容易做到的事情。

但是，光有这一条恐怕还不够，还应有全国性的、跨区域、跨行业的学术社团共同参与。这做起来可能比较困难，或者说还有相当大的挑战，周期可能也比较长。但是，现在其实已经具备了条件。比如，福建省严复学术研究会多年来对于推进严复研究起了非常重要的作用，可在此基础上，设立一个面向全国的严复研究中心。

第二，为什么要设立严复研究中心？基于四个方面考虑：一是新时代对整体文化建设、对人文社会科学的建设提出了更高的要求。习近平总书记对此已有多次的论述。落实这些要求，需要有具体的措施。二是严复先生本身的贡献与地位所决定的。严复先生对中国近代化的哲学社会科学起到奠基的作用。今天，我们要建设具有中国特色的学术体系、学科体系、话语体系，这三大体系建设需要有一些基础性的工作。三是研究的现状，跟严复先生的贡献、地位是不相称的。四是要探讨下为什么会出现这样一个跟不上新时代发展的状况。研究工作跟不上新时代发展步伐，主要原因恐怕还是缺少一个从全局推动做这件事的研究机构。所以，从这个意义上说，要考虑从全局上和更高的层面上来推动这项工作。

第三，要准备做些什么？最基础、最核心的是学术研究，除此之外，还要做好普及宣传、对外交流。讲好严复的故事、传播中国的声音，还要考虑与文旅产业配合发展的问题。以后怎么去做，需要提前考虑、布局好。有了一个常设的学术研究机构——严复研究中心，全局的工作就会逐渐推动起来。这个事非常值得做，也到了该做的时候，如果需要我们做什么，我们定会全力来支持并做成此事。

黄克武（台湾“中央研究院”近代史研究所特聘研究员）：

我很赞同王教授的见解。现在，的确需要做一些比较统合性的工作，要有一个统合性的严复研究中心把工作展开。比如，我跟欧阳泽生老师一起做胡适研究，北大有一个胡适研究中心，并办有《胡适研究通讯》，定期举办胡适的相关学术会议，并与台湾的胡适纪念馆开展合作，共享馆内数字资料库。该馆数字资料库十分强大，已经出版了两套胡适的全集，收集了很多文献材料。我觉得这个经验在严复研究方面可以借鉴。

第一，设立严复研究中心，首先要建立一个严复文献资料库。资料库不但要收集纸本的、文本的档案资料，还要有一个数字化的资料库。数字资料库可以做大一点，可以是以严复和船政为中心的中国近代史研究数字库，不限于船政文化或者严复本身，要扩展到一个较大的系统层面去做。严复先生在近代的人物里面，是最具有学术深度的一个人，他的学术思想所触及的领域，包括学科建设、对中国未来的思索等，都具有学术深度。所以，未来建立的严复研究中心，必须要赶得上严复先生国际视野的学术深度。真正建立一个以严复研究为中心的船政文化研究、中国近代史研究，应该是很好的。

第二，严复研究对于两岸关系的改善、对于两岸共识的追求都有很重要的意义。可以借严复研究中心，把两岸严复的后裔或者严复相关的研究整合在一起，经常举办两岸相关的交流联谊活动，这个非常有意义！

总之，在严复研究中心的设立上，要做好基础性的工作，要有学术的深度，并由此来牵头举办两岸学术与文化交流。

皮后锋（江苏省社科院现代化研究中心研究员）：

马尾区和福建船政文化管委会有决心推动严复与船政文化研究，这是学术界的福音，值得赞许与期待！史料是学术研究的基础，船政史料因故损失很多。我给福建船政文化管委会提一条建议，就是要重视史料的搜集与整理工作。

我个人长期从事严复研究，有一个感受就是有关严复思想学术方面的资料、史料比较齐全，而严复早期生平资料还比较薄弱，甚至存在诸多空白之处。这里，我就想到有一批资料，首届船政留学生到英国和法国留学，按照当时的留学生管理规定，这批留学生要撰写日记，并要定期向大使馆汇报功课与见闻。出使英法大臣郭嵩焘曾在日记里摘抄过严复的日记（《沤舸纪经》）。但是，这批日记现在到底还在不在，在什么地方，至今还无从知道。为此，我建议福建船政文化管委会要组织力量查找一下。虽然，二战期间伦敦遭受了德军狂轰滥炸，但英国外交部有关船政留学生的档案应该还是比较完整地保存下来了，原来清政府驻英国大使馆档案资料也应该还在，至少不会全部遗失。如果是这样，这批外交资料究竟被哪一方面接收了？我认为无非有两种可能：一是由中国驻英国大使馆接手保管，二是在中国台湾驻伦敦相关机构手里。如果有一个严复研究中心档案资料馆或福建船政文化管委会出面与有关方面的机构联络、查找，说不定就会有大收获。如能找到首届及后续船政留学生的留学日记，在资料挖掘收集上无疑是一个重大的突破。

陈悦（船政文化、海军史专家）：

刚才，黄老师、皮老师等都提到要注重文献资料收集问题，本人也深表赞同！在此我也想谈些感想。关于严复当年在船政学堂使用的教材，中国船政文化博物馆这几年陆陆续续有一些收获，尤其是早期的。目前比较重要的有两份，一份是船政后学堂的英文教材，已经找到一本文件，但是是 19 世纪 80 年代的，而不是严复那个时期的；另外一份是法文教材，它是前学堂用的，是翻译成法文的《圣谕广训》。它是一个语言教材，同时又是一个思想政治的教材。这是近期一个新发现。

第二个比较大的发现是 19 世纪 70 年代《北华捷报》上的一篇报道。《北华捷报》根据时任船政后学堂教习嘉乐尔的讲述写了一篇报道，提到了船政后学堂教材的来源，说这个教材是直接选取自欧洲出版物，而且把书名都开列出来。所以我们已经找到了这篇报道所提到的几本书籍。

另外，说到船政学生的留学日记，最近也有一点发现。当时规定他们留学期间，要不断地呈交一些东西给郭嵩焘看，有的是写日记，有的是写禀帖，还有的是写小作文或论文。据悉英国外交档案里这类资料其实挺多的，但没有发现严复写的。倒是近期，发现上海一套史料丛书中有一份中国驻英使领馆的档案，里面就出现了大量关于严复等留学生在英国留学的记载。所以，我也觉得皮教授所说非常重要，确实应该去英国等地寻找这些资料，并将之复印或者以数字化的形式收集回来，保存起来。如果成立严复研究中心，还要不断购买、积累资料，形成一定规模的文献资料库及数据库。

欧阳哲生（北京大学历史系教授）：

我认为严复研究方面已做了两项非常重要的基础性工作，一是《严复全集》的编辑出版，二是《严复年谱》的编辑出版，而且都是做得很不错的。福建对严复研究非常重视，成立严复学术研究会，从20世纪90年代以来，组织召开多次的严复学术研讨会，对推动严复研究起到了非常大的作用。现在从学界的评价来说，严复研究已达到相当高的水准，这里离不开福建付出的努力。

从进一步的研究拓展来看，应该由严复扩大到其相应的群体或机构，最重要的有两个方向，一个是福建船政学堂及南洋水师；另一个是北洋水师学堂及北洋水师，当然还要扩大到跟严复有关的船政史、海军史及海军教育史等几个领域的研究，因为这些都跟严复息息相关。刚才，几位专家都提到这个问题，在船政学堂的教材、课程，还有教员相关的研究，过去我们做了一些，但现在更有条件地来做系统的研究。南、北洋水师与严复都有密切的关系，通过对这两个机构（南洋水师、北洋水师）的研究，对严复研究也会有很大的拓展与深化。

另外，我觉得从总结历史经验与教训来看，这也是值得深入研究的。中法马江海战中我方的轮船水师尽毁，中日甲午海战中北洋水师也毁于一旦，这些历史经验教训都应该去认真总结、研究。中国近代的海军事业，国家花费了很多的心血，投入了很大的力量，但是从结果来看，这项事业并不理想，甚至说是失败了。当然，失败原因是多方面的，轮船水师也好，北洋水师也好，从当时的舰艇吨位上看，它们其实都达到了很大的规模了，特别是北洋水师当时跟日本是不相上下的，至少是不会低的，但是最终也失败了。从现在看，不仅要总结我们为什么会败，也要总结我们有没有不败的机会。特别是北洋水师，因为过去也有对中日的吨位军力做过对比，觉得中国其实在物质设备方面并不输于日本，但是最后黄海战役被打得很惨，威海卫当然就更不用说了，其中包含的历史教训必须深刻反思与总结。

张洪（中国人民解放军陆军军事交通学院副教授）：

严复先生是从船政走出来的杰出人才，他在天津的北洋水师学堂执教二十年，对近代海军人才培养、海军建设做出巨大贡献。中国人民解放军陆军军事交通学院是在北洋水师学堂原址处建起来的，并建有一座严复纪念馆，也开展了一些严复研究。借此机会，我想就严复与船政的相关问题，谈几点看法：

第一，要强化船政“根”的意识。船政实际上是中国近现代化的根，从历史纵向上看，它是一个根；从横向来说，我们都属于它的枝叶。严复从这里（福建船政）走出去，李鸿章请他到天津创办北洋水师学堂，他是主创者，头几批学生都是他从福建招来并培养出来的。应该说北洋水师学堂的建设、发展，都属于船政的枝叶。当然船政也可以往上追溯，林则徐开眼看世界，但他开眼看世界的第一批实践者就在船政这儿，所以这个根的意识我们都应承认，并要强化这个根的意识。从这根脉来说，船政是起点，也是源头。而源头纵向看是一脉相承，包括我们今天的海军，甚至包括台湾这一块的海军，也可以把它纳进来。我们千万别忘了台湾海军的肇始与发展都在船政，根也在船政。

第二，要突出船政的“魂”。船政文化的魂是什么呢？严复思想突出体现为，一个是科学，一个是爱国，这应该也是船政的魂，至少是船政精神的内核。从船政培养的精英身上，他们的思想、行动都体现了这种东西，就是科学与爱国，就是船政的魂。

第三，要加强严复军事教育转型思想的研究。其实船政也好，严复也好，是军事转型的领军人物和实践者。今天，我们仍然处在军事转型的时候。未来我们要加强近海作战、海陆空军事转型的研究，特别是严复军事转型的研究。在研究严复思想之时，还应加强严复军事转型思想的研究，以激活严复思想的时代价值。

第四，加强联络与交流。船政是我们共同的根，我们是其支脉，要加强与船政联络与交流。欢迎大家到我们（严复与北洋水师纪念馆）那儿传经送宝，给予我们指导与支持。同时，作为支脉，我们也愿意经常来船政寻根问祖，到这里汲取思想力量。根深才能叶茂，衷心祝愿船政文化和严复研究事业不断创新发展。

雷开宇（英国严复文化教育基金会副主席）：

很高兴受英国严复文化教育基金会主席刘凯博士委托，参加此次纪念严复诞辰 170 周年大会暨学术研讨会和今天的座谈会。我简单分享一下英国严复文化教育基金会的工作，也谈些不成熟的建议。

我们基金会是 2013 年成立的，当时刘凯博士在英国格林威治大学担任副教授，他主要的研究方向就是跨文化交流。借着这么一个有利的条件，他倡议发起成立了英国严复文化教育基金会。刘凯担任基金会主席，当时我是帝国理工在读博士，任副主席；另一位副主席，是英国劳斯莱斯的主任级科学家。我们对文化和教育方面都有非常深的情怀，同时又觉得作为当代英国留学生，找到了我国第一批留英学生的榜样，一个很好的学习楷模。

2014 年 11 月，我们首先举办“严复·帝国留学生与皇家海军学院”的展览。展览之前，挖掘了大量的史料，包括从英国外交部、从格林威治皇家海军学院的旧址找到的资料，也得到福建严复学术研究会和陈端坤老师的大力支持。我们的展览第一站在皇家海军学院，展览开幕的那一天，还组织了“严复国际学术研讨会”。此活动取得较好成果，也创了好多个“第一”：首次在联合国教科文组织世界文化遗产地（皇家海军学院彩绘大厅）里面举办中英双语展览，也是在英国首次举办关于中国思想家的一个展览和国际学术研讨会，中国严复研究学者首次得到“国际话语权”。

我们下一步打算做什么？主要有三点：第一，在英国，希望能从包括从使馆、外交部、海军部，从格林威治大学，挖掘出更多的史料，供专家学者研究。第二，继续推动中英之间的文化教育交流活动，择机举办国际学术交流会。第三，推动在格林威治皇家海军学院的旧址树立严复先生的雕像，作为一个永久性的建筑，以供中国留英的学子去瞻仰，以达到永久地宣扬严复先生的思想和精神。

同时，本人建议是：首先，大家还是有些分散各地，有在国内的，有在海外的；在国内的，也分散在各个地方。刚才张洪老师也提到了，我们的根在这里，中心（严复研究中心）也应该在这里。希望中心能够作为一个根，把海内外各个地方的专家、学者和所有的力量聚集在一起，形成合力共同去做一些事情。第二，我希望福建或马尾也能够成立严复基金会，让社会上的资金有一个通道输入到这边，这对研究也好，对开展学术交流也好，都能提供资金保障。

江登峰（福建省政协文化文史和学习委专职副主任）：

今天联合组织这场严复与船政为主题的座谈会，其意义不言而喻！刚才，诸位专家学者及严复后裔代表都做了很好的发言，本人深受教益与启发！现在我也想从政协文化文史的角度，谈几个观点与想法：

第一，关于严复基金会的问题。设立严复基金会很有必要，也很迫切，这应该也是大家的共识。我认为设在福建或北大都很好，都有利于严复思想的研究和传播。专家学者和相关机构要开展严复思想方面的研究及宣传，需要经费的支持，单靠财政投入比较有限，像福建省社科联每年最多支持几万经费办个学术论坛，这是远远不够的，没办法持续、深入地推进严复思想的研究和传播。根据大家的建议，我们会通过提案等方式来推动福建严复基金会的成立。

第二，关于成立严复研究中心的问题。现在我觉得要深化对严复思想的研究，可以从多个方面开展，设立研究中心各地都可以做，包括北大、清华等都可以成立的；我们省里面也有一些具备条件的，如船政这边是一个落地的好地方。有了中心的机构支撑，就可以实现更深的研究和更广的弘扬。我们政协文化文史和学习委员会也一定会积极推动。

第三，关于严复思想宣传的问题。除了刚才专家学者所阐述的要加强学术理论研究的方面，我认为还要重视研学教育方面，包括严复思想如何学以致用，要从研学教育方面做好面向大众的普及推广工作，特别是让青少年了解严复，学习严复，从中感悟先贤思想，汲取精神力量。今后思政课要注重严复思想与科学爱国这一主题，加大严复思想大思政课程的开发与研学教育。昨天，省领导在纪念大会上讲话中，强调指出要带头将严复的爱国主义、改革创新、文化自信自强等精神发扬光大，要做好严复思想的宣传弘扬和深化研究等工作，加强严复思想研究的国际交流，打造具有时代影响力和国际传播力的严复思想文化品牌。我们要趁着纪念严复诞辰 170 周年的契机，认真吸纳专家们好的建议、意见，凝聚力量，共同推动严复思想的研究和传播，共同推动船政文化创新性发展和创造性转化。

后 记

编辑出版这本论文集，是举办“纪念严复诞辰170周年大会暨学术研讨会”整体计划的一部分，具体工作主要由福建社会科学院、福建省政协文化文史和学习委员会、福建省严复学术研究会承担。基于精简篇幅和加强学术规范的需要，福建省严复学术研究会组织本会专家，对会议收到的论文进行了筛选并对入选论文提出修改意见，最终入选并提交公开出版的这些论文，总体上体现了这次研讨会的学术成果。一部分论文未入选，深表遗憾，敬请作者见谅。海峡彼岸的严复后裔，一向热心支持严复研究事业，严复孙女辜严倬云和严复曾孙严正给纪念大会发来热情洋溢的致辞和贺信，我们将此作为附录收入论文集；纪念大会期间，福建省政协文化文史和学习委员会、福州市马尾区政协、福建船政文化管理委员会联合举办“严复思想与船政文化研究和传播”座谈会，对于如何把严复研究事业推向深入，提出不少有益思路，所以也把该座谈会的专家发言记录稿附录于此，以纪其实。本书编辑工作尚有不足之处，敬希读者批评指正。

论文集编辑出版过程中，得到福建省政协文化文史和学习委员会、福建社会科学院、福建省社会科学界联合会等单位领导的悉心指导和大力支持；福建省船舶工业集团公司一如既往大力支持严复研究工作，福建省严复学术研究会为本次纪念活动和论文集选编出版所进行的大量工作，都得到该集团公司在工作场所和后勤服务方面的强有力保障；福建人民出版社优先安排本书编辑，史胥鸿主任和责任编辑郑翠云认真负责，在文稿质量把关、规范表达、纠正笔误、补缺补漏等方面做了大量细致工作，为本书增色不少。在此，一并表示衷心的感谢！

编　者

2024 年 6 月 6 日